NORME FONDAMENTALI COMMENTATE DI DIRITTO DEL LAVORO
Ordinamento sistematico

Si ringraziano per la collaborazione i dott.ri Riccardo Fratini, Gian Marco Lettieri, Roberto Maurelli e Federico Pisani

CARLO PISANI

NORME FONDAMENTALI COMMENTATE DI DIRITTO DEL LAVORO

Ordinamento sistematico

Terza edizione

G. Giappichelli Editore

© Copyright 2020 - G. GIAPPICHELLI EDITORE - TORINO
VIA PO, 21 - TEL. 011-81.53.111 - FAX 011-81.25.100

http://www.giappichelli.it

ISBN/EAN 978-88-921-3597-0

Il volume è stato realizzato con la collaborazione del dottor Roberto Maurelli.

Stampa: Rotolito S.p.A. - Pioltello (MI)

Le fotocopie per uso personale del lettore possono essere effettuate nei limiti del 15% di ciascun volume/fascicolo di periodico dietro pagamento alla SIAE del compenso previsto dall'art. 68, commi 4 e 5, della legge 22 aprile 1941, n. 633.

Le fotocopie effettuate per finalità di carattere professionale, economico o commerciale o comunque per uso diverso da quello personale possono essere effettuate a seguito di specifica autorizzazione rilasciata da CLEAREdi, Centro Licenze e Autorizzazioni per le Riproduzioni Editoriali, Corso di Porta Romana 108, 20122 Milano, e-mail autorizzazioni@clearedi.org e sito web www.clearedi.org.

Indice

	pag.
Premessa di metodo	VII

I

Il rapporto individuale di lavoro

1.	La norma inderogabile di diritto del lavoro	3
2.	La differenza tra lavoro subordinato e lavoro autonomo	7
3.	La certificazione dei contratti di lavoro	12
4.	Patto di prova	14
5.	Mansioni, qualifiche, categorie ed inquadramento	16
6.	Gli obblighi fondamentali del datore di lavoro: la retribuzione	22
7.	Gli obblighi fondamentali del lavoratore: diligenza e obbedienza	27
8.	Gli obblighi accessori del datore di lavoro: tutela delle condizioni di lavoro	30
9.	Gli obblighi accessori del lavoratore: obbligo di fedeltà	39
10.	Il potere di controllo e i suoi limiti	42
11.	Il potere disciplinare e i suoi limiti	48
12.	Il trasferimento del lavoratore e la trasferta	55
13.	Tecniche di tutela	58
14.	L'orario di lavoro ed il lavoro straordinario	60
15.	Il riposo settimanale, le festività e le ferie	64
16.	Infortunio, malattia, maternità e paternità	67
17.	Il trasferimento d'azienda	73
18.	Divieti di discriminazione	77
19.	Il licenziamento libero con preavviso	87
20.	Il campo di applicazione dei diversi regimi di tutela	91
21.	Il licenziamento per giusta causa e per giustificato motivo soggettivo	96

		pag.
22.	La procedura per il licenziamento disciplinare	99
23.	Tipizzazioni di giustificazione del licenziamento	105
24.	Il licenziamento per giustificato motivo oggettivo	111
25.	I divieti di licenziamento	114
26.	I requisiti di forma del licenziamento	118
27.	Impugnazione del licenziamento, revoca e offerta di conciliazione	119
28.	Il regime di tutela reale per i licenziamenti vietati e orali	121
29.	Il regime di tutela reale a risarcimento limitato	125
30.	Il regime di tutela indennitaria per l'ingiustificatezza semplice	131
31.	Il regime di tutela indennitaria per i vizi formali e procedimentali	134
32.	Il rito speciale per le controversie sui licenziamenti regolati dall'art. 18 Stat. lav.	138
33.	Il regime di tutela obbligatoria	143
34.	Il regime di tutela per i rapporti di lavoro pubblico contrattualizzato	147
35.	Il licenziamento collettivo	151
36.	Le dimissioni	162
37.	Trattamento di fine rapporto	167
38.	Il patto di non concorrenza	169
39.	Il lavoro a termine	171
40.	Il lavoro agile	182
41.	Interposizione illecita, appalto, somministrazione, distacco	186
42.	L'apprendistato	199
43.	Rinunzie, transazioni e conciliazione	207
44.	La prescrizione e la decadenza	215
45.	Le ispezioni in materia di lavoro e il procedimento sanzionatorio	220
46.	I princìpi del rapporto di lavoro pubblico contrattualizzato	229
47.	Onere della prova e processo del lavoro	238

II

Il diritto sindacale

1.	La libertà sindacale	249
2.	La legislazione di sostegno al sindacato nei luoghi di lavoro	252
3.	Il contratto collettivo	260
4.	Il diritto di sciopero	265
5.	La repressione della condotta antisindacale	284

Premessa di metodo

Il diritto del lavoro è caratterizzato, a livello di produzione normativa, da una ipertrofia per quanto riguarda la disciplina del rapporto individuale di lavoro, ivi compreso quello contrattualizzato con la Pubblica Amministrazione, e da una sostanziale anomìa in relazione al diritto sindacale.

Si tratta, in entrambi i casi, di squilibri, uno in eccesso, l'altro in difetto. Mentre sul secondo il docente e l'interprete non può incidere, sul primo si può porre qualche rimedio a livello didattico, proponendo allo studente una ragionata selezione delle principali disposizioni di legge, evitando così di farlo smarrire nella giungla normativa lavoristica.

Questo metodo dovrebbe consentire, tra l'altro, di porre maggiore attenzione al testo della norma, proprio perché la minor quantità di disposizione dovrebbe evitare l'effetto inflattivo della "parola" del legislatore, che per il giurista rimane l'oggetto imprescindibile della sua scienza.

Per il diritto, infatti, vale più che mai l'insegnamento di Heidegger, secondo cui "riusciamo a pensare limitatamente alle parole di cui disponiamo, perché non riusciamo ad avere pensieri a cui non corrisponde una parola". Da quando la positività normativa non partecipa più di un ordine dell'universo né di un principio "naturale" della società, ma tutto si risolve in leggi, anche *"Dike"* si verbalizza integralmente nei *"nomoi"*, che risultano quindi fondati su se stessi, sulla loro intrinseca razionalità: *"Themis* e *Dike* sono immanenti ad essi a alla loro scrittura" (N. Irti).

La presente raccolta è caratterizzata, dunque, dallo sforzo di selezione e organizzazione delle norme più rilevanti del diritto del lavoro, per fronteggiare l'effetto negativo sulla loro comprensione causato dallo straripante aumento del numero delle disposizioni di legge e della loro disseminazione o dispersione nelle più svariate "fonti-contenitore", per cui la "parola" della norma è oggi quasi inghiottita dall'instabilità del diritto liquido. È Il fenomeno della "fabbricazione di leggi in massa", presagito dallo Jaeger, che si è fatto ormai ossessivo e obbedisce all'occasionalismo più sfrenato e convulso.

Una simile tendenza, tipica della post-modernità, è particolarmente evidente nel diritto del lavoro, che deve fare i conti anche con il creazionismo giudiziario, non di rado insofferente nei confronti, appunto, della "parola" della legge eventualmente ostativa alla personale *drittwirkung* del giudicante, diretta ad attuare principi e valori da lui ritenuti preminenti rispetto alla mediazione operata dal legislatore così come risulta incorporata nel dato testuale

In questa situazione, in cui perfino i giuristi hanno difficoltà a conoscere tutte le norme in base alle quali dovrebbero costruire il sistema, lo studente il più delle volte si trova spaesato. Di qui l'utilità di uno strumento didattico che possa aiutarli a capire la materia attingendo direttamente alle sue fonti fondamentali.

La sequenza di esposizione delle norme, così come alcuni accostamenti, hanno una precisa logica a livello sistematico, che non sempre è riscontrabile nei codici più completi, i quali necessariamente sono meno flessibili.

Questo metodo dovrebbe aiutare lo studente a imparare le norme in modo da coglierne anche i collegamenti e le differenze, al fine di sviluppare quella capacità di interpretazione sistematica, che è fondamentale per il giurista, il quale è e rimane "un cercatore d'ordine, perché il diritto è essenzialmente scienza ordinante; egli si sforza di individuare e segnare la ragnatela dell'ordine che soggiace, invisibile ma reale, al di sotto della incomposta rissa delle cose" (P. Grossi).

In questa logica i commenti esplicativi sono ridotti al minimo proprio perché la norma dovrebbe "parlare da sola"; essi sono essenzialmente a corredo di quelle disposizioni che contengono un precetto accentuatamente generico o "vago" e che nel contempo disciplinano aspetti molto importanti del rapporto di lavoro o del diritto sindacale, in relazione alle quali è indispensabile dare conto dei principali orientamenti giurisprudenziali.

Roma, luglio 2020

I
Il rapporto individuale di lavoro

1. La norma inderogabile di diritto del lavoro

Costituzione della Repubblica italiana

Art. 3. – [1] Tutti i cittadini hanno pari dignità sociale e sono eguali davanti alla legge, senza distinzione di sesso, di razza, di lingua, di religione, di opinioni politiche, di condizioni personali e sociali.

[2] È compito della Repubblica rimuovere gli ostacoli di ordine economico e sociale, che, limitando di fatto la libertà e l'eguaglianza dei cittadini, impediscono il pieno sviluppo della persona umana e l'effettiva partecipazione di tutti i lavoratori all'organizzazione politica, economica e sociale del Paese **(1)**.

Art. 4. – [1] La Repubblica riconosce a tutti i cittadini il diritto al lavoro **(2)** e promuove le condizioni che rendano effettivo questo diritto.

(1) Nell'art. 3, comma 2 della Costituzione viene vista la *grund norm* dell'ordinamento del diritto del lavoro, la *ratio essendi* della sua specialità rispetto al diritto civile, in quanto la debolezza contrattuale del lavoratore subordinato, derivante dal fatto che egli normalmente ha nel lavoro dipendente la sua unica fonte di reddito, è ritenuta un "ostacolo" di ordine economico e sociale che impedisce il pieno sviluppo della persona umana e che quindi è compito della Repubblica rimuovere, apprestando adeguate tutele al lavoratore, rese effettive soprattutto mediante la tecnica della norma inderogabile.

Pertanto, il diritto del lavoro è caratterizzato da un esteso regime di inderogabilità dell'intervento legislativo. La fitta disciplina protettiva di carattere imperativo non assolve solo al ruolo di condizione di efficacia giuridica della volontà negoziale, ma regola direttamente il rapporto, in misura prevalente rispetto all'autonomia individuale, cosicché il rapporto di lavoro, che pure trae vita dal contratto, è invece regolato soprattutto da fonti eteronome (legge e contratto collettivo), indipendentemente dalla comune volontà delle parti e anche contro di essa (Corte cost. 11 maggio 1992, n. 210).

(2) La previsione espressa del diritto al lavoro da parte della Costituzione è stata interpretata in termini sostanzialmente "programmatici", ossia di norma che non implica il diritto azionabile ad avere un posto di lavoro, ma dalla quale portata scaturisce una funzione di stimolo cogente per lo Stato, che deve attivarsi al fine di perseguire l'obiettivo della piena occupazione o comunque del contrasto alla disoccupazione (cfr. Corte cost. 9 giugno 1965, n. 45).

[2] Ogni cittadino ha il dovere di svolgere, secondo le proprie possibilità e la propria scelta, un'attività o una funzione che concorra al progresso materiale o spirituale della società.

Art. 35. – [1] La Repubblica tutela il lavoro in tutte le sue forme ed applicazioni **(3)**.

Art. 41. – [1] L'iniziativa economica privata è libera **(4)**.
[2] Non può svolgersi in contrasto con l'utilità sociale o in modo da recare danno alla sicurezza, alla libertà, alla dignità umana **(5)**.
[3] La legge determina i programmi e i controlli opportuni perché l'attività economica pubblica e privata possa essere indirizzata e coordinata a fini sociali.

Codice civile

Art. 1321. Nozione – [1] Il contratto è l'accordo di due o più parti per costituire, regolare o estinguere tra loro un rapporto giuridico patrimoniale.

Art. 1322. Autonomia contrattuale – [1] Le parti possono liberamente determinare il contenuto del contratto nei limiti imposti dalla legge [...].
[2] Le parti possono anche concludere contratti che non appartengano ai tipi aventi una disciplina particolare, purché siano diretti a realizzare interessi meritevoli di tutela secondo l'ordinamento giuridico.

Art. 1339. Inserzione automatica di clausole – [1] Le clausole, i prezzi di beni o di servizi, imposti dalla legge, sono di diritto inseriti nel contratto, anche in sostituzione delle clausole difformi apposte dalle parti.

---

(3) Cfr. anche l'art. 2060 c.c.: "Il lavoro è tutelato in tutte le sue forme organizzative ed esecutive, intellettuali, tecniche e manuali".

(4) La libertà d'iniziativa economica consiste non solo nella libertà dell'impresa di decidere se intraprendere un'attività economica, ma anche in quella di organizzarla: la libertà d'iniziativa economica è, quindi, la libertà di decidere che cosa produrre, quanto produrre, come produrre, dove produrre. La tecnica di tutela del lavoratore apprestata con la norma inderogabile va quindi contemperata con il principio di libertà dell'iniziativa economica privata, che sta alla base del sistema liberale capitalistico.

(5) Secondo l'orientamento prevalente, i limiti posti dall'art. 41, comma 2, Cost. rappresentano un limite "esterno" alla libertà d'iniziativa economica. Si esclude, perciò, la funzionalizzazione dell'iniziativa economica privata all'utilità sociale.

1. La norma inderogabile di diritto del lavoro   5

Art. 1419. Nullità parziale **(6)** – [1] La nullità parziale di un contratto o la nullità di singole clausole importa la nullità dell'intero contratto, se risulta che i contraenti non lo avrebbero concluso senza quella parte del suo contenuto che è colpita dalla nullità.

[2] La nullità di singole clausole non importa la nullità del contratto, quando le clausole nulle sono sostituite di diritto **(7)** da norme imperative **(8)**.

Art. 1374. Integrazione del contratto – [1] Il contratto obbliga le parti non solo a quanto è nel medesimo espresso, ma anche a tutte le conseguenze che ne derivano secondo la legge **(9)** [...]

Art. 2113. Rinunzie e transazioni **(10)** – [1] Le rinunzie e le transazioni, che hanno per oggetto diritti del prestatore di lavoro derivanti da disposizioni inderogabili della legge e dei contratti o accordi collettivi concernenti i rapporti di cui all'articolo 409 del codice di procedura civile **(11)**, non sono valide **(12)**.

---

(6) La norma costituisce espressione del principio di conservazione del contratto, che può operare sulla base della volontà delle parti (comma 1) o della legge (comma 2).

(7) All'effetto demolitorio e ablativo derivante dalla violazione della normativa inderogabile si accompagna un meccanismo di tipo sostitutivo. Pertanto, allorché sia rinvenibile nell'ordinamento una norma inderogabile in grado di sostituirsi alla clausola nulla voluta dalle parti, si verifica la nullità parziale, riferita ad una singola clausola del contratto.

(8) Si è proposto di intendere come norma imperativa quella munita di mera efficacia invalidante dell'atto di autonomia privata contrario, attribuendo alla norma inderogabile l'ulteriore effetto di sostituirsi alla volontà dei privati, o cancellandola del tutto o sostituendola solo in parte, con conservazione della parte residua, anche contro quella volontà. Sempre alle norme *lato sensu* inderogabili sono state poi ascritte quelle (norme c.d. ordinatorie) volte a stabilire condizioni o presupposti perché l'atto di autonomia privata possa produrre gli effetti che gli sono propri.

(9) L'autonomia delle parti (cfr. art. 1322) è limitata e vincolata alle conseguenze che la legge esprime in via imperativa, ad esempio in tema di nullità del contratto.

(10) Cfr. cap. 43 *"Rinunzie, transazioni"*.

(11) Cfr. cap. 47 *"Onere della prova e processo del lavoro"*.

(12) A differenza della tecnica demolitoria e sostitutiva dell'art. 1419, comma 2, che riguarda la disciplina futura del rapporto, qui la norma inderogabile opera a tutela dei diritti acquisiti dal lavoratore (e cioè già entrati nel suo patrimonio, ma

[2] L'impugnazione deve essere proposta, a pena di decadenza, entro sei mesi dalla data di cessazione del rapporto o dalla data della rinunzia o della transazione, se queste sono intervenute dopo la cessazione medesima.

[3] Le rinunzie e le transazioni di cui ai commi precedenti possono essere impugnate con qualsiasi atto scritto, anche stragiudiziale, del lavoratore idoneo a renderne nota la volontà.

[4] Le disposizioni del presente articolo non si applicano alla conciliazione intervenuta ai sensi degli articoli 185, 410, 411, 412-*ter* e 412-*quater* del codice di procedura civile **(13)**.

non ancora soddisfatti), per porre un limite alla loro dismissione da parte del lavoratore medesimo, che potrebbe essere indotto a rinunziarvi, in ragione del *metus* soprattutto della perdita del rapporto di lavoro. Si può operare un collegamento sistematico con la limitazione al decorso della prescrizione per i crediti retributivi durante un rapporto di lavoro non assistito dalla tutela della stabilità del posto, in quanto anch'essa trova la sua *ratio* nel *metus* del lavoratore che potrebbe indurlo a non far valere il diritto durante il rapporto e quindi perderlo per il decorso della prescrizione (cfr. cap. 44 "*La prescrizione e la decadenza*").

(13) Cfr. cap. 43 "*Rinunzie, transazioni*".

2. La differenza tra lavoro subordinato e lavoro autonomo

Codice civile

Art. 2086. Gestione dell'impresa (fino al 14 febbraio 2019: *Direzione e gerarchia nell'impresa*) – [1] L'imprenditore è il capo dell'impresa e da lui dipendono gerarchicamente i suoi collaboratori.
[2] [...]

Art. 2094. Prestatore di lavoro subordinato – [1] È prestatore di lavoro subordinato chi si obbliga mediante retribuzione a collaborare nell'impresa, prestando il proprio lavoro intellettuale o manuale alle dipendenze e sotto la direzione dell'imprenditore **(1)-(2)-(3)-(4)**.

---

(1) Elemento costitutivo della fattispecie del lavoro subordinato è l'eterodirezione della prestazione lavorativa, che consiste nella sottoposizione del lavoratore al potere direttivo del datore di lavoro, inteso sia come potere di impartire istruzioni sullo svolgimento delle mansioni, sia come potere di conformazione o di scelta in ordine alle mansioni che il lavoratore deve svolgere in un determinato momento. Considerata la difficoltà di accertare i suddetti elementi in alcuni particolari rapporti di lavoro (ad es. quelli aventi ad oggetto attività professionale o intellettuale, o di natura dirigenziale, ovvero, all'opposto, attività elementari), la giurisprudenza, per risalire all'eterodirezione, sovente utilizza alcuni indici presuntivi o sussidiari quali l'obbligo di un orario fisso di lavoro, il corrispettivo fisso mensile, l'assenza di strumenti di lavoro, l'inserimento nell'organizzazione aziendale, la continuità della prestazione.

(2) Unitamente ai suddetti indici presuntivi della subordinazione, dall'art. 1362 c.c. sono ricavabili altri due criteri per l'accertamento della sussistenza di un rapporto di lavoro subordinato: la volontà espressa dalle parti in sede di costituzione e le concrete modalità di svolgimento della prestazione; queste ultime, se effettive ed univoche nel senso della subordinazione, prevalgono sul differente *nomen juris* risultante dal contratto (Cass. 10 ottobre 2018, n. 25072; Cass. 8 giugno 2012, n. 9347).

(3) Al fine di ridurre il contenzioso in materia di diritto del lavoro, il d.lgs. n.

Art. 2104. Diligenza del prestatore di lavoro **(5)** – [1] Il prestatore di lavoro deve usare la diligenza richiesta dalla natura della prestazione dovuta, dall'interesse dell'impresa e da quello superiore della produzione nazionale.

[2] Deve inoltre osservare le disposizioni per l'esecuzione e per la disciplina del lavoro impartite dall'imprenditore e dai collaboratori di questo dai quali gerarchicamente dipende.

Art. 2222. Contratto d'opera – [1] Quando una persona si obbliga a compiere verso un corrispettivo un'opera o un servizio, con lavoro prevalentemente proprio e senza vincolo di subordinazione nei confronti del committente, si applicano le norme di questo capo, salvo che il rapporto abbia una disciplina particolare nel libro IV **(6)**.

Art. 1362. Intenzione dei contraenti – [1] Nell'interpretare il contratto si deve indagare quale sia stata la comune intenzione delle parti e non limitarsi al senso letterale delle parole.

[2] Per determinare la comune intenzione delle parti, si deve valutare il loro comportamento complessivo anche posteriore alla conclusione del contratto.

276/2003, ha introdotto l'istituto della certificazione dei contratti di lavoro (vedi par. 3) che consente alle parti stipulanti di richiedere ed ottenere da parte delle Commissioni di certificazione, la corretta qualificazione del contratto di lavoro da loro stipulato. All'esito della certificazione, in caso di impugnazione del contratto, il giudice non potrà discostarsi dalle valutazioni espresse dalle parti in sede di certificazione, salva l'ipotesi di erronea qualificazione del contratto oppure di difformità tra il programma negoziale certificato e la sua successiva attuazione (art. 80).

(4) L'onere di provare in sede giudiziale la sussistenza di un rapporto di lavoro subordinato grava sul lavoratore.

(5) Cfr. cap. 7 "Gli obblighi fondamentali del datore di lavoro".

(6) L'art. 1 della legge 21 maggio 2017, n. 81, include, nell'ambito del lavoro autonomo non imprenditoriale, ai fini dell'applicazione di alcune misure di tutela, i "rapporti di lavoro autonomo di cui al titolo III del libro quinto del codice civile, ivi inclusi i rapporti di lavoro autonomo che hanno una disciplina particolare ai sensi dell'art. 2222 del codice civile. Sono esclusi dall'ambito di applicazione gli imprenditori, compresi i piccoli imprenditori di cui all'art. 2083 cod. civ".

2. La differenza tra lavoro subordinato e lavoro autonomo   9

D.lgs. 15 giugno 2015, n. 81 – Disciplina organica dei contratti di lavoro
e revisione della normativa in tema di mansioni, a norma dell'articolo 1,
comma 7, della legge 10 dicembre 2014, n. 183

Art. 2. Collaborazioni organizzate dal committente – [1] A far data dal 1° gennaio 2016, si applica la disciplina del rapporto di lavoro subordinato anche ai rapporti di collaborazione che si concretano in prestazioni di lavoro prevalentemente personali, continuative e le cui modalità di esecuzione sono organizzate dal committente (7)-(8). Le disposizioni di cui al presente comma si applicano anche qualora le modalità di esecuzione della prestazione siano organizzate mediante piattaforme digitali.

[2] La disposizione di cui al comma 1 non trova applicazione con riferimento:

a) alle collaborazioni per le quali gli accordi collettivi nazionali stipulati da associazioni sindacali comparativamente più rappresentative sul piano nazionale prevedono discipline specifiche riguardanti il trattamento economico e normativo, in ragione delle particolari esigenze produttive ed organizzative del relativo settore;

b) alle collaborazioni prestate nell'esercizio di professioni intellettuali per le quali è necessaria l'iscrizione in appositi albi professionali;

c) alle attività prestate nell'esercizio della loro funzione dai componenti degli organi di amministrazione e controllo delle società e dai partecipanti a collegi e commissioni;

d) alle collaborazioni rese a fini istituzionali in favore delle associazioni e società sportive dilettantistiche affiliate alle federazioni sportive nazionali, alle discipline sportive associate e agli enti di promozione sportiva riconosciuti dal C.O.N.I., come individuati e disciplinati dall'articolo 90 della legge 27 dicembre 2002, n. 289.

---

(7) La precedente versione della norma prevedeva che le prestazioni dovessero essere esclusivamente personali e che l'organizzazione da parte del committente dovesse riguardare anche i tempi e il luogo di lavoro.

(8) La Cassazione ha affermato che la norma designa una sorta di "terra di mezzo", caratterizzata dall'eterorganizzazione della prestazione, così che le prestazioni del lavoratore possano, secondo la modulazione unilaterale disposta dal committente, opportunamente inserirsi ed integrarsi con la sua organizzazione di impresa (Cass. 24 gennaio 2020, n. 1663). Tuttavia, resta da definire precisamente la distinzione tra eterorganizzazione e eterodirezione; questa distinzione si rivela indispensabile per evitare che l'art. 2 si riduca soltanto ad essere una norma che specifica gli elementi della subordinazione genericamente indicati dall'art. 2094 c.c. e che quindi non serva ad ampliare l'ambito di applicazione della disciplina del rapporto di lavoro subordinato, come invece era nelle intenzioni del legislatore.

10   Il rapporto individuale di lavoro

> d-*bis*) alle collaborazioni prestate nell'ambito della produzione e della realizzazione di spettacoli da parte delle fondazioni di cui al decreto legislativo 29 giugno 1996, n. 367.
> d-*ter*) alle collaborazioni degli operatori che prestano le attività di cui alla legge 21 marzo 2001, n. 74.
> [...]

Art. 52. Superamento del contratto a progetto – [1] Le disposizioni di cui agli articoli da 61 a 69-*bis* del decreto legislativo n. 276 del 2003 sono abrogate e continuano ad applicarsi esclusivamente per la regolazione dei contratti già in atto alla data di entrata in vigore del presente decreto.
[2] Resta salvo quanto disposto dall'articolo 409 del codice di procedura civile.

Codice di procedura civile

Art. 409. Controversie individuali di lavoro **(9)** – [1] Si osservano le disposizioni del presente capo nelle controversie relative a:
    [...]

> [3] rapporti di agenzia, di rappresentanza commerciale ed altri rapporti di collaborazione che si concretino in una prestazione di opera continuativa e coordinata, prevalentemente personale, anche se non a carattere subordinato. La collaborazione si intende coordinata quando, nel rispetto delle modalità di coordinamento stabilite di comune accordo dalle parti, il collaboratore organizza autonomamente l'attività lavorativa **(10)**. [...]

(9) Cfr. cap. 47 "Onere della prova e processo del lavoro".

(10) L'ultimo periodo da "La collaborazione ...", aggiunto dall'art. 15, comma 1, lett. a), legge 22 maggio 2017, n. 81, ha introdotto la nozione legale di coordinamento. Interpretata alla lettera dalla norma comporterebbe che tutto quello che non è "pattuito di comune accordo" deve essere lasciato alla autonoma organizzazione del collaboratore (Cass. 24 gennaio 2020, n. 1663). Sparirebbero quindi del tutto quei poteri di coordinamento esercitati dal committente, ritenuti in precedenza compatibili con il rapporto di collaborazione coordinata e continuativa, con la conseguenza che anche un esercizio minimo di "tali accordi", determinerebbe la qualificazione di tale rapporto come subordinato, non essendo inquadrabile altrimenti. Ciò pone un problema di raccordo interpretativo con l'art. 2 d.lgs. n. 81/2015, secondo il quale invece, non è sufficiente, per l'applicazione della disciplina del lavoro subordinato, l'esercizio di qualsiasi potere da parte del committente, bensì è necessario, come si è visto, che questi poteri si concretizzino in una ingerenza significativa tale da consentire l'eterorganizzazione della modalità

2. La differenza tra lavoro subordinato e lavoro autonomo

Codice civile

Art. 2082 Imprenditore – [1] È imprenditore chi esercita professionalmente un'attività economica organizzata al fine della produzione o dello scambio di beni o servizi.

Art. 2083 Piccoli imprenditori – [1] Sono piccoli imprenditori i coltivatori diretti del fondo, gli artigiani, i piccoli commercianti e coloro che esercitano un'attività professionale organizzata prevalentemente con il lavoro proprio e dei componenti della famiglia

esecutiva della prestazione. In questa situazione, l'art. 409, n. 3 c.p.c., potrebbe rivestire la funzione di norma che segna il nuovo confine tra rapporto di lavoro subordinato e quello di lavoro autonomo, ampliando notevolmente l'area del primo, e ciò probabilmente al di là delle intenzioni del legislatore, che invece aveva assegnato questa funzione proprio all'art. 2.

3. La certificazione dei contratti di lavoro

D.lgs. 10 settembre 2003, n. 276 – Attuazione delle deleghe in materia di occupazione e mercato del lavoro (Legge Biagi)

Art. 75. Finalità – [1] Al fine di ridurre il contenzioso in materia di lavoro, le parti possono ottenere la certificazione dei contratti in cui sia dedotta, direttamente o indirettamente, una prestazione di lavoro secondo la procedura volontaria stabilita nel presente titolo.

Art. 79. Efficacia giuridica della certificazione – [1] Gli effetti dell'accertamento dell'organo preposto alla certificazione del contratto di lavoro permangono, anche verso i terzi, fino al momento in cui sia stato accolto, con sentenza di merito, uno dei ricorsi giurisdizionali esperibili ai sensi dell'articolo 80, fatti salvi i provvedimenti cautelari.

[2] Gli effetti dell'accertamento dell'organo preposto alla certificazione del contratto di lavoro, nel caso di contratti in corso di esecuzione, si producono dal momento di inizio del contratto, ove la commissione abbia appurato che l'attuazione del medesimo è stata, anche nel periodo precedente alla propria attività istruttoria, coerente con quanto appurato in tale sede. In caso di contratti non ancora sottoscritti dalle parti, gli effetti si producono soltanto ove e nel momento in cui queste ultime provvedano a sottoscriverli, con le eventuali integrazioni e modifiche suggerite dalla commissione adita.

Art. 80. Rimedi esperibili nei confronti della certificazione – [1] Nei confronti dell'atto di certificazione, le parti e i terzi nella cui sfera giuridica l'atto stesso è destinato a produrre effetti, possono proporre ricorso, presso l'autorità giudiziaria di cui all'articolo 413 del codice di procedura civile **(1)**, per erronea qualificazione del contratto oppure difformità tra il programma negoziale certificato e la sua successiva attuazione. Sempre presso la medesima autorità giudiziaria, le parti del contratto certificato potranno impugnare l'atto di certificazione anche per vizi del consenso.

[2] L'accertamento giurisdizionale dell'erroneità della qualificazione ha effetto fin dal momento della conclusione dell'accordo contrattuale. L'accertamento giurisdizionale della difformità tra il programma negoziale e quello effettivamente

---

(1) Cfr. cap. 47 *"Onere della prova e processo del lavoro"*.

3. La certificazione dei contratti di lavoro   13

realizzato ha effetto a partire dal momento in cui la sentenza accerta che ha avuto inizio la difformità stessa.

[3] [...]

[4] Chiunque presenti ricorso giurisdizionale contro la certificazione ai sensi dei precedenti commi 1 e 3, deve previamente rivolgersi obbligatoriamente alla commissione di certificazione che ha adottato l'atto di certificazione per espletare un tentativo di conciliazione ai sensi dell'articolo 410 del codice di procedura civile.

[5] Dinnanzi al tribunale amministrativo regionale nella cui giurisdizione ha sede la commissione che ha certificato il contratto, può essere presentato ricorso contro l'atto certificatorio per violazione del procedimento o per eccesso di potere.

Art. 81. Attività di consulenza e assistenza alle parti – [1] Le sedi di certificazione di cui all'articolo 75 svolgono anche funzioni di consulenza e assistenza effettiva alle parti contrattuali, sia in relazione alla stipulazione del contratto di lavoro e del relativo programma negoziale sia in relazione alle modifiche del programma negoziale medesimo concordate in sede di attuazione del rapporto di lavoro, con particolare riferimento alla disponibilità dei diritti e alla esatta qualificazione dei contratti di lavoro.

Art. 82. Rinunzie e transazioni – [1] Le sedi di certificazione (di cui all'articolo 76) del presente decreto legislativo sono competenti altresì a certificare le rinunzie e transazioni di cui all'articolo 2113 del codice civile **(2)** a conferma della volontà abdicativa o transattiva delle parti stesse.

Legge 4 novembre 2010, n. 183

Art. 30. Clausole generali e certificazione del contratto di lavoro – [...]

[2] Nella qualificazione del contratto di lavoro e nell'interpretazione delle relative clausole il giudice non può discostarsi dalle valutazioni delle parti, espresse in sede di certificazione dei contratti di lavoro di cui al titolo VIII del decreto legislativo 10 settembre 2003, n. 276, e successive modificazioni, salvo il caso di erronea qualificazione del contratto, di vizi del consenso o di difformità tra il programma negoziale certificato e la sua successiva attuazione.

Art. 31. Conciliazione e arbitrato – [...]

[13] Presso le sedi di certificazione di cui all'articolo 76 del decreto legislativo 10 settembre 2003, n. 276, e successive modificazioni, può altresì essere esperito il tentativo di conciliazione di cui all'articolo 410 del codice di procedura civile **(3)**.

---

(2) Cfr. cap. 43 *"Rinunzie, transazioni e conciliazione"*.

(3) Cfr. cap. 43 *"Rinunzie, transazioni e conciliazione"*.

4. Patto di prova

Codice civile

Art. 2096. Assunzione in prova **(1)** – [1] Salvo diversa disposizione [delle norme corporative], l'assunzione del prestatore di lavoro per un periodo di prova **(2)** deve risultare da atto scritto **(3)**.

[2] L'imprenditore e il prestatore di lavoro sono rispettivamente tenuti a consentire e a fare l'esperimento che forma oggetto del patto di prova.

[3] Durante il periodo di prova ciascuna delle parti può recedere dal contratto **(4)**, senza l'obbligo di preavviso o d'indennità **(5)**. Se però la prova è stabilita per un tempo minimo necessario, la facoltà di recesso non può esercitarsi prima della scadenza del termine.

(1) Il patto di prova costituisce un elemento accidentale del contratto individuale di lavoro ed ha la finalità di permettere al datore di lavoro ed al lavoratore di valutare la reciproca convenienza a rendere definitivo il rapporto. Non si applica invece la disciplina sulla prova alla clausola che si limiti a prevedere lo svolgimento di un'attività esplorativa dell'ambiente di lavoro finalizzata all'acquisizione delle opportune informazioni in vista del possibile futuro instaurarsi di un rapporto di lavoro (Cass. 4 aprile 2007, n. 8463).

(2) Da sempre, per la giurisprudenza, il contratto di lavoro con patto di prova è un negozio giuridico di assunzione sottoposto ad una condizione sospensiva potestativa (Cass. 17 gennaio 1977, n. 232; Cass. 27 gennaio 1978, n. 400; Cass. 11 novembre 1988, n. 6096).

(3) La forma scritta del patto di assunzione in prova è stata considerata dalla giurisprudenza necessaria *ad substantiam*, pena la nullità assoluta del patto di prova. Tale essenziale requisito deve precedere o essere contestuale all'assunzione e deve indicare le mansioni alle quali si riferisce la prova.

(4) Questo recesso non deve essere intimato per iscritto e il datore non deve giustificare la valutazione negativa dell'esperimento, che può avvenire senza preavviso in qualsiasi momento nel periodo di prova, salva la previsione di una durata minima (Corte cost. 22 dicembre 1980, n. 189). È inerente alla prova la valutazione non solo degli aspetti strettamente professionali, ma anche la complessiva condotta del lavoratore. Tuttavia la giurisprudenza ha dichiarato illegittimo il recesso di parte datoriale nel caso in cui l'esperimento della prestazione lavorativa

4. Patto di prova

> [4] Compiuto il periodo di prova, l'assunzione diviene definitiva e il servizio prestato si computa nell'anzianità del prestatore di lavoro.

non sia stato effettivamente svolto (ad esempio, perché il lavoratore ha svolto mansioni diverse da quelle previste nel contratto), ovvero nel caso in cui la sua durata non sia stata sufficiente a consentire una seria valutazione da parte del datore di lavoro, oppure nel caso in cui il recesso eluda delle norme imperative ovvero ancora sia fondato su un motivo illecito determinante (Cass. 17 marzo 1986, n. 1833; Cass. 12 ottobre 1987, n. 7536; Cass. 21 aprile 1993, n. 4669, Cass. 24 novembre 1997, n. 11735).

(5) Nel caso in cui il recesso del datore sia ritenuto illegittimo per esperimento omesso o di durata insufficiente o inferiore a quella minima pattuita, la declaratoria della sua illegittimità comporta la mera prosecuzione del rapporto di lavoro in prova. Se invece il patto di prova è nullo, poiché non in forma scritta, ovvero perché il lavoratore era stato già adibito alle medesime mansioni, il licenziamento per mancato superamento del periodo di prova è ingiustificato e trovano applicazione le ordinarie tutele previste dall'art. 18 Stat. lav., o dalla legge n. 604/1966, o dal d.lgs. n. 23/2015.

5. Mansioni, qualifiche, categorie ed inquadramento

Codice civile

Art. 2103. Prestazione del lavoro – [1] Il lavoratore deve essere adibito alle mansioni **(1)** per le quali è stato assunto o a quelle corrispondenti all'inquadramento superiore che abbia successivamente acquisito ovvero a mansioni riconducibili allo stesso livello e categoria legale di inquadramento delle ultime effettivamente svolte **(2)-(3)**.

(1) Con il termine "mansioni" si indica il tipo di attività, le operazioni, i compiti per lo svolgimento dei quali il lavoratore viene assunto, che è tenuto ad eseguire e che il datore di lavoro può esigere; esse costituiscono il contenuto della prestazione lavorativa oggetto dell'obbligazione di lavorare. Nel linguaggio corrente si utilizza anche il termine "qualifica" per designare la medesima realtà, sia pure mediante un'espressione riassuntiva della pluralità di mansioni che compongono la complessiva prestazione lavorativa. Le differenti qualifiche sono poi distribuite nei vari livelli di inquadramento retributivo in cui si suddivide la scala classificatoria prevista dai contratti collettivi.

(2) Il precedente testo prevedeva che il lavoratore potesse essere adibito solo a mansioni equivalenti alle ultime effettivamente svolte. La giurisprudenza interpretava restrittivamente questa regola esigendo, come requisito necessario ma non sufficiente che le nuove mansioni fossero inquadrate nel medesimo livello di inquadramento delle precedenti; ma ciò non era sufficiente in quanto, inoltre, dovevano consentire al lavoratore la conservazione del bagaglio professionale precedentemente acquisito. Questa nozione statica di professionalità era diventata anacronistica ed imponeva rigidità che andavano a svantaggio anche del lavoratore al fine dell'acquisizione di nuove e differenti professionalità imposte all'innovazione tecnologica. Di qui la necessità dell'intervento legislativo che ha soppresso il riferimento all'equivalenza delle mansioni, sostituendolo con quello costituito dal livello di inquadramento e della categoria legale.

(3) Il lavoratore può essere adibito alle mansioni previste dal comma 1 anche senza il suo consenso in forza di uno speciale potere che si ritiene attribuito al datore di lavoro, denominato *jus variandi*, mediante il quale egli può imporre unilateralmente la modificazione delle mansioni di assunzione e quelle successivamente assegnate, anche in via definitiva e senza necessità di giustificazione, nei limiti

5. Mansioni, qualifiche, categorie ed inquadramento

[2] In caso di modifica degli assetti organizzativi aziendali che incide sulla posizione del lavoratore, lo stesso può essere assegnato a mansioni appartenenti al livello di inquadramento inferiore purché rientranti nella medesima categoria legale.

[3] Il mutamento di mansioni è accompagnato, ove necessario, dall'assolvimento dell'obbligo formativo, il cui mancato adempimento non determina comunque la nullità dell'atto di assegnazione delle nuove mansioni **(4)**.

[4] Ulteriori ipotesi di assegnazione di mansioni appartenenti al livello di inquadramento inferiore, purché rientranti nella medesima categoria legale, possono essere previste dai contratti collettivi.

[5] Nelle ipotesi di cui al secondo e al quarto comma, il mutamento di mansioni è comunicato per iscritto, a pena di nullità, e il lavoratore ha diritto alla conservazione del livello di inquadramento e del trattamento retributivo in godimento, fatta eccezione per gli elementi retributivi collegati a particolari modalità di svolgimento della precedente prestazione lavorativa.

[6] Nelle sedi di cui all'articolo 2113, quarto comma, o avanti alle commissioni di certificazione, possono essere stipulati accordi individuali di modifica delle mansioni, della categoria legale e del livello di inquadramento e della relativa retribuzione, nell'interesse del lavoratore alla conservazione dell'occupazione, all'acquisizione di una diversa professionalità o al miglioramento delle condizioni di vita. Il lavoratore può farsi assistere da un rappresentante dell'associazione sindacale cui aderisce o conferisce mandato o da un avvocato o da un consulente del lavoro **(5)**.

---

previsti dalla norma. Lo *jus variandi* si differenzia dal potere direttivo, o di conformazione, perché tramite il primo viene modificato il contenuto dell'obbligazione di lavorare, mentre con il secondo il datore di lavoro provvede ad individuare o specificare, tempo per tempo, i compiti da svolgere nell'ambito della (e fermo rimanendo la) complessiva prestazione lavorativa convenuta.

(4) Il lavoratore può legittimamente rifiutare di eseguire le nuove mansioni se non è in grado di svolgerle a causa dell'omessa formazione da parte del datore di lavoro; ciò in forza dell'art. 1460 c.c., ove si ritenga che tale omissione integri un inadempimento di un obbligo gravante sul datore di lavoro; oppure, come conseguenza dell'inefficacia dell'atto di adibizione, ove si ritenga, più condivisibilmente, che la formazione costituisca per il datore un onere per il legittimo esercizio dello *jus variandi*, mentre l'obbligo di formazione previsto dal comma 3 sia riferito al lavoratore.

(5) L'accordo sottoscritto dalle parti rientra nella categoria degli accordi individuali di deroga assistita alle norme inderogabili, e quindi non è qualificabile come una rinunzia o una transazione, anche se la sede è quella dell'art. 2113 cod. civ.

[7] Nel caso di assegnazione a mansioni superiori il lavoratore ha diritto al trattamento corrispondente all'attività svolta e l'assegnazione diviene definitiva, salvo diversa volontà del lavoratore, ove la medesima non abbia avuto luogo per ragioni sostitutive di altro lavoratore in servizio, dopo il periodo fissato dai contratti collettivi o, in mancanza, dopo sei mesi continuativi.

[8] [...]

[9] Salvo che ricorrano le condizioni di cui al secondo e al quarto comma e fermo quanto disposto al sesto comma, ogni patto contrario è nullo.

Art. 2095. Categorie dei prestatori di lavoro – [1] I prestatori di lavoro subordinato si distinguono in dirigenti, quadri, impiegati e operai **(6)**.

[2] Le leggi speciali, in relazione a ciascun ramo di produzione e alla particolare struttura dell'impresa, determinano i requisiti di appartenenza alle indicate categorie.

Codice civile

Art. 1218. – Responsabilità del debitore – [1] Il debitore che non esegue esattamente la prestazione dovuta è tenuto al risarcimento del danno, se non prova che l'inadempimento o il ritardo è stato determinato da impossibilità della prestazione derivante da causa a lui non imputabile **(7)**.

(6) La norma in commento elenca le c.d. "categorie legali. A questo proposito, la giurisprudenza è consolidata nell'affermare che spetta, in via di principio, all'autonomia collettiva il potere di stabilire gli inquadramenti del personale, ovvero la giusta collocazione del medesimo, in riferimento non solo alla consistenza professionale delle mansioni affidate a ciascun dipendente, ma anche alle caratteristiche ed all'articolazione del contesto produttivo nel quale esse si inseriscono, salvo, naturalmente, il caso estremo in cui la normativa contrattuale determini i requisiti di appartenenza alle categorie legali con criteri tali da sconvolgere la natura sostanziale delle stesse (tra le tante, Cass. 28 agosto 2003, n. 12632).

(7) L'adibizione del lavoratore a mansioni non consentite dall'art. 2103 c.c. (c.d. demansionamento illegittimo) configura una violazione di un obbligo per cui il datore di lavoro versa in una situazione di inadempimento contrattuale regolato dall'art. 1218 c.c. (Cass., S.U., 26 marzo 2006, n. 6572). Pertanto, qualora l'esercizio di mansioni non dovute, o la sottrazione di quelle dovute, abbia causato al lavoratore un danno, il datore di lavoro è obbligato al relativo risarcimento. Tale danno può essere patrimoniale, che può consistere, ad esempio, nel pregiudizio derivante dall'obsolescenza e/o dall'impoverimento della capacità professionale acquisi-

5. Mansioni, qualifiche, categorie ed inquadramento 19

Art. 1453 – Risolubilità del contratto per inadempimento – [1]. Nei contratti con prestazioni corrispettive, quando uno dei contraenti non adempie le sue obbligazioni, l'altro può a sua scelta chiedere l'adempimento o la risoluzione del contratto, salvo, in ogni caso, il risarcimento del danno **(8)**.

Art. 1460 – Eccezione d'inadempimento – [1] Nei contratti con prestazioni corrispettive, ciascuno dei contraenti può rifiutarsi di adempiere la sua obbligazione, se l'altro non adempie o non offre di adempiere contemporaneamente la propria, salvo che termini diversi per l'adempimento siano stati stabiliti dalle parti o risultino dalla natura del contratto **(9)**.

---

ta dal lavoratore, non compensata dall'acquisizione di diversa professionalità del medesimo livello. Il danno può essere anche non patrimoniale, che può consistere nel pregiudizio alla salute, in quello alla reputazione e immagine professionale e nel danno morale soggettivo e in quello, più discusso, esistenziale, vale a dire nella alterazione delle abitudini di vita del danneggiato, il c.d. "fare areddituale".

Il risarcimento, a differenza delle sanzioni afflittive o penali, non è una conseguenza automatica dell'illecito, in quanto ha funzione riparatoria di un danno, che deve essere provato in concreto, così come deve essere dimostrato il nesso di causalità tra illecito e danno. Al riguardo la giurisprudenza fa largo uso della prova per presunzioni, i cui fatti indizianti, gravi precisi e concordanti (art. 2729, comma 1, c.c.), sono generalmente individuati nel tipo e nella natura della professionalità coinvolta, nella durata e nella gravità del demansionamento, nella conoscibilità all'interno e, all'esterno del luogo di lavoro di tale demansionamento (Cass., S.U., 16 febbraio 2009, n. 3677).

(8) Il lavoratore che vede illegittimamente modificare le proprie mansioni può chiedere, oltre al risarcimento del danno, anche una pronunzia di condanna del datore di lavoro all'adempimento, e cioè all'assegnazione di mansioni di pari livello delle ultime effettivamente svolte; tuttavia questa condanna, implicando un *facere* infungibile, non può essere eseguita coattivamente (Cass. 14 maggio 2002, n. 6996), anche perché resta esclusa l'applicabilità della misura compulsoria dell'ottemperanza di condanna incoercibile relativa ad obblighi di fare e di non fare, prevista dall'art. 614-*bis*, c.p.c., poiché la disposizione esclude espressamente dal proprio campo di applicazione le "controversie di lavoro pubblico e privato".

(9) L'ordine del datore di lavoro di adibizione del lavoratore a mansioni non consentite è anche affetto da nullità, trattandosi di esercizio di *jus variandi* al di là dei limiti posti dalla legge, e quindi ciò comporta l'inidoneità dell'atto a produrre l'effetto a cui tende (Cass. 20 marzo 2004, n. 5651; Cass. 3 febbraio 1994, n. 1088). Pertanto il lavoratore può rifiutare lo svolgimento delle mansioni non dovute, continuando ad offrire la prestazione dovuta e, quindi, conservando la retribuzione da parte del datore di lavoro che versa in una situazione di *mora credendi*. In questa situazione la giurisprudenza applica la fattispecie dell'eccezione di inadempimento di cui all'art. 1460 c.c., ma qui, in realtà, il lavoratore non rifiuta una

20 Il rapporto individuale di lavoro

[2] Tuttavia non può rifiutarsi l'esecuzione se, avuto riguardo alle circostanze, il rifiuto è contrario alla buona fede.

D.lgs. 30 marzo 2001, n. 165 – Norme generali sull'ordinamento del lavoro alle dipendenze delle amministrazioni pubbliche

Art. 52. Disciplina delle mansioni – [1] Il prestatore di lavoro deve essere adibito alle mansioni per le quali è stato assunto o alle mansioni equivalenti nell'ambito dell'area di inquadramento ovvero a quelle corrispondenti alla qualifica superiore che abbia successivamente acquisito per effetto delle procedure selettive di cui all'articolo 35, comma 1, lettera a). L'esercizio di fatto di mansioni non corrispondenti alla qualifica di appartenenza non ha effetto ai fini dell'inquadramento del lavoratore o dell'assegnazione di incarichi di direzione **(10)**.

[1-*bis*] I dipendenti pubblici, con esclusione dei dirigenti e del personale docente della scuola, delle accademie, conservatori e istituti assimilati, sono inquadrati in almeno tre distinte aree funzionali. Le progressioni all'interno della stessa area avvengono secondo princìpi di selettività, in funzione delle qualità culturali e professionali, dell'attività svolta e dei risultati conseguiti, attraverso l'attribuzione di fasce di merito. Le progressioni fra le aree avvengono tramite concorso pubblico, ferma restando la possibilità per l'amministrazione di destinare al personale interno, in possesso dei titoli di studio richiesti per l'accesso dall'esterno, una riserva di posti comunque non superiore al 50 per cento di quelli messi a concorso. La valutazione positiva conseguita dal dipendente per almeno tre anni costituisce titolo rilevante ai fini della progressione economica e dell'attribuzione dei posti riservati nei concorsi per l'accesso all'area superiore.

[2] Per obiettive esigenze di servizio il prestatore di lavoro può essere adibito a mansioni proprie della qualifica immediatamente superiore:

a) nel caso di vacanza di posto in organico, per non più di sei mesi, prorogabili fino a dodici qualora siano state avviate le procedure per la copertura dei posti vacanti come previsto al comma 4;

---

prestazione dovuta affermando l'inadempimento dell'altra parte, bensì, più semplicemente, si limita a rifiutare l'esecuzione di una prestazione non dovuta, senza alcuna necessità di invocare a sostegno un inadempimento del datore di lavoro.

(10) Si tratta della principale differenza tra pubblico impiego e impiego privato. Il dipendente pubblico che abbia svolto mansioni superiori al proprio inquadramento, infatti, ha diritto a ricevere il trattamento economico relativo alla qualifica superiore, ma non può avanzare alcun diritto in tema di inquadramento professionale, contrariamente a quanto accade nell'impiego privato *ex* art. 2103 c.c. (Cass., S.U., 11 dicembre 2007, n. 25387).

5. Mansioni, qualifiche, categorie ed inquadramento

b) nel caso di sostituzione di altro dipendente assente con diritto alla conservazione del posto, con esclusione dell'assenza per ferie, per la durata dell'assenza.

[3] Si considera svolgimento di mansioni superiori, ai fini del presente articolo, soltanto l'attribuzione in modo prevalente, sotto il profilo qualitativo, quantitativo e temporale, dei compiti propri di dette mansioni.

[4] Nei casi di cui al comma 2, per il periodo di effettiva prestazione, il lavoratore ha diritto al trattamento previsto per la qualifica superiore. Qualora l'utilizzazione del dipendente sia disposta per sopperire a vacanze dei posti in organico, immediatamente, e comunque nel termine massimo di novanta giorni dalla data in cui il dipendente è assegnato alle predette mansioni, devono essere avviate le procedure per la copertura dei posti vacanti.

[5] Al fuori delle ipotesi di cui al comma 2, è nulla l'assegnazione del lavoratore a mansioni proprie di una qualifica superiore, ma al lavoratore è corrisposta la differenza di trattamento economico con la qualifica superiore. Il dirigente che ha disposto l'assegnazione risponde personalmente del maggiore onere conseguente, se ha agito con dolo o colpa grave.

[...]

6. Gli obblighi fondamentali del datore di lavoro: la retribuzione

Costituzione della Repubblica italiana

Art. 36. – [1] Il lavoratore ha diritto ad una retribuzione **(1)** proporzionata alla quantità e qualità del suo lavoro **(2)** e in ogni caso sufficiente ad assicurare a sé e alla famiglia un'esistenza libera e dignitosa **(3)**.[...]

---

(1) Nel contratto di lavoro, che è un contratto a prestazioni corrispettive, la retribuzione è l'obbligazione principale del datore di lavoro. Il requisito della corrispettività non si riferisce alle singole prestazioni rese nel corso del rapporto, ma alla permanenza del vincolo e, dunque, rientrano nella nozione di retribuzione anche erogazioni non riconducibili ad una prestazione attuale, come il trattamento di malattia (cfr. cap. 16 "Infortunio, malattia, maternità e paternità") oppure il trattamento di fine rapporto (cfr. cap. 37 "Il trattamento di fine rapporto).

(2) Per "quantità" di lavoro si intende l'orario di lavoro svolto dal dipendente; per "qualità" si intende che la retribuzione va parametrata alle mansioni e alla qualifica attribuite al lavoratore (c.d. retribuzione base). In ossequio al principio di proporzionalità i contratti collettivi prevedono livelli retributivi differenziati a seconda delle caratteristiche delle varie mansioni, anche se poi a livello di contratto individuale il datore di lavoro può insindacabilmente attribuire ad un lavoratore un trattamento superiore a quello che gli sarebbe spettato ai sensi dell'art. 36 Cost. e del contratto collettivo, non vigendo nel settore privato un principio di parità di trattamento (Cass., S.U., 29 maggio 1993, n. 6030), per cui sono legittimi compensi *ad personam* o superminimi.

(3) Il principio di proporzionalità, che astrattamente indurrebbe ad una rigida corrispondenza fra prestazione resa e retribuzione percepita, viene "corretto" dal principio di sufficienza, in quanto occorre rispettare una misura minima di retribuzione per la tutela della posizione del lavoratore. Normalmente questa misura minima della retribuzione si rinviene nelle previsioni dei contratti collettivi. Tali contratti, tuttavia, non sono direttamente applicabili a tutti i lavoratori di una determinata categoria, stante la mancata attuazione dell'art. 39 Cost. (su cui cfr. Parte II, cap. 3, "*Il contratto collettivo*"); ma, per costante giurisprudenza, il contratto collettivo di categoria costituisce il parametro orientativo di riferimento della re-

6. Gli obblighi fondamentali del datore di lavoro: la retribuzione

Art. 39. – [1] L'organizzazione sindacale è libera.
[...]
[4] I sindacati registrati hanno personalità giuridica. Possono, rappresentati unitariamente in proporzione dei loro iscritti, stipulare contratti collettivi di lavoro con efficacia obbligatoria per tutti gli appartenenti alle categorie alle quali il contratto si riferisce **(4)**.

Codice civile

Art. 2099. Retribuzione – [1] La retribuzione del prestatore di lavoro può essere stabilita a tempo o a cottimo **(5)** e deve essere corrisposta **(6)** nella misura determinata *[dalle norme corporative]*, con le modalità e nei termini in uso nel luogo in cui il lavoro viene eseguito.
[2] In mancanza di *[norme corporative o di]* accordo tra le parti, la retribuzione è determinata dal giudice **(7)**-**(8)**.

tribuzione proporzionata e sufficiente anche quando al singolo rapporto non risulti applicata alcuna disciplina di fonte collettiva (Cass. 1° febbraio 2019, n. 3137).

(4) Cfr. Parte II, cap. 1, *"La libertà sindacale"* e Parte II, cap. 3, *"Il contratto collettivo"*.

(5) La forma principale della retribuzione è quella a tempo, legata alla durata della prestazione lavorativa; la retribuzione a cottimo, invece, è proporzionata al rendimento del lavoro, misurato secondo i criteri predeterminati delle c.d. tariffe di cottimo.

(6) L'obbligatorietà e l'onerosità della retribuzione distinguono la retribuzione dalle c.d. liberalità, che dipendono dalla volontà del datore di lavoro, salvo che si ripetano con continuità nel corso del rapporto fino a trasformarsi, per fatto concludente delle parti, in erogazioni a tutti gli effetti di natura retributiva

(7) Per "mancanza di accordo" sulla retribuzione si intende, essenzialmente, il caso in cui la pattuizione individuale, in forma scritta o per fatti concludenti, preveda una misura della retribuzione stessa in violazione dell'art. 36 Cost., e cioè non proporzionata e/o non sufficiente. In questa ipotesi, il Giudice dichiara nulla tale clausola per contrasto con la norma imperativa e, in applicazione dell'art. 1419, comma 2, c.c. (cfr. par. 1), la sostituisce con un'altra clausola che preveda la retribuzione conforme ai criteri della norma imperativa violata; a tal fine, esercitando il potere di equità integrativa attribuitogli dall'art. 2099, comma 2, c.c., normalmente utilizza i minimi tariffari previsti dal contratto collettivo (cfr. nota 3).

(8) Rientrano nella nozione di retribuzione, oltre al minimo salariale, anche gli emolumenti corrisposti a carattere continuativo (Cass. 13 settembre 2018, n.

[3] Il prestatore di lavoro può anche essere retribuito in tutto o in parte con partecipazione agli utili o ai prodotti **(9)**, con provvigione **(10)** o con prestazioni in natura **(11)**.

Art. 2100. Obbligatorietà del cottimo – [1] Il prestatore di lavoro deve essere retribuito secondo il sistema del cottimo quando, in conseguenza dell'organizzazione del lavoro, è vincolato all'osservanza di un determinato ritmo produttivo, o quando la valutazione della sua prestazione è fatta in base al risultato delle misurazioni dei tempi di lavorazione.

Art. 2102. Partecipazione agli utili – [1] Se le norme corporative o la convenzione non dispongono diversamente, la partecipazione agli utili spettante al prestatore di lavoro è determinata in base agli utili netti dell'impresa, e, per le imprese soggette alla pubblicazione del bilancio, in base agli utili netti risultanti dal bilancio regolarmente approvato e pubblicato.

Art. 2126. Prestazione di fatto con violazione di legge – [1] La nullità o l'annullamento del contratto di lavoro non produce effetto per il periodo in cui il rapporto ha avuto esecuzione, salvo che la nullità derivi dall'illiceità dell'oggetto o della causa.

[2] Se il lavoro è stato prestato con violazione di norme poste a tutela del prestatore di lavoro, questi ha in ogni caso diritto alla retribuzione.

22387), il corrispettivo dovuto per il tempo necessario alla vestizione in cui il lavoratore è soggetto al potere direttivo (Cass. 9 aprile 2019, n. 9871), per i riposi intermedi in cui il dipendente deve mantenersi a disposizione del datore (Cass. 9 ottobre 2018, n. 24828), per i tempi di viaggio dei lavoratori senza luogo fisso di lavoro (Corte di Giustizia UE 10 settembre 2015, causa C-266/14), per la pronta reperibilità (Cass. 18 dicembre 2014, n. 26723).

(9) La natura aleatoria degli utili o dei prodotti dell'attività economica, impone che l'aggiunta di una quota di compenso fissa ai fini del raggiungimento del minimo sufficiente della retribuzione.

(10) Il compenso a provvigione è corrisposto in misura proporzionale al valore degli affari conclusi per conto dell'imprenditore.

(11) La legge consente che la retribuzione sia corrisposta interamente in natura, ma ciò potrebbe creare problemi al lavoratore al momento della conversione dei beni in denaro; pertanto, la retribuzione in natura, di solito, riguarda prevalentemente il vitto, l'alloggio e i c.d. fringe benefits, quali auto personale, assicurazione e simili.

6. Gli obblighi fondamentali del datore di lavoro: la retribuzione

D.l. 9 ottobre 1989, n. 338 conv. in legge 7 dicembre 1989, n. 389 – Disposizioni urgenti in materia di evasione contributiva, di fiscalizzazione degli oneri sociali, di sgravi contributivi nel Mezzogiorno e di finanziamento dei patronati

Art. 1. Retribuzione imponibile, accreditamento della contribuzione settimanale e limite minimo di retribuzione imponibile – [1] La retribuzione da assumere come base per il calcolo dei contributi di previdenza e di assistenza sociale non può essere inferiore all'importo delle retribuzioni stabilito da leggi, regolamenti, contratti collettivi, stipulati dalle organizzazioni sindacali più rappresentative su base nazionale, ovvero da accordi collettivi o contratti individuali, qualora ne derivi una retribuzione di importo superiore a quello previsto dal contratto collettivo **(12)**.

D.lgs. 30 marzo 2001, n. 165 – Norme generali sull'ordinamento del lavoro alle dipendenze delle amministrazioni pubbliche

Art. 45. Trattamento economico – [1] Il trattamento economico fondamentale ed accessorio [...] è definito dai contratti collettivi.

[2] Le amministrazioni pubbliche garantiscono ai propri dipendenti di cui all'articolo 2, comma 2 **(13)**, parità di trattamento contrattuale **(14)** e comunque trattamenti non inferiori a quelli previsti dai rispettivi contratti collettivi.

[3] I contratti collettivi definiscono, in coerenza con le disposizioni legislative vigenti, trattamenti economici accessori collegati:

a) alla performance individuale;

b) alla performance organizzativa con riferimento all'amministrazione nel suo complesso e alle unità organizzative o aree di responsabilità in cui si articola l'amministrazione;

---

(12) Ai sensi dell'art. 2, comma 25, della legge n. 549/1995, tale norma "si interpreta nel senso che, in caso di pluralità di contratti collettivi intervenuti per la medesima categoria, la retribuzione da assumere come base per il calcolo dei contributi previdenziali ed assistenziali è quella stabilita dai contratti collettivi stipulati dalle organizzazioni sindacali dei lavoratori e dei datori di lavoro comparativamente più rappresentative nella categoria".

(13) Cfr. cap. 46 "I principi del rapporto di lavoro pubblico contrattualizzato".

(14) Questo principio di parità di trattamento non consente, nell'ambito del rapporto di lavoro pubblico, deroghe migliorative da parte del contratto individuale rispetto ai trattamenti economici previsti dalla contrattazione collettiva, a differenza invece del rapporto di lavoro con i datori di lavoro privati, in cui tale principio è inesistente (cfr. nota 2).

> c) all'effettivo svolgimento di attività particolarmente disagiate ovvero pericolose o dannose per la salute.
>
> [...]

Art. 7. Gestione delle risorse umane – [1] Le amministrazioni pubbliche garantiscono parità e pari opportunità tra uomini e donne per l'accesso al lavoro ed il trattamento sul lavoro.

[...]

[5] Le amministrazioni pubbliche non possono erogare trattamenti economici accessori che non corrispondano alle prestazioni effettivamente rese.

7. Gli obblighi fondamentali del lavoratore: diligenza e obbedienza

Codice civile

Art. 2094. Prestatore di lavoro subordinato **(1)** – [1] È prestatore di lavoro subordinato chi si obbliga mediante retribuzione a collaborare nell'impresa, prestando il proprio lavoro intellettuale o manuale alle dipendenze e sotto la direzione dell'imprenditore.

Art. 2104. Diligenza del prestatore di lavoro – [1] Il prestatore di lavoro deve usare la diligenza richiesta dalla natura della prestazione dovuta **(2)**, dall'interesse dell'impresa **(3)-(4)-(5)** e da quello superiore della produzione nazionale **(6)**.

---

(1) Cfr. cap. 2 "La differenza tra lavoro subordinato e lavoro autonomo".

(2) Il primo parametro alla cui stregua deve essere apprezzato il grado di diligenza del lavoratore è la complessità delle mansioni svolte, anche con riferimento al livello di responsabilità delle stesse (Cass. 12 gennaio 2018, n. 663).

(3) Il secondo parametro di riferimento per valutare la diligenza del lavoratore è costituito dall'interesse dell'impresa in relazione al raccordo e coordinamento della prestazione con la specifica organizzazione del lavoro (Cass. 12 gennaio 2018, n. 663). Infatti, l'obbligazione del lavoratore, pur non venendo considerata come obbligazione di "mezzi", tuttavia deve risultare utile al conseguimento del risultato atteso dal creditore-datore di lavoro, e quindi deve essere idonea ad inserirsi proficuamente nell'organizzazione produttiva (Cass. 9 settembre 2003, n. 13194).

(4) La violazione dell'obbligo di diligenza costituisce una forma di inadempimento all'obbligazione contrattuale ed è fonte di responsabilità disciplinare (cfr. art. 2106 c.c., cap. 11 "*Il potere disciplinare e i suoi limiti*"). Inoltre, se la condotta colposa del lavoratore causa un evento dannoso, il lavoratore è obbligato al risarcimento del danno (Cass. 12 gennaio 2009, n. 394; Cass. 11 dicembre 1999, n. 13891). A tal fine, il datore di lavoro deve provare il danno ed il nesso di causalità fra il danno e la condotta, anche omissiva, del lavoratore. Il lavoratore ha invece l'onere di provare la non imputabilità dell'inadempimento, cioè di aver adottato la diligenza richiesta e l'assenza di colpa (Cass. 26 maggio 2008, n. 13530; cfr. art. 2697 c.c., cap. 47 "*Onere della prova e processo del lavoro*").

28   Il rapporto individuale di lavoro

[2] Deve inoltre osservare le disposizioni per l'esecuzione e per la disciplina del lavoro impartite dall'imprenditore e dai collaboratori di questo dai quali gerarchicamente dipende (7).

Art. 1175. Comportamento secondo correttezza – [1] Il debitore e il creditore devono comportarsi secondo le regole della correttezza (8).

Art. 1176. Diligenza nell'adempimento – [1] Nell'adempiere l'obbligazione il debitore deve usare la diligenza del buon padre di famiglia (9).

[2] Nell'adempimento delle obbligazioni inerenti all'esercizio di un'attività professionale, la diligenza deve valutarsi con riguardo alla natura dell'attività esercitata (10).

(5) Una modalità particolare di violazione dell'obbligo di diligenza è lo scarso rendimento del lavoratore, che può portare al licenziamento per giustificato motivo soggettivo, nel caso in cui la produttività del lavoratore sia sensibilmente inferiore a quella della maggioranza dei lavoratori di pari quantificazione professionale e addetti alle medesime mansioni, a parità di condizioni ed in assenza di cause a lui non imputabili (Cass. 9 luglio 2015, n. 14310).

(6) Il riferimento all'interesse superiore della prestazione nazionale deve intendersi abrogato in seguito alla caduta dell'ordinamento corporativo, secondo cui tutte le attività economiche dovevano tendere al suddetto fine comune.

(7) L'inosservanza delle disposizioni del datore di lavoro da parte del lavoratore può configurare la fattispecie dell'insubordinazione quando si concretizzi nel rifiuto di adempimento di tali disposizioni, ma anche nel caso di altro comportamento che pregiudichi l'esecuzione e il corretto svolgimento delle disposizioni medesime nel quadro dell'organizzazione aziendale, come, ad esempio, condotte aggressive e intimidatorie nei confronti dei superiori gerarchici o di altri colleghi in quanto idonee a pregiudicare il corretto svolgimento delle attività aziendali. Tali condotte se gravi possono giustificare il licenziamento (Cass. 11 febbraio 2020, n. 3277).

(8) Il concetto di correttezza, a cui può affiancarsi quello di buona fede in senso oggettivo, impone alle parti di comportarsi con lealtà ed onestà nell'eseguire la prestazione e non riguarda interessi specificamente predeterminati, bensì il rapporto obbligatorio nel suo complesso

(9) La diligenza rappresenta un concetto diverso da correttezza e buona fede (cfr. art. 1175 c.c.), poiché indica le modalità di esecuzione della prestazione e impone al debitore di fare tutto quanto necessario a soddisfare l'interesse del creditore all'esatto adempimento

(10) Si ritiene che tale comma esprima un principio di portata generale, per cui si dovrebbero sempre considerare le specifiche competenze del debitore, anche se questi non sia un professionista.

7. Gli obblighi fondamentali del lavoratore: diligenza e obbedienza

Art. 1375. Esecuzione di buona fede – [1] Il contratto deve essere eseguito secondo buona fede **(11)**.

---

(11) In sede esecutiva la buona fede costituisce criterio di valutazione del comportamento tenuto dalle parti nell'adempimento, in quanto queste devono osservare una serie di doveri di collaborazione che si sostanziano, tra gli altri, nell'obbligo di informare circa ogni questione che sia rilevante per la controparte; nell'obbligo di solidarietà; nell'obbligo di protezione, cioè di evitare che i beni o la persona dell'altra parte subiscano pregiudizi.

8. Gli obblighi accessori del datore di lavoro: tutela delle condizioni di lavoro

Codice civile

> *Art. 2087. Tutela delle condizioni di lavoro* – [1] L'imprenditore è tenuto ad adottare nell'esercizio dell'impresa le misure che, secondo la particolarità del lavoro, l'esperienza e la tecnica, sono necessarie a tutelare l'integrità fisica e la personalità morale dei prestatori di lavoro **(1)-(2)-(3)**.

(1) L'art. 2087 c.c., quale norma di chiusura del sistema antinfortunistico, impone al datore di lavoro, anche ove faccia difetto una specifica misura preventiva, di adottare comunque sia le misure generiche di prudenza e diligenza, sia le altre cautele necessarie secondo le norme tecniche e di esperienza, accolte negli standards di produzione industriale generalmente praticate e acquisite in concreto e comprese nel patrimonio di comune conoscenza al momento dell'infortunio (Corte cost. 25 luglio 1996, n. 312).

(2) La responsabilità per inadempimento da parte del datore di lavoro dell'obbligo di sicurezza ha natura contrattuale, dalla quale consegue l'esonero del lavoratore dall'onere di provare il dolo o la colpa dell'imprenditore inadempiente, la competenza del giudice del lavoro, l'applicazione della prescrizione decennale. Il lavoratore che agisca in giudizio per chiedere il risarcimento del danno ha l'onere di indicare la specifica misura di sicurezza che sarebbe stata violata e il datore ha l'onere di provare di averla invece osservata, essendo invece escluso che debba dimostrare di aver adottato ogni possibile e astratta misura idonea ad evitare il danno. Ma anche nel caso in cui il datore di lavoro non riesca ad assolvere l'onere della prova dell'adempimento, il risarcimento spetta solo per il danno comprovato dal lavoratore, che deve provare anche il nesso di causalità tra l'illecito e il danno. Tale nesso causale viene meno a fronte del comportamento abnorme del lavoratore, per tale intendendosi quel comportamento che, per la sua stranezza o imprevedibilità, si ponga al di fuori di ogni possibilità di controllo da parte delle persone preposte all'applicazione delle misure di prevenzione contro gli infortuni sul lavoro (Cass. 29 gennaio 2011, n. 2606); oppure nel caso del lavoratore che prenda un rischio elettivo esorbitante dall'esecuzione della prestazione; parimenti esclude la responsabilità del datore di lavoro che abbia adottato tutte le misure

8. Gli obblighi accessori del datore di lavoro: tutela delle condizioni di lavoro   31

Legge 5 giugno 2020, n. 40

> *Art. 29-bis (Obblighi dei datori di lavoro per la tutela contro il rischio di contagio da Covid-19).* – [1] Ai fini della tutela contro il rischio di contagio da Covid-19, i datori di lavoro pubblici e privati adempiono all'obbligo di cui all'articolo 2087 del codice civile mediante l'applicazione delle prescrizioni contenute nel protocollo condiviso di regolamentazione delle misure per il contrasto e il contenimento della diffusione del Covid-19 negli ambienti di lavoro, sottoscritto il 24 aprile 2020 tra il Governo e le parti sociali, e successive modificazioni e integrazioni, e negli altri protocolli e linee guida di cui all'articolo 1, comma 14, del decreto-legge 16 maggio 2020, n. 33, nonché mediante l'adozione e il mantenimento delle misure ivi previste. Qualora non trovino applicazione le predette prescrizioni, rilevano le misure contenute nei protocolli o accordi di settore stipulati dalle organizzazioni sindacali e datoriali comparativamente più rappresentative sul piano nazionale.

Legge 20 maggio 1970, n. 300 – Statuto dei lavoratori

Art. 5. Accertamenti sanitari – [1] Sono vietati accertamenti da parte del datore di lavoro sulla idoneità e sulla infermità per malattia o infortunio del lavoratore dipendente.

---

prevenzionistiche, la negligenza del lavoratore, che trasgredisce i precetti specifici o gli ordini ricevuti in materia di sicurezza; mentre il nesso causale tra illecito e danno non viene meno per il concorso colposo del lavoratore imprudente, che però riduce proporzionalmente il danno, ai sensi dell'art. 1227 c.c.

(3) Dalla tutela della "personalità morale" del lavoratore, prevista dalla norma in aggiunta all'integrità fisica, la giurisprudenza ha desunto la fattispecie del "mobbing", che consiste in condotte, anche in sé lecite, complessivamente dirette a perseguitare il lavoratore, caratterizzate dalla loro sistematicità, dall'intento persecutorio del datore di lavoro, dall'evento lesivo della salute e della personalità del dipendente. Inoltre, si sta facendo strada in giurisprudenza l'elaborazione, ricavata sempre in via interpretativa dall'art. 2087 c.c., di un'altra fattispecie, denominata "straining", intesa come una sorta di forma attenuata di mobbing, mancante dei caratteri della continuità delle condotte vessatorie e dell'intento persecutorio, ma che deve comunque consistere nell'adozione da parte del datore di lavoro di non meglio precisate condizioni lavorative "stressogene" (Cass. 5 dicembre 2018, n. 31485; Cass. 29 maggio 2018, n. 7844; Cass. 19 febbraio 2018, n. 3977; Cass. 10 luglio 2018, n. 18164).

32   Il rapporto individuale di lavoro

[2] Il controllo delle assenze per infermità può essere effettuato soltanto attraverso i servizi ispettivi degli istituti previdenziali competenti, i quali sono tenuti a compierlo quando il datore di lavoro lo richieda **(4)**.

[3] Il datore di lavoro ha facoltà di far controllare la idoneità fisica del lavoratore da parte di enti pubblici ed istituti specializzati di diritto pubblico.

Art. 9. Tutela della salute e dell'integrità fisica – [1] I lavoratori, mediante loro rappresentanze, hanno diritto di controllare l'applicazione delle norme per la prevenzione degli infortuni e delle malattie professionali e di promuovere la ricerca, l'elaborazione e l'attuazione di tutte le misure idonee a tutelare la loro salute e la loro integrità fisica.

D.lgs. 9 aprile 2008, n. 81 – Testo unico sulla salute e sicurezza sul lavoro

---

Art. 15. Misure generali di tutela – [1] Le misure generali di tutela della salute e della sicurezza dei lavoratori nei luoghi di lavoro sono:
    a) la valutazione di tutti i rischi per la salute e sicurezza **(5)**;

---

(4) La legge vieta al datore di lavoro di effettuare direttamente gli accertamenti sanitari sui lavoratori, ad esempio mediante ricorso a medico di propria fiducia. Il datore di lavoro può rivolgersi alle strutture pubbliche dell'ASL e dell'INPS per procedere al controllo dello stato di malattia del lavoratore. Il lavoratore dal canto suo dovrà cooperare con il medico per l'effettuazione della visita medica domiciliare, a pena di decadenza dal trattamento di malattia (Cass. 23 novembre 1999, n. 13006). Stessa sanzione è prevista in caso di assenza ingiustificata. Il datore di lavoro può ricorrere ad accertamenti – diversi dalle verifiche sanitarie – volti a dimostrare l'insussistenza dello stato di malattia, ovvero di comportamenti del lavoratore diretti a ritardare la guarigione. A questo proposito la giurisprudenza ha affermato che i controlli del datore di lavoro, ad esempio tramite investigatori, sono legittimi ed ammissibili quando si tratti di controlli durante i periodi di sospensione del rapporto di lavoro, al fine di consentire al datore di lavoro di prendere conoscenza di comportamenti extralavorativi, che assumono rilievo sotto il profilo del corretto adempimento degli obblighi derivanti dal rapporto di lavoro (Cass. 26 novembre 2014, n. 25162, Cass. 22 maggio 2017, n. 12810, Cass. 18 aprile 2018, n. 9590; Cass. 11 giugno 2018, n. 15094, Cass. 4 settembre 2018, 21621).

(5) La valutazione dei rischi, che si sostanzia nella redazione di un apposito documento, costituisce un obbligo per il datore di lavoro non delegabile , nel senso che in caso di conferimento a terzi della delega relativa alla redazione del do-

8. Gli obblighi accessori del datore di lavoro: tutela delle condizioni di lavoro 33

b) la programmazione della prevenzione, mirata ad un complesso che integri in modo coerente nella prevenzione le condizioni tecniche produttive dell'azienda nonché l'influenza dei fattori dell'ambiente e dell'organizzazione del lavoro;

c) l'eliminazione dei rischi e, ove ciò non sia possibile, la loro riduzione al minimo in relazione alle conoscenze acquisite in base al progresso tecnico;

d) il rispetto dei principi ergonomici nell'organizzazione del lavoro, nella concezione dei posti di lavoro, nella scelta delle attrezzature e nella definizione dei metodi di lavoro e produzione, in particolare al fine di ridurre gli effetti sulla salute del lavoro monotono e di quello ripetitivo;

e) la riduzione dei rischi alla fonte;

f) a sostituzione di ciò che è pericoloso con ciò che non lo è, o è meno pericoloso;

g) la limitazione al minimo del numero dei lavoratori che sono, o che possono essere, esposti al rischio;

h) l'utilizzo limitato degli agenti chimici, fisici e biologici sui luoghi di lavoro;

i) la priorità delle misure di protezione collettiva rispetto alle misure di protezione individuale;

l) il controllo sanitario dei lavoratori;

m) l'allontanamento del lavoratore dall'esposizione al rischio per motivi sanitari inerenti la sua persona e l'adibizione, ove possibile, ad altra mansione;

n) l'informazione e formazione adeguate per i lavoratori **(6)**;

o) l'informazione e formazione adeguate per dirigenti e i preposti;

p) l'informazione e formazione adeguate per i rappresentanti dei lavoratori per la sicurezza;

q) le istruzioni adeguate ai lavoratori;

---

cumento di valutazione dei rischi, il datore di lavoro non è esonerato dall'obbligo di verificarne l'adeguatezza e l'efficacia, di informare i lavoratori dei rischi connessi ai lavori in esecuzione e di fornire loro una formazione sufficiente ed adeguata in materia di sicurezza e salute, con particolare riferimento al proprio posto di lavoro e alle proprie mansioni (Cass. 11 febbraio 2016, n. 22147). Secondo la giurisprudenza, il c.d. DVR, documento di valutazione dei rischi, non può essere una valutazione generica ma deve contenere una stima di tutti i rischi per la sicurezza e la salute durante l'attività lavorativa, anche sintetica, ma specifica di ogni potenziale rischio per la sicurezza e la salute dei lavoratori (Cass. 14 giugno 2017, n. 29731).

(6) L'obbligo di formazione e informazione dei lavoratori gravante sul datore di lavoro riguarda tutti i rischi presenti nel luogo di lavoro, anche non specificamente connessi alle mansioni affidate ai lavoratori, ma non le attività eccentriche rispetto a quelle proprie di quel tipo e luogo di lavoro, per cui il datore di lavoro dovrà ritenersi esonerato da responsabilità nel caso in cui il lavoratore infortunato o un terzo abbiano adottato una condotta che ha cagionato l'infortunio del tutto eccentrica ed imprevedibile (Cass. 12 aprile 2018, n. 22034).

r) la partecipazione e consultazione dei lavoratori;

s) la partecipazione e consultazione dei rappresentanti dei lavoratori per la sicurezza;

t) la programmazione delle misure ritenute opportune per garantire il miglioramento nel tempo dei livelli di sicurezza, anche attraverso l'adozione di codici di condotta e di buone prassi;

u) le misure di emergenza da attuare in caso di primo soccorso, di lotta antincendio, di evacuazione dei lavoratori e di pericolo grave e immediato;

v) l'uso di segnali di avvertimento e di sicurezza;

z) la regolare manutenzione di ambienti, attrezzature, impianti, con particolare riguardo ai dispositivi di sicurezza in conformità alla indicazione dei fabbricanti.

[2] Le misure relative alla sicurezza, all'igiene ed alla salute durante il lavoro non devono in nessun caso comportare oneri finanziari per i lavoratori.

Art. 20. Obblighi dei lavoratori – [1] Ogni lavoratore deve prendersi cura della propria salute e sicurezza e di quella delle altre persone presenti sul luogo di lavoro, su cui ricadono gli effetti delle sue azioni o omissioni, conformemente alla sua formazione, alle istruzioni e ai mezzi forniti dal datore di lavoro.

[2] I lavoratori devono in particolare:

a) contribuire, insieme al datore di lavoro, ai dirigenti e ai preposti, all'adempimento degli obblighi previsti a tutela della salute e sicurezza sui luoghi di lavoro;

b) osservare le disposizioni e le istruzioni impartite dal datore di lavoro, dai dirigenti e dai preposti, ai fini della protezione collettiva ed individuale;

c) utilizzare correttamente le attrezzature di lavoro, le sostanze e i (miscele pericolose), i mezzi di trasporto, nonché i dispositivi di sicurezza;

d) utilizzare in modo appropriato i dispositivi di protezione messi a loro disposizione;

e) segnalare immediatamente al datore di lavoro, al dirigente o al preposto le deficienze dei mezzi e dei dispositivi di cui alle lettere c) e d), nonché qualsiasi eventuale condizione di pericolo di cui vengano a conoscenza, adoperandosi direttamente, in caso di urgenza, nell'ambito delle proprie competenze e possibilità e fatto salvo l'obbligo di cui alla lettera per eliminare o ridurre le situazioni di pericolo grave e incombente, dandone notizia al rappresentante dei lavoratori per la sicurezza;

f) non rimuovere o modificare senza autorizzazione i dispositivi di sicurezza o di segnalazione o di controllo;

g) non compiere di propria iniziativa operazioni o manovre che non sono di loro competenza ovvero che possano compromettere la sicurezza propria o di altri lavoratori;

h) partecipare ai programmi di formazione e di addestramento organizzati dal datore di lavoro;

i) sottoporsi ai controlli sanitari previsti dal presente decreto legislativo o comunque disposti dal medico competente.

[3] I lavoratori di aziende che svolgono attività in regime di appalto o subappalto, devono esporre apposita tessera di riconoscimento, corredata di fotografia, contenente le generalità del lavoratore e l'indicazione del datore di lavoro. Tale obbligo grava anche in capo ai lavoratori autonomi che esercitano direttamente la propria attività nel medesimo luogo di lavoro, i quali sono tenuti a provvedervi per proprio conto.

8. Gli obblighi accessori del datore di lavoro: tutela delle condizioni di lavoro   35

Art. 36. Informazione ai lavoratori – [1] Il datore di lavoro provvede affinché ciascun lavoratore riceva una adeguata informazione:

A) sui rischi per la salute e sicurezza sul lavoro connessi alla attività della impresa in generale;

B)sulle procedure che riguardano il primo soccorso, la lotta antincendio, l'evacuazione dei luoghi di lavoro;

C) sui nominativi dei lavoratori incaricati di applicare le misure di cui agli articoli 45 **(7)** e 46 **(8)**;

d) sui nominativi del responsabile e degli addetti del servizio di prevenzione e protezione, e del medico competente.

[2] Il datore di lavoro provvede altresì affinché ciascun lavoratore riceva una adeguata informazione:

sui rischi specifici cui è esposto in relazione all'attività svolta, le

normative di sicurezza e le disposizioni aziendali in materia;

sui pericoli connessi all'uso delle sostanze e dei (miscele pericolose) sulla base delle schede dei dati di sicurezza previste dalla normativa vigente e dalle norme di buona tecnica;

sulle misure e le attività di protezione e prevenzione adottate.

[3] [...]

[4] Il contenuto della informazione deve essere facilmente comprensibile per i lavoratori e deve consentire loro di acquisire le relative conoscenze. Ove la informazione riguardi lavoratori immigrati, essa avviene previa verifica della comprensione della lingua utilizzata nel percorso informativo.

Art. 41. Sorveglianza sanitaria – [1] La sorveglianza sanitaria è effettuata dal medico competente:

a) nei casi previsti dalla normativa vigente, dalle indicazioni fornite

dalla Commissione consultiva di cui all'articolo 6;

b) qualora il lavoratore ne faccia richiesta e la stessa sia ritenuta dal medico competente correlata ai rischi lavorativi **(9)**.

[2] La sorveglianza sanitaria comprende:

a) visita medica preventiva intesa a constatare l'assenza di controindicazioni al lavoro cui il lavoratore è destinato al fine di valutare la sua idoneità alla mansione specifica;

(**7**) Si tratta delle misure in materia di primo soccorso.

(**8**) Si tratta delle misure in materia di prevenzione degli incendi.

(**9**) L'obbligo di sottoporre i lavoratori a sorveglianza sanitaria non è esteso genericamente a tutte le lavorazioni, ma è circoscritto ai casi previsti da specifiche disposizioni, vale a dire nei confronti di lavoratori esposti a singoli rischi esplicitamente previsti (Cass. 15 luglio 2014, n. 30919).

b) visita medica periodica per controllare lo stato di salute dei lavoratori ed esprimere il giudizio di idoneità alla mansione specifica. La periodicità di tali accertamenti, qualora non prevista dalla relativa normativa, viene stabilita, di norma, in una volta l'anno. Tale periodicità può assumere cadenza diversa, stabilita dal medico competente in funzione della valutazione del rischio. L'organo di vigilanza, con provvedimento motivato, può disporre contenuti e periodicità della sorveglianza sanitaria differenti rispetto a quelli indicati dal medico competente;

c) visita medica su richiesta del lavoratore, qualora sia ritenuta dal medico competente correlata ai rischi professionali o alle sue condizioni di salute, suscettibili di peggioramento a causa dell'attività lavorativa svolta, al fine di esprimere il giudizio di idoneità alla mansione specifica;

d) visita medica in occasione del cambio della mansione onde verificare l'idoneità alla mansione specifica;

e) visita medica alla cessazione del rapporto di lavoro nei casi previsti dalla normativa vigente;

e-*bis*) visita medica preventiva in fase preassuntiva;

e-*ter*) visita medica precedente alla ripresa del lavoro, a seguito di assenza per motivi di salute di durata superiore ai sessanta giorni continuativi, al fine di verificare l'idoneità alla mansione.

[2-*bis*] Le visite mediche preventive possono essere svolte in fase preassuntiva, su scelta del datore di lavoro, dal medico competente o dai dipartimenti di prevenzione delle ASL.

[3] Le visite mediche di cui al comma 2 non possono essere effettuate:

b) per accertare stati di gravidanza; c) negli altri casi vietati dalla normativa vigente.

[4] Le visite mediche di cui al comma 2, a cura e spese del datore di lavoro, comprendono gli esami clinici e biologici e indagini diagnostiche mirati al rischio ritenuti necessari dal medico competente. Nei casi ed alle condizioni previste dall'ordinamento, le visite di cui al comma 2, lettere a), b), d), e-*bis*) e e-*ter*) sono altresì finalizzate alla verifica di assenza di condizioni di alcol dipendenza e di assunzione di sostanze psicotrope e stupefacenti.

[5] [...]

[6] Il medico competente, sulla base delle risultanze delle visite mediche di cui al comma 2, esprime uno dei seguenti giudizi relativi alla mansione specifica: a) idoneità; b) idoneità parziale, temporanea o permanente, con prescrizioni o limitazioni; c) inidoneità temporanea; d) inidoneità permanente.

[6-*bis*] Nei casi di cui alle lettere a), b), c) e d) del comma 6 il medico competente esprime il proprio giudizio per iscritto dando copia del giudizio medesimo al lavoratore e al datore di lavoro.

[7] Nel caso di espressione del giudizio di inidoneità temporanea vanno precisati i limiti temporali di validità.

[...]

8. Gli obblighi accessori del datore di lavoro: tutela delle condizioni di lavoro   37

[9] Avverso i giudizi del medico competente, ivi compresi quelli formulati in fase preassuntiva, è ammesso ricorso, entro trenta giorni dalla data di comunicazione del giudizio medesimo, all'organo di vigilanza territorialmente competente che dispone, dopo eventuali ulteriori accertamenti, la conferma, la modifica o la revoca del giudizio stesso.

Art. 42. Provvedimenti in caso di inidoneità alla mansione specifica – [1] Il datore di lavoro, anche in considerazione di quanto disposto dalla legge 12 marzo 1999, n. 68, in relazione ai giudizi di cui all'articolo 41, comma 6, attua le misure indicate dal medico competente e qualora le stesse prevedano un'inidoneità alla mansione specifica adibisce il lavoratore, ove possibile, a mansioni equivalenti o, in difetto, a mansioni inferiori garantendo il trattamento corrispondente alle mansioni di provenienza.

Codice penale

Art. 437. Rimozione od omissione dolosa di cautele contro infortuni sul lavoro – [1] Chiunque omette di collocare impianti, apparecchi o segnali destinati a prevenire disastri o infortuni sul lavoro, ovvero li rimuove o li danneggia, è punito con la reclusione da sei mesi a cinque anni.
[2] Se dal fatto deriva un disastro o un infortunio, la pena è della reclusione da tre a dieci anni.

Art. 451. Omissione colposa di cautele o difese contro disastri o infortuni sul lavoro – [1] Chiunque, per colpa, omette di collocare, ovvero rimuove o rende inservibili apparecchi o altri mezzi destinati all'estinzione di un incendio, o al salvataggio o al soccorso contro disastri o infortuni sul lavoro, è punito con la reclusione fino a un anno o con la multa da euro 10 a euro 516.

Art. 589. Omicidio colposo – [1] Chiunque cagiona, per colpa, la morte di un uomo è punito con la reclusione da sei mesi a cinque anni. Nel caso di morte di più persone, ovvero di morte di una sola persona e di lesione personale di una o più persone, si applica la disposizione della prima parte dell'articolo 81; ma la pena complessiva non può superare gli anni dodici.

Art. 590. Lesioni personali colpose – [1] Chiunque cagiona ad altri, per colpa, una lesione personale è punito con la reclusione fino a tre mesi o con la multa fino a lire cinquemila. Se la lesione è grave, la pena è della reclusione da uno a sei mesi o della multa da lire duemila a diecimila; se è gravissima, della reclusione da tre mesi a due anni o della multa da lire cinquemila a ventimila. Nel caso di lesione di più persone, si applica la disposizione della prima parte dell'articolo 81; ma la pena della reclusione non può, in complesso, superare anni cinque.

Art. 612 bis. Atti persecutori – [1] Salvo che il fatto costituisca più grave reato, è punito con la reclusione da sei mesi a cinque anni chiunque, con condotte reiterate, minaccia o molesta taluno in modo da cagionare un perdurante e grave stato di ansia o di paura ovvero da ingenerare un fondato timore per l'incolumità propria o di un prossimo congiunto o di persona al medesimo legata da relazione affettiva ovvero da costringere lo stesso ad alterare le proprie abitudini di vita.

Legge 12 marzo 1999, n. 68 – Norme per il diritto al lavoro dei disabili

Art. 10. Rapporto di lavoro dei disabili obbligatoriamente assunti – [...]
[3] Nel caso di aggravamento delle condizioni di salute o di significative variazioni dell'organizzazione del lavoro, il disabile può chiedere che venga accertata la compatibilità delle mansioni a lui affidate con il proprio stato di salute. Nelle medesime ipotesi il datore di lavoro può chiedere che vengano accertate le condizioni di salute del disabile per verificare se, a causa delle sue minorazioni, possa continuare ad essere utilizzato presso l'azienda. Qualora si riscontri una condizione di aggravamento che [...] sia incompatibile con la prosecuzione dell'attività lavorativa, o tale incompatibilità sia accertata con riferimento alla variazione dell'organizzazione del lavoro, il disabile ha diritto alla sospensione non retribuita del rapporto di lavoro fino a che l'incompatibilità persista. Durante tale periodo il lavoratore può essere impiegato in tirocinio formativo. Gli accertamenti sono effettuati dalla commissione di cui all'articolo 4 della legge 5 febbraio 1992, n. 104 [...]. La richiesta di accertamento e il periodo necessario per il suo compimento non costituiscono causa di sospensione del rapporto di lavoro. Il rapporto di lavoro può essere risolto nel caso in cui, anche attuando i possibili adattamenti dell'organizzazione del lavoro, la predetta commissione accerti la definitiva impossibilità di reinserire il disabile all'interno dell'azienda.

9. Gli obblighi accessori del lavoratore: obbligo di fedeltà

Codice civile

> *Art. 2105. Obbligo di fedeltà* **(1)** – [1] Il prestatore di lavoro non deve trattare affari, per conto proprio o di terzi, in concorrenza con l'imprenditore **(2)**, né divulgare notizie **(3)** attinenti all'organizzazione e ai metodi di produzione dell'impresa, o farne uso in modo da poter recare ad essa pregiudizio **(4)**.

(1) La rubrica della norma, richiamando un generico obbligo di fedeltà, può essere fuorviante rispetto al contenuto precettivo della norma stessa, la quale impone esclusivamente l'osservanza di due obblighi ben specifici di natura negativa: il divieto di concorrenza e l'obbligo di riservatezza. La giurisprudenza, probabilmente in ragione di tale rubrica, che sembra evocare un generico vincolo fiduciario, alle volte tende impropriamente ad enucleare dall'art. 2105 anche altri obblighi del lavoratore, oltre quelli ivi tipizzati, facendo anche leva sulle clausole di buona fede e correttezza, specialmente nei casi di condotte extralavorative del dipendente che in qualche modo possano arrecare pregiudizio alle finalità e agli interessi dell'impresa (Cass. 26 marzo 2018, n. 7425: cfr. cap. 21 *"Il licenziamento per giusta causa e giustificato motivo soggettivo"*). Questi obblighi, sia quelli tipizzati dall'art. 2105, sia quelli atipici, desumibili dalle clausole generali di buona fede e correttezza, rientrano nella più generale categoria degli obblighi accessori di protezione, in quanto la loro violazione non comporta l'inadempimento della prestazione principale ma essi sono posti a tutela della sfera del datore di lavoro nei confronti del possibile "plus" di pericolo e di danni che può provocargli il "contatto sociale" con il lavoratore. Tali obblighi devono essere rispettati anche al di fuori dell'orario di lavoro e durante la sospensione del rapporto e la loro violazione è fonte di responsabilità disciplinare (cfr. art. 2106 c.c., cap. 11 *"Il potere disciplinare e i suoi limiti"*), nonché dell'obbligo al risarcimento dei danni subiti dal datore di lavoro, qualora quest'ultimo sia in grado di fornirne la prova.

(2) Secondo un primo orientamento, la concorrenza si verifica in caso di attività potenzialmente (anche se non attualmente) produttive di danno (Cass. 1° febbraio 2005, n. 1878). Secondo un diverso orientamento, è invece necessario che l'attività sia stata concretamente attuata, almeno in parte (Cass. 24 dicembre 1999,

40 Il rapporto individuale di lavoro

Art. 1175. Comportamento secondo correttezza **(5)** – [1] Il debitore e il creditore devono comportarsi secondo le regole della correttezza.

Art. 1375. Esecuzione di buona fede **(6)** – [1] Il contratto deve essere eseguito secondo buona fede.

---

n. 14527). La concorrenza si realizza inoltre nel momento in cui il lavoratore predispone efficaci strumenti concorrenziali, senza necessariamente raggiungere un certo profitto, ma semplicemente violando la fiducia del datore di lavoro (Cass. 5 aprile 1986, n. 2372).

Il divieto di concorrenza opera soltanto durante lo svolgimento del rapporto di lavoro (Cass. 23 aprile 1997, n. 3528) e cessa a seguito della risoluzione del rapporto (Cass. 4 dicembre 1996, n. 10818) a meno che le parti non abbiano stipulato un patto di non concorrenza (cfr. art. 2125 c.c., cap. 38 "*Il patto di non concorrenza*").

(3) L'utilizzo di notizie da parte del lavoratore in attività esterne è legittimo quando rappresenta l'elemento di base del bagaglio delle conoscenze professionali acquisite, fermo restando il divieto di concorrenza e il rispetto del segreto professionale. La diffusione è consentita nei limiti in cui è ammesso il c.d. diritto di critica (ad es. sulle condizioni di lavoro), che è legittimo ove sia esercitato dal lavoratore nei limiti della correttezza formale (esposizione del pensiero critico) e della veridicità dei fatti denunciati, pur valutata secondo il parametro soggettivo della verità percepita dall'autore. Pertanto, solo nel caso in cui tali limiti siano superati (ad esempio, mediante l'attribuzione all'impresa o ai dirigenti di qualità apertamente disonorevoli o di riferimenti denigratori non provati), il comportamento del lavoratore può essere legittimamente sanzionato in via disciplinare (Cass. 18 gennaio 2019, n. 1379; Cass. 10 luglio 2018, n. 18176).

(4) L'obbligo di riservatezza impone al lavoratore di non divulgare notizie attinenti all'impresa idonee ad arrecare un pregiudizio per il datore di lavoro se diffuse all'esterno. Tendenzialmente il pregiudizio è collegato all'utilizzazione delle notizie in attività concorrenziale, ma può anche essere causato dalla comunicazione di informazioni tali da costituire opera di denigrazione dell'azienda. Non è ritenuta violazione dell'obbligo di riservatezza la divulgazione di fatti inerenti attività illecite poste in essere dal datore di lavoro, come ad esempio, l'evasione fiscale (Cass. 16 gennaio 2001, n. 519). Accanto alla tutela civilistica vi è quella penale per la protezione del segreto professionale ed aziendale (cfr. artt. 621, 622 e 623 cod. pen.).

(5) Cfr. cap. 7 "*Gli obblighi fondamentali del lavoratore: diligenza e obbedienza*".
(6) Cfr. cap. 7 "*Gli obblighi fondamentali del lavoratore: diligenza e obbedienza*".

9. Gli obblighi accessori del lavoratore: obbligo di fedeltà

Codice penale

Art. 621. Rivelazione del contenuto di documenti segreti – [1] Chiunque, essendo venuto abusivamente a cognizione del contenuto, che debba rimanere segreto, di altrui atti o documenti, pubblici o privati, non costituenti corrispondenza, lo rivela, senza giusta causa, ovvero lo impiega a proprio o altrui profitto, è punito, se dal fatto deriva nocumento, con la reclusione fino a tre anni o con la multa da euro 103 a euro 1.032.

[2] Agli effetti della disposizione di cui al primo comma è considerato documento anche qualunque supporto informatico contenente dati, informazioni o programmi.

[...]

Art. 622 Rivelazione di segreto professionale – [1] Chiunque, avendo notizia, per ragione del proprio stato o ufficio, o della propria professione o arte, di un segreto, lo rivela, senza giusta causa, ovvero lo impiega a proprio o altrui profitto, è punito, se dal fatto può derivare nocumento, con la reclusione fino a un anno o con la multa da trenta euro a cinquecentosedici euro.

[2] La pena è aggravata se il fatto è commesso da amministratori, direttori generali, dirigenti preposti alla redazione dei documenti contabili societari, sindaci o liquidatori o se è commesso da chi svolge la revisione contabile della società.

[...]

Art. 623 Rivelazione di segreti scientifici o industriali – [1] Chiunque, venuto a cognizione per ragione del suo stato o ufficio, o della sua professione o arte, di segreti commerciali o di notizie destinate a rimanere segrete, sopra scoperte o invenzioni scientifiche, li rivela o li impiega a proprio o altrui profitto, è punito con la reclusione fino a due anni.

[2] La stessa pena si applica a chiunque, avendo acquisito in modo abusivo segreti commerciali, li rivela o li impiega a proprio o altrui profitto.

[3] Se il fatto relativo ai segreti commerciali è commesso tramite qualsiasi strumento informatico la pena è aumentata.

[...]

10. Il potere di controllo e i suoi limiti

Legge 20 maggio 1970, n. 300 – Statuto dei lavoratori

Art. 2. Guardie giurate – [1] Il datore di lavoro può impiegare le guardie particolari giurate, di cui agli articoli 133 e seguenti del testo unico approvato con regio decreto 18 giugno 1931, numero 773, soltanto per scopi di tutela del patrimonio aziendale.

[2] Le guardie giurate non possono contestare ai lavoratori azioni o fatti diversi da quelli che attengono alla tutela del patrimonio aziendale.

È fatto divieto al datore di lavoro di adibire alla vigilanza sull'attività lavorativa le guardie di cui al primo comma, le quali non possono accedere nei locali dove si svolge tale attività, durante lo svolgimento della stessa, se non eccezionalmente per specifiche e motivate esigenze attinenti ai compiti di cui al primo comma.

[3] In caso di inosservanza da parte di una guardia particolare giurata delle disposizioni di cui al presente articolo, l'Ispettorato del lavoro ne promuove presso il questore la sospensione dal servizio, salvo il provvedimento di revoca della licenza da parte del prefetto nei casi più gravi.

Art. 3. Personale di vigilanza – [1] I nominativi e le mansioni specifiche del personale addetto alla vigilanza dell'attività lavorativa debbono essere comunicati ai lavoratori interessati.

Art. 4. Impianti audiovisivi e altri strumenti di controllo **(1)** – [1] Gli impianti audiovisivi e gli altri strumenti dai quali derivi anche la possibilità di controllo a distanza dell'attività dei lavoratori possono essere impiegati esclusivamente per esigenze organizzative e produttive, per la sicurezza del lavoro e per la tutela del patrimonio aziendale **(2)** e possono essere installati previo accordo collettivo stipulato dalla

(1) Il testo originario dell'art. 4 dello Statuto disponeva il divieto assoluto di effettuare controlli a distanza da parte del datore di lavoro, salva l'ipotesi di esigenze organizzative e produttive e subordinati alla sottoscrizione di un accordo sindacale ovvero, in mancanza, di un'autorizzazione amministrativa. A fronte dell'evoluzione tecnologica, l'art. 4 è stato modificato dall'art. 23, d.lgs. n. 151/2015 e dall'art. 5, comma 2, d.lgs. n. 185/2016.

(2) In vigenza del testo originario dell'art. 4 dello Statuto, la dottrina e la giuri-

10. Il potere di controllo e i suoi limiti

rappresentanza sindacale unitaria o dalle rappresentanze sindacali aziendali. In alternativa, nel caso di imprese con unità produttive ubicate in diverse province della stessa regione ovvero in più regioni, tale accordo può essere stipulato dalle associazioni sindacali comparativamente più rappresentative sul piano nazionale. In mancanza di accordo, gli impianti e gli strumenti di cui al primo periodo possono essere installati previa autorizzazione della sede territoriale dell'Ispettorato nazionale del lavoro o, in alternativa, nel caso di imprese con unità produttive dislocate negli ambiti di competenza di più sedi territoriali, della sede centrale dell'Ispettorato nazionale del lavoro. I provvedimenti di cui al terzo periodo sono definitivi.

[2] La disposizione di cui al comma 1 non si applica agli strumenti utilizzati dal lavoratore per rendere la prestazione lavorativa e agli strumenti di registrazione degli accessi e delle presenze **(3)-(4)**.

[3] Le informazioni raccolte ai sensi dei commi 1 e 2 sono utilizzabili a tutti i fini connessi al rapporto di lavoro a condizione che sia data al lavoratore adeguata informazione delle modalità d'uso degli strumenti e di effettuazione dei controlli e nel rispetto di quanto disposto dal decreto legislativo 30 giugno 2003, n. 196.

Art. 5. Accertamenti sanitari – [1] Sono vietati accertamenti da parte del datore di lavoro sulla idoneità e sulla infermità per malattia o infortunio del lavoratore dipendente.

[2] Il controllo delle assenze per infermità può essere effettuato soltanto attraverso i servizi ispettivi degli istituti previdenziali competenti, i quali sono tenuti compierlo quando il datore di lavoro lo richieda.

---

sprudenza avevano elaborato il concetto di "controlli difensivi", ovvero di controlli a distanza volti all'accertamento di un illecito commesso dal lavoratore e, più in generale, alla tutela del patrimonio aziendale, di fatto disapplicando l'art. 4 per questa particolare tipologia di controlli (Cass. 28 maggio 2018, n. 13266). Stante l'espressa previsione, nel nuovo testo della norma, della tutela del patrimonio aziendale all'interno del testo dell'art. 4, in dottrina si dibatte sulla sopravvivenza o meno della categoria dei controlli difensivi ovvero se i datori di lavoro necessitino o meno dell'accordo o dell'autorizzazione amministrativa per ricorrervi.

(3) Si pone il problema interpretativo se rientrano nella nozione "strumenti utilizzati per rendere la prestazione lavorativa", anche tutte quelle apparecchiature, applicazioni, programmi, ecc. che servono per rendere più efficiente la prestazione lavorativa, anche se non sono indispensabili alla sua materiale esecuzione.

(4) Il datore di lavoro può procedere ai controlli di smartphone e pc aziendali e non necessita di autorizzazione; tuttavia, secondo quanto statuito dalla Corte europea dei diritti dell'uomo, il controllo deve rispettare alcuni parametri quali un'informazione preventiva, l'impossibilità di ricorrere a misure meno intrusive, l'esistenza di gravi motivi che spingono l'azienda al controllo medesimo (cfr. CEDU, 5 settembre 2017, n. 61496).

44   Il rapporto individuale di lavoro

[3] Il datore di lavoro ha facoltà di far controllare la idoneità fisica del lavoratore da parte di enti pubblici ed istituti specializzati di diritto pubblico.

Art. 6. Visite personali di controllo – [1] Le visite personali di controllo sul lavoratore sono vietate fuorché nei casi in cui siano indispensabili ai fini della tutela del patrimonio aziendale, in relazione alla qualità degli strumenti di lavoro o delle materie prime o dei prodotti.

[2] In tali casi le visite personali potranno essere effettuate soltanto a condizione che siano eseguite all'uscita dei luoghi di lavoro, che siano salvaguardate la dignità e la riservatezza del lavoratore e che avvengano con l'applicazione di sistemi di selezione automatica riferiti alla collettività o a gruppi di lavoratori.

[3] Le ipotesi nelle quali possono essere disposte le visite personali, nonché, ferme restando le condizioni di cui al secondo comma del presente articolo, le relative modalità debbono essere concordate dal datore di lavoro con le rappresentanze sindacali aziendali oppure, in mancanza di queste, con la commissione interna. In difetto di accordo, su istanza del datore di lavoro, provvede l'Ispettorato del lavoro.

[4] Contro i provvedimenti dell'Ispettorato del lavoro di cui al precedente comma, il datore di lavoro, le rappresentanze sindacali aziendali o, in mancanza di queste, la commissione interna, oppure i sindacati dei lavoratori di cui al successivo articolo 19 possono ricorrere, entro 30 giorni dalla comunicazione del provvedimento, al Ministro per il lavoro e la previdenza sociale.

Art. 8. Divieto di indagini sulle opinioni – [1] È fatto divieto al datore di lavoro, ai fini dell'assunzione, come nel corso dello svolgimento del rapporto di lavoro, di effettuare indagini, anche a mezzo di terzi, sulle opinioni politiche, religiose o sindacali del lavoratore, nonché su fatti non rilevanti ai fini della valutazione dell'attitudine professionale del lavoratore.

D.lgs. 30 giugno 2003, n. 196 – Codice in materia di protezione dei dati personali

Art. 11. Modalità del trattamento e requisiti dei dati – [1] I dati personali oggetto di trattamento sono:

a) trattati in modo lecito e secondo correttezza;

b) raccolti e registrati per scopi determinati, espliciti e legittimi, ed utilizzati in altre operazioni del trattamento in termini compatibili con tali scopi;

c) esatti e, se necessario, aggiornati;

d) pertinenti, completi e non eccedenti rispetto alle finalità per le quali sono raccolti o successivamente trattati;

e) conservati in una forma che consenta l'identificazione dell'interessato per un pe-

10. Il potere di controllo e i suoi limiti

45

riodo di tempo non superiore a quello necessario agli scopi per i quali essi sono stati raccolti o successivamente trattati.

[2] I dati personali trattati in violazione della disciplina rilevante in materia di trattamento dei dati personali non possono essere utilizzati.

Art. 171. Altre fattispecie – [1] La violazione delle disposizioni di cui all'articolo 11 e all'articolo 4, primo e secondo comma, della legge 20 maggio 1970, n. 300, è punita con le sanzioni di cui all'articolo 38 della legge n. 300 del 1970 **(5)**. [...]

Art. 111. Regole deontologiche per trattamenti nell'ambito del rapporto di lavoro – [1] Il Garante promuove [...] l'adozione di regole deontologiche per i soggetti pubblici e privati interessati al trattamento dei dati personali effettuato nell'ambito del rapporto di lavoro per le finalità di cui all'articolo 88 del Regolamento, prevedendo anche specifiche modalità per le informazioni da rendere all'interessato.

Art. 114. Garanzie in materia di controllo a distanza – [1] Resta fermo quanto disposto dall'articolo 4 della legge 20 maggio 1970, n. 300.

Art. 115. Telelavoro, lavoro agile e lavoro domestico – [1] Nell'ambito del rapporto di lavoro domestico del telelavoro e del lavoro agile il datore di lavoro è tenuto a garantire al lavoratore il rispetto della sua personalità e della sua libertà morale.

[2] Il lavoratore domestico è tenuto a mantenere la necessaria riservatezza per tutto quanto si riferisce alla vita familiare.

GDPR – Regolamento Generale sulla Protezione dei Dati (UE/2016/679)

Art. 88. Trattamento dei dati nell'ambito dei rapporti di lavoro – [1] Gli Stati membri possono prevedere, con legge o tramite contratti collettivi, norme più specifiche per assicurare la protezione dei diritti e delle libertà con riguardo al trattamento dei dati personali dei dipendenti nell'ambito dei rapporti di lavoro, in particolare per finalità di assunzione, esecuzione del contratto di lavoro, compreso l'adempimento degli obblighi stabiliti dalla legge o da contratti collettivi, di gestione, pianificazione e organizzazione del lavoro, parità e diversità sul posto di lavoro, salute e sicurezza sul lavoro, protezione della proprietà del datore di lavoro o del cliente e ai fini dell'esercizio e del godimento, individuale o collettivo, dei diritti e dei vantaggi connessi al lavoro, nonché per finalità di cessazione del rapporto di lavoro.

[2] Tali norme includono misure appropriate e specifiche a salvaguardia della dignità umana, degli interessi legittimi e dei diritti fondamentali degli interessati, in particolare per quanto riguarda la trasparenza del trattamento, il trasferimento di

---

(5) Cfr. Cap. 18, *"Divieti di discriminazione"*.

> dati personali nell'ambito di un gruppo imprenditoriale o di un gruppo di imprese che svolge un'attività economica comune e i sistemi di monitoraggio sul posto di lavoro.
> [...]

D.lgs. 30 giugno 2003, n. 196 – Norme generali sull'ordinamento del lavoro alle dipendenze delle amministrazioni pubbliche

Art. 55-septies. Controlli sulle assenze – [1] Nell'ipotesi di assenza per malattia protratta per un periodo superiore a dieci giorni, e, in ogni caso, dopo il secondo evento di malattia nell'anno solare l'assenza viene giustificata esclusivamente mediante certificazione medica rilasciata da una struttura sanitaria pubblica o da un medico convenzionato con il Servizio sanitario nazionale. I controlli sulla validità delle suddette certificazioni restano in capo alle singole amministrazioni pubbliche interessate.

[2] In tutti i casi di assenza per malattia la certificazione medica è inviata per via telematica, direttamente dal medico o dalla struttura sanitaria che la rilascia, all'Istituto nazionale della previdenza sociale, secondo le modalità stabilite per la trasmissione telematica dei certificati medici nel settore privato dalla normativa vigente, e in particolare dal decreto del Presidente del Consiglio dei Ministri previsto dall'articolo 50, comma 5-*bis*, del decreto-legge 30 settembre 2003, n. 269, convertito, con modificazioni, dalla legge 24 novembre 2003, n. 326, introdotto dall'articolo 1, comma 810, della legge 27 dicembre 2006, n. 296, e dal predetto Istituto è immediatamente resa disponibile, con le medesime modalità, all'amministrazione interessata. L'Istituto nazionale della previdenza sociale utilizza la medesima certificazione per lo svolgimento delle attività di cui al successivo comma 3 anche mediante la trattazione dei dati riferiti alla diagnosi. I relativi certificati devono contenere anche il codice nosologico. Il medico o la struttura sanitaria invia telematicamente la medesima certificazione all'indirizzo di posta elettronica personale del lavoratore qualora il medesimo ne faccia espressa richiesta fornendo un valido indirizzo.

[2-*bis*] Gli accertamenti medico-legali sui dipendenti assenti dal servizio per malattia sono effettuati, sul territorio nazionale, in via esclusiva dall'Inps d'ufficio o su richiesta con oneri a carico dell'Inps che provvede nei limiti delle risorse trasferite delle Amministrazioni interessate. Il rapporto tra l'Inps e i medici di medicina fiscale è disciplinato da apposite convenzioni, stipulate dall'Inps con le organizzazioni sindacali di categoria maggiormente rappresentative in campo nazionale. L'atto di indirizzo per la stipula delle convenzioni è adottato con decreto del Ministro del lavoro e delle politiche sociali, di concerto con il Ministro per la semplificazione e la pubblica amministrazione e con il Ministro della salute, sentito l'Inps per gli aspetti organizzativo-gestionali e sentite la Federazione nazionale degli Ordini dei medici chirurghi e degli odontoiatri e le organizzazioni sindacali di categoria maggiormente rappresentative. Le convenzioni garantiscono il prioritario ricorso ai medici iscritti nelle liste di cui all'articolo 4, comma 10-*bis*, del decreto-legge 31 agosto 2013, n. 101, convertito, con modificazioni, dalla legge 30 ottobre 2013, n. 125, per tutte le funzioni di accertamento medico-legali sulle assenze dal servizio per malattia dei pubblici dipendenti, ivi comprese le attività ambulatoriali inerenti alle medesime funzioni. Il predetto atto di indirizzo stabilisce, altresì, la durata delle convenzioni, demandando a queste ultime, anche in funzione della relativa durata, la disciplina delle incompatibilità in relazione alle funzioni di certificazione delle malattie.

10. Il potere di controllo e i suoi limiti

[3] L'Istituto nazionale della previdenza sociale, gli enti del servizio sanitario nazionale e le altre amministrazioni interessate svolgono le attività di cui al comma 2 con le risorse finanziarie, strumentali e umane disponibili a legislazione vigente, senza nuovi o maggiori oneri a carico della finanza pubblica.

[...]

[5] Le pubbliche amministrazioni dispongono per il controllo sulle assenze per malattia dei dipendenti valutando la condotta complessiva del dipendente e gli oneri connessi all'effettuazione della visita, tenendo conto dell'esigenza di contrastare e prevenire l'assenteismo. Il controllo è in ogni caso richiesto sin dal primo giorno quando l'assenza si verifica nelle giornate precedenti o successive a quelle non lavorative.

[...]

[5-*ter*] Nel caso in cui l'assenza per malattia abbia luogo per l'espletamento di visite, terapie, prestazioni specialistiche od esami diagnostici il permesso è giustificato mediante la presentazione di attestazione, anche in ordine all'orario, rilasciata dal medico o dalla struttura, anche privati, che hanno svolto la visita o la prestazione o trasmessa da questi ultimi mediante posta elettronica.

11. Il potere disciplinare e i suoi limiti

Codice civile

Art. 2106. Sanzioni disciplinari – [1] L'inosservanza delle disposizioni contenute nei due articoli precedenti **(1)** può dar luogo alla applicazione di sanzioni disciplinari **(2)**, secondo la gravità dell'infrazione **(3)**.

Art. 1218 . Responsabilità del debitore **(4)** – [1] Il debitore che non esegue esatta-

(1) Cfr. cap. 7 *"Gli obblighi fondamentali del lavoratore: diligenza e obbedienza"*.

(2) L'irrogazione di pene private per la conservazione ed il buon funzionamento dell'organizzazione incontra limiti sostanziali (art. 2016 c.c.) e procedimentali (art. 7 Stat. lav.) a garanzia dell'interesse del lavoratore a non essere punito ingiustamente o sproporzionatamente, a conoscere preventivamente le regole da rispettare e le corrispondenti sanzioni, ad essere informato dell'accusa e a potersi difendere prima dell'irrogazione della sanzione. Si tratta di principi che la Corte Costituzionale ha definito di "civiltà giuridica" necessitati (Corte cost. 30 novembre 1982, n. 204; Corte cost. 25 luglio 1989, n. 427; Corte cost. 23 luglio 1991, n. 364). In alcune situazioni l'esercizio del potere disciplinare è doveroso, come, ad esempio, nel caso di inosservanza da parte del lavoratore della normativa di sicurezza (Cass. 26 gennaio 1994, n. 774), ovvero di condotte illecite di un dipendente a danno di un altro (Cass. 11 novembre 1997, n. 11403).

(3) Per "infrazione" deve intendersi l'inadempimento degli obblighi contrattuali. I vari livelli della gravità dell'inadempimento ai quali sono applicabili le sanzioni c.d. conservative, vanno dall'inadempimento di scarsa importanza fino a quello di non scarsa importanza (art. 1455 c.c.), al di sotto però della soglia del notevole inadempimento che invece giustifica il licenziamento (cfr. par. 21). I provvedimenti disciplinari, in ordine di gravità, sono il rimprovero verbale, il rimprovero scritto, la multa, la sospensione dal servizio e dalla retribuzione, il licenziamento.

(4) Resta salva la possibilità per il datore di lavoro di ottenere in giudizio il risarcimento del danno, senza alcun obbligo procedimentale, qualora la condotta del lavoratore, oltre a costituire infrazione disciplinare integri anche gli estremi di un illecito civile (Cass. 25 maggio 2012, n. 8293).

11. Il potere disciplinare e i suoi limiti   49

mente la prestazione dovuta è tenuto al risarcimento del danno, se non prova che l'inadempimento o il ritardo è stato determinato da impossibilità della prestazione derivante da causa a lui non imputabile.

Art. 1455. Importanza *dell'inadempimento* – [1] Il contratto non si può risolvere se l'inadempimento di una delle parti ha scarsa importanza, avuto riguardo all'interesse dell'altra.

Legge 20 maggio 1970, n. 300 – Statuto dei lavoratori

Art. 7. Sanzioni disciplinari – [1] Le norme disciplinari relative alle sanzioni, alle infrazioni in relazione alle quali ciascuna di esse può essere applicata ed alle procedure di contestazione delle stesse, devono essere portate a conoscenza dei lavoratori mediante affissione in luogo accessibile a tutti. Esse devono applicare quanto in materia è stabilito da accordi e contratti di lavoro ove esistano (5).

[2] Il datore di lavoro non può adottare alcun provvedimento disciplinare nei confronti del lavoratore senza avergli preventivamente contestato l'addebito (6) (7) e senza averlo sentito a sua difesa (8).

---

(5) Si ritiene in giurisprudenza che in tutti i casi in cui il comportamento sanzionato sia immediatamente percepibile dal lavoratore come illecito, perché contrario al c.d. "minimo etico" o a norme di rilevanza penale, non è necessario che sia data adeguata pubblicità al codice disciplinare, in quanto il lavoratore ben può rendersi conto, al di là di una analitica predeterminazione dei comportamenti vietati e delle relative sanzioni da parte del codice disciplinare, dell'illiceità della propria condotta (Cass. 25 ottobre 2017, n. 25378).

(6) La contestazione deve essere specifica, e cioè indicare il fatto nella sua materialità, anche sinteticamente, purché in modo tale da consentire al lavoratore di comprendere l'accusa e di difendersi (Cass. 26 ottobre 2010, n, 21912). Non è dovuta, neppure a richiesta, la fonte di prova del fatto contestato (Cass. 25 maggio 1996, n. 4823) né la qualificazione del fatto (Cass. 20 ottobre 2000, n. 13905). Deve essere altresì contestata la recidiva, ma solo se è elemento costitutivo dell'infrazione e non se costituisce mera aggravante (Cass. 20 febbraio 2012, n. 2433).

(7) La contestazione deve essere altresì tempestiva, nel senso che il datore di lavoro deve contestare l'infrazione nel momento in cui ne è venuto a conoscenza (Cass. 17 maggio 2005, n. 10302), eventualmente procrastinandola solo per il tempo necessario ad acquisire elementi indispensabili ai fini della decisione (Cass. 10 novembre 1997, n. 11095) e tenuto conto delle dimensioni dell'organizzazione aziendale (Cass. 21 aprile 2001, n. 5947).

(8) Il lavoratore non ha diritto a farsi assistere da un legale (Cass. 28 settembre 1996, n. 8571) e l'audizione può avvenire oralmente, in apposito incontro, oppure

50   Il rapporto individuale di lavoro

[3] Il lavoratore potrà farsi assistere da un rappresentante dell'associazione sindacale cui aderisce o conferisce mandato.

[4] Fermo restando quanto disposto dalla legge 15 luglio 1966, n. 604 **(9)**, non possono essere disposte sanzioni disciplinari che comportino mutamenti definitivi del rapporto di lavoro **(10)**; inoltre la multa non può essere disposta per un importo superiore a quattro ore della retribuzione base e la sospensione dal servizio e dalla retribuzione per più di dieci giorni.

[5] In ogni caso, i provvedimenti disciplinari più gravi del rimprovero verbale non possono essere applicati prima che siano trascorsi cinque giorni dalla contestazione per iscritto del fatto che vi ha dato causa **(11)**.

[6] Salvo analoghe procedure previste dai contratti collettivi di lavoro e ferma restando la facoltà di adire l'autorità giudiziaria, il lavoratore al quale sia stata applicata una sanzione disciplinare può promuovere, nei venti giorni successivi, anche per mezzo dell'associazione alla quale sia iscritto ovvero conferisca mandato, la costituzione, tramite l'ufficio provinciale del lavoro e della massima occupazione, di un collegio di conciliazione ed arbitrato, composto da un rappresentante di ciascuna delle parti e da un terzo membro scelto di comune accordo o, in difetto di accordo, nominato dal direttore dell'ufficio del lavoro. La sanzione disciplinare resta sospesa fino alla pronuncia da parte del collegio.

[7] Qualora il datore di lavoro non provveda, entro dieci giorni dall'invito rivoltogli dall'ufficio del lavoro, a nominare il proprio rappresentante in seno al collegio di cui al comma precedente, la sanzione disciplinare non ha effetto. Se il datore di lavoro adisce l'autorità giudiziaria, la sanzione disciplinare resta sospesa fino alla definizione del giudizio.

---

per iscritto. I commi secondo e terzo trovano applicazione anche nei confronti di qualunque licenziamento con motivazione disciplinare ed a prescindere dal numero di dipendenti del datore di lavoro e dalla categoria o qualifica del lavoratore (Corte cost. 30 novembre 1982, n. 204; Corte cost. 25 luglio 1989, n. 427).

(9) Cfr. cap. 21 "*Il licenziamento per giusta causa e per giustificato motivo soggettivo*".

(10) Tra i provvedimenti che comportano mutamenti definitivi del rapporto vi è anche il trasferimento (cfr. cap. 12 "*Il trasferimento del lavoratore e la trasferta*"), che però è ammesso dalla giurisprudenza qualora abbia funzione cautelare, essendo funzionale a rimuovere situazioni di incompatibilità ambientali che si siano determinate fra il dipendente ed i colleghi e che siano ostative al regolare funzionamento dell'unità produttiva (Cass. 6 luglio 2011, n. 14875).

(11) Talvolta i contratti collettivi elevano il termine di 5 giorni per l'irrogazione della sanzione. In ogni caso il datore di lavoro deve provvedere con tempestività, altrimenti si presume l'abbandono del procedimento disciplinare. La sospensione cautelare nelle more del procedimento disciplinare è sempre possibile e non costituisce sanzione.

11. Il potere disciplinare e i suoi limiti   51

> [8] Non può tenersi conto ad alcun effetto delle sanzioni disciplinari decorsi due anni dalla loro applicazione **(12)**.

D.lgs. 30 marzo 2001, n. 165 – Norme generali sull'ordinamento del lavoro alle dipendenze delle amministrazioni pubbliche

Art. 55. Responsabilità, infrazioni e sanzioni, procedure conciliative – [...].

[2] Ferma la disciplina in materia di responsabilità civile, amministrativa, penale e contabile, ai rapporti di lavoro di cui al comma 1 **(13)** si applica l'articolo 2106 del codice civile. Salvo quanto previsto dalle disposizioni del presente Capo, la tipologia delle infrazioni e delle relative sanzioni è definita dai contratti collettivi. La pubblicazione sul sito istituzionale dell'amministrazione del codice disciplinare, recante l'indicazione delle predette infrazioni e relative sanzioni, equivale a tutti gli effetti alla sua affissione all'ingresso della sede di lavoro.

[3] La contrattazione collettiva non può istituire procedure di impugnazione dei provvedimenti disciplinari. Resta salva la facoltà di disciplinare mediante i contratti collettivi procedure di conciliazione non obbligatoria, fuori dei casi per i quali è prevista la sanzione disciplinare del licenziamento, da instaurarsi e concludersi entro un termine non superiore a trenta giorni dalla contestazione dell'addebito e comunque prima dell'irrogazione della sanzione. La sanzione concordemente determinata all'esito di tali procedure non può essere di specie diversa da quella prevista, dalla legge o dal contratto collettivo, per l'infrazione per la quale si procede e non è soggetta ad impugnazione. I termini del procedimento disciplinare restano sospesi dalla data di apertura della procedura conciliativa e riprendono a decorrere nel caso di conclusione con esito negativo. Il contratto collettivo definisce gli atti della procedura conciliativa che ne determinano l'inizio e la conclusione.

[...]

Art. 55 bis. Forme e termini del procedimento disciplinare – [1] Per le infrazioni di minore gravità, per le quali è prevista l'irrogazione della sanzione del rimprovero verbale, il procedimento disciplinare è di competenza del responsabile della struttura presso cui presta servizio il dipendente. Alle infrazioni per le quali è previsto il rimprovero verbale si applica la disciplina stabilita dal contratto collettivo.

---

(12) Il limite biennale di efficacia delle sanzioni disciplinari non impedisce di tenerne conto ai fini della valutazione della giustificazione del licenziamento, quali fatti confermativi di questa (Cass. 14 ottobre 2009, n. 21795).

(13) Si tratta dei rapporti di lavoro alle dipendenze delle pubbliche amministrazioni.

52   Il rapporto individuale di lavoro

[2] Ciascuna amministrazione, secondo il proprio ordinamento e nell'ambito della propria organizzazione, individua l'ufficio per i procedimenti disciplinari competente per le infrazioni punibili con sanzione superiore al rimprovero verbale e ne attribuisce la titolarità e responsabilità.

[3] Le amministrazioni, previa convenzione, possono prevedere la gestione unificata delle funzioni dell'ufficio competente per i procedimenti disciplinari, senza maggiori oneri per la finanza pubblica.

[4] Fermo restando quanto previsto dall'articolo 55-*quater*, commi 3-*bis* e 3-*ter* (14), per le infrazioni per le quali è prevista l'irrogazione di sanzioni superiori al rimprovero verbale, il responsabile della struttura presso cui presta servizio il dipendente, segnala immediatamente, e comunque entro dieci giorni, all'ufficio competente per i procedimenti disciplinari i fatti ritenuti di rilevanza disciplinare di cui abbia avuto conoscenza. L'Ufficio competente per i procedimenti disciplinari, con immediatezza e comunque non oltre trenta giorni decorrenti dal ricevimento della predetta segnalazione, ovvero dal momento in cui abbia altrimenti avuto piena conoscenza dei fatti ritenuti di rilevanza disciplinare, provvede alla contestazione scritta dell'addebito e convoca l'interessato, con un preavviso di almeno venti giorni, per l'audizione in contraddittorio a sua difesa. Il dipendente può farsi assistere da un procuratore ovvero da un rappresentante dell'associazione sindacale cui aderisce o conferisce mandato. In caso di grave ed oggettivo impedimento, ferma la possibilità di depositare memorie scritte, il dipendente può richiedere che l'audizione a sua difesa sia differita, per una sola volta, con proroga del termine per la conclusione del procedimento in misura corrispondente. [...] il dipendente ha diritto di accesso agli atti istruttori del procedimento. L'ufficio competente per i procedimenti disciplinari conclude il procedimento, con l'atto di archiviazione o di irrogazione della sanzione, entro centoventi giorni dalla contestazione dell'addebito. Gli atti di avvio e conclusione del procedimento disciplinare, nonché l'eventuale provvedimento di sospensione cautelare del dipendente, sono comunicati dall'ufficio competente di ogni amministrazione, per via telematica, all'Ispettorato per la funzione pubblica, entro venti giorni dalla loro adozione. Al fine di tutelare la riservatezza del dipendente, il nominativo dello stesso è sostituito da un codice identificativo.

[5] La comunicazione di contestazione dell'addebito al dipendente, nell'ambito del procedimento disciplinare, è effettuata tramite posta elettronica certificata, nel caso in cui il dipendente dispone di idonea casella di posta, ovvero tramite consegna a mano. In alternativa all'uso della posta elettronica certificata o della consegna a mano, le comunicazioni sono effettuate tramite raccomandata postale con ricevuta di ritorno. Per le comunicazioni successive alla contestazione dell'addebito, è consentita la comunicazione tra l'amministrazione ed i propri dipendenti tramite posta elettronica o altri strumenti informatici di comunicazione [...], ovvero anche al numero di fax o altro indirizzo di posta elettronica, previamente comunicati dal dipendente o dal suo procuratore.

(14) Cfr. cap. 23 "Tipizzazioni di giustificazione del licenziamento".

11. Il potere disciplinare e i suoi limiti 53

[6] Nel corso dell'istruttoria, l'Ufficio per i procedimenti disciplinari può acquisire da altre amministrazioni pubbliche informazioni o documenti rilevanti per la definizione del procedimento. La predetta attività istruttoria non determina la sospensione del procedimento, né il differimento dei relativi termini.

[7] Il dipendente o il dirigente, appartenente alla stessa o a una diversa amministrazione pubblica dell'incolpato, che, essendo a conoscenza per ragioni di ufficio o di servizio di informazioni rilevanti per un procedimento disciplinare in corso, rifiuta, senza giustificato motivo, la collaborazione richiesta dall'Ufficio disciplinare procedente ovvero rende dichiarazioni false o reticenti, è soggetto all'applicazione, da parte dell'amministrazione di appartenenza, della sanzione disciplinare della sospensione dal servizio con privazione della retribuzione, commisurata alla gravità dell'illecito contestato al dipendente, fino ad un massimo di quindici giorni.

[8] In caso di trasferimento del dipendente, a qualunque titolo, in un'altra amministrazione pubblica, il procedimento disciplinare è avviato o concluso e la sanzione è applicata presso quest'ultima. In caso di trasferimento del dipendente in pendenza di procedimento disciplinare, l'ufficio per i procedimenti disciplinari che abbia in carico gli atti provvede alla loro tempestiva trasmissione al competente ufficio disciplinare dell'amministrazione presso cui il dipendente è trasferito. In tali casi il procedimento disciplinare è interrotto e dalla data di ricezione degli atti da parte dell'ufficio disciplinare dell'amministrazione presso cui il dipendente è trasferito decorrono nuovi termini per la contestazione dell'addebito o per la conclusione del procedimento. Nel caso in cui l'amministrazione di provenienza venga a conoscenza dell'illecito disciplinare successivamente al trasferimento del dipendente, la stessa Amministrazione provvede a segnalare immediatamente e comunque entro venti giorni i fatti ritenuti di rilevanza disciplinare all'Ufficio per i procedimenti disciplinari dell'amministrazione presso cui il dipendente è stato trasferito e dalla data di ricezione della predetta segnalazione decorrono i termini per la contestazione dell'addebito e per la conclusione del procedimento. Gli esiti del procedimento disciplinare vengono in ogni caso comunicati anche all'amministrazione di provenienza del dipendente.

[9] La cessazione del rapporto di lavoro estingue il procedimento disciplinare salvo che per l'infrazione commessa sia prevista la sanzione del licenziamento o comunque sia stata disposta la sospensione cautelare dal servizio. In tal caso le determinazioni conclusive sono assunte ai fini degli effetti giuridici ed economici non preclusi dalla cessazione del rapporto di lavoro.

[9-bis] Sono nulle le disposizioni di regolamento, le clausole contrattuali o le disposizioni interne, comunque qualificate, che prevedano per l'irrogazione di sanzioni disciplinari requisiti formali o procedurali ulteriori rispetto a quelli indicati nel presente articolo o che comunque aggravino il procedimento disciplinare.

[9-ter]. La violazione dei termini e delle disposizioni sul procedimento disciplinare previste dagli articoli da 55, fatta salva l'eventuale responsabilità del dipendente cui essa sia imputabile, non determina la decadenza dall'azione disciplinare né l'invalidità degli atti e della sanzione irrogata, purché non risulti irrimediabilmente compromesso il diritto di difesa del dipendente, e le modalità di eserci-

zio dell'azione disciplinare, anche in ragione della natura degli accertamenti svolti nel caso concreto, risultino comunque compatibili con il principio di tempestività. Fatto salvo quanto previsto dall'articolo 55-*quater*, commi 3-*bis* e 3-*ter* **(15)**, sono da considerarsi perentori il termine per la contestazione dell'addebito e il termine per la conclusione del procedimento.

[...]

(15) Cfr. cap. 23 "Tipizzazioni di giustificazione del licenziamento".

12. Il trasferimento del lavoratore e la trasferta

Codice civile

Art. 2103. Mansioni del lavoratore – [...]
[8] Il lavoratore non può essere trasferito da un'unità produttiva ad un'altra se non per comprovate ragioni tecniche, organizzative e produttive **(1)-(2)**.

(1) La comunicazione del trasferimento può avvenire anche in forma orale, se quella scritta non è imposta dal contratto collettivo. Non è previsto neppure uno specifico obbligo di preavviso, anche se lo si potrebbe ricavare dal principio di buona fede nell'esecuzione del contratto (art. 1375 c.c.), se non è stabilito anch'esso dal contratto collettivo. Neppure la motivazione è sancita dalla legge ma la giurisprudenza, con interpretazione analogica con quanto disposto per il licenziamento, riteneva che il datore di lavoro dovesse fornirla entro sette giorni dalla richiesta del lavoratore che l'avesse richiesta entro quindici giorni dalla comunicazione del trasferimento. Tuttavia, a seguito dell'introduzione, con la legge n. 92/2012, dell'obbligo di contestuale motivazione del licenziamento, la giurisprudenza si sta orientando a ritenere non più applicabile in via analogica quest'ultima disposizione al trasferimento, con conseguente inconfigurabilità di un obbligo del datore di lavoro di comunicare la motivazione, neppure a fronte della tempestiva richiesta in tal senso da parte del lavoratore, fermo restando l'onere dell'allegazione e della prova delle ragioni giustificatrici del trasferimento stesso gravante sul datore di lavoro in sede giudiziale a fronte dell'impugnazione del provvedimento da parte del lavoratore (Cass. 13 gennaio 2017, n. 807).

(2) Cfr. cap. 13. *"Tecniche di tutela"*, per le tecniche di tutela del lavoratore nei confronti del trasferimento illegittimo. Il lavoratore che impugni il trasferimento sostenendone l'illegittimità non può però rifiutarsi aprioristicamente, e senza un eventuale avvallo giudiziario (conseguibile anche d'urgenza), di eseguire la prestazione lavorativa richiesta, essendo egli tenuto ad osservare le disposizioni impartite dal datore di lavoro, ai sensi degli artt. 2086 e 2104 c.c. (Cass. 19 febbraio 2019, n. 4795). Il rifiuto del lavoratore di assumere servizio presso la sede di destinazione deve essere proporzionato all'inadempimento datoriale ai sensi dell'art. 1460 comma 2 c.c., ed in ogni caso deve essere accompagnato da una seria ed effettiva disponibilità a prestare servizio presso la sede originaria (Cass. 25 settembre 2018, n. 22656).

56   Il rapporto individuale di lavoro

> [9] Salvo che ricorrano le condizioni di cui al secondo e al quarto comma e fermo quanto disposto al sesto comma, ogni patto contrario è nullo.

Legge 4 novembre 2010, n. 183 – Collegato Lavoro

> *Art. 32. Decadenze e disposizioni in materia di contratto di lavoro a tempo determinato* [...]
> [3] Le disposizioni di cui all'articolo 6 della legge 15 luglio 1966, n. 604 **(3)**, come modificato dal comma 1 del presente articolo, si applicano inoltre:
> [...]
> c) al trasferimento ai sensi dell'articolo 2103 del codice civile, con termine decorrente dalla data di ricezione della comunicazione di trasferimento **(4)**;
> [...]

Legge 15 luglio 1966, n. 604

Art. 6. **(5)** – [1] Il licenziamento deve essere impugnato a pena di decadenza entro sessanta giorni dalla ricezione della sua comunicazione, ovvero dalla comunicazione dei motivi, ove non contestuale, con qualsiasi atto scritto, anche extragiudiziale, idoneo a rendere nota la volontà del lavoratore anche attraverso l'intervento dell'organizzazione sindacale diretto ad impugnare il licenziamento stesso.

[2] L'impugnazione è inefficace se non è seguita, entro il successivo termine di centottanta giorni, dal deposito del ricorso nella cancelleria del tribunale in funzione di giudice del lavoro o dalla comunicazione alla controparte della richiesta di tentativo di conciliazione o arbitrato, ferma restando la possibilità di produrre nuovi documenti formatisi dopo il deposito del ricorso. Qualora la conciliazione o l'arbitrato richiesti siamo rifiutati o non sia raggiunto l'accordo necessario al relativo espletamento, il ricorso al giudice deve essere depositato a pena di decadenza entro sessanta giorni dal rifiuto o dal mancato accordo.

[...]

(**3**) Cfr. cap. 27, *"Impugnazione del licenziamento e la revoca"*.

(**4**) Cfr. cap. 27, *"Impugnazione del licenziamento e la revoca"*.

(**5**) Cfr. cap. 27 *"Impugnazione del licenziamento e revoca"*.

12. Il trasferimento del lavoratore e la trasferta

Legge 4 novembre 2010, n. 183

Art. 30. Clausole generali e certificazione del contratto di lavoro **(6)** – [1] In tutti i casi nei quali le disposizioni di legge nelle materie di cui all'articolo 409 del codice di procedura civile e all'articolo 63, comma 1, del decreto legislativo 30 marzo 2001, n. 165, contengano clausole generali, ivi comprese le norme in tema di instaurazione di un rapporto di lavoro, esercizio dei poteri datoriali, trasferimento di azienda e recesso, il controllo giudiziale è limitato esclusivamente, in conformità ai principi generali dell'ordinamento, all'accertamento del presupposto di legittimità e non può essere esteso al sindacato di merito sulle valutazioni tecniche, organizzative e produttive che competono al datore di lavoro o al committente. (L'inosservanza delle disposizioni di cui al precedente periodo, in materia di limiti al sindacato di merito sulle valutazioni tecniche, organizzative e produttive che competono al datore di lavoro, costituisce motivo di impugnazione per violazione di norme di diritto).

(6) Cfr. Cap. 3, *"La certificazione dei contratti di lavoro"*.

13. Tecniche di tutela

Codice civile

> *Art. 1218. Responsabilità del debitore* – [1] Il debitore che non esegue esattamente la prestazione dovuta è tenuto al risarcimento del danno se non prova che l'inadempimento o il ritardo è stato determinato da impossibilità della prestazione derivante da causa a lui non imputabile **(1)**.

> *Art. 1453. Risolubilità del contratto per inadempimento* – [1] Nei contratti con prestazioni corrispettive, quando uno dei contraenti non adempie le sue obbligazioni, l'altro può a sua scelta chiedere l'adempimento o **(2)** la risoluzione del contratto, salvo, in ogni caso, il risarcimento del danno.
> [2] La risoluzione può essere domandata anche quando il giudizio è stato promosso per ottenere l'adempimento; ma non può più chiedersi l'adempimento quando è stata domandata la risoluzione.
> [3] Dalla data della domanda di risoluzione l'inadempiente non può più adempiere la propria obbligazione.

> *Art. 1460. Eccezione d'inadempimento.* – [1] Nei contratti con prestazioni corrispettive, ciascuno dei contraenti può rifiutarsi di adempiere la sua obbligazione, se l'altro non adempie o non offre di adempiere contemporaneamen-

(1) La violazione da parte del datore di lavoro della disciplina, legale o negoziale, dei limiti imposti ai suoi poteri, ovvero degli altri obblighi su di lui gravanti, costituisce inadempimento contrattuale, che può far sorgere il diritto del lavoratore al risarcimento dei danni, in presenza della prova dei tre elementi della fattispecie risarcitoria: illecito, danno, nesso di causalità tra il primo e il secondo.

(2) Il lavoratore, a fronte dell'inadempimento del datore di lavoro, può chiedere, oltre al risarcimento del danno, anche una condanna del datore di lavoro all'adempimento dell'obbligo rimasto insoddisfatto; mentre, per quanto riguarda la risoluzione del rapporto di lavoro, si applica la disciplina speciale prevista per il licenziamento o le dimissioni.

13. Tecniche di tutela

te la propria salvo che termini diversi per l'adempimento siano stati stabiliti dalle parti o risultino dalla natura del contratto (3).

[2] Tuttavia non può rifiutarsi l'esecuzione se, avuto riguardo alle circostanze, il rifiuto è contrario alla buona fede (4).

Codice di procedura civile

Art. 700 Condizioni per la concessione – [1] Fuori dei casi regolati nelle precedenti sezioni di questo capo, chi ha fondato motivo di temere che durante il tempo occorrente per far valere il suo diritto in via ordinaria, questo sia minacciato da un pregiudizio imminente e irreparabile, può chiedere con ricorso al giudice i provvedimenti d'urgenza, che appaiono, secondo le circostanze, più idonei ad assicurare provvisoriamente gli effetti della decisione sul merito.

(3) Nel caso in cui il datore di lavoro non rispetta i limiti posti dalla disciplina legale o contrattuale all'esercizio dei suoi poteri, la prestazione conseguentemente richiesta non è dovuta, sicché il lavoratore può legittimamente rifiutarla in quanto l'atto di esercizio del potere è inefficace in quanto contrario a norma imperativa. Dal rifiuto della prestazione non dovuta si distingue l'eccezione di inadempimento prevista dall'art. 1460 c.c., che consente al lavoratore, che subisce un inadempimento da parte del datore di lavoro, di rifiutare a sua volta di adempiere al proprio obbligo. Qui il lavoratore non rifiuta una prestazione non dovuta, bensì rifiuta in via di autotutela una prestazione contrattualmente dovuta.

(4) Il richiamo alla buona fede qui è da intendersi come proporzionalità dell'inadempimento del lavoratore rispetto a quello del datore di lavoro.

14. L'orario di lavoro ed il lavoro straordinario

Costituzione della Repubblica italiana

Art. 36 **(1)**. – [1] Il lavoratore ha diritto ad una retribuzione proporzionata alla quantità e qualità del suo lavoro e in ogni caso sufficiente ad assicurare a sé e alla famiglia un'esistenza libera e dignitosa.

[2] La durata massima della giornata lavorativa è stabilita dalla legge.

[...]

Codice civile

Art. 2108. Lavoro straordinario e notturno – [...]
[2] Il lavoro notturno non compreso in regolari turni periodici deve essere parimenti retribuito con una maggiorazione rispetto al lavoro diurno.
[3] I limiti entro i quali sono consentiti il lavoro straordinario e quello notturno, la durata di essi e la misura della maggiorazione sono stabiliti dalla legge.

D.lgs. 8 aprile 2003, n. 66

Art. 1. Finalità e definizioni – [...]
[2] Agli effetti delle disposizioni di cui al presente decreto si intende per:
a) "orario di lavoro": qualsiasi periodo in cui il lavoratore sia al lavoro, a disposizione del datore di lavoro e nell'esercizio della sua attività o delle sue funzioni **(2)**;

---

(1) Cfr. Cap. 6, "*Gli obblighi fondamentali del datore di lavoro: la retribuzione*".

(2) La disposizione, che ricalca la definizione della direttiva europea in materia di orario di lavoro, ha sostituito la definizione precedente di orario di lavoro, che aveva come criterio principale "l'effettività del lavoro", sostituendola con il

14. L'orario di lavoro ed il lavoro straordinario

[...]
d) "periodo notturno": periodo di almeno sette ore consecutive comprendenti l'intervallo tra la mezzanotte e le cinque del mattino;
e) "lavoratore notturno":
1) qualsiasi lavoratore che durante il periodo notturno svolga almeno tre ore del suo tempo di lavoro giornaliero impiegato in modo normale;
2) qualsiasi lavoratore che svolga durante il periodo notturno almeno una parte del suo orario di lavoro secondo le norme definite dai contratti collettivi di lavoro. In difetto di disciplina collettiva è considerato lavoratore notturno qualsiasi lavoratore che svolga [per almeno tre ore] lavoro notturno per un minimo di ottanta giorni lavorativi all'anno; il suddetto limite minimo è riproporzionato in caso di lavoro a tempo parziale;
[...]

Art. 3. Orario normale di lavoro – [1] L'orario normale di lavoro è fissato in 40 ore settimanali **(3)**.
[2] I contratti collettivi di lavoro possono stabilire, ai fini contrattuali, una durata minore e riferire l'orario normale alla durata media delle prestazioni lavorative in un periodo non superiore all'anno.

Art. 4. Durata massima dell'orario di lavoro – [1] I contratti collettivi di lavoro stabiliscono la durata massima settimanale dell'orario di lavoro.
[2] La durata media dell'orario di lavoro non può in ogni caso superare, per ogni periodo di sette giorni, le quarantotto ore, comprese le ore di lavoro straordinario.

---

più ampio concetto di disponibilità del lavoratore e del suo assoggettamento al potere direttivo del datore di lavoro. Sulla base di tale nuova definizione, la giurisprudenza di legittimità ha statuito, con riferimento al caso di lavoratori tenuti ad indossare dispositivi di protezione individuale, che il tempo occorrente per indossare la divisa aziendale e tali dispositivi (c.d. tempo tuta), ancorché relativo a fase preparatoria della prestazione lavorativa, deve essere autonomamente retribuito ove tali operazioni, pure accessorie e strumentali, debbano essere eseguite nell'ambito della disciplina dell'impresa e siano autonomamente esigibili da parte del datore di lavoro, il quale può rifiutare la prestazione principale, in difetto di quella preparatoria (tra le tante Cass. 29 maggio 2017, n. 13466; Cass. 31 gennaio 2011, n. 2135; Cass. 10 settembre 2010, n. 19358).

(3) L'orario individuale deve essere indicato nella lettera di assunzione, anche mediante rinvio alla disciplina collettiva. L'accordo specifico tra le parti può essere modificato solo mediante un patto successivo tra le parti stesse (Cass. 26 marzo 1983, n. 2108).

[3] Ai fini della disposizione di cui al comma 2, la durata media dell'orario di lavoro deve essere calcolata con riferimento a un periodo non superiore a quattro mesi.

[4] I contratti collettivi di lavoro possono in ogni caso elevare il limite di cui al comma 3 fino a sei mesi ovvero fino a dodici mesi a fronte di ragioni obiettive, tecniche o inerenti all'organizzazione del lavoro, specificate negli stessi contratti collettivi.

Art. 5. Lavoro straordinario **(4)** – [1] Il ricorso a prestazioni di lavoro straordinario deve essere contenuto.

[2] Fermi restando i limiti di cui all'articolo 4, i contratti collettivi di lavoro regolamentano le eventuali modalità di esecuzione delle prestazioni di lavoro straordinario.

[3] In difetto di disciplina collettiva applicabile, il ricorso al lavoro straordinario è ammesso soltanto previo accordo tra datore di lavoro e lavoratore per un periodo che non superi le duecentocinquanta ore annuali.

[4] Salvo diversa disposizione dei contratti collettivi il ricorso a prestazioni di lavoro straordinario è inoltre ammesso in relazione a:

a) casi di eccezionali esigenze tecnico-produttive e di impossibilità di fronteggiarle attraverso l'assunzione di altri lavoratori;

b) casi di forza maggiore o casi in cui la mancata esecuzione di prestazioni di lavoro straordinario possa dare luogo a un pericolo grave e immediato ovvero a un danno alle persone o alla produzione;

c) eventi particolari, come mostre, fiere e manifestazioni collegate alla attività produttiva, nonché allestimento di prototipi, modelli o simili, predisposti per le stesse, preventivamente comunicati agli uffici competenti [...], e in tempo utile alle rappresentanze sindacali aziendali.

[5] Il lavoro straordinario deve essere computato a parte e compensato con le maggiorazioni retributive previste dai contratti collettivi di lavoro. I contratti collettivi possono in ogni caso consentire che, in alternativa o in aggiunta alle maggiorazioni retributive, i lavoratori usufruiscano di riposi compensativi.

Art. 7. Riposo giornaliero – [1] Ferma restando la durata normale dell'orario settimanale, il lavoratore ha diritto a undici ore di riposo consecutivo ogni ventiquattro ore. Il riposo giornaliero deve essere fruito in modo consecutivo fatte salve le attività caratterizzate da periodi di lavoro frazionati durante la giornata [o da regimi di reperibilità].

---

(4) Il datore di lavoro può richiedere la prestazione di lavoro straordinario in forma esplicita, rispettando le modalità eventualmente richieste dai contratti collettivi, ovvero implicita, vale a dire creando condizioni che lo rendano necessario (Cass. 20 febbraio 2009, n. 4269).

14. L'orario di lavoro ed il lavoro straordinario

Art. 8. *Pause* – [...]

[3] Salvo diverse disposizioni dei contratti collettivi, rimangono non retribuiti o computati come lavoro ai fini del superamento dei limiti di durata i periodi di cui all'articolo 5 regio decreto 10 settembre 1923, n. 1955, e successivi atti applicativi, e dell'articolo 4 del regio decreto 10 settembre 1923, n. 1956, e successive integrazioni **(5)**.

(5) Ai sensi di tali disposizioni, non si considerano come lavoro effettivo i riposi intermedi che siano usufruiti dal lavoratore sia all'interno che all'esterno dell'azienda e il tempo impiegato per recarsi al posto di lavoro.

15. Il riposo settimanale, le festività e le ferie

Costituzione della Repubblica italiana

Art. 36. – [...]
[3] Il lavoratore ha diritto al riposo settimanale e a ferie annuali retribuite, e non può rinunziarvi **(1)**.

Codice civile

Art. 2109. Periodo di riposo – [1] Il prestatore di lavoro ha diritto ad un giorno di riposo ogni settimana di regola in coincidenza con la domenica **(2)**.

---

(1) Il principio di irrinunciabilità delle ferie, oltre ad essere affermato dall'art. 36 Cost., è un pilastro anche del diritto comunitario ed internazionale: si veda ad esempio l'art. 14 della Dichiarazione universale dei diritti dell'uomo dell'ONU, l'art. 8 della Carta europea dei diritti sociali fondamentali dei lavoratori, l'art. 31 della Carta dei diritti fondamentali dell'U.E, oltre alle direttive 93/104, 2000/34, adottate nell'ordinamento italiano con il d.lgs. n. 66/2003. La Corte di Giustizia ha statuito che il diritto di ogni lavoratore alle ferie annuali retributive va considerato come un principio particolarmente importante del diritto sociale comunitario, al quale non si può derogare (Corte Giust. Ue, 26 giugno 2001, causa C-179/99). Poiché la disciplina dettata dalle direttive – segnatamente dall'art. 7 della direttiva n. 93/104, trasposto nell'art. 10 del d.lgs. n. 66/2003 – stabilisce il livello di tutela minimo dei lavoratori, la giurisprudenza ha più volte adottato un'interpretazione rigida del principio di irrinunciabilità, sancendo l'illegittimità di fenomeni come la monetizzazione delle ferie e la negoziabilità delle stesse a livello individuale o collettivo (Corte Giust. Ue, 6 aprile 2006, causa 124/2005).

(2) Il diritto al riposo settimanale è un diritto irrinunciabile del lavoratore, volto a garantire la preservazione ed il recupero delle energie psicofisiche e di consentire al lavoratore di dedicarsi e partecipare attivamente alla vita familiare, alla vita sociale e di relazione (Corte cost. 22 gennaio 1987, n. 16).

15. Il riposo settimanale, le festività e le ferie

[2] Ha anche diritto ad un periodo annuale di ferie retribuito, possibilmente continuativo, nel tempo che l'imprenditore stabilisce, tenuto conto delle esigenze dell'impresa e degli interessi del prestatore di lavoro. La durata di tale periodo è stabilita dalla legge], dagli usi o secondo equità **(3)**.

[3] L'imprenditore deve preventivamente comunicare al prestatore di lavoro il periodo stabilito per il godimento delle ferie.

[...]

D.lgs. 8 aprile 2003, n. 66

Art. 9. Riposi settimanali – [1] Il lavoratore ha diritto ogni sette giorni a un periodo di riposo di almeno ventiquattro ore consecutive, di regola in coincidenza con la domenica, da cumulare con le ore di riposo giornaliero di cui all'articolo 7 **(4)**. [Il suddetto periodo di riposo consecutivo è calcolato come media in un periodo non superiore a quattordici giorni].

[...]

[4] Sono fatte salve le disposizioni speciali che consentono la fruizione del riposo settimanale in giorno diverso dalla domenica [...].

Art. 10. Ferie annuali – [1] Fermo restando quanto previsto dall'articolo 2109 del codice civile, il prestatore di lavoro ha diritto ad un periodo annuale di ferie retribuite non inferiore a quattro settimane. Tale periodo, salvo quanto previsto dalla contrattazione collettiva o dalla specifica disciplina riferita alle categorie di cui all'articolo 2, comma 2 **(5)**, va goduto per almeno due settimane, consecutive in caso di richiesta del lavoratore, nel corso dell'anno di maturazione e, per le restanti due settimane, nei 18 mesi successivi al termine dell'anno di maturazione.

---

(3) L'esatta determinazione del periodo feriale, presupponendo una valutazione comparativa di diverse esigenze, spetta unicamente al datore di lavoro, nell'esercizio generale del potere organizzativo e direttivo dell'impresa, dovendosi riconoscere al lavoratore la mera facoltà di indicare il periodo annuale entro il quale intende usufruire del riposo (Cass. 14 giugno 2016, n. 12205). Sicché, in assenza di concessione delle ferie da parte del datore di lavoro l'assenza è ingiustificata con il conseguente licenziamento (Cass. 18 maggio 2012, m. 7863). Nel caso di chiusura dell'azienda in un certo periodo dell'anno solare sono inevitabili le ferie collettive (Cass. 13 giugno 1984, n. 3525).

(4) Cfr. cap. 14 *"L'orario di lavoro ed il lavoro straordinario"*.

(5) Ai sensi di tale disposizione, in caso di particolari esigenze di servizio o di ragioni connesse ai servizi di protezione civile, nonché degli altri servizi espletati

66   Il rapporto individuale di lavoro

> [2] Il predetto periodo minimo di quattro settimane non può essere sostituito dalla relativa indennità per ferie non godute, salvo il caso di risoluzione del rapporto di lavoro **(6)**.

D.lgs. 14 settembre 2015, n. 151 – Disposizioni per la razionalizzazione e la semplificazione dell'attività ispettiva in materia di lavoro e legislazione sociale, in attuazione della legge 10 dicembre 2014, n. 183

> *Art. 24. Cessione dei riposi e delle ferie* – [1] Fermi restando i diritti di cui al decreto legislativo 8 aprile 2003, n. 66, i lavoratori possono cedere a titolo gratuito i riposi e le ferie da loro maturati ai lavoratori dipendenti dallo stesso datore di lavoro, al fine di consentire a questi ultimi di assistere i figli minori che per le particolari condizioni di salute necessitano di cure costanti, nella misura, alle condizioni e secondo le modalità stabilite dai contratti collettivi stipulati dalle associazioni sindacali comparativamente più rappresentative sul piano nazionale applicabili al rapporto di lavoro.

dal Corpo nazionale dei vigili del fuoco, particolari categorie di personale della pubblica amministrazione (es. adibito nelle strutture penitenziarie) le disposizioni di cui al d.lgs. n. 66/2003 non trovano applicazione.

(6) La monetizzazione delle ferie, mediante il percepimento di un'indennità sostitutiva è ammissibile solo nel caso di risoluzione del rapporto di lavoro. L'indennità ha natura mista, risarcitoria e retributiva, in quanto è volta a compensare il danno derivante dalla perdita del diritto al riposo, ed è un corrispettivo dell'attività lavorativa resa in un periodo che avrebbe dovuto essere retribuito ma non lavorato (Cass. 29 maggio 2018, n. 13473). La Suprema Corte ha altresì affermato che il diritto all'indennità sostituiva non sussiste se il datore di lavoro dimostra di avere offerto un adeguato tempo per il godimento delle ferie, di cui il lavoratore non abbia usufruito, venendo ad incorrere, così, nella "mora del creditore" (Cass. 7 febbraio 2018, n. 2946). La mancata fruizione delle ferie a tempo debito non consente al datore di lavoro di imporre il godimento delle ferie per un unico lungo periodo, così come non può pretendere dal lavoratore il godimento cumulativo in prossimità del pensionamento, essendo l'istituto delle ferie preordinato al recupero delle energie psico-fisiche nel corso del rapporto e non al termine di esso (Cass. 9 marzo 2017, n. 6115).

16. Infortunio, malattia, maternità e paternità

Codice civile

Art. 2110. Infortunio, malattia, gravidanza, puerperio – [1] In caso di infortunio **(1)**, di malattia **(2)**, di gravidanza o di puerperio, se la legge [o le norme corporative] non stabiliscono forme equivalenti di previdenza o di assistenza, è dovuta al prestatore di lavoro la retribuzione o un'indennità **(3)** nella misura e per il tempo determinati dalle leggi speciali [dalle norme corporative], dagli usi o secondo equità.

(1) L'infortunio del lavoratore può avvenire sul posto di lavoro ovvero fuori dall'azienda. Si considera infortunio sul lavoro ogni incidente occorso "in occasione di lavoro", intendendosi per ciò tutte le condizioni, incluse quelle ambientali e socio-economiche in cui l'attività lavorativa si svolge e nelle quali è insito un rischio di danno per il lavoratore, indipendentemente dal fatto che tale danno sia causato da terzi o da fatti e situazioni dipendenti dal lavoratore, con il solo limite del rischio elettivo (Cass. 5 gennaio 2015, n. 6), definito dalla giurisprudenza come condotta che assume i caratteri dell'abnormità, dell'imprevedibilità e dell'esorbitanza (Cass. 24 ottobre 2018, n. 27034). Rientra nella nozione di occasione di lavoro anche l'infortunio occorso "in itinere", nel tragitto dall'abitazione al luogo di lavoro, e viceversa (Cass. 13 aprile 2016, n. 7313), oppure per recarsi nella sede di una riunione indetta dal datore di lavoro (Cass. 7 luglio 2016, n. 13882), oppure nello svolgimento di attività prodromiche e strumentali allo svolgimento di una prestazione in trasferta (Circ. INAIL 23 ottobre 2013, n. 52). L'infortunio avvenuto in ambito extralavorativo è equiparato, invece, alla malattia.

(2) La malattia, a fini giuslavoristici, è definita come uno stato di alterazione della salute psicofisica del lavoratore, che provoca un'assoluta o parziale incapacità di svolgere l'attività lavorativa (Cass. 21 aprile 2017, n. 10154). Se il lavoratore malato è parzialmente idoneo alla prestazione, tanto da utilizzare questa capacità lavorativa a favore di terzi, deve offrire al datore di lavoro la sua disponibilità (Cass. 29 luglio 1998, n. 7467). In caso di malattia, il lavoratore è tenuto ad avvisare tempestivamente il datore di lavoro dell'assenza, nonché della prevedibile data di ripresa del servizio, fornendo la relativa certificazione medica (Cass. 3 maggio 2109, n. 11700), da inviare con l'indicazione del domicilio al fine dell'effettuazione dei controlli previsti dall'art. 5 Stat. lav., su cui *infra*. Se il lavoratore non

68 Il rapporto individuale di lavoro

[2] Nei casi indicati nel comma precedente, l'imprenditore ha diritto di recedere dal contratto a norma dell'articolo 2118 **(4)**, decorso il periodo stabilito dalla legge [dalle norme corporative], dagli usi o secondo equità **(5)**.

[3] Il periodo di assenza dal lavoro per una delle cause anzidette deve essere computato nell'anzianità di servizio.

Legge 12 marzo 1999, n. 68 – Norme per il diritto del lavoro dei disabili

Art. 4 **(6)** – [...]

[4] I lavoratori che divengono inabili allo svolgimento delle proprie mansioni in conseguenza di infortunio o malattia non possono essere computati nella quota di riserva [...] se hanno subito una riduzione della capacità lavorativa inferiore al 60 per cento o, comunque, se sono divenuti inabili a causa dell'inadempimento da parte del datore di lavoro, accertato in sede giurisdizionale, delle norme in materia di sicurezza ed igiene del lavoro. Per i predetti lavoratori l'infortunio o la malattia non costituiscono giustificato motivo di licenziamento nel caso in cui essi possano essere adibiti a mansioni equivalenti ovvero, in mancanza, a mansioni inferiori. Nel caso di destinazione a mansioni inferiori essi hanno diritto alla conservazione del più favorevole trattamento corrispondente alle mansioni di provenienza. Qualora per i predetti lavoratori non sia possibile l'assegnazione a mansioni equivalenti o inferiori, gli stessi vengono avviati, dagli uffici competenti

---

provvede, l'assenza di ritiene ingiustificata, con conseguente perdita dei trattamenti retributivi e previdenziali, nonché con possibili ricadute sul piano disciplinare.

(3) In caso di infortunio sul lavoro che comporti la corresponsione al lavoratore di una rendita vitalizia INAIL, è fatta salva la possibilità per quest'ultimo di agire nei confronti del datore di lavoro per il risarcimento del c.d. danno differenziale, consistente nel danno non patrimoniale alla salute o morale che il dipendente abbia subìto in aggiunta a quello patrimoniale, da riduzione della capacità lavorativa, già indennizzato dall'INAIL (Cass. 5 novembre 2010, n. 22561).

(4) Cfr. cap. 19 *"Il licenziamento libero con preavviso"*.

(5) Il periodo di conservazione del posto di lavoro è definito "comporto" e si distingue tra "comporto secco" e "comporto per sommatoria", a seconda che si consideri nel calcolo la sola assenza continuativa oppure la reiterazione di più malattie in un certo arco di tempo; in mancanza di regola collettiva, la giurisprudenza adotta come arco temporale di riferimento la durata del contratto collettivo e come misura del comporto quella del comporto secco (Cass. 22 novembre 2001, n. 14808). I contratti collettivi, di solito, prevedono una durata variabile del comporto in base all'anzianità di servizio del lavoratore.

(6) Cfr. cap. 18 *"Divieti di discriminazione"*.

16. Infortunio, malattia, maternità e paternità

[...], presso altra azienda, in attività compatibili con le residue capacità lavorative, senza inserimento nella graduatoria [...].

Legge 20 maggio 1970, n. 300 – Statuto dei lavoratori

Art. 5. Accertamenti sanitari **(7)** – [1] Sono vietati accertamenti da parte del datore di lavoro sulla idoneità e sulla infermità per malattia o infortunio del lavoratore dipendente.

[2] Il controllo delle assenze per infermità può essere effettuato soltanto attraverso i servizi ispettivi degli istituti previdenziali competenti, i quali sono tenuti a compierlo quando il datore di lavoro lo richieda.

[3] Il datore di lavoro ha facoltà di far controllare la idoneità fisica del lavoratore da parte di enti pubblici ed istituti specializzati di diritto pubblico.

D.lgs. 26 marzo 2001, n. 151 – Testo unico delle disposizioni legislative in materia di tutelane sostegno della maternità e della paternità

Art. 16. Divieto di adibire al lavoro le donne – [1] È vietato adibire al lavoro le donne:
a) durante i due mesi precedenti la data presunta del parto, salvo quanto previsto all'articolo 20;
b) ove il parto avvenga oltre tale data, per il periodo intercorrente tra la data presunta e la data effettiva del parto;
c) durante i tre mesi dopo il parto, salvo quanto previsto all'articolo 20;
d) durante i giorni non goduti prima del parto, qualora il parto avvenga in data anticipata rispetto a quella presunta. Tali giorni si aggiungono al periodo di congedo di maternità dopo il parto, anche qualora la somma dei periodi di cui alle lettere a) e c) superi il limite complessivo di cinque mesi.

Art. 17. Estensione del divieto – [1] Il divieto è anticipato a tre mesi dalla data presunta del parto quando le lavoratrici sono occupate in lavori che, in relazione all'avanzato stato di gravidanza, siano da ritenersi gravosi o pregiudizievoli. Tali lavori sono determinati con propri decreti dal Ministro per il lavoro e la previdenza sociale, sentite le organizzazioni sindacali nazionali maggiormente rappresentative. Fino all'emanazione del primo decreto ministeriale, l'anticipazione del divieto di lavoro è disposta dal servizio ispettivo del Ministero del lavoro, competente per territorio.
[...]

Art. 20. Flessibilità del congedo di maternità – [1] Ferma restando la durata complessiva del congedo di maternità, le lavoratrici hanno la facoltà di astenersi dal lavoro a partire dal mese precedente la data presunta del parto e nei quattro mesi successivi al parto, a condizione che il medico specialista del Servizio sanitario nazionale o con esso

(7) Cfr. cap. 10 *"Il potere di controllo e i suoi limiti"*.

70   Il rapporto individuale di lavoro

convenzionato e il medico competente ai fini della prevenzione e tutela della salute nei luoghi di lavoro attestino che tale opzione non arrechi pregiudizio alla salute della gestante e del nascituro.

[...]

Art. 28. Congedo di paternità – [1] Il padre lavoratore ha diritto di astenersi dal lavoro per tutta la durata del congedo di maternità o per la parte residua che sarebbe spettata alla lavoratrice, in caso di morte o di grave infermità della madre ovvero di abbandono, nonché in caso di affidamento esclusivo del bambino al padre.

[1-*bis*] Le disposizioni di cui al comma 1, si applicano anche qualora la madre sia lavoratrice autonoma avente diritto all'indennità di cui all'articolo 66.

[...]

Art. 66. Indennità di maternità per le lavoratrici autonome e le imprenditrici agricole – [1] Alle lavoratrici autonome, coltivatrici dirette, mezzadre e colone, artigiane ed esercenti attività commerciali di cui alle leggi 26 ottobre 1957, n. 1047, 4 luglio 1959, n. 463, e 22 luglio 1966, n. 613, alle imprenditrici agricole a titolo principale, nonché' alle pescatrici autonome della piccola pesca marittima e delle acque interne, di cui alla legge 13 marzo 1958, n. 250, e successive modificazioni, è corrisposta una indennità giornaliera per il periodo di gravidanza e per quello successivo al parto [...].

[1-*bis*] L'indennità di cui al comma 1 spetta al padre lavoratore autonomo, per il periodo in cui sarebbe spettata alla madre lavoratrice autonoma o per la parte residua, in caso di morte o di grave infermità della madre ovvero di abbandono, nonché' in caso di affidamento esclusivo del bambino al padre.

Art. 32. Congedo parentale – [1] Per ogni bambino, nei primi suoi dodici anni di vita, ciascun genitore ha diritto di astenersi dal lavoro secondo le modalità stabilite dal presente articolo. I relativi congedi parentali dei genitori non possono complessivamente eccedere il limite di dieci mesi, fatto salvo il disposto del comma 2 del presente articolo. Nell'ambito del predetto limite, il diritto di astenersi dal lavoro compete:

a) alla madre lavoratrice, trascorso il periodo di congedo di maternità di cui al Capo III, per un periodo continuativo o frazionato non superiore a sei mesi;

b) al padre lavoratore, dalla nascita del figlio, per un periodo continuativo o frazionato non superiore a sei mesi, elevabile a sette nel caso di cui al comma 2;

c) qualora vi sia un solo genitore, per un periodo continuativo o frazionato non superiore a dieci mesi.

[...]

[1-*ter*] In caso di mancata regolamentazione, da parte della contrattazione collettiva, anche di livello aziendale, delle modalità di fruizione del congedo parentale su base oraria, ciascun genitore può scegliere tra la fruizione giornaliera e quella oraria. La fruizione su base oraria è consentita in misura pari alla metà dell'orario medio giornaliero del periodo di paga quadrisettimanale o mensile immediatamente precedente a quello nel corso del quale ha inizio il congedo parentale. Nei casi di cui al presente comma è esclusa la cumulabilità della fruizione oraria del congedo parentale con permessi o riposi di cui al presente decreto legislativo. Le disposizioni di cui al presente comma non si applicano al personale del comparto sicurezza e difesa e a quello dei vigili del fuoco e soccorso pubblico.

[2] Qualora il padre lavoratore eserciti il diritto di astenersi dal lavoro per un periodo continuativo o frazionato non inferiore a tre mesi, il limite complessivo dei congedi parentali dei genitori è elevato a undici mesi.

16. Infortunio, malattia, maternità e paternità 71

[3] Ai fini dell'esercizio del diritto di cui al comma 1, il genitore è tenuto, salvo casi di oggettiva impossibilità, a preavvisare il datore di lavoro secondo le modalità e i criteri definiti dai contratti collettivi e, comunque, con un termine di preavviso non inferiore a cinque giorni indicando l'inizio e la fine del periodo di congedo. Il termine di preavviso è pari a 2 giorni nel caso di congedo parentale su base oraria.

[4] Il congedo parentale spetta al genitore richiedente anche qualora l'altro genitore non ne abbia diritto.

Art. 33. Prolungamento del congedo – [1] Per ogni minore con handicap in situazione di gravità [...], la lavoratrice madre o, in alternativa, il lavoratore padre, hanno diritto, entro il compimento del dodicesimo anno di vita del bambino, al prolungamento del congedo parentale, fruibile in misura continuativa o frazionata, per un periodo massimo, comprensivo dei periodi di cui all'articolo 32, non superiore a tre anni, a condizione che il bambino non sia ricoverato a tempo pieno presso istituti specializzati, salvo che, in tal caso, sia richiesta dai sanitari la presenza del genitore.

[2] In alternativa al prolungamento del congedo possono essere fruiti i riposi [...].

[3] Il congedo spetta al genitore richiedente anche qualora l'altro genitore non ne abbia diritto.

Art. 34. Trattamento economico e normativo – [1] Per i periodi di congedo parentale di cui all'art. 32 alle lavoratrici e ai lavoratori è dovuta fino all'ottavo anno di vita del bambino, un'indennità pari al 30 per cento della retribuzione, per un periodo massimo complessivo tra i genitori di sei mesi. L'indennità è calcolata secondo quanto previsto all'art. 23, ad esclusione del comma 2 dello stesso.

[2] Si applica il comma 1 per tutto il periodo del prolungamento del congedo di cui all'art. 33.

[3] Per i periodi di congedo parentale di cui all'art. 32 ulteriori rispetto a quanto previsto ai commi 1 e 2 è dovuta un'indennità pari al 30 per cento della retribuzione, a condizione che il reddito individuale dell'interessato sia inferiore a 2,5 volte l'importo del trattamento minimo di pensione a carico dell'assicurazione generale obbligatoria. Il reddito è determinato secondo i criteri previsti in materia di limiti reddituali per l'integrazione al minimo.

Art. 47. Congedo per la malattia del figlio – [1] Entrambi i genitori, alternativamente, hanno diritto di astenersi dal lavoro per periodi corrispondenti alle malattie di ciascun figlio di età non superiore a tre anni.

[2] Ciascun genitore, alternativamente, ha altresì diritto di astenersi dal lavoro, nel limite di cinque giorni lavorativi all'anno, per le malattie di ogni figlio di età compresa fra i tre e gli otto anni.

[3] La certificazione di malattia necessaria al genitore per fruire dei congedi di cui ai commi 1 e 2 è inviata per via telematica direttamente dal medico curante del Servizio sanitario nazionale o con esso convenzionato all'Istituto nazionale della previdenza sociale, utilizzando il sistema di trasmissione delle certificazioni di malattia di cui al decreto del Ministro della salute in data 26 febbraio 2010, pubblicato nella Gazzetta Ufficiale n. 65 del 19 marzo 2010, secondo le modalità stabilite con decreto di cui al successivo comma 3-*bis*, e dal predetto Istituto è immediatamente inoltrata, con le medesime modalità, al datore di lavoro interessato.

[...]

[4] La malattia del bambino che dia luogo a ricovero ospedaliero interrompe, a richiesta del genitore, il decorso delle ferie in godimento per i periodi di cui ai commi 1 e 2.

[5] Ai congedi di cui al presente articolo non si applicano le disposizioni sul controllo della malattia del lavoratore.

[6] Il congedo spetta al genitore richiedente anche qualora l'altro genitore non ne abbia diritto.

Art. 53. Lavoro notturno – [1] È vietato adibire le donne al lavoro, dalle ore 24 alle ore 6, dall'accertamento dello stato di gravidanza fino al compimento di un anno di età del bambino.

[2] Non sono obbligati a prestare lavoro notturno:

a) la lavoratrice madre di un figlio di età inferiore a tre anni o, in alternativa, il lavoratore padre convivente con la stessa;

b) la lavoratrice o il lavoratore che sia l'unico genitore affidatario di un figlio convivente di età inferiore a dodici anni;

b-*bis*) La lavoratrice madre adottiva o affidataria di un minore, nei primi tre anni dall'ingresso del minore in famiglia, e comunque non oltre il dodicesimo anno di età o, in alternativa ed alle stesse condizioni, il lavoratore padre adottivo o affidatario convivente con la stessa.

[3] [...] non sono altresì obbligati a prestare lavoro notturno la lavoratrice o il lavoratore che abbia a proprio carico un soggetto disabile ai sensi della legge 5 febbraio 1992, n. 104, e successive modificazioni.

Art. 56. Diritto al rientro e alla conservazione del posto – [1] Al termine dei periodi di divieto di lavoro previsti dal Capo II e III, le lavoratrici hanno diritto di conservare il posto di lavoro e, salvo che espressamente vi rinuncino, di rientrare nella stessa unità produttiva ove erano occupate all'inizio del periodo di gravidanza o in altra ubicata nel medesimo comune, e di permanervi fino al compimento di un anno di età del bambino; hanno altresì diritto di essere adibite alle mansioni da ultimo svolte o a mansioni equivalenti, nonché di beneficiare di eventuali miglioramenti delle condizioni di lavoro, previsti dai contratti collettivi ovvero in via legislativa o regolamentare, che sarebbero loro spettati durante l'assenza.

[2] La disposizione di cui al comma 1 si applica anche al lavoratore al rientro al lavoro dopo la fruizione del congedo di paternità.

[3] Negli altri casi di congedo, di permesso o di riposo disciplinati dal presente testo unico, la lavoratrice e il lavoratore hanno diritto alla conservazione del posto di lavoro e, salvo che espressamente vi rinuncino, al rientro nella stessa unità produttiva ove erano occupati al momento della richiesta, o in altra ubicata nel medesimo comune; hanno altresì diritto di essere adibiti alle mansioni da ultimo svolte o a mansioni equivalenti.[...].

17. Il trasferimento d'azienda

Codice civile

Art. 2112. Mantenimento dei diritti dei lavoratori in caso di trasferimento d'azienda – [1] In caso di trasferimento d'azienda, il rapporto di lavoro continua con il cessionario ed il lavoratore conserva tutti i diritti che ne derivano **(1)**.

[2] Il cedente ed il cessionario sono obbligati, in solido, per tutti i crediti che il lavoratore aveva al tempo del trasferimento **(2)**. Con le procedure di cui agli articoli 410 e 411 del codice di procedura civile **(3)** il lavoratore può consentire la liberazione del cedente dalle obbligazioni derivanti dal rapporto di lavoro.

[3] Il cessionario è tenuto ad applicare i trattamenti economici e normativi previsti dai contratti collettivi nazionali, territoriali ed aziendali vigenti alla data del trasferimento, fino alla loro scadenza, salvo che siano sostituiti da altri contratti collettivi applicabili all'impresa del cessionario. L'effetto di sostituzione si produce esclusivamente fra contratti collettivi del medesimo livello.

[4] Ferma restando la facoltà di esercitare il recesso ai sensi della normativa in materia di licenziamenti, il trasferimento d'azienda non costituisce di per sé motivo di licenziamento. Il lavoratore, le cui condizioni di lavoro subiscono una sostanziale modifica nei tre mesi successivi al trasferimento d'azienda **(4)**, può rassegnare le

---

(1) In caso di dichiarazione giudiziale di illegittimità del trasferimento d'azienda, il rapporto di lavoro dei dipendenti ceduti viene ricostruito *ex tunc* in capo al soggetto alienante, con diritto all'eventuale risarcimento per il periodo fino alla sentenza e alle retribuzioni per il periodo successivo ad essa (Corte cost. 28 febbraio 2019, n. 29).

(2) Il cedente rimane obbligato, tra l'altro, per la quota di trattamento di fine rapporto maturata fino alla data del trasferimento (Cass. 28 ottobre 2019, n. 27507) e per gli scatti di anzianità (Cass. 24 novembre 2014, n. 25021). Il cessionario non è obbligato in solido al pagamento dei debiti previdenziali del cedente, che rimangono soggetti alla disciplina dettata dall'art. 2560 c.c. (Cass. 24 febbraio 2016, n. 3646).

(3) Cfr. cap. 27 *"L'impugnazione del licenziamento e la revoca"*.

(4) La validità della cessione d'azienda non è inficiata da una prognosi sfavorevole in merito alla continuazione dell'attività produttiva, non essendo onere del cedente quello di verificare la capacità economica e le potenzialità imprenditoriali del cessionario (Cass. 14 marzo 2018, n. 6184).

74   Il rapporto individuale di lavoro

proprie dimissioni con gli effetti di cui all'articolo 2119, primo comma **(5)**.

[5] Ai fini e per gli effetti di cui al presente articolo si intende per trasferimento d'azienda qualsiasi operazione **(6)** che, in seguito a cessione contrattuale o fusione, comporti il mutamento nella titolarità di un'attività economica organizzata, con o senza scopo di lucro, preesistente al trasferimento e che conserva nel trasferimento la propria identità a prescindere dalla tipologia negoziale o dal provvedimento sulla base del quale il trasferimento è attuato ivi compresi l'usufrutto o l'affitto di azienda. Le disposizioni del presente articolo si applicano altresì al trasferimento di parte dell'azienda, intesa come articolazione funzionalmente autonoma di un'attività economica organizzata, identificata come tale dal cedente e dal cessionario al momento del suo trasferimento **(7)**.

[6] Nel caso in cui l'alienante stipuli con l'acquirente un contratto di appalto la cui esecuzione avviene utilizzando il ramo d'azienda oggetto di cessione, tra appaltante e appaltatore opera un regime di solidarietà di cui all'articolo 29, comma 2, del decreto legislativo 10 settembre 2003, n. 276 **(8)**.

Legge 29 dicembre 1990, n. 428 – Disposizioni per l'adempimento di obblighi derivanti dall'appartenenza dell'Italia alle Comunità Europee

Art. 47. Trasferimenti di azienda – [1] Quando si intenda effettuare, ai sensi dell'articolo 2112 del codice civile, un trasferimento d'azienda in cui sono occupati più di quindici lavoratori, l'alienante e l'acquirente devono darne comunicazione per iscritto, almeno venticinque giorni prima, alle rispettive rappresentanze sindacali costituite, a norma dell'articolo 19 della legge 20 maggio 1970, n. 300 **(9)**,

(5) Cfr. cap. 21 *"Il licenziamento per giusta causa e per giustificato motivo soggettivo".*

(6) Lo strumento con cui viene realizzato il mutamento della titolarità è irrilevante, potendosi configurare, ad esempio, anche in caso di successione ereditaria (Cass. 26 luglio 2001, n. 10260), di subentro nell'appalto, se vengono rilevate le attrezzature di un'impresa (Cass. 6 dicembre 2016, n. 24972), di retrocessione dell'azienda affittata (Cass. 11 dicembre 2018, n. 31981) e addirittura prescindere da vincoli contrattuali tra cedente e cessionario (Cass. 23 ottobre 2018, n. 26808).

(7) L'autonomia funzionale del ramo di azienda deve sussistere già al momento dal cedente (Cass. 24 gennaio 2018, n. 1769) e può configurarsi anche in presenza di trasferimento della sola manodopera (Cass. 30 ottobre 2019, n. 27913).

(8) Cfr. cap. 41 *"Interposizione illecita, appalti, somministrazione, distacco".*

(9) Cfr. Parte II, cap. 2 *"La legislazione di sostegno al sindacato nei luoghi di lavoro".*

17. Il trasferimento d'azienda 75

nelle unità produttive interessate, nonché alle rispettive associazioni di categoria. In mancanza delle predette rappresentanze aziendali, la comunicazione deve essere effettuata alle associazioni di categoria aderenti alle confederazioni maggiormente rappresentative sul piano nazionale. La comunicazione alle associazioni di categoria può essere effettuata per il tramite dell'associazione sindacale alla quale aderiscono o conferiscono mandato. L'informazione deve riguardare:

a) i motivi del programmato trasferimento d'azienda;

b) le sue conseguenze giuridiche, economiche e sociali per i lavoratori;

c) le eventuali misure previste nei confronti di questi ultimi.

[2] Su richiesta scritta delle rappresentanze sindacali aziendali o dei sindacati di categoria, comunicata entro sette giorni dal ricevimento della comunicazione di cui al comma 1, l'alienante e l'acquirente sono tenuti ad avviare, entro sette giorni dal ricevimento della predetta richiesta, un esame congiunto con i soggetti sindacali richiedenti. La consultazione si intende esaurita qualora, decorsi dieci giorni dal suo inizio, non sia stato raggiunto un accordo. Il mancato rispetto, da parte dell'acquirente o dell'alienante, dell'obbligo di esame congiunto previsto nel presente articolo costituisce condotta antisindacale ai sensi dell'articolo 28 della legge 20 maggio 1970, n. 300 **(10)**.

[...]

[5] Qualora il trasferimento riguardi aziende o unità produttive delle quali il CIPI abbia accertato lo stato di crisi aziendale [...], o imprese nei confronti delle quali vi sia stata dichiarazione di fallimento, omologazione di concordato preventivo consistente nella cessione dei beni, emanazione del provvedimento di liquidazione coatta amministrativa ovvero di sottoposizione all'amministrazione straordinaria, nel caso in cui la continuazione dell'attività non sia stata disposta o sia cessata nel corso della consultazione di cui ai precedenti commi sia stato raggiunto un accordo circa il mantenimento anche parziale dell'occupazione, ai lavoratori il cui rapporto di lavoro continua con l'acquirente non trova applicazione l'articolo 2112 del codice civile, salvo che dall'accordo risultino condizioni di miglior favore. Il predetto accordo può altresì prevedere che il trasferimento non riguardi il personale eccedentario e che quest'ultimo continui a rimanere, in tutto i in parte, alle dipendenze dell'alienante.

[6] I lavoratori che non passano alle dipendenze dell'acquirente, dell'affittuario o del subentrante hanno diritto di precedenza nelle assunzioni che questi ultimi effettuino entro un anno dalla data del trasferimento, ovvero entro il periodo maggiore stabilito dagli accordi collettivi. Nei confronti dei lavoratori predetti, che vengano assunti dall'acquirente, dall'affittuario o dal subentrante in un momento successivo al trasferimento d'azienda, non trova applicazione l'articolo 2112 del codice civile.

---

(10) Cfr. Parte II, cap. 5 *"La repressione della condotta antisindacale"*.

D.lgs. 10 settembre 2003, n. 276 – Attuazione delle deleghe in materia di occupazione e mercato del lavoro

Art. 29. Appalto **(11)** – [...]

[3] L'acquisizione del personale già impiegato nell'appalto a seguito di subentro di un nuovo appaltatore, in forza di legge, di contratto collettivo nazionale di lavoro, o di clausola del contratto d'appalto, non costituisce trasferimento d'azienda o di parte d'azienda.

[...]

Legge 4 novembre 2010, n. 183 – Collegato lavoro

Art. 30 Clausole generali e certificazione del contratto di lavoro **(12)**. [1] – In tutti i casi nei quali le disposizioni di legge nelle materie di cui all'articolo 409 del codice di procedura civile e all'articolo 63, comma 1, del decreto legislativo 30 marzo 2001, n. 165 **(13)**, contengono clausole generali, ivi comprese le norme in tema di instaurazione di un rapporto di lavoro, esercizio dei poteri datoriali, trasferimento d'azienda e recesso, il controllo giudiziale è limitato esclusivamente, in conformità ai princìpi generali dell'ordinamento, all'accertamento del presupposto di legittimità e non può essere esteso al sindacato di merito sulle valutazioni tecniche, organizzative e produttive che competono al datore di lavoro o al committente. L'inosservanza delle disposizioni di cui al precedente periodo, in materia di limiti al sindacato di merito sulle valutazioni tecniche, organizzative e produttive che competono al datore di lavoro, costituisce motivo di impugnazione per violazione di norma di diritto.

[...]

Art. 32. Decadenze e disposizioni in materia di contratto di lavoro a tempo determinato – [...]

[4] Le disposizioni di cui all'articolo 6 della legge 15 luglio 1966, n. 604 **(14)**, come modificato dal comma 1 del presente articolo, si applicano anche:

[...]

c) alla cessione di contratto di lavoro avvenuta ai sensi dell'articolo 2112 del codice civile con termine decorrente dalla data del trasferimento;

[...]

---

(11) Cfr. cap. 41 *"Interposizione illecita, appalti, somministrazione, distacco"*.

(12) Cfr. cap. 47 *"Onere della prova e processo del lavoro"*.

(13) Le norme citate fanno riferimento alle controversie in materia lavoro nel settore privato e pubblico contrattualizzato.

(14) Cfr. cap. 27 *"Impugnazione del licenziamento e revoca"*.

18. Divieti di discriminazione

Costituzione della Repubblica italiana

Art. 3. – [1] Tutti i cittadini hanno pari dignità sociale e sono eguali davanti alla legge, senza distinzione di sesso, di razza, di lingua, di religione, di opinioni politiche, di condizioni personali e sociali **(1)**.

[2] È compito della Repubblica rimuovere gli ostacoli di ordine economico e sociale, che, limitando di fatto la libertà e l'eguaglianza dei cittadini, impediscono il pieno sviluppo della persona umana e l'effettiva partecipazione di tutti i lavoratori all'organizzazione politica, economica e sociale del Paese.

Art. 37. – [1] La donna lavoratrice ha gli stessi diritti e, a parità di lavoro, le stesse retribuzioni che spettano al lavoratore. Le condizioni di lavoro devono consentire l'adempimento della sua essenziale funzione familiare e assicurare alla madre e al bambino una speciale adeguata protezione.

[2] La legge stabilisce il limite minimo di età per il lavoro salariato.

[3] La Repubblica tutela il lavoro dei minori con speciali norme e garantisce ad essi, a parità di lavoro, il diritto alla parità di retribuzione.

(1) La discriminazione consiste in un'ingiustificata differenza di trattamento dovuta ad un determinato fattore tipizzato dalla legge, che risponde all'esigenza di tutela di libertà fondamentali o caratteri propri della persona. Il divieto di discriminazione non deve essere confuso con un inesistente principio di parità di trattamento, che finirebbe per risolversi in un sindacato continuo di ogni provvedimento organizzativo adottato dal datore di lavoro, anche se non sottoposto alla regola di giustificazione necessaria (Cass., S.U., 29 maggio 1993, n. 6030). Tuttavia, in alcune ipotesi l'adozione di un comportamento neutro, formalmente rispettoso della parità di trattamento, può comportare una discriminazione "indiretta", poiché vi sono casi in cui situazioni diverse impongono un trattamento differenziato; ad esempio, la giurisprudenza in tema di concorsi pubblici ha ritenuto discriminatoria l'attribuzione di punteggi identici per i due sessi nelle prove di efficienza fisica (Cons. St. 27 aprile 20212, n. 2472). Differente è invece quando determinate caratteristiche oggettive della persona sono necessarie per lo svolgimento della prestazione, come, ad esempio, una determinata altezza. Non pare cogliere questa distinzione una sentenza della cassazione che ha ritenuto discriminante la previsione di un limite di statura identico per i candidati a prescindere dal loro sesso, come criterio di selezione per l'accesso al lavoro (Cass. 21 aprile 2020, n. 7982).

78   Il rapporto individuale di lavoro

Legge 20 maggio 1970, n. 300 – Statuto dei lavoratori

Art. 15. Atti discriminatori – [1] È nullo qualsiasi patto od atto diretto **(2)** a:
a) subordinare l'occupazione di un lavoratore alla condizione che aderisca o non aderisca ad una associazione sindacale ovvero cessi di farne parte;
b) licenziare un lavoratore, discriminarlo nella assegnazione di qualifiche o mansioni, nei trasferimenti, nei provvedimenti disciplinari, o recargli altrimenti pregiudizio a causa della sua affiliazione o attività sindacale ovvero della sua partecipazione ad uno sciopero.
[2] Le disposizioni di cui al comma precedente si applicano altresì ai patti o atti diretti a fini di discriminazione politica, religiosa, razziale, di lingua o di sesso.

Art. 16. Trattamenti economici collettivi discriminatori – [1] È vietata la concessione di trattamenti economici di maggior favore aventi carattere discriminatorio a mente dell'articolo 15 **(3)**.
[2] Il pretore, su domanda dei lavoratori nei cui confronti è stata attuata la discriminazione di cui al comma precedente o delle associazioni sindacali alle quali questi hanno dato mandato, accertati i fatti, condanna il datore di lavoro al pagamento, a favore del fondo adeguamento pensioni, di una somma pari all'importo dei trattamenti economici di maggior favore illegittimamente corrisposti nel periodo massimo di un anno.

Art. 38. Disposizioni penali – [1] Le violazioni degli articoli 2, 4, 5, 6, 8 e 15, primo comma lettera a), sono punite, salvo che il fatto non costituisca più grave reato, con l'ammenda da lire 300.000 a lire 3.000.000 o con l'arresto da 15 giorni ad un anno.
[2] Nei casi più gravi le pene dell'arresto e dell'ammenda sono applicate congiuntamente.
[3] Quando per le condizioni economiche del reo, l'ammenda stabilita nel primo comma può presumersi inefficace anche se applicata nel massimo, il giudice ha facoltà di aumentarla fino al quintuplo.
[4] Nei casi previsti dal secondo comma, l'autorità giudiziaria ordina la pubblicazione della sentenza penale di condanna [...].

(2) È una norma a struttura teleologica in quanto non tipizza il tipo di condotta discriminatoria ma ciò che rileva, ai fini dell'accertamento della natura discriminatoria, è che la sua finalità abbia lo scopo, ovvero semplicemente l'effetto, indipendentemente dall'intento soggettivo, di determinare un'ingiustificata disparità di trattamento.

(3) L'erogazione di trattamenti economici di miglior favore ai soli dipendenti che si astengano dall'affiliazione sindacale è un tipico esempio di discriminazione "collettiva", in quanto rivolta ad una platea di lavoratori e non ad uno solo di essi, come accade nel classico schema della discriminazione "individuale".

18. Divieti di discriminazione 79

D.lgs. 26 marzo 2001, n. 151 – Testo unico delle disposizioni legislative in materia di tutela e sostegno della maternità e della paternità

Art. 3. Divieto di discriminazione – [1] È vietata qualsiasi discriminazione per ragioni connesse al sesso, secondo quanto previsto dal decreto legislativo 11 aprile 2006, n. 198, con particolare riguardo ad ogni trattamento meno favorevole in ragione dello stato di gravidanza, nonché di maternità o paternità, anche adottive, ovvero in ragione della titolarità e dell'esercizio dei relativi diritti.

Legge 5 giugno 1990, n. 135 – Programma di interventi urgenti per la prevenzione e la lotta contro l'AIDS

Art. 5. *Accertamento dell'infezione* – [...]
[5] L'accertata infezione da HIV non può costituire motivo di discriminazione, in particolare per l'iscrizione alla scuola, per lo svolgimento di attività sportive, per l'accesso o il mantenimento di posti di lavoro.

D.lgs. 25 luglio 1998, n. 286 – Testo unico delle disposizioni concernenti la disciplina dell'immigrazione e norme sulla condizione dello straniero

Art. 43. Discriminazione per motivi razziali, etnici, nazionali o religiosi – [1] Ai fini del presente capo, costituisce discriminazione ogni comportamento che, direttamente o indirettamente, comporti una distinzione, esclusione, restrizione o preferenza basata sulla razza, il colore, l'ascendenza o l'origine nazionale o etnica, le convinzioni e le pratiche religiose, e che abbia lo scopo o l'effetto di distruggere o di compromettere il riconoscimento, il godimento o l'esercizio, in condizioni di parità, dei diritti umani e delle libertà fondamentali in campo politico economico, sociale e culturale e in ogni altro settore della vita pubblica.
[2] In ogni caso compie un atto di discriminazione:
[...]
c) chiunque illegittimamente imponga condizioni più svantaggiose o si rifiuti di fornire l'accesso all'occupazione, all'alloggio, all'istruzione, alla formazione e ai servizi sociali e socio-assistenziali allo straniero regolarmente soggiornante in Italia soltanto in ragione della sua condizione di straniero o di appartenente ad una determinata razza, religione, etnia o nazionalità;
[...]

e) il datore di lavoro o i suoi preposti i quali, ai sensi dell'articolo 15 della legge 20 maggio 1970, n. 300, come modificata e integrata dalla legge 9 dicembre 1977, n. 903, e dalla legge 11 maggio 1990, n. 108, compiano qualsiasi atto o comportamento che produca un effetto pregiudizievole discriminando, anche indirettamente, i lavoratori in ragione della loro appartenenza ad una razza, ad un gruppo etnico o linguistico, ad una confessione religiosa, ad una cittadinanza. Costituisce discriminazione indiretta ogni trattamento pregiudizievole conseguente all'adozione di criteri che svantaggino in modo proporzionalmente maggiore i lavoratori appartenenti ad una determinata razza, ad un determinato gruppo etnico o linguistico, ad una determinata confessione religiosa o ad una cittadinanza e riguardino requisiti non essenziali allo svolgimento dell'attività lavorativa.

[3] Il presente articolo e l'articolo 44 si applicano anche agli atti xenofobi, razzisti o discriminatori compiuti nei confronti dei cittadini italiani, di apolidi e di cittadini di altri Stati membri dell'Unione europea presenti in Italia.

D.lgs. 9 luglio 2003, n. 215 – Attuazione della direttiva 2000/43/CE per la parità di trattamento tra le persone indipendentemente dalla razza e dall'origine etnica

Art. 1. Oggetto – [1] Il presente decreto reca le disposizioni relative all'attuazione della parità di trattamento tra le persone indipendentemente dalla razza e dall'origine etnica, disponendo le misure necessarie affinché le differenze di razza o di origine etnica non siano causa di discriminazione, anche in un'ottica che tenga conto del diverso impatto che le stesse forme di discriminazione possono avere su donne e uomini, nonché dell'esistenza di forme di razzismo a carattere culturale e religioso.

Art. 2. Nozione di discriminazione – [1] Ai fini del presente decreto, per principio di parità di trattamento si intende l'assenza di qualsiasi discriminazione diretta o indiretta a causa della razza o dell'origine etnica. Tale principio comporta che non sia praticata alcuna discriminazione diretta o indiretta, così come di seguito definite:
a) discriminazione diretta quando, per la razza o l'origine etnica, una persona è trattata meno favorevolmente di quanto sia, sia stata o sarebbe trattata un'altra in situazione analoga;
b) discriminazione indiretta quando una disposizione, un criterio, una prassi, un atto, un patto o un comportamento apparentemente neutri possono mettere le persone di una determinata razza od origine etnica in una posizione di particolare svantaggio rispetto ad altre persone.
[...]

18. Divieti di discriminazione

[3] Sono, altresì, considerate come discriminazioni, ai sensi del comma 1, anche le molestie ovvero quei comportamenti indesiderati, posti in essere per motivi di razza o di origine etnica, aventi lo scopo o l'effetto di violare la dignità di una persona e di creare un clima intimidatorio, ostile, degradante, umiliante e offensivo.

[4] L'ordine di discriminare persone a causa della razza o dell'origine etnica è considerato una discriminazione ai sensi del comma 1.

Art. 3. Ambito di applicazione – [1] Il principio di parità di trattamento senza distinzione di razza ed origine etnica si applica a tutte le persone sia nel settore pubblico che privato ed è suscettibile di tutela giurisdizionale, secondo le forme previste dall'art. 4, con specifico riferimento alle seguenti aree:

a) accesso all'occupazione e al lavoro, sia autonomo che dipendente, compresi i criteri di selezione e le condizioni di assunzione;

b) occupazione e condizioni di lavoro, compresi gli avanzamenti di carriera, la retribuzione e le condizioni di licenziamento;

c) accesso a tutti i tipi di orientamento e formazione professionale, perfezionamento e riqualificazione professionale, inclusi i tirocini professionali;

d) affiliazione e attività nell'ambito di organizzazioni di lavoratori, di datori di lavoro o di altre organizzazioni professionali e prestazioni erogate dalle medesime organizzazioni;

e) protezione sociale, inclusa la sicurezza sociale;

f) assistenza sanitaria;

g) prestazioni sociali;

h) istruzione;

i) accesso a beni e servizi, incluso l'alloggio.

[2] Il presente decreto legislativo non riguarda le differenze di trattamento basate sulla nazionalità e non pregiudica le disposizioni nazionali e le condizioni relative all'ingresso, al soggiorno, all'accesso all'occupazione, all'assistenza e alla previdenza dei cittadini dei Paesi terzi e degli apolidi nel territorio dello Stato, né qualsiasi trattamento, adottato in base alla legge, derivante dalla condizione giuridica dei predetti soggetti.

[3] Nel rispetto dei principi di proporzionalità e ragionevolezza, nell'ambito del rapporto di lavoro o dell'esercizio dell'attività di impresa, non costituiscono atti di discriminazione ai sensi dell'articolo 2 quelle differenze di trattamento dovute a caratteristiche connesse alla razza o all'origine etnica di una persona, qualora, per la natura di un'attività lavorativa o per il contesto in cui essa viene espletata, si tratti di caratteristiche che costituiscono un requisito essenziale e determinante ai fini dello svolgimento dell'attività medesima.

[4] Non costituiscono, comunque, atti di discriminazione ai sensi dell'articolo 2 quelle differenze di trattamento che, pur risultando indirettamente discriminatorie, siano giustificate oggettivamente da finalità legittime perseguite attraverso mezzi appropriati e necessari.

Art. 4. Tutela giurisdizionale dei diritti – [1] I giudizi civili avverso gli atti e i comportamenti di cui all'articolo 2 sono regolati dall'articolo 28 del decreto legislativo 1° settembre 2011, n. 150. In caso di accertamento di atti o comportamenti discriminatori, come definiti dall'articolo 2 del presente decreto, si applica, altresì, l'articolo 44, comma 11, del decreto legislativo 25 luglio 1998, n. 286.

[2] Chi intende agire in giudizio per il riconoscimento della sussistenza di una delle

82   Il rapporto individuale di lavoro

discriminazioni di cui all'articolo 2 e non ritiene di avvalersi delle procedure di conciliazione previste nei contratti collettivi, può promuovere il tentativo di conciliazione ai sensi
dell'art. 410 del codice di procedura civile o, nell'ipotesi di rapporti di lavoro con le amministrazioni pubbliche, ai sensi dell'art. 66 del decreto legislativo 30 marzo 2001, n. 165,
anche tramite le associazioni di cui all'articolo 5, comma 1.

    [...]

D.lgs. 9 luglio 2003, n. 216 – Attuazione della direttiva 2000/78/CE per la parità di trattamento in materia di occupazione e di condizioni di lavoro

Art. 1. Oggetto – [1] Il presente decreto reca le disposizioni relative all'attuazione della parità di trattamento fra le persone indipendentemente dalla religione, dalle convinzioni personali, dagli handicap, dall'età e dall'orientamento
sessuale, per quanto concerne l'occupazione e le condizioni di lavoro, disponendo le misure necessarie affinché tali fattori non siano causa di discriminazione, in
un'ottica che tenga conto anche del diverso impatto che le stesse forme di discriminazione possono avere su donne e uomini.

Art. 2. Nozione di discriminazione – [1] Ai fini del presente decreto e salvo
quanto disposto dall'articolo 3, commi da 3 a 6, per principio di parità di trattamento s'intende l'assenza di qualsiasi discriminazione diretta o indiretta a causa
della religione, delle convinzioni personali, degli handicap, dell'età e dell'orientamento sessuale. Tale principio comporta che non sia praticata alcuna discriminazione diretta o indiretta, così come di seguito definite:
    a) discriminazione diretta quando, per religione, per convinzioni personali, per
handicap, per età o per orientamento sessuale, una persona è trattata meno favorevolmente di quanto sia, sia stata o sarebbe trattata un'altra in una situazione
analoga;
    b) discriminazione indiretta quando una disposizione, un criterio, una prassi,
un atto, un patto o un comportamento apparentemente neutri possono mettere le
persone che professano una determinata religione o ideologia di altra natura, le
persone portatrici di handicap, le persone di una particolare età o di un orientamento sessuale in una situazione di particolare svantaggio rispetto ad altre persone.
    [...]
    [3] Sono, altresì, considerate come discriminazioni, ai sensi del comma 1, an-
che le molestie ovvero quei comportamenti indesiderati posti in essere per uno
dei motivi di cui all'articolo 1, aventi lo scopo o l'effetto di violare la dignità di una
persona e di creare un clima intimidatorio, ostile, degradante, umiliante od offensivo.
    [3-*bis*] Al fine di garantire il rispetto del principio della parità di trattamento delle
persone con disabilità, i datori di lavoro pubblici e privati sono tenuti ad adottare

18. Divieti di discriminazione

83

accomodamenti ragionevoli, come definiti dalla Convenzione delle Nazioni Unite sui diritti delle persone con disabilità, ratificata ai sensi della legge 3 marzo 2009, n. 18, nei luoghi di lavoro, per garantire alle persone con disabilità, la piena eguaglianza con gli altri lavoratori. I datori di lavoro pubblici devono provvedere all'attuazione del presente comma senza nuovi o maggiori oneri per la finanza pubblica e con le risorse umane, finanziarie e strumentali disponibili a legislazione vigente.

[4] L'ordine di discriminare persone a causa della religione, delle convinzioni personali, dell'handicap, dell'età o dell'orientamento sessuale è considerata una discriminazione ai sensi del comma 1.

Art. 3. Ambito di applicazione – [1] Il principio di parità di trattamento senza distinzione di religione, di convinzioni personali, di handicap, di età e di orientamento sessuale si applica a tutte le persone sia nel settore pubblico che privato ed è suscettibile di tutela giurisdizionale secondo le forme previste dall'articolo 4, con specifico riferimento alle seguenti aree:

a) accesso all'occupazione e al lavoro, sia autonomo che dipendente, compresi i criteri di selezione e le condizioni di assunzione;

b) occupazione e condizioni di lavoro, compresi gli avanzamenti di carriera, la retribuzione e le condizioni del licenziamento;

c) accesso a tutti i tipi e livelli di orientamento e formazione professionale, perfezionamento e riqualificazione professionale, inclusi i tirocini professionali;

d) affiliazione e attività nell'ambito di organizzazioni di lavoratori, di datori di lavoro o di altre organizzazioni professionali e prestazioni erogate dalle medesime organizzazioni.

[2] La disciplina di cui al presente decreto fa salve tutte le disposizioni vigenti in materia di:

a) condizioni di ingresso, soggiorno ed accesso all'occupazione, all'assistenza e alla previdenza dei cittadini dei Paesi terzi e degli apolidi nel territorio dello Stato;

b) sicurezza e protezione sociale;

c) sicurezza pubblica, tutela dell'ordine pubblico, prevenzione dei reati e tutela della salute;

d) stato civile e prestazioni che ne derivano;

e) forze armate, limitatamente ai fattori di età e di handicap.

[3] Nel rispetto dei principi di proporzionalità e ragionevolezza e purché la finalità sia legittima, nell'ambito del rapporto di lavoro o dell'esercizio dell'attività di impresa, non costituiscono atti di discriminazione ai sensi dell'articolo 2 quelle differenze di trattamento dovute a caratteristiche connesse alla religione, alle convinzioni personali, all'handicap, all'età o all'orientamento sessuale di una persona, qualora, per la natura dell'attività lavorativa o per il contesto in cui essa viene espletata, si tratti di caratteristiche che costituiscono un requisito essenziale e determinante ai fini dello svolgimento dell'attività medesima.

[4] Sono fatte salve le disposizioni che prevedono accertamenti di idoneità al lavoro nel rispetto di quanto stabilito dai commi 2 e 3.

[4-*bis*] Sono fatte salve le disposizioni che prevedono trattamenti differenziati in ragione dell'età dei lavoratori e in particolare quelle che disciplinano:

84 Il rapporto individuale di lavoro

a) la definizione di condizioni speciali di accesso all'occupazione e alla formazione professionale, di occupazione e di lavoro, comprese le condizioni di licenziamento e di retribuzione, per i giovani, i lavoratori anziani e i lavoratori con persone a carico, allo scopo di favorire l'inserimento professionale o di assicurare la protezione degli stessi;

b) la fissazione di condizioni minime di età, di esperienza professionale o di anzianità di lavoro per l'accesso all'occupazione o a taluni vantaggi connessi all'occupazione;

c) la fissazione di un'età massima per l'assunzione, basata sulle condizioni di formazione richieste per il lavoratore in questione o sulla necessità di un ragionevole periodo di lavoro prima del pensionamento.

[4-ter] Le disposizioni di cui al comma 4-bis sono fatte salve purché siano oggettivamente e ragionevolmente giustificate da finalità legittime, quali giustificati obiettivi della politica del lavoro, del mercato del lavoro e della formazione professionale, qualora i mezzi per il conseguimento di tali finalità siano appropriati e necessari.

[5] Non costituiscono atti di discriminazione ai sensi dell'articolo 2 le differenze di trattamento basate sulla professione di una determinata religione o di determinate convinzioni personali che siano praticate nell'ambito di enti religiosi o altre organizzazioni pubbliche o private, qualora tale religione o tali convinzioni personali, per la natura delle attività professionali svolte da detti enti o organizzazioni o per il contesto in cui esse sono espletate, costituiscano requisito essenziale, legittimo e giustificato ai fini dello svolgimento delle medesime attività.

[6] Non costituiscono, comunque, atti di discriminazione ai sensi dell'articolo 2 quelle differenze di trattamento che, pur risultando indirettamente discriminatorie, siano giustificate oggettivamente da finalità legittime perseguite attraverso mezzi appropriati e necessari. In particolare, resta ferma la legittimità di atti diretti all'esclusione dallo svolgimento di attività lavorativa che riguardi la cura, l'assistenza, l'istruzione e l'educazione di soggetti minorenni nei confronti di coloro che siano stati condannati in via definitiva per reati che concernono la libertà sessuale dei minori e la pornografia minorile

Art. 4. Tutela giurisdizionale dei diritti – [...]
[2] I giudizi civili avverso gli atti e i comportamenti di cui all'articolo 2 sono regolati dall'articolo 28 del decreto legislativo 1° settembre 2011, n. 150. In caso di accertamento di atti o comportamenti discriminatori, come definiti dall'articolo 2 del presente decreto, si applica, altresì, l'art. 44, comma 11, del decreto legislativo 25 luglio 1998, n. 286.

[3] Chi intende agire in giudizio per il riconoscimento della sussistenza di una delle discriminazioni di cui all'articolo 2 e non ritiene di avvalersi delle procedure di conciliazione previste dai contratti collettivi, può promuovere il tentativo di conciliazione ai sensi dell'articolo 410 del codice di procedura civile o, nell'ipotesi di rapporti di lavoro con le amministrazioni pubbliche, ai sensi dell'art. 66 del decreto legislativo 30 marzo 2001, n. 165, anche tramite le rappresentanze locali di cui all'art. 5.

18. Divieti di discriminazione

D.lgs. 11 aprile 2006, n. 198 – Codice delle pari opportunità tra uomo e donna

Art. 1. Divieto di discriminazione e parità di trattamento e di opportunità tra donne e uomini, nonché integrazione dell'obiettivo della parità tra donne e uomini in tutte le politiche e attività – [1] Le disposizioni del presente decreto hanno ad oggetto le misure volte ad eliminare ogni discriminazione basata sul sesso, che abbia come conseguenza o come scopo di compromettere o di impedire il riconoscimento, il godimento o l'esercizio dei diritti umani e delle libertà fondamentali in campo politico, economico, sociale, culturale e civile o in ogni altro campo.

[2] La parità di trattamento e di opportunità tra donne e uomini deve essere assicurata in tutti i campi, compresi quelli dell'occupazione, del lavoro e della retribuzione.

[3] Il principio della parità non osta al mantenimento o all'adozione di misure che prevedano vantaggi specifici a favore del sesso sottorappresentato.

[...]

Art. 25. Discriminazione diretta e indiretta – [1] Costituisce discriminazione diretta, ai sensi del presente titolo, qualsiasi disposizione, criterio, prassi, atto, patto o comportamento, nonché l'ordine di porre in essere un atto o un comportamento, che produca un effetto pregiudizievole discriminando le lavoratrici o i lavoratori in ragione del loro sesso e, comunque, il trattamento meno favorevole rispetto a quello di un'altra lavoratrice o di un altro lavoratore in situazione analoga.

[2] Si ha discriminazione indiretta, ai sensi del presente titolo, quando una disposizione, un criterio, una prassi, un atto, un patto o un comportamento apparentemente neutri mettono o possono mettere i lavoratori di un determinato sesso in una posizione di particolare svantaggio rispetto a lavoratori dell'altro sesso, salvo che riguardino requisiti essenziali allo svolgimento dell'attività lavorativa, purché l'obiettivo sia legittimo e i mezzi impiegati per il suo conseguimento siano appropriati e necessari.

[2-*bis*] Costituisce discriminazione, ai sensi del presente titolo, ogni trattamento meno favorevole in ragione dello stato di gravidanza, nonché di maternità o paternità, anche adottive, ovvero in ragione della titolarità e dell'esercizio dei relativi diritti.

[...]

Art. 40. Onere della prova – [1] Quando il ricorrente fornisce elementi di fatto, desunti anche da dati di carattere statistico relativi alle assunzioni, ai regimi retributivi, all'assegnazione di mansioni e qualifiche, ai trasferimenti, alla progressione in carriera ed ai licenziamenti, idonei a fondare, in termini precisi e concordanti, la presunzione dell'esistenza di atti, patti o comportamenti discriminatori in ragione del sesso, spetta al convenuto l'onere della prova sull'insussistenza della discriminazione

D.lgs. 1° settembre 2011, n. 150 – Disposizioni complementari al codice di procedura civile in materia di riduzione e semplificazione dei riti civili di cognizione

Art. 28. Delle controversie in materia di discriminazione – [1] Le controversie in materia di discriminazione di cui all'articolo 44 del decreto legislativo 25 luglio 1998, n. 286, quelle di cui all'articolo 4 del decreto legislativo 9 luglio 2003, n. 215, quelle di cui all'articolo 4 del decreto legislativo 9 luglio 2003, n. 216, quelle di cui all'articolo 3 della legge 1° marzo 2006, n. 67, e quelle di cui all'articolo 55-*quinquies* del decreto legislativo 11 aprile 2006, n. 198, sono regolate dal rito sommario di cognizione, ove non diversamente disposto dal presente articolo.

[2] È competente il tribunale del luogo in cui il ricorrente ha il domicilio.

[3] Nel giudizio di primo grado le parti possono stare in giudizio personalmente.

[4] Quando il ricorrente fornisce elementi di fatto, desunti anche da dati di carattere statistico, dai quali si può presumere l'esistenza di atti, patti o comportamenti discriminatori, spetta al convenuto l'onere di provare l'insussistenza della discriminazione. I dati di carattere statistico possono essere relativi anche alle assunzioni, ai regimi contributivi, all'assegnazione delle mansioni e qualifiche, ai trasferimenti, alla progressione in carriera e ai licenziamenti dell'azienda interessata **(4)**.

[5] Con l'ordinanza che definisce il giudizio il giudice può condannare il convenuto al risarcimento del danno anche non patrimoniale e ordinare la cessazione del comportamento, della condotta o dell'atto discriminatorio pregiudizievole, adottando, anche nei confronti della pubblica amministrazione, ogni altro provvedimento idoneo a rimuoverne gli effetti. Al fine di impedire la ripetizione della discriminazione, il giudice può ordinare di adottare, entro il termine fissato nel provvedimento, un piano di rimozione delle discriminazioni accertate. Nei casi di comportamento discriminatorio di carattere collettivo, il piano è adottato sentito l'ente collettivo ricorrente.

[6] Ai fini della liquidazione del danno, il giudice tiene conto del fatto che l'atto o il comportamento discriminatorio costituiscono ritorsione ad una precedente azione giudiziale ovvero ingiusta reazione ad una precedente attività del soggetto leso volta ad ottenere il rispetto del principio della parità di trattamento.

[7] Quando accoglie la domanda proposta, il giudice può ordinare la pubblicazione del provvedimento, per una sola volta e a spese del convenuto, su un quotidiano di tiratura nazionale. Dell'ordinanza è data comunicazione nei casi previsti dall'articolo 44, comma 11, del decreto legislativo 25 luglio 1998, n. 286, dall'articolo 4, comma 1, del decreto legislativo 9 luglio 2003, n. 215, dall'articolo 4, comma 2, del decreto legislativo 9 luglio 2003, n. 216, e dall'articolo 55-*quinquies*, comma 8, del decreto legislativo 11 aprile 2006, n. 198.

---

(4) L'onere della prova della discriminazione grava sul lavoratore interessato, ma si tratta di una prova assai difficile e ciò spiega le agevolazioni probatorie basate su elementi presuntivi, anche in deroga ai requisiti della gravità, precisione e concordanza di cui all'art. 2729 c.c.

19. Il licenziamento libero con preavviso

Codice civile

Art. 2118. Recesso dal contratto a tempo indeterminato – [1] Ciascuno dei contraenti può recedere dal contratto di lavoro a tempo indeterminato **(1)**, dando il preavviso nel termine e nei modi stabiliti [dalle norme corporative], dagli usi o secondo equità **(2)**.

[2] In mancanza di preavviso, il recedente è tenuto verso l'altra parte a un'indennità equivalente all'importo della retribuzione che sarebbe spettata per il periodo di preavviso **(3)**.

[3] La stessa indennità è dovuta dal datore di lavoro nel caso di cessazione del rapporto per morte del prestatore di lavoro.

Art. 2110. Infortunio, malattia, gravidanza, puerperio **(4)** – [1] In caso di infortunio, di malattia, di gravidanza o di puerperio, se la legge [o le norme corporative] non stabiliscono forme equivalenti di previdenza o di assistenza, è dovuta al prestatore di lavoro la retribuzione o un'indennità nella misura e per il tempo determinati dalle leggi speciali [dalle norme corporative], dagli usi o secondo equità.

---

(1) L'art. 2118, comma 1, c.c. regola uniformemente il recesso del datore di lavoro (licenziamento) e del lavoratore (dimissioni) dal contratto a tempo indeterminato, prevedendo il solo obbligo del preavviso, senza alcuna giustificazione per la decisione imprenditoriale insindacabile. La norma che esonera il datore di lavoro dall'obbligo del preavviso è l'art. 2119 c.c. (cfr. par 21 "Il licenziamento per giusta causa e per giustificato motivo soggettivo).

(2) La durata del preavviso è stabilita dai contratti collettivi, che di solito la differenziano in base all'anzianità di servizio ed alla qualifica del lavoratore. La prosecuzione del rapporto per un notevole lasso di tempo dopo la scadenza del preavviso può integrare gli estremi di una revoca per fatti concludenti del licenziamento (Cass. 28 ottobre 1997, n. 10624).

(3) L'indennità di mancato preavviso assorbe qualsiasi eventuale risarcimento ed è dovuta indipendente dalla prova di un danno effettivo conseguente alla mancata concessione del periodo di preavviso medesimo.

(4) Cfr. cap. 16 "*Infortunio, malattia, maternità e paternità*".

> [2] Nei casi indicati nel comma precedente, l'imprenditore ha diritto di recedere dal contratto a norma dell'articolo 2118, decorso il periodo stabilito dalla legge [dalle norme corporative] dagli usi o secondo equità **(5)**.

Legge 15 luglio 1966, n. 604 – Norme sui licenziamenti individuali

> *Art. 10.* – [1] Le norme della presente legge si applicano nei confronti dei prestatori di lavoro che rivestano la qualifica di impiegato e di operaio **(6)**, ai sensi dell'articolo 2095 del Codice civile **(7)** e, per quelli assunti in prova, si applicano dal momento in cui l'assunzione diviene definitiva e, in ogni caso, quando sono decorsi sei mesi dall'inizio del rapporto di lavoro.

Legge 11 maggio 1990, n. 108 – Disciplina dei licenziamenti individuali

> *Art. 4. Area di non applicazione* **(8)-(9)** – [1] Fermo restando quanto previsto

(5) I contratti collettivi stabiliscono il periodo di comporto per malattia, allo spirare del quale il datore di lavoro può recedere ai sensi dell'art. 2118 cod. civ, indicando puntualmente tutti i giorni di malattia che hanno determinato il superamento di detto limite (Cass. 18 maggio 2016, n. 10252), ivi compresi i giorni festivi che cadono nel periodo di assenza, dovendosi presumere la continuità dell'evento morboso (Cass. 24 settembre 2014, n. 20106). I giorni di malattia non si computano ai fini del comporto qualora l'infermità dipenda dalla nocività delle mansioni o dell'ambiente di lavoro (Cass., S.U., 1° luglio 2016, n. 13535). Per non superare il periodo di comporto, il lavoratore può chiedere che gli sia concesso il godimento delle ferie e dei permessi residui, nonché di usufruire di un periodo di aspettativa (Cass. 10 dicembre 2012, n. 22392). È nullo il licenziamento intimato prima dello scadere del periodo di comporto e erroneamente motivato per un comparto di realtà non scaduto (Cass., S.U., 22 maggio 2018, n. 12568).

(6) La giustificazione del licenziamento, prevista dall'art. 3 della Legge n. 604/1966 non si applica ai dirigenti (cfr. cap. 21 *"Il licenziamento per giusta causa e per giustificato motivo soggettivo"* e cap. 24 *"Il licenziamento per giustificato motivo oggettivo"*).

(7) Cfr. cap. 5 *"Mansioni, qualifiche, categorie ed inquadramento"*.

(8) Cfr. cap. 20 *"Il campo di applicazione dei diversi regimi di tutela"*.

19. Il licenziamento libero con preavviso   89

dall'articolo 3 **(10)**, le disposizioni degli articoli 1 **(11)** e 2 **(12)** non trovano applicazione nei rapporti disciplinati dalla legge 2 aprile 1958, n. 339 **(13)**. [...]
   [2] Le disposizioni di cui all'articolo 18 della legge 20 maggio 1970, n. 300, come modificato dall'articolo 1 della presente legge **(14)**, e dell'articolo 2 **(15)** non si applicano nei confronti dei prestatori di lavoro ultrasessantenni, in possesso dei requisiti pensionistici, sempre che non abbiano optato per la prosecuzione del rapporto di lavoro. Sono fatte salve le disposizioni dell'articolo 3 della presente legge **(16)**.

D.l. 6 dicembre 2011, n. 201, convertito con modificazioni dalla legge 22 dicembre 2011, n. 214 – Lavoratori con diritto al trattamento pensionistico

Art. 24. Disposizioni in materia di trattamenti pensionistici – [...]
[4] Per i lavoratori e le lavoratrici la cui pensione è liquidata a carico dell'Assicura-

---

(**9**) Il licenziamento libero con preavviso riguarda i lavoratori domestici (comma 1) e i lavoratori che hanno maturato il diritto a pensione (comma 2).

(**10**) Licenziamento discriminatorio (cfr. cap. 25 *"I divieti di licenziamento"*).

(**11**) Reintegrazione (cfr. cap. 20 *"Il campo di applicazione dei diversi regimi di tutela"*, cap. 28 *"Il regime di tutela reale per i licenziamenti vietati e orali"* e cap. 29 *"Il regime di tutela reale a risarcimento limitato"*).

(**12**) Riassunzione o risarcimento del danno (cfr. cap. 20 *"Il campo di applicazione dei diversi regimi di tutela"* e cap. 33 *"Il regime di tutela obbligatoria"*).

(**13**) Legge 2 aprile 1958, n. 339 – Per la tutela del rapporto di lavoro domestico. *Art. 1. Norme generali* – *"La presente legge si applica, ai rapporti di lavoro concernenti gli addetti ai servizi domestici che prestano la loro opera, continuativa e prevalente, di almeno 4 ore giornaliere presso lo stesso datore di lavoro, con retribuzione in denaro o in natura. S'intendono per addetti ai servizi personali domestici i lavoratori di ambo i sessi che prestano a qualsiasi titolo la loro opera per il funzionamento della vita familiare sia che si tratti di personale con qualifica specifica, sia che si tratti di personale adibito a mansioni generiche"*.

(**14**) Cfr. cap. 20 *"Il campo di applicazione dei diversi regimi di tutela"*, cap. 28 *"Il regime di tutela per i licenziamenti vietati e orali"*, cap. 29 *"Il regime di tutela reale a risarcimento limitato"*, cap. 30 *"Il regime di tutela indennitaria per l'ingiustificatezza"*, cap. 31 *"Il regime di tutela indennitaria per i vizi formali e procedimentali"*.

(**15**) Riassunzione o risarcimento del danno (cfr. cap. 20 *"Il campo di applicazione dei diversi regimi di tutela"* e cap. 33 *"Il regime di tutela obbligatoria"*).

(**16**) Licenziamento discriminatorio (cfr. cap. 25 *"I divieti di licenziamento"*).

zione Generale Obbligatoria (di seguito AGO) e delle forme esclusive e sostitutive della medesima, nonché della gestione separata [...], la pensione di vecchiaia si può conseguire all'età in cui operano i requisiti minimi previsti dai successivi commi. Il proseguimento dell'attività lavorativa è incentivato, fermi restando i limiti ordinamentali dei rispettivi settori di appartenenza, dall'operare dei coefficienti di trasformazione calcolati fino all'età di settant'anni, fatti salvi gli adeguamenti alla speranza di vita [...]. Nei confronti dei lavoratori dipendenti, l'efficacia delle disposizioni di cui all'articolo 18 della legge 20 maggio 1970, n. 300[17] e successive modificazioni o disposizioni di cui pera fino al conseguimento del predetto limite massimo di flessibilità.

[...]

D.lgs. 15 giugno 2015, n. 81 – Disciplina organica dei contratti di lavoro e revisione della normativa in tema di mansioni

Art. 42. *Disciplina generale* **(17)-(18)**:
[...]
[4] Al termine del periodo di apprendistato le parti possono recedere dal contratto, ai sensi dell'articolo 2118 del codice civile, con preavviso decorrente dal medesimo termine. Durante il periodo di preavviso continua a trovare applicazione la disciplina del contratto di apprendistato.
[...]

---

(17) Cfr. Cap. 28 "Il regime di tutela per i licenziamenti vietati e orali", cap. 29 "Il regime di tutela reale a risarcimento limitato ~~per l'ingiustificatezza qualificata~~", cap. 30 "Il regime di tutela indennitaria per l'ingiustificatezza ~~semplice~~", cap. 31 "Il regime di tutela indennitaria per i vizi formali e procedimentali".

(18) Cfr. cap. 42 "L'apprendistato".

20. Il campo di applicazione dei diversi regimi di tutela

Legge 20 maggio 1970, n. 300 – Statuto dei lavoratori

Art. 18. Tutela del lavoratore in caso di licenziamento illegittimo – [...]

[8] Le disposizioni dei commi dal quarto al settimo **(1)** si applicano al datore di lavoro, imprenditore o non imprenditore, che in ciascuna sede, stabilimento, filiale, ufficio o reparto autonomo nel quale ha avuto luogo il licenziamento occupa alle sue dipendenze più di quindici lavoratori o più di cinque se si tratta di imprenditore agricolo, nonché al datore di lavoro, imprenditore o non imprenditore, che nell'ambito dello stesso comune occupa più di quindici dipendenti e all'impresa agricola che nel medesimo ambito territoriale occupa più di cinque dipendenti, anche se ciascuna unità produttiva **(2)**, singolarmente considerata, non raggiunge tali limiti, e in ogni caso al datore di lavoro, imprenditore e non imprenditore, che occupa più di sessanta dipendenti **(3)-(4)**.

---

(1) Cfr. cap. 29 "*Il regime di tutela reale a risarcimento limitato*", cap. 30 "*Il regime di tutela indennitaria per l'ingiustificatezza*" e cap. 31 "*Il regime di tutela indennitaria per i vizi formali e procedimentali*".

(2) L'unità produttiva, definita come "*sede, stabilimento, filiale, ufficio o reparto autonomo*", è costituita non da una qualsiasi articolazione dell'impresa nella quale operano uno o più dipendenti, ma da una articolazione autonoma avente, sotto il profilo funzionale, idoneità ad esplicare in tutto o in parte l'attività (produzione o scambio di beni o servizi) di impresa (Cass. 24 marzo 1998, n. 3129); sotto il profilo organizzativo, indipendenza tecnica ed amministrativa tale che in essa si possa concludere una frazione dell'attività produttiva aziendale (Cass. 21 maggio 2012, n. 7989). Una struttura può ritenersi priva di autonomia se ha scopi puramente strumentali ed ausiliari rispetto ai fini produttivi dell'impresa (Cass. 10 novembre 1997, n. 11092).

(3) Con riferimento alle aziende grandi, nel caso di *holdings* o collegamenti societari, non viene meno l'autonomia delle singole società che le compongono e che sono dotate di personalità giuridica. Pertanto, i rapporti lavorativi del personale dipendente da ciascuna società continuano a far capo soltanto ad ognuna delle società collegate, senza alcuna possibilità di imputarli alle altre o alla società *holding*. Tuttavia, Il collegamento economico-funzionale tra imprese facenti parte di un'unica organizzazione è sufficiente a far ritenere che gli obblighi inerenti a un

[9] Ai fini del computo del numero dei dipendenti di cui all'ottavo comma si tiene conto dei lavoratori assunti con contratto a tempo indeterminato parziale per la quota di orario effettivamente svolto, tenendo conto, a tale proposito, che il computo delle unità lavorative fa riferimento all'orario previsto dalla contrattazione collettiva del settore. Non si computano il coniuge e i parenti del datore di lavoro entro il secondo grado in linea diretta e in linea collaterale. Il computo dei limiti occupazionali di cui all'ottavo comma non incide su norme o istituti che prevedono agevolazioni finanziarie o creditizie (5).

rapporto di lavoro subordinato, formalmente intercorso fra un lavoratore e una di esse, si debbano estendere anche all'altra se si può ravvisare – anche ai fini della valutazione del requisito occupazionale – un unico cento di imputazione del rapporto di lavoro; il che può avvenire quando sia ravvisabile una simulazione in frode alla legge del frazionamento un'unica attività fra i vari soggetti del gruppo (Cass. 25 maggio 2006, n. 11107; Cass. 14 novembre 2005, n. 22927; Cass. 25 ottobre 2004, n. 20701), attraverso alcuni requisiti quali, l'unicità della struttura organizzativa e produttiva, l'integrazione tra le attività esercitate dalle varie imprese del gruppo e correlativo interesse comune, il coordinamento tecnico e amministrativo-finanziario tale da individuare un unico soggetto direttivo che faccia confluire le diverse attività delle singole imprese verso uno scopo comune, l'utilizzo contemporaneo della prestazione lavorativa da parte delle varie società titolari delle distinte imprese, nel senso che la stessa è svolta in modo indifferenziato e contemporaneamente in favore dei vari imprenditori (Cass. 31 luglio 2017, n. 19023).

(4) La giurisprudenza prevalente ritiene che l'onere di provare l'esistenza dei requisiti occupazionali gravi sul datore di lavoro (Cass., S.U., 10 gennaio 2006, n. 141; Cass. 6 marzo 2018, n. 5290; Cass. 26 settembre 2011, n. 19616), sia nel caso in cui egli abbia la veste di attore che quella di convenuto in giudizio (Cass. 17 maggio 2002, n. 7227), potendo fornire agevolmente ampia documentazione, che la legge impone di tenere, sul personale alle proprie dipendenze (Cass. 16 giugno 2006, n. 13945; Cass. 22 gennaio 1999, n. 613). Occorre prendere in considerazione l'organico medio dei dipendenti occupati a tempo indeterminato. Parte della giurisprudenza ritiene invece che il lavoratore abbia l'onere di provare il superamento del limite occupazionale, essendo il soggetto titolare del diritto che si vuole far valere (art. 2697 c.c., cfr. cap. 47 "*Onere della prova e processo del lavoro*"; Cass., S.U., 4 marzo 1988, n. 2249; Cass. 10 novembre 1999, n. 12492). Infatti, qualora egli non ottemperi l'onere probatorio, può beneficiare esclusivamente del regime di tutela applicabile nelle aziende di minori dimensioni (Cass. 16 maggio 1998, n. 4948).

(5) Non rientra nel computo chiunque non presti stabilmente la propria attività in azienda (Cass. 3 settembre 2008, n. 22164). A tal fine si dovrà tenere conto della normale occupazione dell'azienda (sulla base dell'organigramma produttivo o, in mancanza, delle unità lavorative necessarie secondo la normale produttività dell'impresa), nel periodo di tempo di 6 mesi antecedente al licenziamento (Circ.

20. Il campo di applicazione dei diversi regimi di tutela

Legge 11 maggio 1990, n. 108 – Disciplina dei licenziamenti individuali

> *Art. 2. Riassunzione o risarcimento del danno* – [1] I datori di lavoro privati, imprenditori non agricoli e non imprenditori, e gli enti pubblici di cui all'articolo 1 della legge 15 luglio 1966, n. 604 **(6)**, che occupano alle loro dipendenze fino a quindici lavoratori ed i datori di lavoro imprenditori agricoli che occupano alle loro dipendenze fino a cinque lavoratori computati con il criterio di cui all'articolo 18 della legge 20 maggio 1970, n. 300 **(7)** [...], sono soggetti all'applicazione delle disposizioni di cui alla legge 15 luglio 1966, n. 604 **(8)**, così come modificata dalla presente legge **(9)**. Sono altresì soggetti all'applicazione di dette disposizioni i datori di lavoro che occupano fino a sessanta dipendenti, qualora non sia applicabile il disposto dell'articolo 18 della legge 20 maggio 1970, n. 300. [...]

> *Art. 4. Area di non applicazione* – [1] Fermo restando quanto previsto dall'articolo 3 **(10)**, le disposizioni degli articoli 1 **(11)** e 2 non trovano applicazione nei rapporti disciplinati dalla legge 2 aprile 1958, n. 339 **(12)**. La disciplina di cui all'articolo 18 della legge 20 maggio 1970, n. 300 [...], non trova applicazione nei confronti dei datori di lavoro non imprenditori che svolgono senza fini di lucro attività

Min. Lav. 16 gennaio 2013, n. 3) e non anche a quello successivo, senza dare rilevanza alle contingenti ed occasionali contrazioni o espansioni del livello occupazionale (Cass. 14 ottobre 2011, n. 21280). Dal computo sono altresì esclusi i lavoratori assunti a termine per sopperire a contingenze momentanee ed eccezionali (Cass. 20 ottobre 1983, n. 6165), gli apprendisti (cfr. art. 47, comma 3, d.lgs. n. 81/2015), il socio consigliere di amministrazione, anche se presta stabilmente la propria attività in azienda (Cass. 11 dicembre 1997, n. 12548).

(6) Cfr. cap. 20 *"Il campo di applicazione dei diversi regimi di tutela"*.

(7) Cfr. cap. 20 *"Il campo di applicazione dei diversi regimi di tutela"*.

(8) Cfr. cap. 21 *"Il licenziamento per giusta causa e per giustificato motivo soggettivo"*, cap. 23 *"Tipizzazioni di giustificazione del licenziamento"*, cap. 24 *"Il licenziamento per giustificato motivo oggettivo"*, cap. 26 *"I requisiti di forma del licenziamento"* e cap. 27 *"Impugnazione del licenziamento"*.

(9) Cfr. artt. 2 e 8 legge n. 604/1966, cap. 26 *"I requisiti di forma del licenziamento"* e cap. 33 *"Il regime di tutela obbligatoria"*.

(10) Licenziamento discriminatorio (cfr. cap. 25 *"I divieti di licenziamento"*).

(11) Reintegrazione (cfr. cap. 28 *"Il regime di tutela reale per i licenziamenti vietati e orali"* e cap. 29 *"Il regime di tutela reale a risarcimento limitato"*).

(12) Per la tutela del rapporto di lavoro domestico (cfr. cap. 19 *"Il licenziamento libero con preavviso"*).

94   Il rapporto individuale di lavoro

di natura politica, sindacale, culturale, di istruzione ovvero di religione o di culto **(13)**.

[2] Le disposizioni di cui all'articolo 18 della legge 20 maggio 1970, n. 300, come modificato dall'articolo 1 della presente legge **(14)**, e dell'articolo 2 non si applicano nei confronti dei prestatori di lavoro ultrasessantenni, in possesso dei requisiti pensionistici, sempre che non abbiano optato per la prosecuzione del rapporto di lavoro [...]. Sono fatte salve le disposizioni dell'articolo 3 della presente legge **(15)** [...]

D.lgs. 4 marzo 2015, n. 23 – Disposizioni in materia di contratto di lavoro a tempo indeterminato a tutele crescenti, in attuazione della legge 10 dicembre 2014, n. 183

Art. 1. Campo di applicazione – [1] Per i lavoratori che rivestono la qualifica di operai, impiegati o quadri, assunti con contratto di lavoro subordinato a tempo indeterminato a decorrere dalla data di entrata in vigore del presente decreto **(16)**, il regime di tutela nel caso di licenziamento illegittimo è disciplinato dalle disposizioni di cui al presente decreto **(17)**.

[2] Le disposizioni di cui al presente decreto si applicano anche nei casi di conversione, successiva all'entrata in vigore del presente decreto, di contratto a tempo determinato o di apprendistato in contratto a tempo indeterminato.

[3] Nel caso in cui il datore di lavoro, in conseguenza di assunzioni a tempo

---

(13) Cfr. cap. 28 *"Il regime di tutela reale per i licenziamenti vietati e orali"*, cap. 29 *"Il regime di tutela reale a risarcimento limitato"*, cap. 30 *"Il regime di tutela indennitaria per l'ingiustificatezza"* e cap. 31 *"Il regime di tutela indennitaria per i vizi formali e procedimentali"*.

(14) Cfr. cap. 28 *"Il regime di tutela reale per i licenziamenti vietati e orali"*, cap. 29 *"Il regime di tutela reale a risarcimento limitato"*, cap. 30 *"Il regime di tutela indennitaria per l'ingiustificatezza"* e cap. 31 *"Il regime di tutela indennitaria per i vizi formali e procedimentali"*.

(15) Licenziamento discriminatorio (cfr. cap. 25 *"I divieti di licenziamento"*).

(16) Entrata in vigore del provvedimento: 7 marzo 2015.

(17) Cfr. cap. 27 *"Impugnazione del licenziamento"*, cap. 28 *"Il regime di tutela reale per i licenziamenti vietati e orali"*, cap. 29 *"Il regime di tutela reale a risarcimento limitato"*, cap. 30 *"Il regime di tutela indennitaria per l'ingiustificatezza"*, cap. 31 *"Il regime di tutela indennitaria per i vizi formali e procedimentali"*, cap. 33 *"Il regime di tutela obbligatoria"* e cap. 35 *"Il licenziamento collettivo"*.

20. Il campo di applicazione dei diversi regimi di tutela

indeterminato avvenuto successivamente all'entrata in vigore del presente decreto, integri il requisito occupazionale di cui all'articolo 18, ottavo e nono comma, della legge 20 maggio 1970, n. 300, e successive modificazioni, il licenziamento dei lavoratori, anche se assunti precedentemente a tale data, è disciplinato dalle disposizioni del presente decreto **(18)**.

D.lgs. 15 giugno 2015, n. 81 – Disciplina organica dei contratti di lavoro e revisione della normativa in tema di mansioni, a norma dell'articolo 1, comma 7, della legge 10 dicembre 2014, n. 183

Art. 47. Disposizioni finali **(19)** – [...]
[3] Fatte salve le diverse previsioni di legge o di contratto collettivo, i lavoratori assunti con contratto di apprendistato sono esclusi dal computo dei limiti numerici previsti da leggi e contratti collettivi per l'applicazione di particolari normative e istituti.
[...]

---

(18) Cfr. cap. 27 *"Impugnazione del licenziamento"*, cap. 28 *"Il regime di tutela reale per i licenziamenti vietati e orali"*, cap. 29 *"Il regime di tutela reale a risarcimento limitato"*, cap. 30 *"Il regime di tutela indennitaria per l'ingiustificatezza"*, cap. 31 *"Il regime di tutela indennitaria per i vizi formali e procedimentali"*, cap. 33 *"Il regime di tutela obbligatoria"* e cap. 35 *"Il licenziamento collettivo"*.

(19) Cfr. cap. 42 *"L'apprendistato"*.

21. Il licenziamento per giusta causa e per giustificato motivo soggettivo

Legge 15 luglio 1966, n. 604 – Norme sui licenziamenti individuali

> *Art. 1.* – **[1]** Nel rapporto di lavoro a tempo indeterminato, intercedente con datori di lavoro privati o con enti pubblici, ove la stabilità non sia assicurata da norme di legge, di regolamento e di contratto collettivo o individuale, il licenziamento del prestatore di lavoro non può avvenire che per giusta causa ai sensi dell'articolo 2119 del Codice civile o per giustificato motivo **(1)**.

> *Art. 3.* – **[1]** Il licenziamento per giustificato motivo con preavviso è determinato da un notevole inadempimento **(2)-(3)** degli obblighi contrattuali del prestatore di lavoro ovvero da ragioni inerenti all'attività produttiva, all'organizzazione del lavoro e al regolare funzionamento di essa.

(1) La legge 15 luglio 1966, n. 604 segnò, per la regolamentazione del licenziamento, la fine dell'epoca della libera recedibilità e il passaggio ad un regime di diritto speciale nel quale il potere illimitato del datore di lavoro di recedere dal rapporto di lavoro a tempo indeterminato non costituiva più principio generale dell'ordinamento.

Nella sistematica del codice, infatti, il licenziamento individuale è previsto genericamente come atto di recesso dal contratto di lavoro subordinato a tempo indeterminato dagli artt. 2118 (cfr. cap. 19 "*Il licenziamento libero con preavviso*") e 2119 c.c., caratterizzato unicamente dalla necessità di dare un congruo preavviso alla parte che subisce il recesso, senza alcun vincolo di forma o di motivazione.

(2) Per "inadempimento" si intende sia quello degli obblighi fondamentali (ad esempio l'obbligo di eseguire la prestazione lavorativa o di osservare le direttive del datore di lavoro) sia degli obblighi accessori derivanti dal contratto di lavoro (ad esempio la violazione dell'obbligo di non concorrenza di cui all'art. 2105 c.c. o altri obblighi di protezione che impongono al lavoratore di non ledere gli interessi del datore di lavoro).

(3) Ai fini del carattere "notevole" dell'inadempimento, rileva ogni condotta che possa scuotere la fiducia del datore di lavoro nell'esattezza dei successivi adempimenti e far ritenere la continuazione del rapporto pregiudizievole agli scopi aziendali (Cass. 11 novembre 2019, n. 29090). Il notevole inadempimento si

21. Il licenziamento per giusta causa e per giustificato motivo soggettivo   97

Art. 5. – [1] L'onere della prova della sussistenza della giusta causa o del giustificato motivo di licenziamento spetta al datore di lavoro **(4)**.

Codice civile

Art. 2119. Recesso per giusta causa – [1] Ciascuno dei contraenti può recedere dal contratto prima della scadenza del termine, se il contratto è a tempo determinato, o senza preavviso, se il contratto è a tempo indeterminato, qualora si verifichi una causa che non consenta la prosecuzione anche provvisoria, del rapporto **(5)**. Se il contratto è a tempo indeterminato, al prestatore di lavoro che recede per giusta causa, compete l'indennità indicata nel secondo comma dell'articolo precedente.
[2] Non costituisce giusta causa di risoluzione del contratto il fallimento dell'imprenditore o la liquidazione coatta amministrativa dell'azienda **(6)**.

Art. 1564. Risoluzione del contratto – [1] In caso d'inadempimento di una delle parti relativo a singole prestazioni, l'altra può chiedere la risoluzione del contratto, se l'inadempimento ha una notevole importanza ed è tale da menomare la fiducia nell'esattezza dei successivi adempimenti **(7)**.

colloca dunque su un livello di gravità superiore all'inadempimento di scarsa importanza, ma non ogni inadempimento di non scarsa importanza, ai sensi dell'art. 1455 c.c., integra automaticamente un notevole inadempimento ai sensi dell'art. 3 legge n. 604/1966; le due nozioni non coincidono poiché la seconda è più ristretta, presupponendo una gravità che l'inadempimento "non scarso" non sempre possiede. Nell'area dell'inadempimento che non raggiunge la "notevolezza" sono applicabili le sanzioni disciplinari conservative (cfr. ~~par.~~ cap. 11 *"Il potere disciplinare e i suoi limiti""*).

(**4**) Cfr. cap. 47 *"Onere della prova e processo del lavoro"*.

(**5**) Per "causa che non consente la prosecuzione anche provvisoria del rapporto" si intende l'inadempimento più che notevole del lavoratore; o la sua sopravvenuta e definitiva inidoneità professionale o morale allo svolgimento della prestazione o altri fatti inerenti all'organizzazione che non ne consentono l'utilizzazione anche provvisoria.

(**6**) A partire dal 1° settembre 2021, il nuovo testo del secondo comma dell'art. 2119 cod. civ. sarà il seguente *"Non costituisce giusta causa di risoluzione del contratto la liquidazione coatta amministrativa dell'impresa. Gli effetti della liquidazione giudiziale sui rapporti di lavoro sono regolati dal codice della crisi e dell'insolvenza"*.

(**7**) Questa norma spesso viene applicata in via analogica dalla giurisprudenza anche al licenziamento nel rapporto di lavoro subordinato quale criterio per valu-

Art. 1455. Importanza dell'inadempimento – [1] Il contratto non si può risolvere se l'inadempimento di una delle parti ha scarsa importanza, avuto riguardo all'interesse dell'altra.

Art. 2106. Sanzioni disciplinari **(8)** – [1] L'inosservanza delle disposizioni contenute nei due articoli precedenti può dar luogo all'applicazione di sanzioni disciplinari, secondo la gravità dell'infrazione.

---

tare il carattere notevole dell'inadempimento ai sensi dell'art. 3 della legge n. 604/1966, nonché la sussistenza della giusta causa *ex* art. 2119 c.c.

(8) Cfr. cap. 11 *"Il potere disciplinare e i suoi limiti"*.

22. La procedura per il licenziamento disciplinare

Legge 20 maggio 1970, n. 300 – Statuto dei lavoratori

Art. 7. Sanzioni disciplinari **(1)** – **[1]** Le norme disciplinari relative alle sanzioni, alle infrazioni in relazione alle quali ciascuna di esse può essere applicata ed alle procedure di contestazione delle stesse, devono essere portate a conoscenza dei lavoratori mediante affissione in luogo accessibile a tutti **(2)**. Esse devono applicare quanto in materia è stabilito da accordi e contratti di lavoro ove esistano.

[2] Il datore di lavoro non può adottare alcun provvedimento disciplinare nei confronti del lavoratore senza avergli preventivamente contestato l'addebito **(3)** e senza averlo sentito a sua difesa **(4)**.

(1) Le disposizioni dell'art. 7 Stat. lav. si applicano anche qualora il datore di lavoro intenda intimare un licenziamento per motivo disciplinare, e cioè un licenziamento per giusta causa o per giustificato motivo soggettivo (Corte cost. 30 novembre 1982, n. 204).

(2) Le nozioni legali di giusta causa e di giustificato motivo soggettivo rendono superflua la previsione nel codice disciplinare e la relativa affissione, specie per fatti contrari all'etica comune, alle fondamentali regole del vivere civile, ai doveri essenziali connessi al rapporto di lavoro e al manifesto interesse dell'impresa (Cass. 29 maggio 2012, n. 8535), mentre l'affissione è dovuta per le sanzioni conservative ricavabili sola dalla disciplina collettiva o da una disciplina aziendale difficilmente conoscibile (Cass. 16 settembre 2011, n. 18955).

(3) La contestazione dell'addebito deve essere tempestiva rispetto alla conoscenza dei fatti da parte del datore di lavoro, tenuto conto anche della natura dell'illecito disciplinare e della complessità dell'organizzazione aziendale (Cass. 22 marzo 2018, n. 7208); nelle more del procedimento disciplinare, il datore di lavoro può anche sospendere cautelativamente il lavoratore (Cass. 9 settembre 2008, n. 22863), fermo restando il diritto di quest'ultimo alla retribuzione per tutto il periodo (Cass. 26 marzo 1998, n. 3209); anche il conseguente licenziamento deve essere tempestivo rispetto alla contestazione dell'addebito e alla eventuale difesa del lavoratore. Inoltre, la contestazione dell'addebito non può essere generica, dovendo indicare precisamente il fatto di cui viene accusato il lavoratore, in modo sufficiente da consentirgli di comprendere l'accusa e di difendersi.

(4) La genericità della contestazione disciplinare può integrare una violazione

100   Il rapporto individuale di lavoro

[3] Il lavoratore potrà farsi assistere da un rappresentante dell'associazione sindacale cui aderisce o conferisce mandato.

[4] Fermo restando quanto disposto dalla legge 15 luglio 1966, n. 604, non possono essere disposte sanzioni disciplinari che comportino mutamenti definitivi del rapporto di lavoro; inoltre la multa non può essere disposta per un importo superiore a quattro ore della retribuzione base e la sospensione dal servizio e dalla retribuzione per più di dieci giorni.

[5] In ogni caso, i provvedimenti disciplinari più gravi del rimprovero verbale non possono essere applicati prima che siano trascorsi cinque giorni dalla contestazione per iscritto del fatto che vi ha dato causa **(5)**.

[6] Salvo analoghe procedure previste dai contratti collettivi di lavoro e ferma restando la facoltà di adire l'autorità giudiziaria **(6)**, il lavoratore al quale sia stata applicata una sanzione disciplinare può promuovere, nei venti giorni successivi, anche per mezzo dell'associazione alla quale sia iscritto ovvero conferisca mandato, la costituzione, tramite l'ufficio provinciale del lavoro e della massima occupazione, di un collegio di conciliazione ed arbitrato, composto da un rappresentante di ciascuna delle parti e da un terzo membro scelto di comune accordo o, in difetto di accordo, nominato dal direttore dell'ufficio del lavoro. La sanzione disciplinare resta sospesa fino alla pronuncia da parte del collegio **(7)**.

[7] Qualora il datore di lavoro non provveda, entro dieci giorni dall'invito rivoltogli dall'ufficio del lavoro, a nominare il proprio rappresentante in seno al collegio di cui al comma precedente, la sanzione disciplinare non ha effetto. Se il datore di lavoro adisce l'autorità giudiziaria, la sanzione disciplinare resta sospesa fino alla definizione del giudizio. [...]

del diritto di difesa solo se abbia determinato un concreto pregiudizio al diritto di difesa del lavoratore; pertanto, se il diritto di difesa è stato compiutamente esercitato, il giudice può tenerne conto al fine di ritenere provata la specificità della contestazione (Cass. 18 aprile 2018, n. 9590).

(5) Una volta irrogata la sanzione disciplinare non può essere effettuato un secondo procedimento disciplinare per gli stessi fatti (Cass. 8 novembre 2019, n. 28927).

(6) In sede di impugnazione giudiziaria il giudice non può ridurre la sanzione, salvo il caso in cui il datore abbia superato il massimo edittale e la riduzione consista solo nella riconduzione della sanzione a tale limite (Cass. 11 febbraio 2019, n. 3896).

(7) In sede di impugnazione della sanzione, sia giudiziale che stragiudiziale, si può tenere conto anche di fatti non contestati, purché questi siano meramente confermativi di quelli posti a base della sanzione disciplinare, in modo da non violare il c.d. principio di immutabilità della contestazione disciplinare.

22. La procedura per il licenziamento disciplinare

D.lgs. 30 marzo 2001, n. 165 – Norme generali sull'ordinamento del lavoro alle dipendenze delle amministrazioni pubbliche

Art. 55-bis. Forme e termini del procedimento disciplinare – [1] Per le infrazioni di minore gravità, per le quali è prevista l'irrogazione della sanzione del rimprovero verbale, il procedimento disciplinare, è di competenza del responsabile della struttura presso cui presta servizio il dipendente. Alle infrazioni per le quali è previsto il rimprovero verbale si applica la disciplina stabilita dal contratto collettivo.

[2] Ciascuna amministrazione, secondo il proprio ordinamento e nell'ambito della propria organizzazione, individua l'ufficio per i procedimenti disciplinari competente per le infrazioni punibili con sanzione superiore al rimprovero verbale e ne attribuisce la titolarità e la responsabilità.

[...]

[4] Fermo restando quanto previsto dall'articolo 55-*quater*, commi 3-*bis* e 3-*ter* **(8)**, per le infrazioni per le quali è prevista l'irrogazione di sanzioni superiori al rimprovero verbale, il responsabile della struttura presso cui presta servizio il dipendente, segnala immediatamente, e comunque entro 10 giorni, all'ufficio competente per i procedimenti disciplinari i fatti ritenuti di rilevanza disciplinare di cui abbia avuto conoscenza. l'Ufficio competente per i procedimenti disciplinari, con immediatezza e comunque non oltre trenta giorni decorrenti dal ricevimento della predetta segnalazione, ovvero dal momento in cui abbia altrimenti avuto piena conoscenza dei fatti ritenuti di rilevanza disciplinare, provvede alla contestazione scritta dell'addebito e convoca l'interessato, con un preavviso di almeno venti giorni, per l'audizione in contraddittorio a sua difesa. Il dipendente può farsi assistere da un procuratore ovvero, da un rappresentante dell'associazione sindacale cui aderisce o conferisce mandato. In caso di grave ed oggettivo impedimento, ferma la possibilità di depositare memorie scritte, il dipendente può richiedere che l'audizione a sua difesa sia differita, per una sola volta, con proroga del termine per la conclusione nel procedimento in misura corrispondente. [...] il dipendente ha diritto di accesso agli atti istruttori del procedimento. L'ufficio competente per i procedimenti disciplinari conclude il procedimento, con l'atto di archiviazione o di irrogazione della sanzione, entro centoventi giorni dalla contestazione dell'addebito. Gli atti di avvio e conclusione del procedimento disciplinare, nonché l'eventuale provvedimento di sospensione cautelare del dipendente, sono comunicati dall'ufficio competente di ogni amministrazione, per via telematica, all'Ispettorato per la funzione pubblica, entro venti giorni dalla loro adozione. Al fine di tutelare la riservatezza del dipendente, il nominativo dello stesso è sostituito da un codice identificativo.

[5] La comunicazione di contestazione dell'addebito al dipendente, nell'ambito del procedimento disciplinare, è effettuata tramite posta elettronica certificata, nel caso in cui il dipendente dispone di idonea casella di posta, ovvero tramite consegna a mano. In alternativa all'uso della posta elettronica certificata o della consegna a mano, le comunicazioni sono effettuate tramite raccomandata postale con ricevuta di ritorno. Per le comunicazioni successive alla contestazione dell'addebito, è consentita la comunicazione tra

(8) Cfr. cap. 23 *"Tipizzazioni di giustificazione del licenziamento"*.

l'amministrazione ed i propri dipendenti tramite posta elettronica o altri strumenti informatici di comunicazione [...], ovvero anche al numero di fax o altro indirizzo di posta elettronica, previamente comunicati dal dipendente o dal suo procuratore.

[6] Nel corso dell'istruttoria, l'Ufficio per i procedimenti disciplinari può acquisire da altre amministrazioni pubbliche informazioni o documenti rilevanti per la definizione del procedimento. La predetta attività istruttoria non determina la sospensione del procedimento, né il differimento dei relativi termini.

[7] Il dipendente o il dirigente, appartenente alla stessa o a una diversa amministrazione pubblica dell'incolpato, che, essendo a conoscenza per ragioni di ufficio o di servizio di informazioni rilevanti per un procedimento disciplinare in corso, rifiuta, senza giustificato motivo, la collaborazione richiesta dall'Ufficio disciplinare procedente ovvero rende dichiarazioni false o reticenti, è soggetto all'applicazione, da parte dell'amministrazione di appartenenza, della sanzione disciplinare della sospensione dal servizio con privazione della retribuzione, commisurata alla gravità dell'illecito contestato al dipendente, fino ad un massimo di quindici giorni.

[8] In caso di trasferimento del dipendente, a qualunque titolo, in un'altra amministrazione pubblica, il procedimento disciplinare è avviato o concluso e la sanzione è applicata presso quest'ultima. In caso di trasferimento del dipendente in pendenza di procedimento disciplinare, l'ufficio per i procedimenti disciplinari che abbia in carico gli atti provvede alla loro tempestiva trasmissione al competente ufficio disciplinare dell'amministrazione presso cui il dipendente è trasferito. In tali casi il procedimento disciplinare è interrotto e dalla data di ricezione degli atti da parte dell'ufficio disciplinare dell'amministrazione presso cui il dipendente è trasferito decorrono nuovi termini per la contestazione dell'addebito o per la conclusione del procedimento. Nel caso in cui l'amministrazione di provenienza venga a conoscenza dell'illecito disciplinare successivamente al trasferimento del dipendente, la stessa Amministrazione provvede a segnalare immediatamente e comunque entro venti giorni i fatti ritenuti di rilevanza disciplinare all'Ufficio per i procedimenti disciplinari dell'amministrazione presso cui il dipendente è stato trasferito e dalla data di ricezione della predetta segnalazione decorrono i termini per la contestazione dell'addebito e per la conclusione del procedimento. Gli esiti del procedimento disciplinare vengono in ogni caso comunicati anche all'amministrazione di provenienza del dipendente.

[9] La cessazione del rapporto di lavoro estingue il procedimento disciplinare salvo che per l'infrazione commessa sia prevista la sanzione del licenziamento o comunque sia stata disposta la sospensione cautelare dal servizio. In tal caso le determinazioni conclusive sono assunte ai fini degli effetti giuridici ed economici non preclusi dalla cessazione del rapporto di lavoro.

[9-*bis*] Sono nulle le disposizioni di regolamento, le clausole contrattuali o le disposizioni interne, comunque qualificate, che prevedano per l'irrogazione di sanzioni disciplinari requisiti formali o procedurali ulteriori rispetto a quelli indicati nel presente articolo o che comunque aggravino il procedimento disciplinare.

[9-*ter*] La violazione dei termini e delle disposizioni sul procedimento disciplinare previste dagli articoli da 55 a 55-*quater*, fatta salva l'eventuale responsabilità del dipendente cui essa sia imputabile, non determina la decadenza dall'azione disciplinare né l'inva-

22. La procedura per il licenziamento disciplinare 103

lidità degli atti e della sanzione irrogata, purché non risulti irrimediabilmente compromesso il diritto di difesa del dipendente, e le modalità di esercizio dell'azione disciplinare, anche in ragione della natura degli accertamenti svolti nel caso concreto, risultino comunque compatibili con il principio di tempestività. Fatto salvo quanto previsto dall'articolo 55-*quater*, commi 3-*bis* e 3-*ter* **(9)**, sono da considerarsi perentori il termine per la contestazione dell'addebito e il termine per la conclusione del procedimento.

[9-*quater*] Per il personale docente, educativo e amministrativo, tecnico e ausiliario (ATA) presso le istituzioni scolastiche ed educative statali, il procedimento disciplinare per le infrazioni per le quali è prevista l'irrogazione di sanzioni fino alla sospensione dal servizio con privazione della retribuzione per dieci giorni è di competenza del responsabile della struttura in possesso di qualifica dirigenziale e si svolge secondo le disposizioni del presente articolo. Quando il responsabile della struttura non ha qualifica dirigenziale o comunque per le infrazioni punibili con sanzioni più gravi di quelle indicate nel primo periodo, il procedimento disciplinare si svolge dinanzi all'Ufficio competente per i procedimenti disciplinari.

Art. 55-ter. Rapporti fra procedimento disciplinare e procedimento penale – [1] Il procedimento disciplinare, che abbia ad oggetto, in tutto o in parte, fatti in relazione ai quali procede l'autorità giudiziaria, è proseguito e concluso anche in pendenza del procedimento penale. Per le infrazioni di minore gravità, di cui all'articolo 55-*bis*, comma 1, primo periodo, non è ammessa la sospensione del procedimento. Per le infrazioni di maggiore gravità, di cui all'articolo 55-*bis*, comma 1, secondo periodo, l'ufficio competente, nei casi di particolare complessità dell'accertamento del fatto addebitato al dipendente e quando all'esito dell'istruttoria non dispone di elementi sufficienti a motivare l'irrogazione della sanzione, può sospendere il procedimento disciplinare fino al termine di quello penale, salva la possibilità di adottare la sospensione o altri strumenti cautelari nei confronti del dipendente.

[2] Se il procedimento disciplinare, non sospeso, si conclude con l'irrogazione di una sanzione e, successivamente, il procedimento penale viene definito con una sentenza irrevocabile di assoluzione che riconosce che il fatto addebitato al dipendente non sussiste o non costituisce illecito penale o che il dipendente medesimo non lo ha commesso, l'autorità competente, ad istanza di parte da proporsi entro il termine di decadenza di sei mesi dall'irrevocabilità della pronuncia penale, riapre il procedimento disciplinare per modificarne o confermarne l'atto conclusivo in relazione all'esito del giudizio penale.

[3] Se il procedimento disciplinare si conclude con l'archiviazione ed il processo penale con una sentenza irrevocabile di condanna, l'autorità competente riapre il procedimento disciplinare per adeguare le determinazioni conclusive all'esito del giudizio penale. Il procedimento disciplinare è riaperto, altresì, se dalla sentenza irrevocabile di condanna risulta che il fatto addebitabile al dipendente in sede disciplinare comporta la sanzione del licenziamento, mentre ne è stata applicata una diversa.

[4] Nei casi di cui ai commi 1, 2 e 3 il procedimento disciplinare è, rispettivamente, ripreso o riaperto entro sessanta giorni dalla comunicazione della sentenza all'amministrazione di appartenenza del lavoratore ovvero dalla presentazione dell'istanza di riapertura

---

(9) Cfr. cap. 23 *"Tipizzazioni di giustificazione del licenziamento"*.

104   Il rapporto individuale di lavoro

ed è concluso entro centottanta giorni dalla ripresa o dalla riapertura. La ripresa o la riapertura avvengono mediante il rinnovo della contestazione dell'addebito da parte dell'autorità disciplinare competente ed il procedimento prosegue secondo quanto previsto nell'articolo 55-*bis*. [...].

Art. 55-*quater*. *Licenziamento disciplinare* – [...]

[3-*ter*] Con il medesimo provvedimento di sospensione cautelare di cui al comma 3-*bis* si procede anche alla contestuale contestazione per iscritto dell'addebito e alla convocazione del dipendente dinanzi all'Ufficio di cui all'articolo 55-*bis*, comma 4. Il dipendente è convocato, per il contraddittorio a sua difesa, con un preavviso di almeno quindici giorni e può farsi assistere da un procuratore ovvero da un rappresentante dell'associazione sindacale cui il lavoratore aderisce o conferisce mandato. Fino alla data dell'audizione, il dipendente convocato può inviare una memoria scritta o, in caso di grave, oggettivo e assoluto impedimento, formulare motivata istanza di rinvio del termine per l'esercizio della sua difesa per un periodo non superiore a cinque giorni. Il differimento del termine a difesa del dipendente può essere disposto solo una volta nel corso del procedimento. L'Ufficio conclude il procedimento entro trenta giorni dalla ricezione, da parte del dipendente, della contestazione dell'addebito. La violazione dei suddetti termini, fatta salva l'eventuale responsabilità del dipendente cui essa sia imputabile, non determina la decadenza dall'azione disciplinare né l'invalidità della sanzione irrogata, purché non risulti irrimediabilmente compromesso il diritto di difesa del dipendente e non sia superato il termine per la conclusione del procedimento di cui all'articolo 55-*bis*, comma 4. [...]

23. Tipizzazioni di giustificazione del licenziamento

Legge 15 luglio 1966, n. 604 – Norme sui licenziamenti individuali

---

Art. 12. – [1] Sono fatte salve le disposizioni di contratti collettivi e accordi sindacali che contengano, per la materia disciplinata dalla presente legge, condizioni più favorevoli ai prestatori di lavoro **(1)**.

Legge 4 novembre 2010, n. 183 – Collegato Lavoro

Art. 30. Clausole generali e certificazione del contratto di lavoro – [...]
[3] Nel valutare le motivazioni poste a base del licenziamento, il giudice tiene conto delle tipizzazioni di giusta causa e di giustificato motivo presenti nei contratti collettivi di lavoro **(2)** stipulati dai sindacati comparativamente più rappresentativi ovvero nei contratti individuali di lavoro ove stipulati con l'assistenza e la consulenza delle commissioni di certificazione di cui al titolo VIII del decreto legislativo 10 settembre 2003, n. 276, e successive modificazioni **(3)**. [...]

---

(1) Nel caso in cui il giudice ritenga che una determinata condotta del lavoratore integri una giusta causa o un giustificato motivo soggettivo di licenziamento, ma per tale condotta il contratto collettivo preveda solo una sanzione conservativa, tale previsione vincola il giudice, il quale deve dichiarare il licenziamento ingiustificato.

(2) Al di fuori del caso previsto dall'art. 12, legge n. 604/1966, le tipizzazioni contenute nei contratti collettivi non vincolano il giudice, poiché le nozioni di giusta causa e di giustificato motivo soggettivo sono fissate dalla legge. Tuttavia le tipizzazioni dell'autonomia collettiva hanno preminente rilievo ai fini della giustificazione del licenziamento (Cass. 22 marzo 2010, n. 6848) e devono costituire uno dei parametri cui il giudice deve fare riferimento per riempire di contenuto la clausola generale dell'art. 2119 c.c. (cfr. cap. 21 *"Il licenziamento per giusta causa e per giustificato motivo soggettivo"*; Cass. 23 maggio 2019, n. 14063).

(3) Cfr. cap. 3 *"La certificazione dei contratti di lavoro"*.

106   Il rapporto individuale di lavoro

D.lgs. 30 marzo 2001, n. 165 – Norme generali sull'ordinamento del lavoro alle dipendenze delle amministrazioni pubbliche

Art. 55. Responsabilità, infrazioni e sanzioni, procedure conciliative – [1] Le disposizioni del presente articolo e di quelli seguenti, [...] costituiscono norme imperative, ai sensi e per gli effetti degli articoli 1339 e 1419, secondo comma, del codice civile (4), e si applicano ai rapporti di lavoro di cui all'articolo 2, comma 2 (5), alle dipendenze delle amministrazioni pubbliche di cui all'articolo 1, comma 2 (6). La violazione dolosa o colposa delle suddette disposizioni costituisce illecito disciplinare in capo ai dipendenti preposti alla loro applicazione (7).

[2] Ferma la disciplina in materia di responsabilità civile, amministrativa, penale e contabile, ai rapporti di lavoro di cui al comma 1 si applica l'articolo 2106 del codice civile (8). Salvo quanto previsto dalle disposizioni del presente Capo, la tipologia delle infrazioni e delle relative sanzioni è definita dai contratti collettivi. La pubblicazione sul sito istituzionale dell'amministrazione del codice disciplinare, recante l'indicazione delle predette infrazioni e relative sanzioni, equivale a tutti gli effetti alla sua affissione all'ingresso della sede di lavoro.

[...]

Art. 55-quater. Licenziamento disciplinare – [1] Ferma la disciplina in tema di licenziamento per giusta causa o per giustificato motivo e salve ulteriori ipotesi previste dal contratto collettivo, si applica comunque la sanzione disciplinare del licenziamento nei seguenti casi (9):

a) falsa attestazione della presenza in servizio, mediante l'alterazione dei sistemi di rilevamento della presenza o con altre modalità fraudolente, ovvero giustificazione dell'assenza dal servizio mediante una certificazione medica falsa o che attesta falsamente uno stato di malattia;

(4) Cfr. cap. 1 *"La norma inderogabile di diritto del lavoro"*.

(5) Cfr. cap. 46 *"I princìpi del rapporto di lavoro pubblico contrattualizzato"*.

(6) Cfr. cap. 46 *"I princìpi del rapporto di lavoro pubblico contrattualizzato"*.

(7) Tale disposizione si applica agli illeciti disciplinari commessi successivamente al 22 giugno 2017.

(8) Cfr. cap. 11 *"Il potere disciplinare e i suoi limiti"*.

(9) Una giurisprudenza creativa, con interpretazione riduttiva, depotenziando le finalità della norma, ha escluso qualunque sorta di automatismo a seguito dell'accertamento dell'illecito disciplinare, ritenendo che sussista l'obbligo per il giudice di valutare, da un lato, la gravità dei fatti addebitati al lavoratore, dall'altro, la proporzionalità fra tali fatti e la sanzione inflitta (Cass. 26 settembre 2016, n. 18858; Cass. 19 settembre 2016, n. 18326).

23. Tipizzazioni di giustificazione del licenziamento

b) assenza priva di valida giustificazione per un numero di giorni, anche non continuativi, superiore a tre nell'arco di un biennio o comunque per più di sette giorni nel corso degli ultimi dieci anni ovvero mancata ripresa del servizio, in caso di assenza ingiustificata, entro il termine fissato dall'amministrazione;

c) ingiustificato rifiuto del trasferimento disposto dall'amministrazione per motivate esigenze di servizio;

d) falsità documentali o dichiarative commesse ai fini o in occasione dell'instaurazione del rapporto di lavoro ovvero di progressioni di carriera;

e) reiterazione nell'ambiente di lavoro di gravi condotte aggressive o moleste o minacciose o ingiuriose o comunque lesive dell'onore e della dignità personale altrui;

f) condanna penale definitiva, in relazione alla quale è prevista l'interdizione perpetua dai pubblici uffici ovvero l'estinzione, comunque denominata, del rapporto di lavoro.

f-*bis*) gravi o reiterate violazioni dei codici di comportamento, ai sensi dell'articolo 54, comma 3 **(10)**;

f-*ter*) commissione dolosa, o gravemente colposa, dell'infrazione di cui all'articolo 55-*sexies*, comma 3 **(11)**;

---

(10) *Art. 54 Codice di comportamento* – [1] Il Governo definisce un codice di comportamento dei dipendenti delle pubbliche amministrazioni al fine di assicurare la qualità dei servizi, la prevenzione dei fenomeni di corruzione, il rispetto dei doveri costituzionali di diligenza, lealtà, imparzialità e servizio esclusivo alla cura dell'interesse pubblico. [...]

[...]

[3] La violazione dei doveri contenuti nel codice di comportamento, compresi quelli relativi all'attuazione del Piano di prevenzione della corruzione, è fonte di responsabilità disciplinare. [...]

[...]

(11) *Art. 55-sexies Responsabilità disciplinare per condotte pregiudizievoli per l'amministrazione e limitazione della responsabilità per l'esercizio dell'azione disciplinare* – [1] La violazione di obblighi concernenti la prestazione lavorativa, che abbia determinato la condanna dell'amministrazione al risarcimento del danno, comporta comunque, nei confronti del dipendente responsabile, l'applicazione della sospensione dal servizio con privazione della retribuzione da un minimo di tre giorni fino ad un massimo di tre mesi, in proporzione all'entità del risarcimento, salvo che ricorrano i presupposti per l'applicazione di una più grave sanzione disciplinare.

[...]

[3] Il mancato esercizio o la decadenza dall'azione disciplinare, dovuti all'omissione o al ritardo, senza giustificato motivo, degli atti del procedimento disci-

> *f-quater*) la reiterata violazione di obblighi concernenti la prestazione lavorativa, che abbia determinato l'applicazione, in sede disciplinare, della sospensione dal servizio per un periodo complessivo superiore a un anno nell'arco di un biennio;
>
> *f-quinquies*) insufficiente rendimento, dovuto alla reiterata violazione degli obblighi concernenti la prestazione lavorativa, stabiliti da norme legislative o regolamentari, dal contratto collettivo o individuale, da atti e provvedimenti dell'amministrazione di appartenenza, e rilevato dalla costante valutazione negativa della performance del dipendente per ciascun anno dell'ultimo triennio, resa a tali specifici fini ai sensi dell'articolo 3, comma 5-*bis*, del decreto legislativo n. 150 del 2009 **(12)**.

plinare[...], ovvero a valutazioni manifestamente irragionevoli di insussistenza dell'illecito in relazione a condotte aventi oggettiva e palese rilevanza disciplinare, comporta, per i soggetti responsabili, l'applicazione della sospensione dal servizio fino a un massimo di tre mesi, salva la maggiore sanzione del licenziamento prevista nei casi di cui all'articolo 55-*quater*, comma 1, lettera f-*ter*), e comma 3-*quinquies*. [...]

[...]

(12) *Art. 3 (Principi generali) D.lgs. 150/09* – [1] La misurazione e la valutazione della performance sono volte al miglioramento della qualità dei servizi offerti dalle amministrazioni pubbliche, nonché alla crescita delle competenze professionali, attraverso la valorizzazione del merito e l'erogazione dei premi per i risultati perseguiti dai singoli e dalle unità organizzative in un quadro di pari opportunità di diritti e doveri, trasparenza dei risultati delle amministrazioni pubbliche e delle risorse impiegate per il loro perseguimento.

[2] Ogni amministrazione pubblica è tenuta a misurare ed a valutare la performance con riferimento all'amministrazione nel suo complesso, alle unità organizzative o aree di responsabilità in cui si articola e ai singoli dipendenti, secondo le modalità indicate nel presente Titolo [...] (Comma così modificato dall'art. 1, comma 1, lett. a), D.lgs. 25 maggio 2017, n. 74).

[3] Le amministrazioni pubbliche adottano modalità e strumenti di comunicazione che garantiscono la massima trasparenza delle informazioni concernenti le misurazioni e le valutazioni della performance.

[4] Le amministrazioni pubbliche adottano metodi e strumenti idonei a misurare, valutare e premiare la performance individuale e quella organizzativa, secondo criteri strettamente connessi al soddisfacimento dell'interesse del destinatario dei servizi e degli interventi.

[5] Il rispetto delle disposizioni del presente Titolo è condizione necessaria per l'erogazione di premi e componenti del trattamento retributivo legati alla performance e rileva ai fini del riconoscimento delle progressioni economiche, dell'attribuzione di incarichi di responsabilità al personale, nonché del conferimento degli

23. Tipizzazioni di giustificazione del licenziamento

[1-*bis*] Costituisce falsa attestazione della presenza in servizio qualunque modalità fraudolenta posta in essere, anche avvalendosi di terzi, per far risultare il dipendente in servizio o trarre in inganno l'amministrazione presso la quale il dipendente presta attività lavorativa circa il rispetto dell'orario di lavoro dello stesso. Della violazione risponde anche chi abbia agevolato con la propria condotta attiva o omissiva la condotta fraudolenta **(13)**.

[...]

[3] Nei casi di cui al comma 1, lettere a), d), e) ed f), il licenziamento è senza preavviso. Nei casi in cui le condotte punibili con il licenziamento sono accertate in flagranza, si applicano le previsioni dei commi da 3-*bis* a 3-*quinquies*.

[3-*bis*] Nel caso di cui al comma 1, lettera a), la falsa attestazione della presenza in servizio, accertata in flagranza ovvero mediante strumenti di sorveglianza o di registrazione degli accessi o delle presenze, determina l'immediata sospensione cautelare senza stipendio del dipendente, fatto salvo il diritto all'assegno alimentare nella misura stabilita dalle disposizioni normative e contrattuali vigenti, senza obbligo di preventiva audizione dell'interessato. [...]

[...]

[3-*quinquies*] Nei casi di cui al comma 3-*bis*, per i dirigenti che abbiano acquisito conoscenza del fatto, ovvero, negli enti privi di qualifica dirigenziale, per i responsabili di servizio competenti, l'omessa attivazione del procedimento disciplinare e l'omessa adozione del provvedimento di sospensione cautelare, senza giustificato motivo, costituiscono illecito disciplinare punibile con il licenziamento e di esse è data notizia, da parte dell'ufficio competente per il procedimento disciplinare, all'Autorità giudiziaria ai fini dell'accertamento della sussistenza di eventuali reati. [...]

Art. 55-septies. Controlli sulle assenze – [...]

[4] L'inosservanza degli obblighi di trasmissione per via telematica della certificazione medica concernente assenze di lavoratori per malattia di cui al comma 2 costituisce illecito disciplinare e, in caso di reiterazione, comporta l'applicazione

---

incarichi dirigenziali (Comma così modificato dall'art. 1, comma 1, lett. b), d.lgs. 25 maggio 2017, n. 74.).

[5-*bis*] La valutazione negativa, come disciplinata nell'ambito del sistema di misurazione e valutazione della performance, rileva ai fini dell'accertamento della responsabilità dirigenziale e ai fini dell'irrogazione del licenziamento disciplinare ai sensi dell'articolo 55-*quater*, comma 1, lettera f-*quinquies*), del decreto legislativo 30 marzo 2001, n. 165, ove resa a tali fini specifici nel rispetto delle disposizioni del presente decreto (Comma inserito dall'art. 1, comma 1, lett. c), d.lgs. 25 maggio 2017, n. 74). [...]

(13) Tale disposizione si applica agli illeciti disciplinari commessi successivamente al 13 luglio 2016.

della sanzione del licenziamento ovvero, per i medici in rapporto convenzionale con le aziende sanitarie locali, della decadenza dalla convenzione, in modo inderogabile dai contratti o accordi collettivi. Affinché si configuri l'ipotesi di illecito disciplinare devono ricorrere sia l'elemento oggettivo dell'inosservanza all'obbligo di trasmissione, sia l'elemento soggettivo del dolo o della colpa. Le sanzioni sono applicate secondo criteri di gradualità e proporzionalità, secondo le previsioni degli accordi e dei contratti collettivi di riferimento.

[...]

24. Il licenziamento per giustificato motivo oggettivo

Legge 15 luglio 1966, n. 604 – Norme sui licenziamenti individuali

Art. 1 **(1)**. – [1] Nel rapporto di lavoro a tempo indeterminato, intercedente con datori di lavoro privati o con enti pubblici, ove la stabilità non sia assicurata da norme di legge, di regolamento e di contratto collettivo o individuale, il licenziamento del prestatore di lavoro non può avvenire che per giusta causa ai sensi dell'articolo 2119 del Codice civile o per giustificato motivo.

> *Art. 3.* – [1] Il licenziamento per giustificato motivo con preavviso è determinato da [...] ragioni inerenti all'attività produttiva, all'organizzazione del lavoro e al regolare funzionamento di essa **(2)-(3)**.

---

(1) Cfr. cap. 21 "*Il licenziamento per giusta causa e per giustificato motivo soggettivo*".

(2) Per "ragioni inerenti all'attività produttiva, all'organizzazione del lavoro e al regolare funzionamento di essa" si intende: a) la soppressione del posto di lavoro del dipendente licenziato con inesistenza di altre posizioni libere nello stesso livello di inquadramento (cui il lavoratore sia professionalmente idoneo), o anche in livelli inferiori, purché non occorra impartire la formazione ai lavoratori; (nonché) b) la sopravvenuta impossibilità o inidoneità allo svolgimento della prestazione.

Il giudice non può sindacare le scelte economico-organizzative del datore di lavoro, ma deve solo verificare l'effettività della modifica organizzativa ed il nesso di causalità con il licenziamento. Né l'andamento economico dell'azienda costituisce un presupposto fattuale che il datore di lavoro debba necessariamente provare ed il giudice accertare, essendo sufficiente che le ragioni inerenti all'attività produttiva ed all'organizzazione del lavoro, tra le quali non è possibile escludere quelle dirette ad una migliore efficienza gestionale, ovvero ad un incremento di redditività dell'impresa, determinino un effettivo mutamento dell'assetto organizzativo attraverso la soppressione di una individuata posizione lavorativa (Cass. 7 dicembre 2016, n. 25201).

Ai fini della legittimità del licenziamento per giustificato motivo oggettivo occorre che il riassetto organizzativo sia effettivo e non pretestuoso (Cass. 20 settembre 2016, n. 18409) e fondato su circostanze realmente esistenti al momento della comunicazione del recesso e non riguardante circostanze future ed eventuali (Cass. 22 aprile 2000, n. 5301). Occorre altresì che sussista un nesso causale tra il riassetto aziendale e il licenziamento del lavoratore (Cass. 20 aprile 2018, n. 9895).

112   Il rapporto individuale di lavoro

Art. 5 **(4)** – [1] L'onere della prova della sussistenza della giusta causa o del giustificato motivo di licenziamento spetta al datore di lavoro.

Codice civile

Art. 2119. Recesso per giusta causa **(5)** – [1] Ciascuno dei contraenti può recedere dal contratto prima della scadenza del termine, se il contratto è a tempo determinato, o senza preavviso, se il contratto è a tempo indeterminato, qualora si verifichi una causa che non consenta la prosecuzione, anche provvisoria, del rapporto. Se il contratto è a tempo indeterminato, al prestatore di lavoro che recede per giusta causa compete l'indennità indicata nel secondo comma dell'articolo precedente **(6)**.

[2] Non costituisce giusta causa di risoluzione del contratto il fallimento dell'imprenditore o la liquidazione coatta amministrativa dell'azienda.

Nell'ipotesi in cui occorra scegliere tra lavoratori che svolgono le medesime mansioni, la scelta del dipendente da licenziare deve avvenire secondo correttezza e buona fede (art. 1175 e 1375 c.c., cfr. cap. 7 *"Gli obblighi fondamentali del lavoratore: diligenza e obbedienza"*), senza porre in essere atti discriminatori (Cass. 28 febbraio 2019, n. 5997; Cass. 9 maggio 2002, n. 6667; cfr. cap. 25 *"I divieti di licenziamento"*). È possibile fare riferimento ai criteri di scelta previsti dalla legge per i licenziamenti collettivi (Cass. 6 dicembre 2018, n. 31652; Cass. 30 agosto 2018, n. 21438; Cass. 25 luglio 2018, n. 19732, cfr. cap. 35 *"Il licenziamento collettivo"*).

(3) La giurisprudenza ritiene che il datore di lavoro debba fornire la prova dell'impossibilità di adibire il lavoratore ad altre mansioni libere che il dipendente sia in grado di svolgere senza ulteriore formazione, con esclusione di quelle di livello superiore, e quindi anche quelle di livello inferiore, anche se, in questa ipotesi, il datore deve limitarsi a provare il rifiuto di tali mansioni inferiori al lavoratore in alternativa al licenziamento.

(4) Cfr. cap. 47 *"Onere della prova e processo del lavoro"*.

(5) Cfr. cap. 21 *"Il licenziamento per giusta causa e per giustificato motivo soggettivo"*.

(6) Per "causa che non consente la prosecuzione anche provvisoria del rapporto" si intende principalmente l'inadempimento più che notevole del lavoratore (Cfr. cap. 21 *"Il licenziamento per giusta causa e per giustificato motivo soggettivo"*); tuttavia nulla esclude che la giusta causa, come norma esoneratrice del preavviso (v. par. 21), possa avere anche un contenuto "oggettivo", che prescinda da un inadempimento del lavoratore, come avviene in caso di sopravvenuta e definitiva inidoneità professionale o morale del lavoratore allo svolgimento della prestazione oppure quando gli stessi fatti che integrano il giustificato motivo oggettivo non consentano inoltre l'utilizzazione anche provvisoria del dipendente (Cass. 29 marzo 2010, n. 7531; Cass. 21 luglio 2017, n. 18020).

24. Il licenziamento per giustificato motivo oggettivo 113

Legge 4 novembre 2010, n. 183 – Collegato Lavoro

Art. 30. Clausole generali [...] **(7)** – [1] In tutti i casi nei quali le disposizioni di legge nelle materie di cui all'articolo 409 del codice di procedura civile **(8)** e all'articolo 63, comma 1, del decreto legislativo 30 marzo 2001, n. 165 **(9)**, contengano clausole generali, ivi comprese le norme in tema di [...] recesso, il controllo giudiziale è limitato esclusivamente, in conformità ai princìpi generali dell'ordinamento, all'accertamento del presupposto di legittimità e non può essere esteso al sindacato di merito sulle valutazioni tecniche, organizzative e produttive che competono al datore di lavoro o al committente. [...]

[...]

Legge 12 marzo 1999, n. 68 – Norme per il diritto al lavoro dei disabili

Art. 4. Criteri di computo della quota di riserva **(10)** – [...]
[4] [...] Per i predetti lavoratori **(11)** l'infortunio o la malattia non costituiscono giustificato motivo di licenziamento nel caso in cui essi possano essere adibiti a mansioni equivalenti ovvero, in mancanza, a mansioni inferiori **(12)**.

---

(7) Cfr. cap. 47 *"Onere della prova e processo del lavoro"*.

(8) Cfr. cap. 47 *"Onere della prova e processo del lavoro"*.

(9) Cfr. cap. 46 *"I principi del rapporto di lavoro pubblico contrattualizzato"*.

(10) Cfr. cap. 18 *"Divieti di discriminazione"*.

(11) Lavoratori che divengono inabili allo svolgimento delle proprie mansioni in conseguenza di infortunio o malattia e che non possono essere computati nella quota di riserva se hanno subito una riduzione della capacità lavorativa inferiore al 60 per cento o, comunque, se sono divenuti inabili a causa dell'inadempimento da parte del datore di lavoro, accertato in sede giurisdizionale, delle norme in materia di sicurezza ed igiene del lavoro (art. 4, comma 4, primo periodo, d.lgs. 68/1999, cfr. cap. 18 *"Divieti di discriminazione"*).

(12) In caso di inidoneità fisica sopravvenuta del lavoratore, derivante da una condizione di "handicap", ai fini della legittimità del licenziamento, sussiste l'obbligo di previa verifica, a carico del datore di lavoro, della possibilità di adattamenti organizzativi nei luoghi di lavoro, purché comportanti un onere finanziario proporzionato alle dimensioni e alle caratteristiche dell'impresa e del rispetto delle condizioni di lavoro dei colleghi dell'invalido, secondo un'interpretazione costituzionalmente orientata dall'art. 3, comma 3 *bis*, d.lgs. n. 216/2003 (cfr. cap. 18 *"Divieti di discriminazione"*; Cass. 7 marzo 2019, n. 6678).

25. I divieti di licenziamento

Legge 15 luglio 1966, n. 604 – Norme sui licenziamenti individuali

Art. 4. – [1] Il licenziamento determinato da ragioni di credo politico o fede religiosa, dall'appartenenza ad un sindacato e dalla partecipazione ad attività sindacali è nullo, indipendentemente dalla motivazione adottata.

Legge 20 maggio 1970, n. 300 – Statuto dei lavoratori

Art. 15. Atti discriminatori (1) – [1] È nullo qualsiasi patto od atto diretto a:
[...]
b) licenziare un lavoratore, discriminarlo nella assegnazione di qualifiche o mansioni, nei trasferimenti, nei provvedimenti disciplinari, o recargli altrimenti pregiudizio a causa della sua affiliazione o attività sindacale ovvero della sua partecipazione ad uno sciopero.
[2] Le disposizioni di cui al comma precedente si applicano altresì ai patti o atti diretti a fini di discriminazione politica, religiosa, razziale, di lingua o di sesso, di handicap, di età o basata sull'orientamento sessuale o sulle convinzioni personali.

Legge 11 maggio 1990, n. 108 – Disciplina dei licenziamenti individuali

Art. 3. Licenziamento discriminatorio – [1] Il licenziamento determinato da ragioni discriminatorie ai sensi dell'articolo 4 della legge 15 luglio 1966, n. 604 e dell'articolo 15 della legge 20 maggio 1970, n. 300, come modificato dall'articolo 13 della legge 9 dicembre 1977, n. 903, è nullo indipendentemente dalla motivazione addotta e comporta, quale che sia il numero dei dipendenti occupati dal datore di lavoro, le conseguenze previste dall'articolo 18 della legge 20 maggio 1970, n. 300 **(2)**, come modificato dalla presente legge. Tali disposizioni si applicano anche ai dirigenti.

(1) Cfr. cap. 18 *"Divieti di discriminazione"*.
(2) Cfr. cap. 28 *"Il regime di tutela reale per i licenziamenti vietati e orali"*.

25. I divieti di licenziamento

Legge 5 giugno 1990, n. 135 – Programma di interventi urgenti per la prevenzione e la lotta contro l'AIDS

Art. 5. Accertamento dell'infezione – [...]
[5] L'accertata infezione da HIV non può costituire motivo di discriminazione, in particolare per l'iscrizione alla scuola, per lo svolgimento di attività sportive, per l'accesso o il mantenimento di posti di lavoro.

D.lgs. 25 luglio 1998, n. 286 – Testo unico delle disposizioni concernenti la disciplina dell'immigrazione e norme sulla condizione dello straniero

Art. 43. Discriminazione per motivi razziali, etnici, nazionali o religiosi – [...]
[2] In ogni caso compie un atto di discriminazione:
[...]
e) il datore di lavoro o i suoi preposti i quali, ai sensi dell'articolo 15 della legge 20 maggio 1970, n. 300, come modificata e integrata dalla legge 9 dicembre 1977, n. 903, e dalla legge 11 maggio 1990, n. 108, compiano qualsiasi atto o comportamento che produca un effetto pregiudizievole discriminando, anche indirettamente, i lavoratori in ragione della loro appartenenza ad una razza, ad un gruppo etnico o linguistico, ad una confessione religiosa, ad una cittadinanza. Costituisce discriminazione indiretta ogni trattamento pregiudizievole conseguente all'adozione di criteri che svantaggino in modo proporzionalmente maggiore i lavoratori appartenenti ad una determinata razza, ad un determinato gruppo etnico o linguistico, ad una determinata confessione religiosa o ad una cittadinanza e riguardino requisiti non essenziali allo svolgimento dell'attività lavorativa.

Legge 26 marzo 2001, n. 151 – Testo unico delle disposizioni legislative in materia di tutelo e sostegno della maternità e della paternità

Art. 35. Divieto di licenziamento per causa di matrimonio – [1] Le clausole di qualsiasi genere, contenute nei contratti individuali e collettivi, o in regolamenti, che prevedano comunque la risoluzione del rapporto di lavoro delle lavoratrici in conseguenza del matrimonio sono nulle e si hanno per non apposte.
[2] Del pari nulli sono i licenziamenti attuati a causa di matrimonio.

Art. 54. Divieto di licenziamento – [1] Le lavoratrici non possono essere licenziate dall'inizio del periodo di gravidanza fino al termine dei periodi di interdizione dal lavoro previsti dal Capo III, nonché fino al compimento di un anno di età del bambino.

[2] Il divieto di licenziamento opera in connessione con lo stato oggettivo di gravidanza, e la lavoratrice, licenziata nel corso del periodo in cui opera il divieto, è tenuta a presentare al datore di lavoro idonea certificazione dalla quale risulti l'esistenza all'epoca del licenziamento, delle condizioni che lo vietavano.

[3] Il divieto di licenziamento non si applica nel caso:

a) di colpa grave da parte della lavoratrice, costituente giusta causa per la risoluzione del rapporto di lavoro;

b) di cessazione dell'attività dell'azienda cui essa è addetta (3);

c) di ultimazione della prestazione per la quale la lavoratrice è stata assunta o di risoluzione del rapporto di lavoro per la scadenza del termine;

d) di esito negativo della prova; resta fermo il divieto di discriminazione [...].

[4] Durante il periodo nel quale opera il divieto di licenziamento, la lavoratrice non può essere sospesa dal lavoro, salvo il caso che sia sospesa l'attività dell'azienda o del reparto cui essa è addetta, sempreché il reparto stesso abbia autonomia funzionale. La lavoratrice non può altresì essere collocata in mobilità a seguito di licenziamento collettivo ai sensi della legge 23 luglio 1991, n. 223, e successive modificazioni, salva l'ipotesi di collocamento in mobilità a seguito della cessazione dell'attività dell'azienda di cui al comma 3, lettera b).

[5] Il licenziamento intimato alla lavoratrice in violazione delle disposizioni di cui ai commi 1, 2 e 3, è nullo.

[6] È altresì nullo il licenziamento causato dalla domanda o dalla fruizione del congedo parentale e per la malattia del bambino da parte della lavoratrice o del lavoratore.

[7] In caso di fruizione del congedo di paternità, di cui all'articolo 28, il divieto di licenziamento si applica anche al padre lavoratore per la durata del congedo stesso e si estende fino al compimento di un anno di età del bambino. Si applicano le disposizioni del presente articolo, commi 3, 4 e 5.

[8] L'inosservanza delle disposizioni contenute nel presente articolo è punita con la sanzione amministrativa da lire due milioni a lire cinque milioni. Non è ammesso il pagamento in misura ridotta [...].

[9] Le disposizioni del presente articolo si applicano anche in caso di adozione e di affidamento. Il divieto di licenziamento si applica fino ad un anno dall'ingresso del minore nel nucleo familiare. In caso di adozione internazionale, il divieto opera dal momento della comunicazione della proposta di incontro con il minore adottando [...] ovvero della comunicazione dell'invito a recarsi all'estero per ricevere la proposta di abbinamento.

---

(3) L'esclusione del divieto di licenziamento non opera quando venga cessata l'attività di un solo reparto, ma non dell'intera azienda, in quanto, trattandosi di norma eccezionale, essa non è suscettibile di applicazione analogica (Cass. 16 febbraio 2007, n. 3620).

25. I divieti di licenziamento

Codice civile

Art. 2110. Infortunio, malattia, gravidanza, puerperio **(4)** – [1] In caso d'infortunio, di malattia, di gravidanza o di puerperio, se la legge o le norme corporative non stabiliscono forme equivalenti di previdenza o di assistenza, è dovuta al prestatore di lavoro la retribuzione o un'indennità nella misura e per il tempo determinati dalle leggi speciali, dalle norme corporative, dagli usi o secondo equità.

[2] Nei casi indicati nel comma precedente, l'imprenditore ha diritto di recedere dal contratto a norma dell'art. 2118, decorso il periodo stabilito dalla legge, dalle norme corporative, dagli usi o secondo equità **(5)**.

Art. 1344. Contratto in frode alla legge – [1] Si reputa altresì illecita la causa quando il contratto costituisce il mezzo per eludere l'applicazione di una norma imperativa **(6)**.

Art. 1345. Motivo illecito – [1] Il contratto è illecito quando le parti si sono determinate a concluderlo esclusivamente per un motivo illecito comune ad entrambe **(7)**.

Art. 1324. Norme applicabili agli atti unilaterali **(8)** – [1] Salvo diverse disposizioni di legge, le norme che regolano i contratti si osservano, in quanto compatibili, per gli atti unilaterali tra vivi aventi contenuto patrimoniale.

---

(4) Cfr. cap. 16 *"Infortunio, malattia, maternità e paternità"*.

(5) "Le Sezioni Unite della Cassazione, con sentenza 22 maggio 2018, n. 12568 hanno statuito la nullità del licenziamento, per violazione della norma imperativa di cui all'art. 2110 c.c., motivato dal perdurare delle assenze per malattia o infortunio prima del superamento del periodo di comporto. Resta invece solo temporaneamente inefficace il licenziamento intimato durante la malattia ma per altra motivazione diversa e autonoma dal mero protrarsi della malattia stessa".

(6) Un esempio di licenziamento in frode alla legge si ha quando il recesso viene intimato prima di un trasferimento di azienda seguito da immediata riassunzione, al fine di eludere le disposizioni dell'art. 2112 in tema di solidarietà tra cedente e cessionario.

(7) Il motivo illecito rileva solo se è unico e determinante, sicché il licenziamento è comunque valido se è giustificato a prescindere dall'eventuale concorso di un motivo illecito, in quanto l'accertata giustificazione esclude per definizione il motivo illecito (Cass. 14 marzo 2013, n. 6501).

(8) Gli artt. 1344 e 1345 c.c., riguardanti i contratti, si applicano anche agli atti unilaterali, come il licenziamento, ai sensi dell'art. 1324 c.c.

26. I requisiti di forma del licenziamento

Legge 15 luglio 1966, n. 604 – Norme sui licenziamenti individuali

> *Art. 2.* – [1] Il datore di lavoro, imprenditore o non imprenditore, deve comunicare per iscritto il licenziamento al prestatore di lavoro.
> [2] La comunicazione del licenziamento deve contenere la specificazione dei motivi che lo hanno determinato **(1)-(2)-(3)**.
> [3] Il licenziamento intimato senza l'osservanza delle disposizioni di cui ai precedenti commi è inefficace **(4)**.
> [4] Le disposizioni di cui al comma 1 [...] si applicano anche ai dirigenti **(5)**.

(1) Comma così sostituito dal comma 37 dell'art. 1, legge 28 giugno 2012, n. 92. Il testo originario così recitava: *"Il prestatore di lavoro può chiedere, entro otto giorni dalla comunicazione, i motivi che hanno determinato il recesso: in tal caso l'imprenditore deve, nei cinque giorni dalla richiesta, comunicarli per iscritto."*

(2) La motivazione delimita la materia del contendere del successivo giudizio, comportando l'immutabilità dei motivi e precludendo al datore di lavoro di introdurre in giudizio fatti nuovi o elementi diversi, se non meramente confermativi o di contorno di quelli già esposti (Cass. 17 gennaio 1998, n. 414).

(3) La giurisprudenza ammette la possibilità del doppio licenziamento. Il datore di lavoro, qualora abbia già intimato il licenziamento, può infatti legittimamente intimare un secondo licenziamento, a condizione che questo sia fondato su motivi diversi da quelli assunti alla base del primo, dovendo rimanere l'uno del tutto indipendente e autonomo rispetto all'altro (Cass. 4 gennaio 2019, n. 79).

(4) Le conseguenze dell'efficacia sono quelle del regime speciale previsto dalla disciplina sanzionatoria del licenziamento (v. par. 28, "Il regime di tutela per i licenziamenti vietati e orali"; par. 31, "Il regime di tutela indennitaria per i vizi formali e procedurali").

(5) L'imposizione della forma scritta del licenziamento non si applica ai lavoratori in prova (art. 10, legge n. 604/1966), ai lavoratori domestici (art. 4, legge n. 108/1990), e ai lavoratori con diritto a pensione (art. 4, comma 2, legge n. 108/1990) (cfr. cap. 19 *"Il licenziamento libero con preavviso"* e cap. 20 *"Il campo di applicazione dei diversi regimi di tutela"*).

27. Impugnazione del licenziamento, revoca e offerta di conciliazione

Legge 15 luglio 1966, n. 604 – Norme sui licenziamenti individuali

Art. 6. – [1] Il licenziamento deve essere impugnato a pena di decadenza entro sessanta giorni dalla ricezione della sua comunicazione **(1)**, ovvero dalla comunicazione dei motivi, ove non contestuale, con qualsiasi atto scritto, anche extragiudiziale, idoneo a rendere nota la volontà del lavoratore anche attraverso l'intervento dell'organizzazione sindacale diretto ad impugnare il licenziamento stesso **(2)**.

[2] L'impugnazione è inefficace se non è seguita, entro il successivo termine di centottanta giorni, dal deposito del ricorso nella cancelleria **(3)** del tribunale in funzione di giudice del lavoro o dalla comunicazione alla controparte della richiesta di tentativo di conciliazione o arbitrato, ferma restando la possibilità di produrre nuovi documenti formatisi dopo il deposito del ricorso. Qualora la conciliazione o l'arbitrato richiesti siano rifiutati o non sia raggiunto l'accordo necessario al relativo espletamento, il ricorso al giudice deve essere depositato a pena di decadenza entro sessanta giorni dal rifiuto o dal mancato accordo.

[3] A conoscere delle controversie derivanti dall'applicazione della presente legge è competente il pretore [ora tribunale].

---

(1) Il termine di 60 giorni decorre necessariamente dalla ricezione della comunicazione e non dall'eventualmente differita efficacia del recesso dovuta al decorso del periodo di preavviso del licenziamento (Cass. 11 febbraio 2016, n.2747). Il lavoratore può comunque dimostrare di non aver avuto conoscenza della lettera di licenziamento per causa a sé non imputabile (Cass. 24 marzo 2014, n. 6845).

(2) L'impugnazione stragiudiziale non ha requisiti di esaustività, per cui il lavoratore non deve necessariamente esporre tutti i motivi per cui ritiene il licenziamento illegittimo (Cass, 16 dicembre 1997, n. 12709).

(3) La decadenza dall'azione di impugnativa di licenziamento a causa del deposito del ricorso dopo il decorrere del termine di 180 giorni non è rilevabile d'ufficio ma deve essere eccepita dal datore di lavoro resistente. Ai fini della conservazione degli effetti dell'impugnativa stragiudiziale, il lavoratore deve introdurre un giudizio ordinario secondo il rito del lavoro, non essendo idoneo il ricorso d'urgenza *ex* art. 700 c.p.c. (Cass. 6 dicembre 2018, n. 31647).

Codice civile

Art. 1334. Efficacia degli atti unilaterali – [1] Gli atti unilaterali producono effetto dal momento in cui pervengono a conoscenza della persona alla quale sono destinati.

Art. 1335. Presunzione di conoscenza – [1] La proposta, l'accettazione, la loro revoca e ogni altra dichiarazione diretta a una determinata persona si reputano conosciute nel momento in cui giungono all'indirizzo del destinatario, se questi non prova di essere stato, senza sua colpa, nell'impossibilità di averne notizia.

28. Il regime di tutela reale per i licenziamenti vietati e orali

Legge 20 maggio 1970, n. 300 – Statuto dei lavoratori

Art. 18. Reintegra nel posto di lavoro – [1] Il giudice, con la sentenza con la quale dichiara la nullità del licenziamento perché discriminatorio ai sensi dell'articolo 3 della legge 11 maggio 1990, n. 108 **(1)**, ovvero intimato in concomitanza col matrimonio [...], o in violazione dei divieti di licenziamento di cui all'articolo 54, commi 1, 6, 7 e 9, del decreto legislativo 26 marzo 2001, n. 151 **(2)**, ovvero perché riconducibile ad altri casi di nullità previsti dalla legge o determinato da un motivo illecito determinante ai sensi dell'articolo 1345 del codice civile **(3)**, ordina al datore di lavoro, imprenditore o non imprenditore, la reintegrazione del lavoratore **(4)** nel posto di lavoro **(5)**, indipendentemente dal motivo formalmente addotto e quale che sia il numero dei dipendenti occupati dal datore di lavoro. La presente disposizione si applica anche ai dirigenti. A seguito dell'ordine di reintegrazione, il rapporto di lavoro si intende risolto quando il lavoratore non abbia ripreso servizio entro trenta giorni dall'invito del datore di lavoro, salvo il caso in cui abbia richiesto l'indennità di cui al terzo comma del presente articolo. Il regime di cui al presente articolo si applica anche al licenziamento dichiarato inefficace perché intimato in forma orale.

(1) Cfr. cap. 25 "*I divieti di licenziamento*".

(2) Cfr. cap. 25 "*I divieti di licenziamento*".

(3) Cfr. cap. 25 "*I divieti di licenziamento*" e cap. 18 "*Divieti di discriminazione*".

(4) La tutela reale non è costituzionalmente necessitata (Corte cost. 9 giugno 1965, n. 45). L'ordine di reintegrazione presuppone la persistenza del rapporto e, quindi, l'inidoneità del licenziamento a produrne l'effetto estintivo (Cass., S.U., 15 marzo 1982, n. 1669), secondo un regime speciale rispetto a quello della nullità di diritto comune.

(5) La reintegrazione deve avvenire nello stesso posto occupato dal lavoratore al momento del licenziamento, anche se nel frattempo sia stato occupato da altri, salvo il caso di impossibilità assoluta (ad es. chiusura dell'unità produttiva) o di effettiva soppressione del posto o di fatto estintivo sopravvenuto del rapporto,

[2] Il giudice, con la sentenza di cui al primo comma, condanna altresì il datore di lavoro al risarcimento del danno subìto dal lavoratore per il licenziamento di cui sia stata accertata la nullità, stabilendo a tal fine un'indennità commisurata all'ultima retribuzione globale di fatto maturata dal giorno del licenziamento sino a quello dell'effettiva reintegrazione (6), dedotto quanto percepito (7), nel periodo di estromissione, per lo svolgimento di altre attività lavorative. In ogni caso la misura del risarcimento non potrà essere inferiore a cinque mensilità della retribuzione globale di fatto (8). Il datore di lavoro è condannato inoltre, per il medesimo periodo, al versamento dei contributi previdenziali e assistenziali (9).

[3] Fermo restando il diritto al risarcimento del danno come previsto al secondo comma, al lavoratore è data la facoltà di chiedere al datore di lavoro, in sostituzione della reintegrazione nel posto di lavoro, un'indennità pari a quindici mensilità dell'ultima retribuzione globale di fatto, la cui richiesta determina la risoluzione del rapporto di lavoro, e che non è assoggettata a contribuzione previdenziale. La richiesta dell'indennità deve essere effettuata entro trenta giorni dalla comunicazione del deposito della sentenza, o dall'invito del datore di lavoro a riprendere servizio, se anteriore alla predetta comunicazione.

come morte o dimissioni del lavoratore oppure come un secondo licenziamento non impugnato nel medesimo processo.

(6) La qualificazione risarcitoria imporrebbe al lavoratore, secondo il diritto comune, di provare il danno subito, ma il regime speciale esenta il lavoratore da tale onere, commisurando automaticamente il risarcimento a tutte le retribuzioni perdute.

(7) È prevista solo la detrazione di quanto effettivamente percepito nelle more del giudizio (c.d. *aliunde perceptum*) e non anche di quanto il lavoratore avrebbe potuto guadagnare, ai sensi dell'art. 1127, comma 2, cod. civ, reperendo con l'ordinaria diligenza una nuova occupazione (c.d. *aliunde percipiendum*).

(8) La misura minima dell'indennità costituisce una vera e propria penale forfettaria, trattandosi di somma comunque dovuta da datore di lavoro, con funzione punitiva dell'illecito nella parte eventualmente eccedente il danno effettivo da ristorare.

(9) La persistenza degli obblighi previdenziali ed assistenziali deriva dall'inidoneità del licenziamento illegittimo a far cessare il rapporto di lavoro (Corte cost. 14 gennaio 1986, n. 7).

28. Il regime di tutela reale per i licenziamenti vietati e orali

D.lgs. 4 marzo 2015, n. 23 – Disposizioni in materia di contratto di lavoro a tempo indeterminato a tutele crescenti [...]

Art. 1. Campo di applicazione **(10)** – [1] Per i lavoratori che rivestono la qualifica di operai, impiegati o quadri, assunti con contratto di lavoro subordinato a tempo indeterminato a decorrere dalla data di entrata in vigore del presente decreto, il regime di tutela nel caso di licenziamento illegittimo è disciplinato dalle disposizioni di cui al presente decreto.

[2] Le disposizioni di cui al presente decreto si applicano anche nei casi di conversione, successiva all'entrata in vigore del presente decreto, di contratto a tempo determinato o di apprendistato in contratto a tempo indeterminato.

[3] Nel caso in cui il datore di lavoro, in conseguenza di assunzioni a tempo indeterminato avvenuto successivamente all'entrata in vigore del presente decreto, integri il requisito occupazionale di cui all'articolo 18, ottavo e nono comma, della legge 20 maggio 1970, n. 300 **(11)**, e successive modificazioni, il licenziamento dei lavoratori, anche se assunti precedentemente a tale data, è disciplinato dalle disposizioni del presente decreto.

Art. 2. Licenziamento discriminatorio, nullo e intimato in forma orale – [1] Il giudice, con la pronuncia con la quale dichiara la nullità del licenziamento perché discriminatorio a norma dell'articolo 15 della legge 20 maggio 1970, n. 300 **(12)**, e successive modificazioni, ovvero perché riconducibile agli altri casi di nullità espressamente previsti dalla legge **(13)**, ordina al datore di lavoro, imprenditore o non imprenditore, la reintegrazione del lavoratore nel posto di lavoro, indipendentemente dal motivo formalmente addotto. A seguito dell'ordine di reintegrazione, il rapporto di lavoro si intende risolto quando il lavoratore non abbia ripreso servizio entro trenta giorni dall'invito del datore di lavoro, salvo il caso in cui abbia richiesto l'indennità di cui al comma 3. Il regime di cui al presente articolo si applica anche al licenziamento dichiarato inefficace perché intimato in forma orale.

---

(10) Cfr. cap. 20 *"Il campo di applicazione dei diversi regimi di tutela"*.

(11) Cfr. cap. 20 *"Il campo di applicazione dei diversi regimi di tutela"*.

(12) Cfr. cap. 18 *"Divieti di discriminazione"*.

(13) È stato sostenuto che la formulazione della norma escluderebbe dall'applicazione della tutela reale "piena" tutte le ipotesi di nullità del licenziamento non "specificamente previste nella loro identità", con la conseguenza che sarebbe escluso dal campo di applicazione di questa fattispecie non solo il licenziamento intimato per motivo illecito unico e determinante ai sensi dell'art. 1345 c.c., ma anche quello in frode alla legge. Questa affermazione non sembra però condivisibile poiché il concetto connesso all'avverbio "espressamente" non coincide affat-

[2] Con la pronuncia di cui al comma 1, il giudice condanna altresì il datore di lavoro al risarcimento del danno subito dal lavoratore per il licenziamento di cui sia stata accertata la nullità e l'inefficacia, stabilendo a tal fine un'indennità commisurata all'ultima retribuzione di riferimento per il calcolo del trattamento di fine rapporto, corrispondente al periodo dal giorno del licenziamento sino a quello dell'effettiva reintegrazione, dedotto quanto percepito, nel periodo di estromissione, per lo svolgimento di altre attività lavorative. In ogni caso la misura del risarcimento non potrà essere inferiore a cinque mensilità dell'ultima retribuzione di riferimento per il calcolo del trattamento di fine rapporto. Il datore di lavoro è condannato, altresì, per il medesimo periodo, al versamento dei contributi previdenziali e assistenziali.

[3] Fermo restando il diritto al risarcimento del danno come previsto al comma 2, al lavoratore è data la facoltà di chiedere al datore di lavoro, in sostituzione della reintegrazione nel posto di lavoro, un'indennità pari a quindici mensilità dell'ultima retribuzione di riferimento per il calcolo del trattamento di fine rapporto, la cui richiesta determina la risoluzione del rapporto di lavoro, e che non è assoggettata a contribuzione previdenziale. La richiesta dell'indennità deve essere effettuata entro trenta giorni dalla comunicazione del deposito della pronuncia o dall'invito del datore di lavoro a riprendere servizio, se anteriore alla predetta comunicazione.

[4] La disciplina di cui al presente articolo trova applicazione anche nelle ipotesi in cui il giudice accerta il difetto di giustificazione per motivo consistente nella disabilità fisica o psichica del lavoratore, anche ai sensi degli articoli 4, comma 4, e 10, comma 3, della legge 12 marzo 1999, n. 68 **(14)**.

to, come vorrebbe sostenersi, con quello di cui all'avverbio "specificamente": il primo richiede che l'ipotesi di nullità sia prevista in modo inequivocabile dalla legge, mentre il secondo rimanda all'idea di un riferimento diretto alle singole ipotesi concrete. In questo senso l'interpretazione più fedele al dato normativo sembra essere quella per cui il legislatore, con l'inserimento dell'avverbio "espressamente" ha voluto in realtà circoscrivere il campo di applicazione della tutela reale piena alle sole ipotesi di nullità testuali e non anche a quelle di nullità virtuale, ovvero a quelle che vengono ricavate in via interpretativa, come ad esempio l'abuso del diritto.

(14) Cfr. cap. 16 *"Infortunio, malattia, maternità e paternità"*

29. Il regime di tutela reale a risarcimento limitato

Legge 20 maggio 1970, n. 300 – Statuto dei lavoratori

Art. 18. Tutela del lavoratore in caso di licenziamento illegittimo **(1)** – [...]

[4] Il giudice, nelle ipotesi in cui accerta che non ricorrono gli estremi del giustificato motivo soggettivo o della giusta causa addotti dal datore di lavoro, per insussistenza del fatto contestato **(2)-(3)** ovvero perché il fatto rientra tra le condotte punibili con una sanzione conservativa sulla base delle previsioni dei contratti collettivi ovvero dei codici disciplinari applicabili **(4)**, annulla il licenziamento e condanna il datore di lavoro alla reintegrazione nel posto di lavoro di cui al primo comma **(5)** e al pagamento di un'indennità risarcitoria commisurata all'ultima retribuzione globale di fatto dal giorno del licenziamento sino a quello dell'effettiva reintegrazione, dedotto quanto il lavoratore ha percepito, nel periodo di estromissione, per lo svolgimento di altre attività lavorative, nonché quanto avrebbe potuto percepire dedicandosi con diligenza alla ricerca di una nuova occupazione. In ogni caso la misura dell'indennità risarcitoria non può essere superiore a dodici mensilità della retribuzione globale di fatto. Il datore di lavoro è condannato, altresì, al versamento dei contributi previdenziali e assistenziali dal giorno del licenziamento fino a quello della effettiva reintegrazione, maggiorati degli interessi nella misura legale senza applicazione di sanzioni per omessa o ritardata contribuzione, per un importo pari al differenziale contributivo esistente tra la contribuzione che sarebbe stata maturata nel rapporto di lavoro risolto dall'illegittimo licenziamento e quella accreditata al lavoratore in conseguenza dello svolgimento di altre attività lavorative. In quest'ultimo caso, qualora i contributi afferiscano ad altra gestione previdenziale, essi sono imputati d'ufficio alla gestione corrispondente all'attività lavorativa svolta dal dipendente licenziato, con addebito dei relativi costi al datore di lavoro. A seguito dell'ordine di reintegrazione, il rapporto di lavoro si intende risolto quando il lavoratore non abbia ripreso servizio entro trenta giorni dall'invito del datore di lavoro, salvo il caso in cui abbia richiesto l'indennità sostitutiva della reintegrazione nel posto di lavoro ai sensi del terzo comma **(6)**.

(1) Si applica ai licenziamenti intimati dal 18 luglio 2012 e per i lavoratori assunti prima del 7 marzo 2015.

(2) Per fatto "insussistente" deve intendersi anche un fatto sussistente che però non sia imputabile al lavoratore, nonché un fatto che non integra gli estremi di

un inadempimento (Cass. 7 febbraio 2019, n. 3655; Cass. 20 settembre 2016, n. 18418). Esula invece dal campo d'applicazione della norma il licenziamento ingiustificato per un inadempimento non notevole anche se non di scarsa importanza ai sensi dell'art. 1455 c.c., con conseguente applicazione della sanzione prevista dal comma 5. Il problema interpretativo si pone nei confronti del licenziamento ingiustificato per un inadempimento di scarsa importanza, ad alcuni sembrando irragionevole non applicare anche ad esso la reintegrazione prevista dal comma 4. Tuttavia il tenore letterale delle norme, nonché il mutato sistema sanzionatorio, per cui la tutela indennitaria ha ormai acquisito una valenza di carattere generale nei confronti del licenziamento ingiustificato (Cass., S.U., 27 dicembre 2017, n. 30985), come confermato dalla successiva disciplina dell'art. 3, d.lgs. n. 23/2015, fanno propendere per includere anche questo tipo di grave ingiustificatezza nel campo di applicazione del comma 5 (Cass. 6 novembre 2014, n. 23669; Cass. 25 maggio 2017, n. 13178; Cass. 20 settembre 2016, n. 18418), salvo i casi di frode alla legge.

(3) Le Sezioni Unite hanno risolto il contrasto che stava emergendo a proposito del tipo di sanzione da applicare al licenziamento intervenuto dopo una contestazione disciplinare tardiva. La questione era stata infatti rimessa alle Sezioni Unite, proprio perché, accanto a sentenze che avevano applicato a tale fattispecie la sola tutela indennitaria – sia pure poi distinguendo le ipotesi di vizio procedimentale a cui applicare il comma 6, da quella della "tardività-ingiustificatezza", a cui applicare il comma 5 – altre avevano invece ritenuto di applicare la sanzione della reintegrazione *ex* comma 4. Le Sezioni Unite hanno aderito al primo orientamento escludendo che la tardività della contestazione dell'addebito possa comportare la reintegrazione del lavoratore, dovendosi invece distinguere i casi in cui si tratta di mero vizio procedimentale, al quale troverà applicazione la tutela indennitaria debole di cui al comma 6, da quelli in cui la tardività si traduce nella ingiustificatezza del licenziamento, in ragione del comportamento acquiescente o tollerante del datore di lavoro, a cui si applica la sanzione della tutela indennitaria prevista dal comma 5 (Cass., S.U., dicembre 2017, n. 30985).

(4) La seconda ipotesi per la quale è prevista la reintegrazione presuppone una perfetta coincidenza tra fatto posto a base del licenziamento e tipizzazione dell'illecito da parte del contratto collettivo, con la conseguenza che non è consentita l'interpretazione estensiva o analogica delle infrazioni per le quali il codice disciplinare preveda una sanzione solo conservativa al fine dell'applicazione del comma 4 al di fuori di quelle espressamente tipizzate (Cass. 9 maggio 2019, n. 12365).

(5) Cfr. cap. 28 *"Il regime di tutela reale per i licenziamenti vietati e orali"*.

(6) Cfr. cap. 28 *"Il regime di tutela reale per i licenziamenti vietati e orali"*.

29. Il regime di tutela reale a risarcimento limitato 127

[...]

[7] Il giudice applica la medesima disciplina di cui al quarto comma del presente articolo nell'ipotesi in cui accerti il difetto di giustificazione del licenziamento intimato, anche ai sensi degli articoli 4, comma 4, e 10, comma 3, della legge 12 marzo 1999, n. 68 **(7)**, per motivo oggettivo consistente nell'inidoneità fisica o psichica del lavoratore, ovvero che il licenziamento è stato intimato in violazione dell'articolo 2110 **(8)**, secondo comma, del codice civile. Può **(9)** altresì applicare la predetta disciplina nell'ipotesi in cui accerti la manifesta insussistenza del fatto posto a base del licenziamento per giustificato motivo oggettivo **(10)** [...];

[8] Le disposizioni dei commi dal quarto al settimo si applicano al datore di lavoro, imprenditore o non imprenditore, che in ciascuna sede, stabilimento, filiale, ufficio o reparto autonomo nel quale ha avuto luogo il licenziamento occupa alle sue

---

(7) Cfr. cap. 18 *"Divieti di discriminazione"* e cap. 8 *"Gli obblighi accessori del datore di lavoro: tutela delle condizioni di lavoro"*.

(8) Cfr. cap. 16 *"Infortunio, malattia, maternità e paternità"*.

(9) La norma, con il "può", ha inteso attribuire al giudice un potere di equità integrativa per decidere se disporre o no la reintegrazione in caso di manifesta insussistenza del fatto posto a base del licenziamento, anche se due sentenze della Cassazione hanno deciso di interpretare il "può", come se fosse scritto "deve", ritenendo quindi, obbligata la reintegra in tale ipotesi (Cass. 13 maggio 2019, n. 7167; Cass. 14 luglio 2017, n. 1752). Tali sentenze non sono condivisibili in quanto "può" non significa "deve" e quindi affermare il contrario vuol dire creare una nuova norma, come correttamente ha riconosciuto altra sentenza della Cassazione (Cass. 22 maggio 2018, n. 10435). Il potere che la legge attribuisce al giudice non è illimitato, ma egli deve motivare la sua scelta sulla base dello stato di disoccupazione del lavoratore, della valutazione in ordine ai tempi di riferimento di una nuova occupazione, oppure di una eventuale eccessiva onerosità per il datore di lavoro, la cui organizzazione sia nel frattempo mutata (Cass. 22 maggio 2016, n. 10435).

(10) Il concetto di manifesta insussistenza del fatto posto a base del licenziamento va riferito ad un evidente e facilmente verificabile assenza del presupposto giustificativo del licenziamento stesso che consente di apprezzare la chiara pretestuosità del recesso (Cass. 3 febbraio 2020, n. 2366). Tipica ipotesi di "manifesta insussistenza" è la sostituzione del lavoratore licenziato con un altro lavoratore nuovo assunto per le medesime mansioni. Se invece il datore di lavoro riesce a fornire la prova della effettiva soppressione del posto, ma non quella dell'impossibilità del *repêchage*, il "fatto posto a base del licenziamento" deve ritenersi sussistente, con la conseguenza che troverà applicazione il comma 5 dell'art. 18.

128   Il rapporto individuale di lavoro

dipendenze più di quindici lavoratori o più di cinque se si tratta di imprenditore agricolo, nonché al datore di lavoro, imprenditore o non imprenditore, che nell'ambito dello stesso comune occupa più di quindici dipendenti e all'impresa agricola che nel medesimo ambito territoriale occupa più di cinque dipendenti, anche se ciascuna unità produttiva, singolarmente considerata, non raggiunge tali limiti, e in ogni caso al datore di lavoro, imprenditore e non imprenditore, che occupa più di sessanta dipendenti (11).

[9] Ai fini del computo del numero dei dipendenti di cui all'ottavo comma si tiene conto dei lavoratori assunti con contratto a tempo indeterminato parziale per la quota di orario effettivamente svolto, tenendo conto, a tale proposito, che il computo delle unità lavorative fa riferimento all'orario previsto dalla contrattazione collettiva del settore. Non si computano il coniuge e i parenti del datore di lavoro entro il secondo grado in linea diretta e in linea collaterale. Il computo dei limiti occupazionali di cui all'ottavo comma non incide su norme o istituti che prevedono agevolazioni finanziarie o creditizie (12).

[...]

D.lgs. 4 marzo 2015, n. 23

Art. 1. Campo di applicazione **(13)** – [1] Per i lavoratori che rivestono la qualifica di operai, impiegati o quadri, assunti con contratto di lavoro subordinato a tempo indeterminato a decorrere dalla data di entrata in vigore del presente decreto, il regime di tutela nel caso di licenziamento illegittimo è disciplinato dalle disposizioni di cui al presente decreto.

[2] Le disposizioni di cui al presente decreto si applicano anche nei casi di conversione, successiva all'entrata in vigore del presente decreto, di contratto a tempo determinato o di apprendistato in contratto a tempo indeterminato.

[3] Nel caso in cui il datore di lavoro, in conseguenza di assunzioni a tempo indeterminato avvenuto successivamente all'entrata in vigore del presente decreto, integri il requisito occupazionale di cui all'articolo 18, ottavo e nono comma, della legge 20 maggio 1970, n. 300, e successive modificazioni, il licenziamento dei lavoratori, anche se assunti precedentemente a tale data, è disciplinato dalle disposizioni del presente decreto.

Art. 3. Licenziamento per giustificato motivo e giusta causa – [...]
[2] Esclusivamente nelle ipotesi di licenziamento per giustificato motivo soggettivo o per giusta causa in cui sia direttamente dimostrata in giudizio l'insussi-

---

(11) Cfr. cap. 20 *"Il campo di applicazione dei diversi regimi di tutela"*.
(12) Cfr. cap. 20 *"Il campo di applicazione dei diversi regimi di tutela"*.
(13) Cfr. cap. 20 *"Il campo di applicazione dei diversi regimi di tutela"*.

29. Il regime di tutela reale a risarcimento limitato

stenza del fatto materiale contestato al lavoratore, rispetto alla quale resta estranea ogni valutazione circa la sproporzione del licenziamento **(14)**, il giudice annulla il licenziamento e condanna il datore di lavoro alla reintegrazione del lavoratore nel posto di lavoro e al pagamento di un'indennità risarcitoria commisurata all'ultima retribuzione di riferimento per il calcolo del trattamento di fine rapporto, corrispondente al periodo dal giorno del licenziamento fino a quello dell'effettiva reintegrazione, dedotto quanto il lavoratore abbia percepito per lo svolgimento di altre attività lavorative, nonché quanto avrebbe potuto percepire accettando una congrua offerta di lavoro ai sensi dell'articolo 4, comma 1, lettera c), del decreto legislativo 21 aprile 2000, n. 181, e successive modificazioni. In ogni caso la misura dell'indennità risarcitoria relativa al periodo antecedente alla pronuncia di reintegrazione non può essere superiore a dodici mensilità dell'ultima retribuzione di riferimento per il calcolo del trattamento di fine rapporto. Il datore di lavoro è condannato, altresì, al versamento dei contributi previdenziali e assistenziali dal giorno del licenziamento fino a quello dell'effettiva reintegrazione, senza applicazione di sanzioni per omissione contributiva. Al lavoratore è attribuita la facoltà di cu all'articolo 2, comma 3.

[...]

Legge 4 novembre 2010, n. 183

Art. 30. Clausole generali e certificazione del contratto di lavoro **(15)** – [1] In tutti i casi nei quali le disposizioni di legge nelle materie di cui all'articolo 409 del codice di procedura civile e all'articolo 63, comma 1, del decreto legislativo 30 marzo 2001, n. 165, contengano clausole generali, ivi comprese le norme in tema di instaurazione di un rapporto di lavoro, esercizio dei poteri datoriali, trasferimento d'azienda e recesso, il controllo giudiziale è limitato esclusivamente, in conformità ai princìpi generali dell'ordinamento, all'accertamento del presupposto di legittimità e non può essere esteso al sindacato di merito sulle valutazioni tecniche, organizzative e produttive che compe-

---

(14) Rispetto al comma 4 dell'art. 18 Stat. lav., la nuova disposizione, aggiungendo il termine "materiale" riferito al fatto insussistente e precisando che deve restare esclusa ogni valutazione circa la sproporzione del licenziamento, deve indurre ad una interpretazione ancor più restrittiva della tutela reintegratoria. La Cassazione, invece, ha ritenuto di attribuirle il medesimo significato di cui al comma 4 (Cass. 10 aprile 2019, n. 12174), comprendendovi non soltanto il fatto accaduto nella sua materialità, ma anche tutte le ipotesi in cui il fatto, pur materialmente accaduto, non abbia rilievo disciplinare.

(15) Cfr. cap. 47 "*Onere della prova e processo del lavoro*".

tono al datore di lavoro o al committente. L'inosservanza delle disposizioni di cui al precedente periodo, in materia di limiti al sindacato di merito sulle valutazioni tecniche, organizzative e produttive che competono al datore di lavoro, costituisce motivo di impugnazione per violazione di norma di diritto.

[...]

30. Il regime di tutela indennitaria per l'ingiustificatezza semplice

Legge 20 maggio 1970, n. 300 – Statuto dei lavoratori

Art. 18. Tutela del lavoratore in caso di licenziamento illegittimo – [...]

[5] Il giudice, nelle altre ipotesi **(1)-(2)** in cui accerta che non ricorrono gli estremi del giustificato motivo soggettivo o della giusta causa addotti dal datore di lavoro, dichiara risolto il rapporto di lavoro con effetto dalla data del licenziamento e condanna il datore di lavoro al pagamento di un'indennità risarcitoria onnicomprensiva determinata tra un minimo di dodici e un massimo di ventiquattro mensilità dell'ultima retribuzione globale di fatto, in relazione all'anzianità del lavoratore e tenuto conto del numero dei dipendenti occupati, delle dimensioni dell'attività economica, del comportamento e delle condizioni delle parti, con onere di specifica motivazione a tale riguardo.

[...]

[7] [...] nelle altre ipotesi in cui accerta che non ricorrono gli estremi del predetto giustificato motivo **(3)**, il giudice applica la disciplina di cui al quinto comma. In tale ultimo caso il giudice, ai fini della determinazione dell'indennità tra il minimo e il massimo previsti, tiene conto, oltre ai criteri di cui al sesto comma, delle iniziative assunte dal lavoratore per la ricerca di una nuova occupazione e del comportamento delle parti nell'ambito della procedura di cui all'articolo 7 della legge 15 luglio 1966, n. 604. Qualora, nel corso del giudizio, sulla base della do-

(1) La tutela indennitaria prevista dal comma 5 rappresenta la regola generale sanzionatoria che si applica in tutti i casi di ingiustificatezza del licenziamento, con le sole tre eccezioni previste dal comma 4 e 7 dell'art. 18, che quindi si configurano come ipotesi residuali (Cass., S.U., 27 dicembre 2017, n. 30985).

(2) La sanzione prevista dal comma 5 si applica anche nel caso in cui il licenziamento sia stato preceduto da un ritardo notevole e non giustificato della contestazione dell'addebito, che rende il licenziamento ingiustificato e non solo viziato proceduralmente (Cass., S.U., 27 dicembre 2017, n. 30985). Questa conclusione vale anche per la tardività del licenziamento rispetto alle giustificazioni del lavoratore o, in mancanza di queste ultime, rispetto alla contestazione dell'addebito.

(3) Giustificato motivo oggettivo (cfr. cap. 24 "*Il licenziamento per giustificato motivo oggettivo*"; 29 "*Il regime di tutela reale a risarcimento limitato*").

132   Il rapporto individuale di lavoro

> manda formulata dal lavoratore, il licenziamento risulti determinato da ragioni discriminatorie o disciplinari, trovano applicazione le relative tutele previste dal presente articolo.

[8] Le disposizioni dei commi dal quarto al settimo si applicano al datore di lavoro, imprenditore o non imprenditore, che in ciascuna sede, stabilimento, filiale, ufficio o reparto autonomo nel quale ha avuto luogo il licenziamento occupa alle sue dipendenze più di quindici lavoratori o più di cinque se si tratta di imprenditore agricolo, nonché al datore di lavoro, imprenditore o non imprenditore, che nell'ambito dello stesso comune occupa più di quindici dipendenti e all'impresa agricola che nel medesimo ambito territoriale occupa più di cinque dipendenti, anche se ciascuna unità produttiva, singolarmente considerata, non raggiunge tali limiti, e in ogni caso al datore di lavoro, imprenditore e non imprenditore, che occupa più di sessanta dipendenti **(4)**.

[9] Ai fini del computo del numero dei dipendenti di cui all'ottavo comma si tiene conto dei lavoratori assunti con contratto a tempo indeterminato parziale per la quota di orario effettivamente svolto, tenendo conto, a tale proposito, che il computo delle unità lavorative fa riferimento all'orario previsto dalla contrattazione collettiva del settore. Non si computano il coniuge e i parenti del datore di lavoro entro il secondo grado in linea diretta e in linea collaterale. Il computo dei limiti occupazionali di cui all'ottavo comma non incide su norme o istituti che prevedono agevolazioni finanziarie o creditizie **(5)**.

[...]

D.lgs. 4 marzo 2015, n. 23

Art. 1. Campo di applicazione **(6)** – [1] Per i lavoratori che rivestono la qualifica di operai, impiegati o quadri, assunti con contratto di lavoro subordinato a tempo indeterminato a decorrere dalla data di entrata in vigore del presente decreto, il regime di tutela nel caso di licenziamento illegittimo è disciplinato dalle disposizioni di cui al presente decreto.

[2] Le disposizioni di cui al presente decreto si applicano anche nei casi di conversione, successiva all'entrata in vigore del presente decreto, di contratto a tempo determinato o di apprendistato in contratto a tempo indeterminato.

[3] Nel caso in cui il datore di lavoro, in conseguenza di assunzioni a tempo indeterminato avvenuto successivamente all'entrata in vigore del presente decreto, integri il requisito occupazionale di cui all'articolo 18, ottavo e nono comma, della legge 20 maggio 1970, n. 300, e successive modificazioni, il licenziamento dei lavoratori, anche se assunti precedentemente a tale data, è disciplinato dalle disposizioni del presente decreto.

---

(4) Cfr. cap. 20 *"Il campo di applicazione dei diversi regimi di tutela"*.

(5) Cfr. cap. 20 *"Il campo di applicazione dei diversi regimi di tutela"*.

(6) Cfr. cap. 20 *"Il campo di applicazione dei diversi regimi di tutela"*.

30. Il regime di tutela indennitaria per l'ingiustificatezza semplice ㅤ 133

> *Art. 3. Licenziamento per giustificato motivo e giusta causa* – [1] Salvo quanto disposto dal comma 2 **(7)**, nei casi in cui risulta accertato che non ricorrono gli estremi del licenziamento per giustificato motivo oggettivo o per giustificato motivo soggettivo o giusta causa, il giudice dichiara estinto il rapporto di lavoro alla data del licenziamento e condanna il datore di lavoro al pagamento di un'indennità non assoggettata a contribuzione previdenziale in misura comunque non inferiore a sei e non superiore a trentasei mensilità **(8)-(9)**.
> [...]

Legge 4 novembre 2010, n. 183

Art. 30. Clausole generali e certificazione del contratto di lavoro **(10)** – [1] In tutti i casi nei quali le disposizioni di legge nelle materie di cui all'articolo 409 del codice di procedura civile e all'articolo 63, comma 1, del decreto legislativo 30 marzo 2001, n. 165, contengono clausole generali, ivi comprese le norme in tema di instaurazione di un rapporto di lavoro, esercizio dei poteri datoriali, trasferimento d'azienda e recesso, il controllo giudiziale è limitato esclusivamente, in conformità ai princìpi generali dell'ordinamento, all'accertamento del presupposto di legittimità e non può essere esteso al sindacato di merito sulle valutazioni tecniche, organizzative e produttive che competono al datore di lavoro o al committente. L'inosservanza delle disposizioni di cui al precedente periodo, in materia di limiti al sindacato di merito sulle valutazioni tecniche, organizzative e produttive che competono al datore di lavoro, costituisce motivo di impugnazione per violazione di norma di diritto.
[...]

---

(7) Cfr. cap. 29 *"Il regime di tutela reale a risarcimento limitato per l'ingiustificatezza qualificata"*

(8) Norma così risultante dopo la dichiarazione di incostituzionalità dell'art. 3 da parte della sentenza n. 194/2018 della Corte costituzionale, limitatamente alle parole *"di importo pari a due mensilità dell'ultima retribuzione di riferimento per il calcolo del trattamento di fine rapporto per ogni anno di servizio.*

(9) Le parole "non inferiore a sei e non superiore a trentasei mensilità" sono state sostituite alle parole "non inferiore a quattro e non superiore a ventiquattro mensilità" dell'art. 3, comma1, d.lgs. n. 87/2018, convertito con modificazioni in legge n. 96/2018. Pertanto l'aumento della misura minima e massima dell'indennità trova applicazione ai licenziamenti intimati a partire dal 14 luglio 2018, sempre limitatamente ai lavori assunti a partire dal 7 marzo 2015.

(10) Cfr. cap. 47 *"Onere della prova e processo del lavoro"*.

31. Il regime di tutela indennitaria per i vizi formali e procedimentali

Legge 20 maggio 1970, n. 300 – Statuto dei lavoratori

> *Art. 18. Tutela del lavoratore in caso di licenziamento illegittimo* – [...]
> [6] Nell'ipotesi in cui il licenziamento sia dichiarato inefficace **(1)** per violazione del requisito di motivazione **(2)** di cui all'articolo 2, comma 2, della legge 15 luglio 1966, n. 604, e successive modificazioni **(3)**, della procedura di cui all'articolo 7 della presente legge **(4)-(5)**, o della procedura di cui all'articolo 7 della legge 15 luglio 1966, n. 604, e successive modificazioni **(6)**, si applica il regime di cui al quinto comma **(7)**, ma con attribuzione al lavoratore di un'indennità risarcitoria onnicomprensiva determinata, in relazione alla gravità della violazione formale o procedurale commessa dal datore di lavoro, tra un minimo di sei e un massimo di dodici mensilità dell'ultima retribuzione globale di fatto, con onere di specifica motivazione a tale riguardo, a meno che il giudice, sulla base della domanda del lavoratore, accerti che vi è anche un difetto di giustificazione del licenziamento, nel qual caso applica, in luogo di quelle previste dal presente comma, le tutele di cui ai commi quarto **(8)**, quinto **(9)** o settimo **(10)**.

(1) Un licenziamento inefficace per vizio di forma può essere rinnovato con le prescritte modalità omesse nella precedente intimazione (Cass. 23 giugno 1997, n. 5596), in base agli stessi motivi sostanziali determinativi del precedente recesso, anche se la questione della validità del primo licenziamento sia ancora *sub iudice* (Cass. 8 marzo 1990, n. 1861).

(2) Anche all'omessa motivazione del licenziamento si applica la sanzione di cui al comma 6. In tal caso però il datore di lavoro sarà tenuto comunque a dedurre e dimostrare in giudizio il motivo posto a base del licenziamento, conseguendone, in caso contrario, l'applicazione della reintegrazione di cui al comma 4.

(3) Cfr. cap. 26 "*I requisiti di forma del licenziamento*".

(4) La sanzione prevista dal comma 6 si applica anche in caso di omessa o generica contestazione dell'addebito disciplinare in quanto si tratta di "violazioni" alle quali fa riferimento la norma, rimanendo sempre ferma la possibilità per il lavoratore di chiedere l'accertamento di cui al comma 4 o del comma 5. La Cassazione, sezione lavoro, ha invece ritenuto che nel caso in cui il licenziamento si basi

su un addebito non contestato preventivamente, si applichi la sanzione della reintegrazione di cui al comma 4 (Cass. 24 febbraio 2020, n. 4879; Cass. 14 febbraio 2016, n. 25745); mentre la Cassazione a Sezioni Unite ha affermato che il mancato rispetto delle regole, pur essenziali, di natura procedimentale ricade nel campo di applicazione del comma 6 (Cass., S.U., 24 ottobre 2017, n. 30985); oltretutto, se si ritenesse sufficiente la sola omissione o genericità della contestazione dell'addebito disciplinare per applicare la reintegrazione di cui al comma 4, si potrebbe avere la conseguenza irragionevole e incostituzionale per cui un lavoratore licenziato per un fatto gravissimo, riceverebbe una tutela di gran lunga maggiore, appunto la reintegrazione, di quella solo indennitaria che spetterebbe al lavoratore il cui licenziamento sia palesemente ingiustificato, ma preceduto da regolare contestazione dell'addebito.

(5) Nell'ipotesi di tardività della contestazione dell'addebito le Sezioni Unite dalle Cassazione, con sentenza 27 dicembre 2017, n. 30985, hanno statuito che si applica la sanzione prevista dal comma 6, solo nei casi di violazione dei termini previsti da norme di contratto collettivo o di legge; mentre, nelle altre ipotesi di tardività della contestazione dell'addebito rispetto alla conoscenza del fatto o del licenziamento rispetto alla giustificazione del lavoratore, si applica la tutela indennitaria forte di cui al comma 5 dell'art. 18 Stat. lav. (cfr. cap. 30 *Il regime di tutela indennitaria per l'ingiustificatezza*"). In tal modo, le Sezioni Unite hanno risolto il contrasto che stava emergendo a proposito del tipo di sanzione da applicare al licenziamento intervenuto dopo una contestazione disciplinare tardiva. La questione era stata infatti rimessa alle Sezioni Unite, proprio perché, accanto a sentenze che avevano applicato a tale fattispecie la sola tutela indennitaria – sia pure poi distinguendo le ipotesi di vizio procedimentale a cui applicare il comma 6, da quelle della "tardività-ingiustificatezza", a cui applicare il comma 5 (cfr. cap. 30 *"Il regime di tutela indennitaria per l'ingiustificatezza "*) – altre avevano invece ritenuto di applicare la sanzione della reintegrazione *ex* comma 4 (cfr. cap. 29 *"Il regime di tutela reale a risarcimento limitato "*). Le Sezioni Unite hanno aderito al primo orientamento, escludendo che la tardività della contestazione dell'addebito possa comportare la reintegrazione del lavoratore, dovendosi invece distinguere i casi in cui si tratta di mero vizio procedimentale, al quale troverà applicazione la tutela indennitaria debole di cui al comma 6, da quelli in cui la tardività si traduce nella ingiustificatezza del licenziamento, sanzionata con la tutela indennitaria prevista dal comma 5 (cfr. cap. 30 *"Il regime di tutela indennitaria per l'ingiustificatezza "*).

(6) Cfr. cap. 24 *"Il licenziamento per giustificato motivo oggettivo"*.

(7) Cfr. cap. 30 *"Il regime di tutela indennitaria per l'ingiustificatezza"*.

(8) Cfr. cap. 29 *"Il regime di tutela reale a risarcimento limitato"*.

136   Il rapporto individuale di lavoro

[...]

[8] **(11)** Le disposizioni dei commi dal quarto al settimo si applicano al datore di lavoro, imprenditore o non imprenditore, che in ciascuna sede, stabilimento, filiale, ufficio o reparto autonomo nel quale ha avuto luogo il licenziamento occupa alle sue dipendenze più di quindici lavoratori o più di cinque se si tratta di imprenditore agricolo, nonché al datore di lavoro, imprenditore o non imprenditore, che nell'ambito dello stesso comune occupa più di quindici dipendenti e all'impresa agricola che nel medesimo ambito territoriale occupa più di cinque dipendenti, anche se ciascuna unità produttiva, singolarmente considerata, non raggiunge tali limiti, e in ogni caso al datore di lavoro, imprenditore e non imprenditore, che occupa più di sessanta dipendenti **(12)**.

[9] Ai fini del computo del numero dei dipendenti di cui all'ottavo comma si tiene conto dei lavoratori assunti con contratto a tempo indeterminato parziale per la quota di orario effettivamente svolto, tenendo conto, a tale proposito, che il computo delle unità lavorative fa riferimento all'orario previsto dalla contrattazione collettiva del settore. Non si computano il coniuge e i parenti del datore di lavoro entro il secondo grado in linea diretta e in linea collaterale. Il computo dei limiti occupazionali di cui all'ottavo comma non incide su norme o istituti che prevedono agevolazioni finanziarie o creditizie **(13)**.

[...]

D.lgs. 4 marzo 2015, n. 23 – Disposizioni in materia di contratto di lavoro a tempo indeterminato a tutele crescenti, in attuazione della legge 10 dicembre 2014, n. 183

Art. 1. Campo di applicazione **(14)** – [1] Per i lavoratori che rivestono la qualifica di operai, impiegati o quadri, assunti con contratto di lavoro subordinato a tempo indeterminato a decorrere dalla data di entrata in vigore del presente decreto **(15)**, il regime di tutela nel caso di licenziamento illegittimo è disciplinato dalle disposizioni di cui al presente decreto.

[2] Le disposizioni di cui al presente decreto si applicano anche nei casi di conversione, successiva all'entrata in vigore del presente decreto, di contratto a tempo determinato o di apprendistato in contratto a tempo indeterminato.

---

(9) Cfr. cap. 30 *"Il regime di tutela indennitaria per l'ingiustificatezza"*.

(10) Cfr. cap. 28 *"Il regime di tutela reale per i licenziamenti vietati e orali"*, cap. 29 *"Il regime di tutela reale a risarcimento limitato"* e cap. 30 *"Il regime di tutela indennitaria per l'ingiustificatezza"*.

(11) Cfr. cap. 20 *"Il campo di applicazione dei diversi regimi di tutela"*.

(12) Cfr. cap. 20 *"Il campo di applicazione dei diversi regimi di tutela"*.

(13) Cfr. cap. 20 *"Il campo di applicazione dei diversi regimi di tutela"*.

(14) Cfr. cap. 20 *"Il campo di applicazione dei diversi regimi di tutela"*.

(15) Entrata in vigore del provvedimento 7 marzo 2015.

31. Il regime di tutela indennitaria per i vizi formali e procedimentali

[3] Nel caso in cui il datore di lavoro, in conseguenza di assunzioni a tempo indeterminato avvenuto successivamente all'entrata in vigore del presente decreto, integri il requisito occupazionale di cui all'articolo 18, ottavo e nono comma, della legge 20 maggio 1970, n. 300, e successive modificazioni **(16)**, il licenziamento dei lavoratori, anche se assunti precedentemente a tale data, è disciplinato dalle disposizioni del presente decreto.

Art. 4. Vizi formali e procedurali – [1] Nell'ipotesi in cui il licenziamento sia intimato con violazione del requisito di motivazione di cui all'articolo 2, comma 2, della legge n. 604 del 1966 **(17)** o della procedura di cui all'articolo 7 della legge n. 300 del 1970 **(18)**, il giudice dichiara estinto il rapporto di lavoro alla data del licenziamento e condanna il datore di lavoro al pagamento di un'indennità non assoggettata a contribuzione previdenziale **(19)** in misura comunque non inferiore a due e non superiore a dodici mensilità, a meno che il giudice, sulla base della domanda del lavoratore, accerti la sussistenza dei presupposti per l'applicazione delle tutele di cui agli articoli 2 **(20)** e 3 **(21)** del presente decreto.

---

(16) Cfr. cap. 20 *"Il campo di applicazione dei diversi regimi di tutela"*.

(17) Cfr. cap. 26 *"I requisiti di forma del licenziamento"*.

(18) Cfr. nota 7.

(19) La Corte Costituzionale con sentenza 16 luglio 2020, n. 150, ha dichiarato incostituzionale l'art. 4 limitatamente alle parole "di importo pari a una mensilità dell'ultima retribuzione di riferimento per il calcolo del trattamento di fine rapporto per ogni anno di servizio". Tale frase pertanto è stata espunta dalla norma che ora recita nel senso riportato nel testo.

(20) Cfr. cap. 28 *"Il regime di tutela reale per i licenziamenti vietati e orali"*.

(21) Cfr. cap. 29 *"Il regime di tutela reale a risarcimento limitato"* e cap. 30 *"Il regime di tutela indennitaria per l'ingiustificatezza"*.

32. Il rito speciale per le controversie sui licenziamenti regolati dall'art. 18 Stat. lav.

Legge 28 giugno 2012, n. 92 – Disposizioni in materia di riforma del mercato del lavoro in una prospettiva di crescita (c.d. processo "Fornero")

Art. 1. – [...]

[47] Le disposizioni dei commi da 48 a 68 si applicano alle controversie aventi ad oggetto l'impugnativa dei licenziamenti nelle ipotesi regolate dall'articolo 18 della legge 20 maggio 1970, n. 300, e successive modificazioni **(1)ʼ (2)**, anche quando devono essere risolte questioni relative alla qualificazione del rapporto di lavoro **(3)-(4)-(5)**.

(1) Cfr. cap. 20 *"Il campo di applicazione dei diversi regimi di tutela"*, cap. 28 *"Il regime di tutela reale per i licenziamenti vietati e orali"*, cap. 29 *"Il regime di tutela reale a risarcimento limitato "*, cap. 30 *"Il regime di tutela indennitaria per l'ingiustificatezza"* e cap. 31 *"Il regime di tutela indennitaria per i vizi formali e procedimentali"*.

(2) Parte della giurisprudenza ritiene che il Rito Fornero sia azionabile anche dal datore di lavoro per far dichiarare, in via preventiva, la legittimità del licenziamento (Trib. Genova ord. 9 gennaio 2013; Trib. Perugia ord. 5 dicembre 2013; Trib. Milano ord. 18 novembre 2014).

(3) Alcune pronunce non ammettono l'applicazione di tale rito alle cause aventi ad oggetti l'accertamento della costituzione del rapporto di lavoro con un soggetto terzo rispetto al formale datore di lavoro, ritenuto incompatibile con la sommarietà del Rito Fornero (Trib. Milano, ord. 5 ottobre 2012; Trib. Milano ord. 25 ottobre 2012). In senso contrario, si ammette la compatibilità della suddetta domanda, interpretando estensivamente l'espressione *"questioni relative alla qualificazione del rapporto di lavoro"* come comprensivo dell'imputazione del rapporto di lavoro in capo a terzi (Cass. 8 settembre 2016, n. 17775; Trib. Genova ord. 21 novembre 2012; App. Milano 23 maggio 2013, n. 643; Trib. Rieti, ord. 21 gennaio 2014).

(4) La domanda può avere ad oggetto anche il pagamento delle spettanze dovute nel caso in cui sia riconosciuta la validità del licenziamento, in particolare il TFR e l'indennità di mancato preavviso (Cass. 12 agosto 2016, n. 17091). Vi è in-

32. Il rito speciale per le controversie sui licenziamenti regolati dall'art. 18 Stat. lav. 139

[48] La domanda avente ad oggetto l'impugnativa del licenziamento di cui al comma 47 si propone con ricorso al tribunale in funzione di giudice del lavoro. Il ricorso deve avere i requisiti di cui all'articolo 125 del codice di procedura civile **(6)**. Con il ricorso non possono essere proposte domande diverse da quelle di cui al comma 47 del presente articolo, salvo che siano fondate sugli identici fatti costitutivi. A seguito della presentazione del ricorso il giudice fissa con decreto l'udienza di comparizione delle parti. L'udienza deve essere fissata non oltre quaranta giorni dal deposito del ricorso. Il giudice assegna un termine per la notifica del ricorso e del decreto non inferiore a venticinque giorni prima dell'udienza, nonché un termine, non inferiore a cinque giorni prima della stessa udienza, per la costituzione del resistente. La notificazione è a cura del ricorrente, anche a mezzo di posta elettronica certificata. Qualora dalle parti siano prodotti documenti, essi devono essere depositati presso la cancelleria in duplice copia.

[49] Il giudice, sentite le parti e omessa ogni formalità non essenziale al contraddittorio, procede nel modo che ritiene più opportuno agli atti di istruzione indispensabili **(7)** richiesti dalle parti **(8)** o disposti d'ufficio, ai sensi dell'articolo 421 del codice di procedura civile **(9)**, e provvede, con ordinanza immediatamente esecutiva, all'accoglimento o al rigetto della domanda **(10)**.

---

vece contrasto sulla ammissibilità della domanda di riassunzione *ex* art. 8, legge n. 604/1966, proposta in via subordinata rispetto all'applicazione della tutela reintegratoria (in senso negativo Cass. 10 agosto 2015, n. 16662; in senso positivo Cass. 13 giugno 2016, n. 12094).

(5) Il Rito Fornero non trova applicazione nei casi di cessazione del rapporto di lavoro a tempo determinato per scadenza del termine (Trib. Roma ord. 20 febbraio 2013; Trib. Milano ord. 15 ottobre 2012), di accertamento dell'illegittimità del termine apposto ad un contratto di somministrazione, di accertamento del rapporto di lavoro subordinato alle dipendenze dell'utilizzatore (Trib. Roma ord. 14 gennaio 2013) e di impugnazione del licenziamento intimato al termine del periodo di formazione di un contratto di apprendistato (Trib. Roma 5 marzo 2014).

(6) Cfr. cap. 47 *"Onere della prova e processo del lavoro"*.

(7) L'istruttoria consiste nell'assunzione di un giudizio di mera verosimiglianza circa l'esistenza dei vizi del licenziamento invocati dal ricorrente (Trib. Napoli ord. 26 febbraio 2013; Trib. Milano ord. 16 ottobre 2012).

(8) Nella fase sommaria non è consentito alle parti proporre domande riconvenzionali e chiamare in causa terzi, cosa che invece possono fare nella fase di opposizione. Questa prima fase è infatti caratterizzata dalla massima concentrazione e celerità (Trib. Bari ord. 18 giugno 2013).

(9) Cfr. cap. 47 *"Onere della prova e processo del lavoro"*.

(10) Il Rito Fornero può essere sospeso in caso di pendenza di un processo penale che verta sui medesimi fatti che hanno dato origine al licenziamento, solo

140   Il rapporto individuale di lavoro

[50] L'efficacia esecutiva del provvedimento di cui al comma 49 non può essere sospesa o revocata fino alla pronuncia della sentenza con cui il giudice definisce il giudizio instaurato ai sensi dei commi da 51 a 57.

[51] Contro l'ordinanza di accoglimento o di rigetto di cui al comma 49 può essere proposta opposizione con ricorso contenente i requisiti di cui all'articolo 414 del codice di procedura civile (11), da depositare innanzi al tribunale che ha emesso il provvedimento opposto (12), a pena di decadenza, entro trenta giorni dalla notificazione dello stesso, o dalla comunicazione se anteriore. Con il ricorso non possono essere proposte domande diverse da quelle di cui al comma 47 del presente articolo, salvo che siano fondate sugli identici fatti costitutivi o siano svolte nei confronti di soggetti rispetto ai quali la causa è comune o dai quali si intende essere garantiti. Il giudice fissa con decreto l'udienza di discussione non oltre i successivi sessanta giorni, assegnando all'opposto termine per costituirsi fino a dieci giorni prima dell'udienza.

[52] Il ricorso, unitamente al decreto di fissazione dell'udienza, deve essere notificato, anche a mezzo di posta elettronica certificata, dall'opponente all'opposto almeno trenta giorni prima della data fissata per la sua costituzione.

[53] L'opposto deve costituirsi mediante deposito in cancelleria di memoria difensiva a norma e con le decadenze di cui all'articolo 416 del codice di procedura civile (13). Se l'opposto intende chiamare un terzo in causa deve, a pena di decadenza, farne dichiarazione nella memoria difensiva.

[...]

[56] Quando la causa relativa alla domanda riconvenzionale non è fondata su fatti costitutivi identici a quelli posti a base della domanda principale il giudice ne dispone la separazione.

[57] All'udienza, il giudice, sentite le parti, omessa ogni formalità non essenziale al contraddittorio, procede nel modo che ritiene più opportuno agli atti di istruzione ammissibili e rilevanti richiesti dalle parti nonché disposti d'ufficio, ai sensi dall'articolo 421 del codice di procedura civile (14), e provvede con sentenza all'accoglimento o al rigetto della domanda, dando, ove opportuno, termine alle parti per il deposito di note difensive fino a dieci giorni prima dell'udienza di discussione. La sentenza, completa di motivazione, deve essere depositata in can-

---

se l'azione sia stata proposta dopo la costituzione di parte civile nella causa penale (Cass. 14 novembre 2014).

(11) Cfr. cap. 47 *"Onere della prova e processo del lavoro"*.

(12) Il giudice (persona fisica) della fase di opposizione può essere il medesimo della fase sommaria. L'art. 1, comma 51, legge n. 92/2012 non prevede infatti per il giudice che ha pronunciato l'ordinanza in fase sommaria l'obbligo di astenersi dal giudizio di opposizione (Corte cost. ord. 16 luglio 2014, n. 205; Corte cost. 29 aprile 2015, n. 78; Corte cost. ord. 22 dicembre 2015, n. 275).

(13) Cfr. cap. 47 *"Onere della prova e processo del lavoro"*.

(14) Cfr. cap. 47 *"Onere della prova e processo del lavoro"*.

32. Il rito speciale per le controversie sui licenziamenti regolati dall'art. 18 Stat. lav. 141

celleria entro dieci giorni dall'udienza di discussione. La sentenza è provvisoriamente esecutiva e costituisce titolo per l'iscrizione di ipoteca giudiziale.

[58] Contro la sentenza che decide sul ricorso è ammesso reclamo **(15)** davanti alla Corte d'appello **(16)**. Il reclamo si propone con ricorso da depositare, a pena di decadenza, entro trenta giorni dalla comunicazione, o dalla notificazione se anteriore.

[59] Non sono ammessi nuovi mezzi di prova o documenti, salvo che il collegio, anche d'ufficio, li ritenga indispensabili ai fini della decisione ovvero la parte dimostri di non aver potuto proporli in primo grado per causa ad essa non imputabile.

[60] La corte d'appello fissa con decreto l'udienza di discussione nei successivi sessanta giorni e si applicano i termini previsti dai commi 51, 52 e 53. Alla prima udienza, la corte può sospendere l'efficacia della sentenza reclamata se ricorrono gravi motivi. La corte d'appello, sentite le parti, omessa ogni formalità non essenziale al contraddittorio, procede nel modo che ritiene più opportuno agli atti di istruzione ammessi e provvede con sentenza all'accoglimento o al rigetto della domanda, dando, ove opportuno, termine alle parti per il deposito di note difensive fino a dieci giorni prima dell'udienza di discussione. La sentenza, completa di motivazione, deve essere depositata in cancelleria entro dieci giorni dall'udienza di discussione.

[...]

[62] Il ricorso per cassazione contro la sentenza deve essere proposto, a pena di decadenza, entro sessanta giorni dalla comunicazione della stessa, o dalla notificazione se anteriore. La sospensione dell'efficacia della sentenza deve essere chiesta alla corte d'appello, che provvede a norma del comma 60.

[63] La Corte fissa l'udienza di discussione non oltre sei mesi dalla proposizione del ricorso.

[64] In mancanza di comunicazione o notificazione della sentenza si applica l'articolo 327 del codice di procedura civile.

[...]

[67] I commi da 47 a 66 si applicano alle controversie instaurate successivamente alla data di entrata in vigore della presente legge.

[...]

---

(15) La disciplina del reclamo del Rito Fornero, pur essendo speciale, deve essere integrata con quella dell'appello nel rito del lavoro (Cass. 19 novembre 2015, n. 23690; Cass. 29 ottobre 2014, n. 23021).

(16) Ancorché diversamente qualificata dal legislatore – che la definisce "reclamo" –, la procedura tratteggiata dall'art. 1, commi da 58 a 61, legge n. 92/2012 è da intendersi sotto tutti i profili come una vera e propria impugnativa – dunque, un appello –, con conseguente applicabilità alla stessa delle ordinarie regole disposte dall'art. 434, comma 1, c.p.c. (App. Bologna, 21 maggio 2013, n. 727). Pertanto, il giudice, prima della valutazione di merito, deve verificare che il ricorso proposto abbia una ragionevole probabilità di venire accolto (c.d. udienza filtro) e in caso contrario ne dichiara l'inammissibilità con ordinanza.

142   Il rapporto individuale di lavoro

D.lgs. 4 marzo 2015, n. 23 – Disposizioni in materia di contratto di lavoro a tempo indeterminato a tutele crescenti, in attuazione della legge 10 dicembre 2014, n. 183

Art. 1. Campo di applicazione **(17)** – [1] Per i lavoratori che rivestono la qualifica di operai, impiegati o quadri, assunti con contratto di lavoro subordinato a tempo indeterminato a decorrere dalla data di entrata in vigore del presente decreto **(18)**, il regime di tutela nel caso di licenziamento illegittimo è disciplinato dalle disposizioni di cui al presente decreto.

Art. 11. Rito applicabile – [1] Ai licenziamenti di cui al presente decreto non si applicano le disposizioni dei commi da 48 a 68 dell'articolo 1 della legge 28 giugno 2012, n. 92.

---

(17) Cfr. cap. 20 *"Il campo di applicazione dei diversi regimi di tutela"*.
(18) Entrata in vigore del provvedimento 7 marzo 2015.

33. Il regime di tutela obbligatoria

Legge 15 luglio 1966, n. 604 – Norme sui licenziamenti individuali

Art. 8. – [1] Quando risulti accertato che non ricorrono gli estremi del licenziamento per giusta causa o giustificato motivo, il datore di lavoro è tenuto a riassumere **(1)** il prestatore di lavoro entro il termine di tre giorni **(2)** o, in mancanza, a risarcire il danno versandogli un'indennità **(3)** di importo compreso tra un minimo di 2,5 ed un massimo di 6 mensilità dell'ultima retribuzione globale di fatto, avuto riguardo al numero dei dipendenti occupati, alle dimensioni dell'impresa, all'anzianità di servizio del prestatore di lavoro, al comportamento e alle condizioni delle parti. La misura massima della predetta indennità può essere maggiorata fino a 10 mensilità per il prestatore di lavoro con anzianità superiore ai dieci anni e fino a 14 mensilità per il prestatore di lavoro con anzianità superiore ai venti anni, se dipendenti da datore di lavoro che occupa più di quindici prestatori di lavoro.

Legge 11 maggio 1990, n. 108 – Disciplina dei licenziamenti individuali

Art. 2. Riassunzione o risarcimento del danno **(4)** – [1] I datori di lavoro privati, im-

---

(1) Il licenziamento, seppur illegittimo, determina la interruzione del rapporto di lavoro, sicché l'esercizio della facoltà di riassunzione impone la costituzione di un nuovo rapporto: l'anzianità di servizio maturata nel corso del precedente rapporto viene azzerata e vengono meno i diritti, di derivazione contrattuale collettiva, dipendenti dalla pregressa durata del rapporto di lavoro. Nel lasso di tempo intercorrente tra il licenziamento e la riassunzione, sul datore di lavoro non grava alcuna obbligazione e pertanto la perdita della retribuzione in detto periodo non deve essere risarcita (Cass. 23 settembre 1986, n. 5715).

(2) Decorrenti dalla lettura del dispositivo della sentenza.

(3) Il pagamento della indennità, qualora il rapporto non si ripristini, è sempre dovuto per il solo fatto del mancato ripristino di esso, senza che a nulla rilevi quale sia il soggetto e quale la ragione per cui ciò abbia a verificarsi (Corte cost. 23 febbraio 1996, n. 44; Cass. 1° aprile 2016, n. 6390).

(4) Cfr. cap. 20 *"Il campo di applicazione dei diversi regimi di tutela"*.

144   Il rapporto individuale di lavoro

prenditori non agricoli e non imprenditori, e gli enti pubblici di cui all'articolo 1 della legge 15 luglio 1966, n. 604 **(5)**, che occupano alle loro dipendenze fino a quindici lavoratori ed i datori di lavoro imprenditori agricoli che occupano alle loro dipendenze fino a cinque lavoratori computati con il criterio di cui all'articolo 18 della legge 20 maggio 1970, n. 300 **(6)**, sono soggetti all'applicazione delle disposizioni di cui alla legge 15 luglio 1966, n. 604 **(7)** così come modificata dalla presente legge **(8)** [...]. Sono altresì soggetti all'applicazione di dette disposizioni i datori di lavoro che occupano fino a sessanta dipendenti, qualora non sia applicabile il disposto dell'articolo 18 della legge 20 maggio 1970, n. 300 **(9)**.

[...]

Art. 4. Area di non applicazione **(10)** – [1] [...] La disciplina di cui all'articolo 18 della legge 20 maggio 1970, n. 300 **(11)** [...], non trova applicazione nei confronti dei datori di lavoro non imprenditori che svolgono senza fini di lucro attività di natura politica, sindacale, culturale, di istruzione ovvero di religione o di culto **(12)**.

Legge 14 novembre 2010, n. 183 – Collegato Lavoro

Art. 30. Clausole generali e certificazione del contratto di lavoro – [...]

(**5**) Cfr. cap. 21 *"Il licenziamento per giusta causa e per giustificato motivo soggettivo"*.

(**6**) Cfr. cap. 20 *"Il campo di applicazione dei diversi regimi di tutela"*.

(**7**) Cfr. cap. 21 *"Il licenziamento per giusta causa e per giustificato motivo soggettivo"*, cap. 23 *"Tipizzazioni di giustificazione del licenziamento"*, cap. 24 *"Il licenziamento per giustificato motivo oggettivo"*, cap. 26 *"I requisiti di forma del licenziamento"* e cap. 27 *"Impugnazione del licenziamento"*.

(**8**) Cfr. artt. 2 e 8 legge n. 604/1966, cap. 26 *"I requisiti di forma del licenziamento"* e cap. 33 *"Il regime di tutela obbligatoria"*.

(**9**) Cfr. cap. 28 *"Il regime di tutela reale per i licenziamenti vietati e orali"*.

(**10**) Cfr. cap. 20 *"Il campo di applicazione dei diversi regimi di tutela"*.

(**11**) Cfr. cap. 28 *"Il regime di tutela reale per i licenziamenti vietati e orali"*, cap. 29 *"Il regime di tutela reale a risarcimento limitato per l'ingiustificatezza qualificata"*, cap. 30 *"Il regime di tutela indennitaria per l'ingiustificatezza semplice"* e cap. 31 *"Il regime di tutela indennitaria per i vizi formali e procedimentali"*.

(**12**) La norma riguarda le imprese c.d. di tendenza, alle quali si applica solo la tutela obbligatoria anche se presentano i requisiti numerici previsti dall'art. 18 Stat. lav. Per i licenziamenti intimati dopo il 7 marzo 2015 è stata eliminata questa deroga (v. art. 9, comma 2, d.lgs. n. 23/2015).

33. Il regime di tutela obbligatoria

> [3] [...] Nel definire le conseguenze da riconnettere al licenziamento ai sensi dell'art. 8 della legge 15 luglio 1966, n. 604, e successive modificazioni, il giudice tiene egualmente conto di elementi e di parametri fissati dai predetti contratti (13) e comunque considera le dimensioni e le condizioni dell'attività esercitata dal datore di lavoro, la situazione del mercato del lavoro locale, l'anzianità e le condizioni del lavoratore, nonché il comportamento delle parti anche prima del licenziamento.
> [...]

D.lgs. 4 marzo 2015, n. 23 – Disposizioni in materia di contratto di lavoro a tempo indeterminato a tutele crescenti, in attuazione della legge 10 dicembre 2014, n. 183

Art. 1. Campo di applicazione **(14)** – [1] Per i lavoratori che rivestono la qualifica di operai, impiegati o quadri, assunti con contratto di lavoro subordinato a tempo indeterminato a decorrere dalla data di entrata in vigore del presente decreto **(15)**, il regime di tutela nel caso di licenziamento illegittimo è disciplinato dalle disposizioni di cui al presente decreto **(16)**.
[...]

> *Art. 9. Piccole imprese* [...] – [1] Ove il datore di lavoro non raggiunga i requisiti dimensionali di cui all'articolo 18, ottavo e nono comma, della legge n. 300 del 1970 **(17)**, non si applica l'articolo 3, comma 2 **(18)**, e l'ammontare delle indennità e dell'importo previsti dall'articolo 3, comma 1 **(19)**, dall'articolo 4, comma 1 **(20)** e

---

(13) Contratti collettivi di lavoro stipulati dai sindacati comparativamente più rappresentativi (art. 30, comma 3, primo periodo, legge 4 novembre 2010, n. 183, cfr. cap. 23 *"Tipizzazioni di giustificazione del licenziamento"*).

(14) Cfr. cap. 20 *"Il campo di applicazione dei diversi regimi di tutela"*.

(15) Entrata in vigore del provvedimento 7 marzo 2015.

(16) Cfr. cap. 27 *"Impugnazione del licenziamento"* e cap. 43 *"Rinunzie, transazioni e conciliazione"*.

(17) Cfr. cap. 20 *"Il campo di applicazione dei diversi regimi di tutela"*.

(18) Cfr. cap. 29 *"Il regime di tutela reale a risarcimento limitato"*.

(19) Cfr. cap. 30 *"Il regime di tutela indennitaria per l'ingiustificatezza"*.

(20) Cfr. cap. 31 *"Il regime di tutela indennitaria per i vizi formali e procedimentali"*.

dall'articolo 6, comma 1 **(21)**, è dimezzato e non può in ogni caso superare il limite di sei mensilità.

[2] Ai datori di lavoro non imprenditori, che svolgono senza fine di lucro attività di natura politica, sindacale, culturale, di istruzione ovvero di religione e di culto, si applica la disciplina di cui al presente decreto.

---

(21) Cfr. cap. 43 *"Rinunzie, transazioni e conciliazione"*.

34. Il regime di tutela per i rapporti di lavoro pubblico contrattualizzato

Costituzione della Repubblica italiana

Art. 97. **(1)** – [1] Le pubbliche amministrazioni, in coerenza con l'ordinamento dell'Unione europea, assicurano l'equilibrio dei bilanci e la sostenibilità del debito pubblico.

[2] I pubblici uffici sono organizzati secondo le disposizioni di legge, in modo che siano assicurati il buon andamento e l'imparzialità dell'amministrazione.

[...]

D.lgs. 30 marzo 2001, n. 165 – Norme generali sull'ordinamento del lavoro alle dipendenze delle amministrazioni pubbliche

Art. 51. Disciplina del rapporto di lavoro – [...]
[2] La legge 20 maggio 1970, n. 300, e successive modificazioni ed integrazioni **(2)**, si applica alle pubbliche amministrazioni a prescindere dal numero dei dipendenti.

Art. 63. Controversie relative ai rapporti di lavoro **(3)** – [...]
[2] Il giudice adotta, nei confronti delle pubbliche amministrazioni tutti i provvedimenti, di accertamento, costitutivi o di condanna, richiesti dalla natura dei diritti tutelati. Le sentenze con le quali riconosce il diritto all'assunzione, ovvero ac-

---

(1) Cfr. cap. 46 *"I princìpi del rapporto di lavoro pubblico contrattualizzato"*.

(2) Cfr. cap. 22 *"La procedura per il licenziamento disciplinare"*, cap. 28 *"Il regime di tutela reale per i licenziamenti vietati e orali"*, cap. 29 *"Il regime di tutela reale a risarcimento limitato"*, cap. 30 *"Il regime di tutela indennitaria per l'ingiustificatezza"* e cap. 31 *"Il regime di tutela indennitaria per i vizi formali e procedimentali"*.

(3) Norma introdotta dall'art. 21, comma 1, lett. a), d.lgs. n. 75/2017, in G.U. 7 giugno 2017 (*Testo unico del pubblico impiego – Modifiche e integrazioni al decreto legislativo 30 marzo 2001, n. 165, ai sensi* [...] *della legge 7 agosto 2015, n. 124* [c.d. legge *"Madia"*], *in materia di riorganizzazione delle amministrazioni pubbliche*).

148   Il rapporto individuale di lavoro

certa che l'assunzione è avvenuta in violazione di norma sostanziali o procedurali, hanno anche effetto rispettivamente costitutivo o estintivo del rapporto di lavoro. Il giudice, con la sentenza con la quale annulla o dichiara nullo il licenziamento, condanna l'amministrazione alla reintegrazione del lavoratore nel posto di lavoro e al pagamento di un'indennità risarcitoria commisurata all'ultima retribuzione di riferimento per il calcolo del trattamento di fine rapporto corrispondente al periodo dal giorno del licenziamento fino a quello dell'effettiva reintegrazione, e comunque in misura non superiore alle ventiquattro mensilità, dedotto quanto il lavoratore abbia percepito per lo svolgimento di altre attività lavorative. Il datore di lavoro è condannato, altresì, per il medesimo periodo, al versamento dei contributi previdenziali e assistenziali.

Legge. 28 giugno 2012, n. 92 – Disposizioni in materia di riforma del mercato del lavoro in una prospettiva di crescita (Riforma del lavoro Fornero)

Art. 1. – [...]

[7] Le disposizioni della presente legge **(4)**, per quanto da esse non espressamente previsto, costituiscono principi e criteri per la regolazione dei rapporti di lavoro dei dipendenti delle pubbliche amministrazioni di cui all'articolo 1, comma 2, del decreto legislativo 30 marzo 2001, n. 165, e successive modificazioni **(5)**, in coerenza con quanto disposto dall'articolo 2, comma 2, del medesimo decreto legislativo **(6)**. Restano ferme le previsioni di cui all'articolo 3 del medesimo decreto legislativo **(7)**.

[8] Al fine dell'applicazione del comma 7 il Ministro per la pubblica amministrazione e la semplificazione, sentite le organizzazioni sindacali maggiormente rappresentative dei dipendenti delle amministrazioni pubbliche, individua e definisce, anche mediante iniziative normative, gli ambiti, le modalità e i tempi di armonizzazione della disciplina relativa ai dipendenti delle amministrazioni pubbliche.

(4) La "presente legge", tra l'altro, ha modificato l'art. 18 Stat. lav.: cfr. par. 28, 29, 31 e 31.

(5) Cfr. cap. 46 "*I princìpi del rapporto di lavoro pubblico contrattualizzato*".

(6) Cfr. cap. 46 "*I princìpi del rapporto di lavoro pubblico contrattualizzato*".

(7) Cfr. cap. 46 "*I princìpi del rapporto di lavoro pubblico contrattualizzato*".

34. Il regime di tutela per i rapporti di lavoro pubblico contrattualizzato   149

Legge 20 maggio 1970, n. 300 – Statuto dei lavoratori (versione *ante* legge n. 92/2012)

Art. 18. Tutela del lavoratore in caso di licenziamento illegittimo **(8)** – [1] Ferme restando l'esperibilità delle procedure previste dall'articolo 7 della legge 15 luglio 1966, n. 604 **(9)**, il giudice con la sentenza con cui dichiara inefficace il licenziamento ai sensi dell'articolo 2 della predetta legge **(10)** o annulla il licenziamento intimato senza giusta causa o giustificato motivo, ovvero ne dichiara la nullità a norma della legge stessa **(11)**, ordina al datore di lavoro, imprenditore e non imprenditore, che in ciascuna sede, stabilimento, filiale, ufficio o reparto autonomo nel quale ha avuto luogo il licenziamento occupa alle sue dipendenze più di quindici prestatori di lavoro o più di cinque se trattasi di imprenditore agricolo, di reintegrare il lavoratore nel posto di lavoro. Tali disposizioni si applicano altresì ai datori di lavoro, imprenditori e non imprenditori, che nell'ambito dello stesso comune occupano più di quindici dipendenti ed alle imprese agricole che nel medesimo ambito territoriale occupano più di cinque dipendenti, anche se ciascuna unità produttiva, singolarmente considerata, non raggiunge tali limiti, e in ogni caso al datore di lavoro, imprenditore e non imprenditore, che occupa alle sue dipendenze più di sessanta prestatori di lavoro.

[...]

[4] Fermo restando il diritto al risarcimento del danno così come previsto al quarto comma, al prestatore di lavoro è data la facoltà di chiedere al datore di lavoro in sostituzione della reintegrazione nel posto di lavoro, un'indennità pari a quindici mensilità di retribuzione globale di fatto. Qualora il lavoratore entro trenta giorni dal ricevimento dell'invito del datore di lavoro non abbia ripreso il servizio, né abbia richiesto entro trenta giorni dalla comunicazione del deposito della sentenza il pagamento dell'indennità di cui al presente comma, il rapporto di lavoro si intende risolto allo spirare dei termini predetti.

---

(8) Nonostante quanto previsto dall'art. 1, comma 7 e 8 della legge n. 92/1912, per i licenziamenti dei dipendenti pubblici intimati prima dell'entrata in vigore del d.lgs. n. 75/2017 (22 giugno 2017), la Cassazione ha ritenuto applicabile, l'art. 18 Stat. lav. nella sua formulazione antecedente al 18 luglio 2012, data di entrata in vigore della legge n. 92/2012 (Cass. 9 giugno 2016, n. 11808; Cass. 4 aprile 2017, n. 8722). Questa soluzione interpretativa ha suscitato non poche perplessità nella dottrina a causa della disparità di trattamento con i lavoratori dipendenti da datori di lavoro privati.

(9) Cfr. cap. 24 *"Il licenziamento per giustificato motivo oggettivo"*.

(10) Cfr. cap. 26 *"I requisiti di forma del licenziamento"*.

(11) Cfr. cap. 25 *"I divieti di licenziamento"*.

[5] La sentenza pronunciata nel giudizio di cui al primo comma è provvisoriamente esecutiva.

[6] Nell'ipotesi di licenziamento dei lavoratori di cui all'articolo 22 **(12)**, su istanza congiunta del lavoratore e del sindacato cui questi aderisce o conferisca mandato, il giudice, in ogni stato e grado del giudizio di merito, può disporre con ordinanza, quando ritenga irrilevanti o insufficienti gli elementi di prova forniti dal datore di lavoro, la reintegrazione del lavoratore nel posto di lavoro.

[7] L'ordinanza di cui al comma precedente può essere impugnata con reclamo immediato al giudice medesimo che l'ha pronunciata. Si applicano le disposizioni dell'articolo 178, terzo, quarto, quinto [...] comma del codice di procedura civile **(13)**.

[8] L'ordinanza può essere revocata con la sentenza che decide la causa.

[9] Nell'ipotesi di licenziamento dei lavoratori di cui all'articolo 22 **(14)**, il datore di lavoro che non ottempera alla sentenza di cui al primo comma ovvero all'ordinanza di cui al quarto comma, non impugnata o confermata dal giudice che l'ha pronunciata, è tenuto anche, per ogni giorno di ritardo, al pagamento a favore del Fondo adeguamento pensioni di una somma pari all'importo della retribuzione dovuta al lavoratore.

---

(12) Dirigenti delle rappresentanze sindacali aziendali (cfr. Parte 2, cap. 2 *"La legislazione di sostegno al sindacato nei luoghi di lavoro"*).

(13) *Art. 178 cod. proc. civ. Controllo del collegio sulle ordinanze –* [...]

[3] Il reclamo deve essere proposto nel termine perentorio di dieci giorni, decorrente dalla pronuncia dell'ordinanza se avvenuta in udienza, o altrimenti decorrente dalla comunicazione dell'ordinanza medesima.

[4] Il reclamo è presentato con semplice dichiarazione nel verbale d'udienza, o con ricorso al giudice istruttore.

[5] Se il reclamo è presentato in udienza, il giudice assegna nella stessa udienza, ove le parti lo richiedano, il termine per la comunicazione di una memoria, e quello successivo per la comunicazione di una replica. Se il reclamo è proposto con ricorso, questo è comunicato a mezzo della cancelleria alle altre parti, insieme col decreto, in calce, del giudice istruttore, che assegna un termine per la comunicazione dell'eventuale memoria di risposta. Scaduti tali termini, il collegio provvede entro i quindici giorni successivi.

(14) Cfr. nota 12.

35. Il licenziamento collettivo

Legge 23 luglio 1991, n. 223 – Norme in materia di cassa integrazione, mobilità, trattamenti di disoccupazione, attuazione di direttive della Comunità europea, avviamento al lavoro ed altre disposizioni in materia di mercato del lavoro

---

Art. 4. Procedura per la dichiarazione di mobilità – [1] L'impresa che sia stata ammessa al trattamento straordinario di integrazione salariale **(1)**, qualora nel corso di attuazione del programma [...] ritenga di non essere in grado di garantire il reimpiego a tutti i lavoratori sospesi e di non poter ricorrere a misure alternative, ha facoltà di avviare le procedure di mobilità ai sensi del presente articolo.

[2] Le imprese che intendano esercitare la facoltà di cui al comma 1 sono tenute a darne comunicazione preventiva per iscritto alle rappresentanze sindacali aziendali costituite a norma dell'articolo 19 della legge 20 maggio 1970, n. 300 **(2)**, nonché alle rispettive associazioni di categoria. In mancanza delle predette rappresentanze la comunicazione deve essere effettuata alle associazioni di categoria aderenti alle confederazioni maggiormente rappresentative sul piano nazionale. La comunicazione alle associazioni di categoria può essere effettuata per il tramite dell'associazione dei datori di lavoro alla quale l'impresa aderisce o conferisce mandato

[3] La comunicazione di cui al comma 2 deve contenere indicazione: dei motivi che determinano la situazione di eccedenza **(3)**; dei motivi tecnici, organizzativi

---

(1) La cassa integrazione guadagni o CIG consiste in una prestazione economica, erogata dall'INPS a favore dei lavoratori sospesi dall'obbligo di eseguire la prestazione lavorativa o che lavorino a orario ridotto. Si distingue tra ordinaria o CIGO (con risorse dello stesso INPS) e straordinaria o CIGS (con risorse del Ministero del lavoro e delle politiche sociali).

(2) Cfr. Parte II, cap. 2 *"La legislazione di sostegno al sindacato nei luoghi di lavoro"*.

(3) L'indicazione delle ragioni che hanno portato alla riduzione di personale è utile al fine di riscontrare l'effettività e la definitività della diminuzione del fabbisogno di forza-lavoro. Occorre infatti offrire alle organizzazioni sindacali la possibilità di un effettivo e sostanziale esame congiunto e di un controllo, fondato su di una situazione attuale e su un reale programma di riduzione del personale (Cass. 13 luglio 2006, n. 15943).

152   Il rapporto individuale di lavoro

e produttivi, per i quali si ritiene di non poter adottare misure idonee a porre rimedio alla predetta situazione ed evitare in tutto o in parte, la dichiarazione di mobilità; del numero, della collocazione aziendale e dei profili professionali del personale eccedente (4) nonché del personale abitualmente impiegato (5); dei tempi di attuazione del programma di mobilità delle eventuali misure programmate per fronteggiare la conseguenza sul piano sociale della attuazione del programma medesimo del metodo di calcolo di tutte le attribuzioni patrimoniali diverse da quelle già previste dalla legislazione vigente e dalla contrattazione collettiva. Alla comunicazione va allegata copia dalla ricevuta del versamento dell'INPS a titolo di anticipazione sulla somma di cui all'articolo 5, comma 4, di una somma pari al trattamento massimo mensile di integrazione salariale (6) moltiplicato per il numero dei lavoratori ritenuti eccedenti.

[4] Copia della comunicazione di cui al comma 2 e della ricevuta del versamento di cui al comma 3 devono essere contestualmente inviate all'Ufficio provinciale del lavoro e della massima occupazione (7).

[5] Entro sette giorni dalla data del ricevimento della comunicazione di cui al comma 2, a richiesta della rappresentanze sindacali aziendali e delle rispettive associazioni si procede ad un esame congiunto tra le parti, allo scopo di esaminare le cause che hanno contribuito a determinare l'eccedenza del personale e le possibilità di utilizzazione diversa di tale personale, o di una sua parte, nell'ambito della stessa impresa, anche mediante contratti di solidarietà e forme flessibili di gestione del tempo di lavoro. Qualora non sia possibile evitare la riduzione di personale, è esaminata la possibilità di ricorrere a misure sociali di accompagnamento intese, in particolare, a facilitare la riqualificazione e la riconversione dei lavoratori licenziati. I rappresentanti sindacali dei lavoratori possono farsi assistere, ove lo ritengano opportuno, da esperti.

[6] La procedura di cui al comma 5 deve essere esaurita entro quarantacinque giorni dalla data del ricevimento della comunicazione dell'impresa. Quest'ultima dà all'Ufficio Provinciale del lavoro e della massima occupazione (8) comu-

---

(4) La mancata indicazione dei profili professionali è irrilevante solo nell'ambito di unità produttive nelle quali tutti i lavoratori posseggono lo stesso profilo professionale (Cass. 15 giugno 2007, n. 13989).

(5) Se il progetto imprenditoriale è diretto a ridimensionare l'organico dell'intero complesso aziendale al fine di diminuire il costo del lavoro, l'imprenditore può limitarsi all'indicazione del numero complessivo dei lavoratori eccedenti, suddiviso tra i diversi profili professionali previsti dalla classificazione del personale occupato nell'azienda, senza che occorra l'indicazione degli uffici o reparti con eccedenza (Cass. 21 marzo 2018, n. 6993).

(6) Cfr. nota 1.

(7) Ora Ispettorato Territoriale del lavoro (ITL).

(8) Cfr. nota 7.

35. Il licenziamento collettivo

nicazione scritta sul risultato della consultazione e sui motivi del suo eventuale esito negativo. Analoga comunicazione scritta può essere inviata dalle associazioni sindacali dei lavoratori.

[7] Qualora non sia stato raggiunto l'accordo, il direttore dell'Ufficio provinciale del lavoro e della massima occupazione **(9)** convoca le parti al fine di un ulteriore esame delle materie di cui al comma 5, anche formulando proposte per la realizzazione di un accordo. Tale esame deve comunque esaurirsi entro trenta giorni dal ricevimento da parte dell'Ufficio provinciale del lavoro e della massima occupazione **(10)** della comunicazione dell'impresa prevista al comma 6.

[8] Qualora il numero dei lavoratori interessati sia inferiore a dieci, i termini di cui ai commi 6 e 7 sono ridotti alla metà.

[9] Raggiunto l'accordo **(11)** sindacale ovvero esaurita la procedura di cui ai commi 6, 7 e 8, l'impresa ha facoltà di mettere in mobilità gli impiegati, gli operai e i quadri eccedenti, comunicando per iscritto a ciascuno di essi il recesso **(12)**, nel rispetto dei termini di preavviso. Entro sette giorni **(13)** dalla comunicazione dei recessi, l'elenco dei lavoratori collocati in mobilità con l'indicazione per ciascun soggetto del nominati del luogo di residenza, della qualifica, del livello di inquadramento dell'età, del carico di famiglia, nonché con puntuale indicazione delle modalità con le quali sono stati applicati i criteri di scelta di cui all'articolo 5, comma 1 **(14)**, deve essere comunicato per iscritto all'Ufficio regionale del lavoro e della massima occupazione **(15)** competente, alla Commissione regionale per l'impiego e alle associazioni di categoria di cui al comma 2.

---

(9) Cfr. nota 7.

(10) Cfr. nota 7.

(11) L'accordo può essere concluso dalla maggioranza dei lavoratori, direttamente o attraverso le associazioni che li rappresentano, senza necessità di un'approvazione unanime (Cass. 2 marzo 1999, n. 1760). L'accordo che contiene i criteri di scelta dei lavoratori da licenziare deve essere stato stipulato con le associazioni sindacali implicate e non con le sole rappresentanze sindacali dei lavoratori. A tal fine è sufficiente che le associazioni siano rappresentative della maggioranza dei lavoratori dell'azienda, con efficacia, in tal caso, nei riguardi di tutti i lavoratori della medesima azienda, affiliati o non affiliati a dette associazioni (Corte cost. 30 giugno 1994, n. 268).

(12) Il contenuto del recesso riguarda solo il singolo lavoratore destinatario e non informazioni sul numero complessivo, le generalità e la qualifica dei lavoratori da licenziare (Cass. 23 settembre 1999, n. 10368). In particolare, occorre indicare: il preavviso, i motivi del recesso, solo se non ancora portati a conoscenza dei sindacati e degli uffici del lavoro competenti (Cass. 4 febbraio 1998, n. 1138); i criteri di scelta adottati in modo puntuale, anche quando il criterio prescelto sia unico, specificando le modalità applicative al fine porre il lavoratore nelle condi-

[10] Nel caso in cui l'impresa rinunci a licenziare i lavoratori o ne collochi un numero inferiore a quello risultante dalla comunicazione di cui al comma 2, la stessa procede al recupero delle somme pagate in eccedenza rispetto a quella dovuta ai sensi dell'articolo 5 comma 4, mediante conguaglio con i contributi dovuti all'INPS da effettuarsi con il primo versamento utile successivo alla data di determinazione del numero dei lavoratori.

[11] Gli accordi sindacali stipulati nel corso delle procedure di cui al presente articolo, che prevedano il riassorbimento totale o parziale dei lavoratori ritenuti eccedenti, possono stabilire anche in deroga al secondo comma dell'articolo 2103 del codice civile **(16)** la loro assegnazione a mansioni diverse da quelle svolte.

[12] Le comunicazioni di cui al comma 9 sono prive di efficacia ove siano state effettuate senza l'osservanza della forma scritta e delle procedure previste dal presente articolo **(17)**. Gli eventuali vizi della comunicazione di cui al comma 2 del presente articolo possono essere sanati, ad ogni effetto di legge, nell'ambito di un accordo sindacale concluso nel corso della procedura di licenziamento collettivo.

---

zioni di percepire il motivo del licenziamento e la scelta rispetto agli altri dipendenti (Cass. 13 dicembre 2016, n. 25554; Cass. 6 giugno 2011, n. 12196).

(13) Termine perentorio (Cass. ord. 2 novembre 2018, n. 28034).

(14) Non è sufficiente che il datore di lavoro faccia un generico riferimento ai criteri di scelta adottati, anche attraverso una comparazione tra tutti i lavoratori interessati (Cass. 13 dicembre 2016, n. 25554; Cass. 20 dicembre 2004, n. 23607).

(15) Cfr. nota 7.

(16) Cfr. cap. 5 *"Mansioni, qualifiche, categorie ed inquadramento"*.

(17) Il lavoratore, pur rimanendo estraneo alle procedure di consultazione sindacale ed amministrativa, ha il diritto di far valere omissioni o inesattezze contenute nelle comunicazioni del datore di lavoro, che abbiano determinato una falsa o incompleta rappresentazione della realtà, tale da compromettere il corretto svolgimento delle procedure e da incidere sulla correttezza dei provvedimenti da adottare (Cass. 13 luglio 2006, n. 15943; Cass. 19 marzo 2018, n. 6792). Ad esempio, in caso di mancata indicazione dei profili professionali nella comunicazione *ex* commi 2-3, art. 4, legge 223/1991, l'inefficacia del licenziamento può essere fatta valere anche dai lavoratori, essendo irrilevante che le organizzazioni sindacali non abbiano mosso rilievi o che aviano perfino raggiunto un accordo con l'imprenditore (Cass. 15 giugno 2007, n. 13989). Non ogni incompletezza o inesattezza dei dati determina automaticamente l'insufficienza della comunicazione, essendo necessario che la funzione sindacale di controllo e valutazione sia stata limitata e che sussista un rapporto causale fra l'indicata carenza e la limitazione della funzione sindacale (Cass. 6 settembre 2018, n. 21718; Cass. 8 marzo 2018, n. 5556).

35. Il licenziamento collettivo   155

[13] I lavoratori ammessi al trattamento di cassa integrazione **(18)**, al termine del periodo di godimento del trattamento di integrazione salariale, rientrano in azienda.

[14] Il presente articolo non trova applicazione nel corso di eccedenze determinate da fine lavoro nelle imprese edili e nelle attività stagionali e saltuarie, nonché per i lavoratori assunti con contratto di lavoro a tempo determinato.

[15] Nei casi in cui l'eccedenza riguardi unità produttive ubicate in diverse province della stessa regione ovvero in più regioni la competenza a promuovere l'accordo di cui al comma 7 spetta rispettivamente al direttore dell'Ufficio regionale del lavoro e della massima occupazione ovvero al Ministro del lavoro e della previdenza sociale. Agli stessi vanno inviate le comunicazioni previste dal comma 4.

[15-*bis*] Gli obblighi di informazione, consultazione e comunicazione devono essere adempiuti indipendentemente dal fatto che le decisioni relative all'apertura delle procedure di cui al presente articolo siano assunte dal datore di lavoro o da un'impresa che lo controlli. Il datore di lavoro che viola tali obblighi non può eccepire a propria difesa la mancata trasmissione, da parte dell'impresa che lo controlla, delle informazioni relative alla decisione che ha determinato l'apertura delle predette procedure.

[...]

Art. 5. Criteri di scelta dei lavoratori ed oneri a carico delle imprese – [1] L'individuazione dei lavoratori da licenziare deve avvenire in relazione alle esigenze tecnico-produttive, ed organizzative del complesso aziendale **(19)**, nel rispetto dei criteri previsti da contratti collettivi stipulati con i sindacati di cui all'articolo 4, comma 2 **(20)**, ovvero in mancanza di questi contratti nel rispetto dei seguenti criteri in concorso **(21)** tra loro:

---

(18) Cfr. nota 1.

(19) Questo primo richiamo della norma alle esigenze aziendali serve per delimitare con criterio oggettivo l'ambito o la platea dei lavoratori al cui interno poi applicare i criteri di scelta.

(20) Nel caso in cui sia stato raggiunto un accordo sindacale, i criteri vengono concordati con i sindacati sulla base delle esigenze tecnico-produttive ed organizzative: l'accordo può prevedere criteri di scelta astratti o indicare concretamente i singoli lavoratori da licenziare (Cass. 20 dicembre 2001, n. 16107; Cass. 12 gennaio 1999, n. 16107; Cass. 12 gennaio 1999, n. 265). Ad esempio, l'accordo può dare rilievo, in via esclusiva, alle esigenze tecnico-produttive aziendali correlate al possesso da parte del personale dei requisiti per fruire del trattamento pensionistico nel corso o al termine della riduzione del personale, ferma restando l'osservanza del principio di non discriminazione (Cass. 25 gennaio 2006, n. 1405; Cass. 14 novembre 1028, n. 29377). Ciò purché tale unico criterio consenta di formare

> a) carichi di famiglia;
> b) anzianità;
> c) esigenze tecnico produttive ed organizzative (22)-(23)-(24).

una graduatoria rigida e possa essere applicato e controllato senza alcun margine di discrezionalità da parte del datore di lavoro (Cass. 4 luglio 2014, n. 15371; Cass .18 marzo 2011, n. 6283). L'accordo sindacale raggiunto al termine della procedura contiene i criteri di scelta più idonei ad individuare i lavoratori da licenziare nella specifica realtà aziendale e quindi prevale sui criteri di legge (Cass. 10 dicembre 2018, n. 31872). Se l'unico criterio adottato nell'accordo sindacale riguarda la possibilità di accedere al prepensionamento, esso è applicabile a tutti i dipendenti dell'impresa a prescindere dal settore al quale sono assegnati, restando perciò irrilevanti i settori aziendali di manifestazione della crisi cui il datore di lavoro ha fatto riferimento nella comunicazione di avvio della procedura (Cass. 23 giugno 2014, n. 14170; Cass. 8 ottobre 2018, n. 24755; Cass. 7 dicembre 2018, n. 31755). È legittimo l'accordo sindacale che limita l'applicazione della procedura di riduzione del personale ai soli dipendenti addetti al reparto soppresso (Cass. 8 febbraio 2016, n. 2421) se la ristrutturazione aziendale è riferita ad una specifica unità produttiva (Cass. 25 settembre 2018, n. 22672).

(21) In mancanza di accordo, la regola del concorso dei criteri impone al datore di lavoro una valutazione globale dei medesimi, ma non esclude che si possa accordare prevalenza ad uno di detti criteri e, in particolare, alle esigenze tecnico-produttive, essendo questo il criterio più coerente con le finalità perseguite attraverso la riduzione del personale (Cass. 10 settembre 2018, n. 21964; Cass. 4 aprile 2018, n. 8383).

(22) La comparazione delle diverse posizioni dei lavoratori deve essere effettuata nel rispetto del principio di buona fede e correttezza, inteso come regola di equilibrata conciliazione dei conflittuali interessi delle parti (Cass. 27 ottobre 2015, n. 21864). L'onere della prova dell'osservanza dei criteri di scelta ricade sul datore di lavoro.

(23) La comparazione deve essere effettuata nell'ambito dell'intero complesso organizzativo e produttivo; fa eccezione il caso in cui la chiusura (o ristrutturazione) riguardi solamente un settore o un ramo d'azienda ed esaurisca in tale ambito i suoi effetti (Cass. 12 febbraio 2013, n. 3330; Cass. 14 marzo 2018, n. 6147) In tale ipotesi, l'applicazione dei criteri di scelta può avvenire in ambito più ristretto, alle seguenti condizioni: che ciò sia giustificato dalle esigenze tecnico-produttive ed organizzative che hanno dato luogo alla riduzione del personale (Cass. 23 marzo 2011, n. 6626; Cass. 20 giugno 2007, n. 14339); che gli specifici rami d'azienda interessati siano caratterizzati da autonomia e specificità delle professioni utilizzate (Cass. 22 febbraio 2019, n. 5373); che non sussistano professionalità suscettibili di utilizzazione nel settore o ramo nel quale l'attività viene mantenuta (Cass. 27 settembre 2018, n. 23347; Cass. 21 luglio 2017, n. 18019; Cass. 3 maggio 2011, n. 9711).

35. Il licenziamento collettivo

[2] [...] L'impresa non può altresì collocare in mobilità una percentuale di manodopera femminile superiore alla percentuale di manodopera femminile occupata con riguardo alle mansioni prese in considerazione.

[3] Qualora il licenziamento sia intimato senza l'osservanza della forma scritta, si applica il regime sanzionatorio di cui all'articolo 18, primo comma, della legge 20 maggio 1970, n. 300, e successive modificazioni **(25)**. In caso di violazione delle procedure richiamate all'articolo 4, comma 12 **(26)**, si applica il regime di cui al terzo periodo del settimo comma del predetto articolo 18 **(27)**. In caso di violazione dei criteri di scelta previsti dal comma 1 **(28)**, si applica il regime di cui al quarto comma del medesimo articolo 18 **(29)**. Ai fini dell'impugnazione del licenziamento si applicano le disposizioni di cui all'articolo 6 della legge 15 luglio 1966, n. 604, e successive modificazioni **(30)**.

[4] Per ciascun lavoratore posto in mobilità l'impresa è tenuta a versare alla gestione degli interventi assistenziali e di sostegno alle gestioni previdenziali [...] in trenta rate mensili, una somma pari a sei volte il trattamento mensile iniziale di mobilità spettante al lavoratore. Tale somma è ridotta alla metà quando la dichiarazione di eccedenza del personale di cui all'articolo 4, comma 9, abbia formato oggetto di accordo sindacale.

[5] L'impresa che, secondo le procedure determinate dalla Commissione regionale per l'impiego, procuri offerte di lavoro a tempo indeterminato [...] non è tenuta al pagamento delle rimanenti rate relativamente ai lavoratori che perdano il diritto al trattamento di mobilità in conseguenza del rifiuto di tali offerte ovvero

---

(24) Il criterio di scelta non può essere successivamente disapplicato o modificato, travalicando gli ambiti originariamente previsti, non essendo consentito che l'individuazione dei singoli destinatari dei provvedimenti datoriali venga lasciata all'iniziativa ed al mero potere discrezionale dell'imprenditore (Cass. 22 marzo 2010, n. 6841).

(25) Cfr. cap. 28 *"Il regime di tutela reale per i licenziamenti vietati e orali"*.

(26) L'incompletezza della comunicazione di chiusura del licenziamento collettivo, costituisce "violazione delle procedure" e dà luogo alla tutela indennitaria, previa dichiarazione di risoluzione del rapporto alla data del licenziamento (Cass. 2 febbraio 2018, n. 2587; Cass. 12 febbraio 2019, n. 4076).

(27) Cfr. cap. 30 *"Il regime di tutela indennitaria per l'ingiustificatezza"*.

(28) La violazione dei criteri di scelta, illegittimi per violazione di legge o illegittimamente applicati in difformità dalle previsioni legali o collettive, dà luogo all'annullamento del licenziamento, con condanna alla reintegrazione nel posto di lavoro e al pagamento dell'indennità risarcitoria (Cass. 2 febbraio 2018, n. 2587; Cass. 12 febbraio 2019, n. 4076).

(29) Cfr. cap. 29 *"Il regime di tutela reale a risarcimento limitato"*.

(30) Cfr. cap. 27 *"Impugnazione del licenziamento"*.

per tutto il periodo in cui essi, accettando le offerte procurate dalla impresa, abbiano prestato lavoro [...]

[...]

Art. 17. Reintegrazione dei lavoratori e procedure di mobilità – [1] Qualora i lavoratori il cui rapporto sia risolto ai sensi degli articoli 4, comma 9, e 24 vengano reintegrati a norma dell'articolo 18 della legge 20 maggio 1970, n. 300, e successive modificazioni **(31)**, l'impresa, sempre nel rispetto dei criteri di scelta di cui all'articolo 5, comma 1, può procedere alla risoluzione del rapporto di lavoro di un numero di lavoratori pari a quello dei lavoratori reintegrati senza dover esperire una nuova procedura, dandone previa comunicazione alle rappresentanze sindacali aziendali.

Art. 24. Norme in materia di riduzione di personale – [1] Le disposizioni di cui all'articolo 4, commi da 2 a 12, e 15-*bis* e all'articolo 5, commi da 1 a 5, si applicano alle imprese che occupino più di quindici dipendenti **(32)**, compresi i dirigenti, e che, in conseguenza di una riduzione o trasformazione di attività o di lavoro **(33)**, intendano effettuare almeno cinque **(34)** licenziamenti **(35)**, nell'arco di centoventi giorni **(36)**, in ciascuna unità produttiva, o in più unità produttive nell'ambito del territorio di una stessa provincia. Tali disposizioni si applicano per tutti i licenziamenti che, nello stesso arco di tempo e nello stesso ambito, siano comunque riconducibili alla medesima riduzione o trasformazione **(37)**.

(**31**) Cfr. cap. 28 *"Il regime di tutela reale per i licenziamenti vietati e orali"* e cap. 29 *"Il regime di tutela reale a risarcimento limitato"*.

(**32**) Per il calcolo della soglia dei quindici dipendenti occorre riferirsi al criterio della normale occupazione e cioè all'occupazione media dell'ultimo semestre (art. 10 e 20 d.lgs. n. 148/2015; Circ. Min. Lav. 5 ottobre 2015, n. 24, cfr. cap. 20 *"Il campo di applicazione dei diversi regimi di tutela"*) e non al numero dei dipendenti in forza al momento di inizio della procedura (Cass. 12 novembre 1999, n. 12592), né al momento dell'eventuale cessazione dell'attività e dei licenziamenti (Cass. 21 gennaio 2011, n. 1465). Nel caso di più imprese formalmente distinte, ma con un'unica organizzazione imprenditoriale (unico centro decisionale), che utilizzino contemporaneamente le prestazioni degli stessi lavoratori, i requisiti occupazionali e quantitativi prescritti devono essere riferiti all'unico complesso aziendale (Cass. 24 marzo 2003, n. 4274; cfr. cap. 20 *"Il campo di applicazione dei diversi regimi di tutela"*; cap. 24 *"Il licenziamento per giustificato motivo oggettivo"*).

(**33**) È sempre necessario verificare la sussistenza di un nesso di causalità tra la trasformazione produttiva effettuata e il ridimensionamento del numero dei di-

35. Il licenziamento collettivo

[1-*bis*] Le disposizioni di cui all'articolo 4, commi 2, 3, con esclusione dell'ultimo periodo, 4, 5, 6, 7, 8, 9, 11, 12, 14, 15 e 15-*bis*, e all'articolo 5, commi 1, 2 e 3, si applicano ai privati datori di lavoro non imprenditori alle medesime condizioni di cui al comma 1.[...]

[1-*ter*] La disposizione di cui all'articolo 5, comma 3, ultimo periodo, non si applica al recesso intimato da datori di lavoro non imprenditori che svolgono, senza fini di lucro, attività di natura politica, sindacale, culturale, di istruzione ovvero di religione o di culto.

[1-*quater*] Nei casi previsti dall'articolo 5, comma 3, al recesso intimato da datori di lavoro non imprenditori che svolgono, senza fini di lucro, attività di natura politica, sindacale, culturale, di istruzione ovvero di religione o di culto, si applica-

---

pendenti (Cass. 4 dicembre 1998, n. 12297). L'onere di dimostrare l'effettività e la definitività della diminuzione del fabbisogno di forza-lavoro, attraverso la prova della mancata sostituzione dei lavoratori licenziati o dell'assenza di successive assunzioni grava sul datore di lavoro (Cass. 27 novembre 1997, n. 11984). Il ridimensionamento aziendale non presuppone necessariamente una crisi aziendale e può essere attuato anche senza modificare o sopprimere strutture aziendali. Può derivare anche da una modifica dell'organizzazione produttiva che comporta la soppressine di uffici, reparti e lavorazioni, oppure soltanto una contrazione della forza-lavoro, purché l'operazione che giustifica il ridimensionamento occupazionale sia effettiva (Cass. 21 ottobre 1999, n. 11794).

(34) La procedura stabilita per il licenziamento collettivo si applica anche dalle aziende in CIGS (cfr. art. 4, comma 1, legge 223/1991), se nel corso o al termine del programma è necessario procedere anche ad un solo licenziamento.

(35) Se non sussiste il requisito quantitativo o quello temporale, oppure in assenza di entrambi, si configura un'ipotesi di licenziamento plurimo per giustificato motivo oggettivo (cfr. cap. 24 "*Il licenziamento per giustificato motivo oggettivo*").

(36) È possibile che nel termine di 120 giorni, il datore di lavoro ponga in atto una nuova procedura di riduzione del personale o che la prima possa, sia pure in presenza di sopravvenute esigenze di carattere oggettivo, subire i necessari adattamenti funzionali alle finalità poste a base della stessa (cfr. cap. 24 "*Il licenziamento per giustificato motivo oggettivo*").

(37) Anche se riconducibili alla stessa operazione di riduzione delle eccedenze che giustifica il ricorso ai licenziamenti, sono esclusi dal computo dei 5 licenziamenti le alte differenti ipotesi risolutorie del rapporto di lavoro, ancorché riferibili all'iniziativa datoriale (ad es. risoluzioni concordate). Tali alte ipotesi sono assoggettate alla procedura di riduzione del personale solo nel caso in cui si raggiunga la soglia dei 5 licenziamenti (Cass. 22 gennaio 2007, n. 1334; Cass. 20 ottobre 2003, n. 15674).

160   Il rapporto individuale di lavoro

no le disposizioni di cui alla legge 15 luglio 1966, n. 604, e successive modificazioni **(38)**.

[1-*quinquies*]. Nel caso in cui l'impresa o il datore di lavoro non imprenditore, ricorrendo le condizioni di cui al comma 1, intenda procedere al licenziamento di uno o più dirigenti, trovano applicazione le disposizioni di cui all'articolo 4, commi 2, 3, con esclusione dell'ultimo periodo, 4, 5, 6, 7, 8, 9, 11, 12, 14, 15 e 15-*bis*, e all'articolo 5, commi 1, 2 e 3, primo e quarto periodo. All'esame di cui all'articolo 4, commi 5 e 7, relativo ai dirigenti eccedenti, si procede in appositi incontri. Quando risulta accertata la violazione delle procedure richiamate all'articolo 4, comma 12, o dei criteri di scelta di cui all'articolo 5, comma 1, l'impresa o il datore di lavoro non imprenditore è tenuto al pagamento in favore del dirigente di un'indennità in misura compresa tra dodici e ventiquattro mensilità dell'ultima retribuzione globale di fatto, avuto riguardo alla natura e alla gravità della violazione, fatte salve le diverse previsioni sulla misura dell'indennità contenute nei contratti e negli accordi collettivi applicati al rapporto di lavoro.

[2] Le disposizioni richiamate nei commi 1, 1-*bis* e 1-*quinquies* si applicano anche quando le imprese o i privati datori di lavoro non imprenditori, di cui ai medesimi commi, intendano cessare l'attività.

[...]

[4] Le disposizioni di cui al presente articolo non si applicano nei casi di scadenza dei rapporti di lavoro a termine, di fine lavoro nelle costruzioni edili **(39)** e nei casi di attività stagionali o saltuarie. [...]

Legge 29 aprile 1949, n. 264 – Provvedimenti in materia di avviamento al lavoro e di assistenza dei lavoratori involontariamente disoccupati

Art. 15 – [...]

[6] I lavoratori licenziati da un'azienda per riduzione di personale hanno la precedenza nella riassunzione presso la medesima azienda entro sei mesi **(40)**.

(**38**) Cfr. cap. 33 "*Il regime di tutela obbligatoria*".

(**39**) L'esclusione dell'obbligo di osservare le procedure dettate per i licenziamenti collettivi per la fine lavoro nelle costruzioni edili opera anche nel caso di esaurimento di una singola fase del lavoro, che abbia richiesto specifiche professionalità, non utilizzabili successivamente. L'esclusione non opera invece quando la fase lavorativa non sia ultimata, ma sia in corso di graduale esaurimento: in tal caso si rende necessaria una scelta fra i lavoratori da licenziare e lavoratori da adibire all'ultimazione dei lavori, scelta che deve seguire le regole prescritte per i licenziamenti collettivi (Cass. 6 febbraio 2008, n. 2782).

35. Il licenziamento collettivo   161

D.lgs. 4 marzo 2015, n. 23 – Disposizioni in materia di contratto di lavoro a tempo indeterminato a tutele crescenti, in attuazione della legge 10 dicembre 2014, n. 183

Art. 1. Campo di applicazione **(41)** – [1] Per i lavoratori che rivestono la qualifica di operai, impiegati o quadri, assunti con contratto di lavoro subordinato a tempo indeterminato a decorrere dalla data di entrata in vigore del presente decreto **(42)**, il regime di tutela nel caso di licenziamento illegittimo è disciplinato dalle disposizioni di cui al presente decreto **(43)**.

Art. 10. Licenziamento collettivo – [1] In caso di licenziamento collettivo ai sensi degli articoli 4 e 24 della legge 23 luglio 1991, n. 223, intimato senza l'osservanza della forma scritta, si applica il regime sanzionatorio di cui all'articolo 2 del presente decreto **(44)**. In caso di violazione delle procedure richiamate all'articolo 4, comma 12, o dei criteri di scelta di cui all'articolo 5, comma 1, della legge n. 223 del 1991, si applica il regime di cui all'articolo 3, comma 1 **(45)**.

---

(40) Sempre che la richiesta di nuova assunzione riguardi lavoratori con la medesima qualifica di quello licenziato (Cass. 22 settembre 2010, n. 20005).

(41) Cfr. cap. 20 *"Il campo di applicazione dei diversi regimi di tutela"*.

(42) Entrata in vigore del provvedimento 7 marzo 2015.

(43) Cfr. cap. 28 *"Il regime di tutela reale per i licenziamenti vietati e orali"* e cap. 30 *"Il regime di tutela indennitaria per l'ingiustificatezza semplice"*.

(44) Cfr. cap. 28 *"Il regime di tutela reale per i licenziamenti vietati e orali"*.

(45) Cfr. cap. 30 *"Il regime di tutela indennitaria per l'ingiustificatezza"*.

36. Le dimissioni

Codice civile

Art. 2118. Recesso dal contratto a tempo indeterminato **(1)** – [1] Ciascuno dei contraenti può recedere dal contratto di lavoro a tempo indeterminato **(2)**, dando il preavviso nel termine e nei modi stabiliti *[dalle norme corporative]*, dagli usi o secondo equità.

[2] In mancanza di preavviso, il recedente è tenuto verso l'altra parte a un'indennità equivalente all'importo della retribuzione che sarebbe spettata per il periodo di preavviso.

[...]

Art. 2119. Recesso per giusta causa – [1] Ciascuno dei contraenti può recedere dal contratto prima della scadenza del termine, se il contratto è a tempo determinato, o senza preavviso, se il contratto è a tempo indeterminato, qualora si verifichi una causa che non consenta la prosecuzione anche provvisoria, del rapporto **(3)**. Se il contratto è a tempo indeterminato, al prestatore di lavoro che recede, per giusta causa compete l'indennità indicata nel secondo comma dell'articolo precedente.

---

(1) Cfr. cap. 19 *"Il licenziamento libero con preavviso"*.

(2) Il recesso da parte del datore di lavoro prende il nome di licenziamento, quello del lavoratore prende il nome di dimissioni. Anche queste ultime, dunque, si sostanziano in un negozio unilaterale recettizio a mezzo del quale il lavoratore recede dal rapporto di lavoro subordinato; in relazione ad esse, pertanto non occorre l'accettazione del datore di lavoro, ma è sufficiente che l'atto giunga nella sua sfera di conoscenza per determinare l'effetto estintivo, salva la facoltà di revoca da esercitarsi da parte del lavoratore entro sette giorni: cfr. *infra*, art. 26, comma 2, d.lgs. n. 151/2015, mentre il lavoratore non ha altro obbligo che quello di rispettare il preavviso. Le dimissioni, a differenza del licenziamento, sono sempre libere, *ad nutum* e senza la necessità delle giustificazioni da parte del lavoratore, ciò al fine di non limitare la libertà personale del lavoratore.

(3) Ai fini della giusta causa di dimissioni rilevano gravi inadempimenti del datore di lavoro, quali, ad esempio, la violazione dell'obbligo di sicurezza che mette a repentaglio l'integrità fisica o morale, il mancato pagamento di una parte significati-

36. Le dimissioni

163

[2] Non costituisce giusta causa di risoluzione del contratto il fallimento dell'imprenditore o la liquidazione coatta amministrativa dell'azienda.

Art. 428. Atti compiuti da persona incapace d'intendere o di volere – [1] Gli atti compiuti da persona che, sebbene non interdetta, si provi essere stata per qualsiasi causa, anche transitoria, incapace d'intendere o di volere al momento in cui gli atti sono stati compiuti possono essere annullati su istanza della persona medesima o dei suoi eredi o aventi causa, se ne risulta un grave pregiudizio all'autore **(4)**.

[2] L'annullamento dei contratti non può essere pronunziato se non quando, per il pregiudizio che sia derivato o possa derivare alla persona incapace d'intendere o di volere o per la qualità del contratto o altrimenti, risulta la malafede dell'altro contraente.

[3] L'azione si prescrive nel termine di cinque anni dal giorno in cui l'atto o il contratto è stato compiuto.

[4] Resta salva ogni diversa disposizione di legge.

---

va della retribuzione, un demansionamento importante, un trasferimento ingiustificato. Cfr. cap. 21 *"Il licenziamento per giusta causa e giustificato motivo soggettivo"*.

(4) Ai fini della sussistenza di una situazione di incapacità di intendere e di volere – quale prevista dall'art. 428 c.c. – costituente causa di annullamento del negozio, non occorre la totale privazione delle facoltà intellettive e volitive, essendo sufficiente un turbamento psichico tale da impedire la formazione di una volontà cosciente, facendo così venire meno la capacità di autodeterminazione del soggetto e la consapevolezza in ordine all'importanza dell'atto che sta per compiere. Peraltro, laddove si controverta della sussistenza di una simile situazione in riferimento alle dimissioni del lavoratore subordinato il relativo accertamento deve essere particolarmente rigoroso, in quanto le dimissioni comportano la rinunzia del posto di lavoro, sicché occorre accertare che da parte del lavoratore sia stata manifestata in modo univoco l'incondizionata e genuina volontà di porre fine al rapporto stesso (Cass. 21 novembre 2018, n. 30126). Grava sul lavoratore che invochi l'annullamento per incapacità delle dimissioni da lui presentate, l'onere di dimostrare che, al momento del compimento dell'atto, a lui pregiudizievole, si trovava in uno stato di turbamento psichico, anche parziale, idoneo ad impedirne od ostacolarne una seria valutazione o la formazione della volontà, nonché di avere subito un grave pregiudizio a causa dell'atto medesimo (Cass. 31 gennaio 2017, n. 2500). La circostanza per cui il lavoratore si sia dimesso nel timore dell'irrogazione di un licenziamento per giusta causa non comporta l'annullabilità dell'atto, dovendosi in ogni caso accertare se il recesso del dipendente sia stato reso in uno stato di diminuite capacità intellettive e volitive circa l'esercizio di una opzione cosciente, e frutto di una seria valutazione, fra le dimissioni ed il licenziamento prospettatogli (Cass. 28 novembre 2016, n. 24122). L'annullamento delle dimissioni presentate in stato di incapacità naturale presuppone non solo la sussistenza di un quadro psichico connotato da aspetti patologici ma anche l'incidenza causale tra l'alterazione mentale e le ragioni soggettive che hanno spinto il lavoratore al recesso (Cass. 21 gennaio 2016, n. 1070).

164   Il rapporto individuale di lavoro

Art. 1427. Errore, violenza e dolo **(5)** – [1] Il contraente, il cui consenso fu dato per errore **(6)**, estorto con violenza, o carpito con dolo **(7)**, può chiedere l'annullamento del contratto, secondo le disposizioni seguenti **(8)**.

---

(5) Il recesso del lavoratore, in quanto atto negoziale unilaterale, soggiace, in virtù dell'art. 1324 c.c., alla disciplina generale prevista per i contratti, compresa quella in tema d'annullabilità per vizi della volontà.

(6) L'applicazione della fattispecie dell'errore alle dimissioni risulta limitata non essendo annullabili le dimissioni presentate dal lavoratore laddove l'errore in cui questi è incorso riguardi un elemento non essenziale né riconoscibile, in quanto circoscritto alla sfera dei motivi che hanno indotto il dipendente a dimettersi (Cass. 2 luglio 2010, n. 15794). Allo stesso modo non rileva l'errore sulla normativa previdenziale applicabile e sulla conseguente possibilità di conseguire, alla cessazione del rapporto di lavoro, il trattamento pensionistico (Cass. 11 giugno 2004, n. 11153), in quanto l'annullabilità per errore di diritto ricorre solo quando il consenso di una parte sia determinato in via esclusiva o principale da falsa rappresentazione circa l'esistenza, l'applicabilità o la portata di una norma giuridica imperativa o dispositiva e tale vizio, inoltre, sia rilevabile dall'altro contraente con l'uso della normale diligenza (Cass. 8 gennaio 1981, n. 180). In definitiva, l'annullabilità per errore delle dimissioni ha trovato spazio solo nel caso di lavoratore impiegato illegittimamente a tempo determinato, il quale dimostri che le proprie dimissioni sono viziate da errore, sotto forma di ignoranza della sopravvenuta conversione del rapporto, in modo che da esse non derivino effetti limitati alla sola anticipazione della data di scadenza del rapporto a tempo determinato cui esse si riferiscono, ma anche sulla continuità del rapporto a tempo indeterminato, la cui esistenza sia accertata successivamente dal giudice (Cass. 22 giugno 2015, n. 12856).

(7) Per la configurabilità del dolo come vizio del consenso, è necessario che il raggiro o l'inganno abbia agito come fattore determinante della volontà negoziale, ingenerando nella parte che lo subisce una rappresentazione alterata della realtà (Cass. 18 agosto 2004, n. 16179).

(8) È escluso dai vizi della volontà il timore reverenziale, ai sensi dell'art. 1437 c.c. Le dimissioni rassegnate dal lavoratore, quindi, si ritengono annullabili per dolo o per violenza morale solo ove siano determinate da una condotta intimidatoria, oggettivamente ingiusta e tale da costituire una decisiva coazione psicologica (Cass. 14 giugno 2016, n. 12215; Cass. 20 luglio 2015, n. 15161). I requisiti previsti dall'art. 1435 c.c. possono variamente atteggiarsi, a seconda che la coazione si eserciti in modo esplicito, manifesto e diretto, o, viceversa, mediante un comportamento intimidatorio, oggettivamente ingiusto, anche ad opera di un terzo, ma è in ogni caso sempre necessario che la minaccia sia stata specificamente diretta al fine di estorcere la dichiarazione negoziale della quale si deduce l'an-

36. Le dimissioni

Art. 1442. Prescrizione – [1] L'azione di annullamento si prescrive in cinque anni.

[2] Quando l'annullabilità dipende da vizio del consenso o da incapacità legale, il termine decorre dal giorno in cui è cessata la violenza, è stato scoperto l'errore o il dolo, è cessato lo stato d'interdizione o d'inabilitazione, ovvero il minore ha raggiunto la maggiore età.

D.lgs. 14 settembre 2015, n. 151 – Disposizioni per la razionalizzazione e la semplificazione dell'attività ispettiva in materia di lavoro e legislazione sociale, in attuazione della legge 10 dicembre 2014, n. 183

Art. 26. Dimissioni volontarie e risoluzione consensuale – [1] Al di fuori delle ipotesi di cui all'articolo 55, comma 4, del decreto legislativo 26 marzo 2001, n. 151, e successive modificazioni, le dimissioni e la risoluzione consensuale del rapporto di lavoro sono fatte, a pena di inefficacia **(9)**, esclusivamente con modalità telematiche su appositi moduli resi disponibili dal Ministero del lavoro e delle politiche sociali attraverso il sito www.lavoro.gov.it e trasmessi al datore di lavoro e alla Direzione territoriale del lavoro competente con le modalità individuate con il decreto del Ministro del lavoro e delle politiche sociali di cui al comma 3 **(10)**.

[2] Entro sette giorni dalla data di trasmissione del modulo di cui al comma 1 il lavoratore ha la facoltà di revocare le dimissioni e la risoluzione consensuale con le medesime modalità.

[3] ...

nullabilità e risulti di tale natura da incidere, con efficacia causale concreta, sulla libertà di autodeterminazione dell'autore di essa (Cass. 18 agosto 2004, n. 16179).

(9) Le dimissioni rassegnate con modalità diverse da quelle previste dalla disciplina in esame sono inefficaci ed in tal caso il datore di lavoro dovrebbe invitare il lavoratore a compilare il modulo nella forma e con le modalità telematiche previste dalla nuova disciplina; nel caso in cui il lavoratore di fatto non si reca più a lavorare, senza dare notizie di sé, tale comportamento, se protratto, potrebbe essere interpretato come comportamento concludente di porre fine al rapporto, che però non venendo formalizzato con le dimissioni telematiche, corre il rischio di essere ritenuto inefficace; in tale situazione il datore potrebbe licenziare il lavoratore per assenza ingiustificata.

(10) La finalità della norma è quella di contrastare il fenomeno delle dimissioni c.d. "in bianco", ovvero dimissioni scritte senza data consegnate dal lavoratore al datore di lavoro al momento dell'assunzione, che venivano richieste come condizione per l'inizio del rapporto di lavoro. L'intento fraudolento era quello di far valere il foglio di dimissioni al momento opportuno al fine di interrompere il rapporto a piacimento del datore, ma formalmente mediante dimissioni del lavoratore stesso. La nuova disciplina si applica alle dimissioni comunicate a partire dal 12 marzo 2016.

[4] La trasmissione dei moduli di cui al comma 1 può avvenire anche per il tramite dei patronati, delle organizzazioni sindacali, dei consulenti del lavoro, delle sedi territoriali dell'Ispettorato nazionale del lavoro nonché degli enti bilaterali e delle commissioni di certificazione di cui agli articoli 2, comma 1, lettera h), e articolo 76 del decreto legislativo 10 settembre 2003, n. 276.

[5] Salvo che il fatto costituisca reato, il datore di lavoro che alteri i moduli di cui al comma 1 è punito con la sanzione amministrativa da euro 5.000 ad euro 30.000. L'accertamento e l'irrogazione della sanzione sono di competenza delle Direzioni territoriali del lavoro. Si applicano, in quanto compatibili, le disposizioni di cui alla legge 24 novembre 1981, n. 689.

[...]

[7] I commi da 1 a 4 non sono applicabili al lavoro domestico e nel caso in cui le dimissioni o la risoluzione consensuale intervengono nelle sedi di cui all'articolo 2113, quarto comma, del codice civile o avanti alle commissioni di certificazione di cui all'articolo 76 del decreto legislativo n. 276 del 2003.

D.lgs. 26 marzo 2001, n. 151 – Testo unico delle disposizioni legislative in materia di tutela e sostegno della maternità e della paternità

Art. 55. Dimissioni – [1] In caso di dimissioni volontarie presentate durante il periodo per cui è previsto, a norma dell'articolo 54, il divieto di licenziamento, la lavoratrice ha diritto alle indennità previste da disposizioni di legge e contrattuali per il caso di licenziamento. La lavoratrice e il lavoratore che si dimettono nel predetto periodo non sono tenuti al preavviso.

[2] La disposizione di cui al comma 1 si applica anche al padre lavoratore che ha fruito del congedo di paternità.

[3] La disposizione di cui al comma 1 si applica anche nel caso di adozione e di affidamento, entro un anno dall'ingresso del minore nel nucleo familiare.

[4] La risoluzione consensuale del rapporto o la richiesta di dimissioni presentate dalla lavoratrice, durante il periodo di gravidanza, e dalla lavoratrice o dal lavoratore durante i primi tre anni di vita del bambino o nei primi tre anni di accoglienza del minore adottato o in affidamento, o, in caso di adozione internazionale, nei primi tre anni decorrenti dalle comunicazioni di cui all'articolo 54, comma 9, devono essere convalidate dal servizio ispettivo del Ministero del lavoro e delle politiche sociali competente per territorio. A detta convalida è sospensivamente condizionata l'efficacia della risoluzione del rapporto di lavoro.

37. Trattamento di fine rapporto

Codice civile

Art. 2120. Disciplina del trattamento di fine rapporto – [1] In ogni caso di cessazione del rapporto di lavoro subordinato, il prestatore di lavoro ha diritto ad un trattamento di fine rapporto **(1)**. Tale trattamento si calcola sommando per ciascun anno di servizio una quota pari e comunque non superiore all'importo della retribuzione dovuta per l'anno stesso divisa per 13,5. La quota è proporzionalmente ridotta per le frazioni di anno, computandosi come mese intero le frazioni di mese uguali o superiori a 15 giorni **(2)**.

[2] Salvo diversa previsione dei contratti collettivi la retribuzione annua, ai fini del comma precedente, comprende tutte le somme, compreso l'equivalente delle prestazioni in natura, corrisposte in dipendenza del rapporto di lavoro, a titolo non occasionale **(3)** e con esclusione di quanto è corrisposto a titolo di rimborso spese.

[3] In caso di sospensione della prestazione di lavoro nel corso dell'anno per una delle cause di cui all'articolo 2110 **(4)**, nonché in caso di sospensione totale o parziale per la quale sia prevista l'integrazione salariale, deve essere computato

---

(1) Il trattamento di fine rapporto ha natura e funzione di retribuzione differita, escludendosi la sua configurabilità come risparmio forzoso del lavoratore, poiché, fino al momento dell'erogazione, le somme contabilmente accantonate appartengono al datore di lavoro. Tuttavia, è innegabile una funzione latamente previdenziale, in quanto l'importo accantonato è erogato solo in determinate circostanze, quali la cessazione del rapporto o i bisogni del lavoratore che giustificano le anticipazioni, su cui *infra*. Per il caso di insolvenza del datore di lavoro è previsto un apposito Fondo di garanzia per il trattamento di fine rapporto.

(2) Con la legge n. 190/2014 è stato previsto che la quota di trattamento di fine rapporto maturata e accantonata mese per mese può essere erogata nella busta paga mensile, a scelta del lavoratore. Questa previsione non opera per i dipendenti pubblici, per i lavoratori domestici, per i lavoratori agricoli e i dipendenti delle aziende in crisi o sottoposte a procedura concorsuale.

(3) La non occasionalità, va riferita al carattere ordinario dell'erogazione, per cui deve essere escluso il compenso per lavoro straordinario appunto non occasionale.

(4) Cfr. cap. 16 *"Infortunio, malattia, maternità e paternità"*.

nella retribuzione di cui al primo comma l'equivalente della retribuzione a cui il lavoratore avrebbe avuto diritto in caso di normale svolgimento del rapporto di lavoro.

[4] Il trattamento di cui al precedente primo comma, con esclusione della quota maturata nell'anno, è incrementato, su base composta, al 31 dicembre di ogni anno, con l'applicazione di un tasso costituito dall'1,5 per cento in misura fissa e dal 75 per cento dell'aumento dell'indice dei prezzi al consumo per le famiglie di operai ed impiegati, accertato dall'ISTAT, rispetto al mese di dicembre dell'anno precedente.

[5] Ai fini della applicazione del tasso di rivalutazione di cui al comma precedente per frazioni di anno, l'incremento dell'indice ISTAT è quello risultante nel mese di cessazione del rapporto di lavoro rispetto a quello di dicembre dell'anno precedente. Le frazioni di mese uguali o superiori a quindici giorni si computano come mese intero.

[6] Il prestatore di lavoro, con almeno otto anni di servizio presso lo stesso datore di lavoro, può chiedere, in costanza di rapporto di lavoro, una anticipazione non superiore al 70 per cento sul trattamento cui avrebbe diritto nel caso di cessazione del rapporto alla data della richiesta.

[7] Le richieste sono soddisfatte annualmente entro i limiti del 10 per cento degli aventi titolo, di cui al precedente comma, e comunque del 4 per cento del numero totale dei dipendenti.

[8] La richiesta deve essere giustificata dalla necessità di:

a) eventuali spese sanitarie per terapie e interventi straordinari riconosciuti dalle competenti strutture pubbliche;

b) acquisto della prima casa di abitazione per sé o per i figli, documentato con atto notarile.

[9] L'anticipazione può essere ottenuta una sola volta nel corso del rapporto di lavoro e viene detratta, a tutti gli effetti, dal trattamento di fine rapporto.

[...].

[11] Condizioni di miglior favore possono essere previste dai contratti collettivi o da atti individuali. I contratti collettivi possono altresì stabilire criteri di priorità per l'accoglimento delle richieste di anticipazione.

38. Il patto di non concorrenza

Codice civile

Art. 2125. Patto di non concorrenza – [1] Il patto **(1)** con il quale si limita lo svolgimento dell'attività **(2)** del prestatore di lavoro **(3)**, per il tempo successivo alla cessazione del contratto, è nullo se non risulta da atto scritto, se non è pattuito un corrispettivo **(4)** a favore del prestatore di lavoro e se il vincolo non è contenuto entro determinati limiti di oggetto **(5)**, di tempo e di luogo **(6)**.

---

(1) Tale accordo può essere raggiunto in qualsiasi momento dello svolgimento del rapporto e anche dopo la sua conclusione (Cass. 9 aprile 1991, n. 3709).

(2) Il patto può riguardare una qualsiasi attività lavorativa che possa competere con quella del datore di lavoro e non deve quindi limitarsi alle sole mansioni svolte nel corso del rapporto. Esso tuttavia non può essere talmente ampio da impedire al lavoratore di esplicare la propria professionalità al punto da comprometterne ogni potenzialità reddituale (Cass. 11 giugno 2018, n. 15097; Cass. 4 aprile 2006, n. 7835).

(3) La disciplina del patto di non concorrenza è applicabile a tutti i lavoratori dipendenti, a prescindere dal fatto che svolgano mansioni direttive o compiti non intellettuali. Rileva il fatto che il dipendente operi in settori nei quali il datore di lavoro possa subire pregiudizio (Cass. 19 aprile 2002, n. 5691).

(4) Il corrispettivo deve essere congruo, cioè proporzionato all'obbligo imposto al lavoratore (Cass. 14 maggio 1998, n. 4891). La legge non stabilisce né la forma del corrispettivo, né le modalità di erogazione. Pertanto, per la giurisprudenza può essere erogato durante lo svolgimento del rapporto, alla fine, oppure successivamente (Cass. 4 aprile 1991, n. 3507). Il corrispettivo del patto costituisce elemento distinto dalla retribuzione (Cass. 13 maggio 1975, n. 1846) e riguarda un'obbligazione successiva al rapporto e non l'obbligazione di lavoro. È computabile nella retribuzione utile per il TFR ed assume rilevanza ai fini dell'imponibilità contributiva solo nel caso di erogazione in misura fissa mensile o a percentuale in costanza di rapporto, in aggiunta alla norma retribuzione (Cass. 4 aprile 1991, n. 3507).

(5) Dal momento che l'oggetto del patto è delimitato dall'attività del datore di lavoro, è escluso che possano rientrarvi – in quanto inidonee ad integrare concor-

[2] La durata del vincolo non può essere superiore a cinque anni, se si tratta di dirigenti, e a tre anni negli altri casi. Se è pattuita una durata maggiore, essa si riduce nella misura suindicata **(7)**.

renza – attività estranee allo specifico settore produttivo o commerciale nel quale opera l'azienda (Cass. 19 novembre 2014, n. 24662). È nullo, ad esempio, il patto di non concorrenza che impone al lavoratore il divieto di svolgere attività, anche occasionali, in un vasto settore merceologico (Cass. 23 aprile 1991, n. 4383).

(6) La valutazione della congruità del luogo entro cui è vietata l'attività è in stretto collegamento con l'oggetto. Se il lavoratore in funzione della propria professionalità riesce a svolgere una attività lecita anche in un ambito spaziale molto ampio (ad esempio, l'intero territorio nazionale), il patto è valido.

(7) È nulla la clausola che affida la possibilità di risoluzione del patto stesso unicamente al datore di lavoro, alla data della cessazione del rapporto o per il periodo successivo (Cass. 2 gennaio 2018, n. 3; Cass. 8 gennaio 2013, n. 212; Cass. 16 agosto 2004, n. 15952; Cass. 13 giugno 2003, n. 9491). La clausola con la quale il datore di lavoro si riserva la facoltà di decidere se avvalersi del patto di non concorrenza (c.d. clausola di opzione) per il periodo successivo alla cessazione del rapporto, è nulla se non garantisce un corrispettivo a favore del lavoratore, determinando uno squilibrio dei contrapposti interessi delle parti (Cass. 4 aprile 2017, n. 8715).

39. Il lavoro a termine

D.lgs. 15 giugno 2015, n. 81 – Disciplina organica dei contratti di lavoro e revisione della normativa in tema di mansioni, a norma dell'articolo 1, comma 7, della legge 10 dicembre 2014, n. 183

Art. 19. Apposizione del termine e durata massima – [1]. Al contratto di lavoro subordinato può essere apposto un termine **(1)** di durata non superiore a dodici mesi. Il contratto può avere una durata superiore, ma comunque non eccedente i ventiquattro mesi **(2)**, solo in presenza di almeno una delle seguenti condizioni:

---

(1) Il termine finale di efficacia è un elemento accidentale del contratto, come tale da pattuirsi appositamente. In mancanza il rapporto è a tempo indeterminato. La scadenza del termine comporta automaticamente l'estinzione del rapporto, senza bisogno di alcuna manifestazione di volontà. Non occorre neppure alcun preavviso, proprio perché le parti sanno già che il rapporto è destinato ad estinguersi con la scadenza del termine. L'eventuale comunicazione del datore di lavoro al lavoratore dell'approssimarsi della scadenza del termine pattuito, con la conseguente cessazione del rapporto, non costituisce, dunque, un recesso e non è impugnabile come tale. Il termine può consistere nella indicazione di una data, ma anche di un evento, parlandosi, in questo caso, di termine indirettamente determinato (c.d. *termine certus an sed incertus quando*). Il recesso anticipato è ammesso solo in presenza di una giusta causa *ex* art. 2119 c.c.: cfr. par. 21.

(2) La Direttiva 1999/70/CE del Consiglio del 28 giugno 1999, relativa all'accordo quadro CES, UNICE e CEEP sul lavoro a tempo determinato imponeva agli stati membri di scegliere tra tre possibili limiti da imporre alternativamente al lavoro a termine: 1) durata massima complessiva; 2) apposizione di causali giustificative del termine; 3) numero massimo di proroghe/rinnovi (Corte Giust. 22 giugno 2011, C. 161/2011, Cosimo Damiano Vino c. Poste Italiane SpA; Corte cost. 4 marzo 2008, n. 44;). Al momento dell'entrata in vigore della Direttiva, l'Italia adottava già una delle cautele richieste dalla Direttiva, in quanto la legge n. 230/1962 prevedeva la necessità di giustificazione del termine secondo causali tipiche indicate dalla legge stessa o dai contratti collettivi. La Direttiva veniva attuata, tuttavia, con legge delega n. 422/2000, a seguito della quale era stato emanato il d.lgs. n. 368/2001, che rimodellava i limiti all'istituto,

a) esigenze temporanee e oggettive, estranee all'ordinaria attività, ovvero esigenze di sostituzione di altri lavoratori (3);

b) esigenze connesse a incrementi temporanei, significativi e non programmabili, dell'attività ordinaria (4).

[1 *bis*] In caso di stipulazione di un contratto di durata superiore a dodici mesi in assenza delle condizioni di cui al comma 1, il contratto si trasforma in contratto a tempo indeterminato dalla data di superamento del termine dei dodici mesi.

[2] Fatte salve le diverse disposizioni dei contratti collettivi, e con l'eccezione delle attività stagionali di cui all'articolo 21, comma 2 (5), la durata dei rapporti di

---

privilegiando il limite dell'apposizione di causali, ma lasciandone la tipizzazione a fonti extralegali, in modo da flessibilizzare il mercato del lavoro. Solo nel 2014, il legislatore decideva di optare per il diverso limite, consentito parimenti dalla Direttiva, della durata massima complessiva di 36 mesi, senza necessità di giustificazione del termine apposto (c.d. "termine acausale"), affiancato al limite del numero massimo di proroghe/rinnovi pari a 5 (d.lgs. n. 81/2015). Il legislatore, tuttavia, è recentemente tornato sui suoi passi con il decreto dignità (d.l. n. 87/2018 conv. legge n. 96/2018), affiancando alla durata massima complessiva, ridotta a 24 mesi, e al numero massimo di rinnovi, ridotti a 4, l'ulteriore limite della necessaria apposizione della causale per il termine apposto dopo il superamento dei primi 12 mesi di rapporto a tempo determinato, tornando alla elencazione di fonte legale delle causali che giustificano tale apposizione (Circ. Min. Lav. 31 ottobre 2018, n. 17).

(3) Per la sostituzione di lavoratori assenti vige il principio giurisprudenziale del c.d. scorrimento, secondo cui il lavoratore assunto a termine può essere adibito a un posto diverso lasciato libero da un dipendente che sostituisca il lavoratore assente (Cass. 31 agosto 2017, n. 20647; Cass. 27 settembre 2018, n. 23352).

(4) Questa clausola riguarda soprattutto le c.d. punte di attività aziendali, in cui vi è una intensificazione della ordinaria attività limitata nel tempo, per cui al datore di lavoro occorre assumere dipendenti solo per quel periodo; il problema di questa clausola sta nel voler imporre anche il requisito della non programmabilità della punta di attività, in quanto in tal modo non consente all'imprenditore di assumere a termine quando tale punta è ricorrente ogni anno, come, ad esempio, per un'azienda dolciaria, nel periodo di Natale o di Pasqua: l'assurdità di tale norma dovrebbe portare il datore di lavoro ad assumere a tempo indeterminato lavoratori destinati a restare inutilizzati il resto dell'anno, una volta terminata la punta di attività.

(5) I contratti a termine conclusi per lo svolgimento di attività stagionali costituiscono una eccezione al limite di durata massima stabilito *ex lege* o, in alternativa, dalla contrattazione collettiva. Ne consegue, quindi, che eventuali periodi di

39. Il lavoro a termine

lavoro a tempo determinato intercorsi tra lo stesso datore di lavoro e lo stesso lavoratore, per effetto di una successione di contratti, conclusi per lo svolgimento di mansioni di pari livello e categoria legale e indipendentemente dai periodi di interruzione tra un contratto e l'altro, non può superare i ventiquattro mesi. Ai fini del computo di tale periodo si tiene altresì conto dei periodi di missione aventi ad oggetto mansioni di pari livello e categoria legale, svolti tra i medesimi soggetti, nell'ambito di somministrazioni di lavoro a tempo determinato. Qualora il limite dei ventiquattro mesi sia superato, per effetto di un unico contratto o di una successione di contratti, il contratto si trasforma in contratto a tempo indeterminato' dalla data di tale superamento.

[3] Fermo quanto disposto al comma 2, un ulteriore contratto a tempo determinato fra gli stessi soggetti, della durata massima di dodici mesi, può essere stipulato presso la direzione territoriale del lavoro competente per territorio. In caso di mancato rispetto della descritta procedura, nonché di superamento del termine stabilito nel medesimo contratto, lo stesso si trasforma in contratto a tempo indeterminato dalla data della stipulazione.

[4] Con l'eccezione dei rapporti di lavoro di durata non superiore a dodici giorni, l'apposizione del termine al contratto è priva di effetto se non risulta da atto scritto **(6)**, una copia del quale deve essere consegnata dal datore di lavoro al lavoratore entro cinque giorni lavorativi dall'inizio della prestazione. L'atto scritto contiene, in caso di rinnovo, la specificazione delle esigenze di cui al comma 1 in base alle quali è stipulato; in caso di proroga dello stesso rapporto tale indicazione è necessaria solo quando il termine complessivo eccede i dodici mesi.

---

lavoro caratterizzati da stagionalità non concorrono alla determinazione del limite di durata massima di cui all'art. 19, comma 1, che opera invece per i contratti a termine stipulati per lo svolgimento di attività non aventi carattere stagionale. (Nota Min. Lav. 20 maggio 2016, n. 10244).

(6) La necessità di stipulazione scritta del termine, che deve avvenire antecedentemente o contestualmente all'inizio della prestazione lavorativa, è posta a pena di inefficacia dell'elemento accidentale, a cui consegue l'instaurazione di un rapporto a tempo indeterminato. Nell'atto scritto devono essere anche espressamente richiamati i diritti di precedenza nelle successive assunzioni e "specificate le ragioni" legittimanti il termine, norma prima abrogata e poi ripristinata dalla legge n. 96/2018. Se il contratto viene rinnovato, l'atto scritto deve contenere la specificazione delle ragioni che giustificano il termine, mentre in caso di proroga questa norma si applica solo se il termine complessivo eccede i dodici mesi. Il datore di lavoro deve consegnare copia dell'atto scritto al lavoratore entro cinque giorni lavorativi dall'inizio della prestazione, ma la formazione dell'atto deve essere anteriore o contestuale all'inizio del lavoro.

174   Il rapporto individuale di lavoro

[5] Il datore di lavoro informa i lavoratori a tempo determinato, nonché le rappresentanze sindacali aziendali ovvero la rappresentanza sindacale unitaria, circa i posti vacanti che si rendono disponibili nell'impresa, secondo le modalità definite dai contratti collettivi.

Art. 20. Divieti – [1] L'apposizione di un termine alla durata di un contratto di lavoro subordinato non è ammessa:
a) per la sostituzione di lavoratori che esercitano il diritto di sciopero;
b) presso unità produttive nelle quali si è proceduto, entro i sei mesi precedenti, a licenziamenti collettivi a norma degli articoli 4 e 24 della legge n. 223 del 1991 **(7)**, che hanno riguardato lavoratori adibiti alle stesse mansioni cui si riferisce il contratto di lavoro a tempo determinato, salvo che il contratto sia concluso per provvedere alla sostituzione di lavoratori assenti, per assumere lavoratori iscritti nelle liste di mobilità, o abbia una durata iniziale non superiore a tre mesi;
c) presso unità produttive nelle quali sono operanti una sospensione del lavoro o una riduzione dell'orario in regime di cassa integrazione guadagni, che interessano lavoratori adibiti alle mansioni cui si riferisce il contratto a tempo determinato;
d) da parte di datori di lavoro che non hanno effettuato la valutazione dei rischi in applicazione della normativa di tutela della salute e della sicurezza dei lavoratori.
[2] In caso di violazione dei divieti di cui al comma 1, il contratto si trasforma in contratto a tempo indeterminato **(8)**.

---

(7) Cfr. cap. 35. *"Il licenziamento collettivo"*.

(8) Non si tratta di una conversione in senso tecnico, come quella propria del diritto comune, ma di una conversione (o trasformazione) in senso improprio, volendosi indicare con questa locuzione il solo fatto che la nullità opera in questo caso secondo il meccanismo speciale proprio del diritto del lavoro (cfr. Parte I, cap. 1 *"la norma inderogabile di diritto del lavoro"*), con eliminazione dell'elemento accidentale nullo (appunto il termine) e conservazione del resto del contratto, a prescindere dal fatto che le parti ritenessero tale elemento come essenziale. La sentenza che accerta la sopravvenuta nullità e la conversione, quindi, opera dal momento in cui la nullità è sopravvenuta e non da quello successivo nel quale viene dichiarata (*ex tunc*). Il principio è stato confermato dalla giurisprudenza, secondo cui la sentenza che accerta la nullità della clausola appositiva del termine e ordina la ricostituzione del rapporto illegittimamente interrotto, cui è connesso l'obbligo del datore di riammettere in servizio il lavoratore, ha natura dichiarativa e non costitutiva, con la conseguenza che la conversione in rapporto di lavoro a tempo indeterminato opera con effetto *ex tunc* dalla illegittima stipulazione del contratto a termine (Cass. 26 marzo 2019, n. 8385).

39. Il lavoro a termine

Art. 21. Proroghe e rinnovi – [01] Il contratto può essere rinnovato solo a fronte delle condizioni di cui all'articolo 19, comma 1. Il contratto può essere prorogato liberamente nei primi dodici mesi e, successivamente, solo in presenza delle condizioni di cui all'articolo 19, comma 1. In caso di violazione di quanto disposto dal primo e dal secondo periodo, il contratto si trasforma in contratto a tempo indeterminato. I contratti per attività stagionali, di cui al comma 2 del presente articolo, possono essere rinnovati o prorogati anche in assenza delle condizioni di cui all'articolo 19, comma 1.

[1] Il termine del contratto a tempo determinato può essere prorogato, con il consenso del lavoratore, solo quando la durata iniziale del contratto sia inferiore a ventiquattro mesi, e, comunque, per un massimo di quattro volte nell'arco di ventiquattro mesi a prescindere dal numero dei contratti. Qualora il numero delle proroghe sia superiore, il contratto si trasforma in contratto a tempo indeterminato dalla data di decorrenza della quinta proroga.

[2] Qualora il lavoratore sia riassunto a tempo determinato entro dieci giorni dalla data di scadenza di un contratto di durata fino a sei mesi, ovvero venti giorni dalla data di scadenza di un contratto di durata superiore a sei mesi, il secondo contratto si trasforma in contratto a tempo indeterminato. Le disposizioni di cui al presente comma non trovano applicazione nei confronti dei lavoratori impiegati nelle attività stagionali individuate con decreto del Ministero del lavoro e delle politiche sociali nonché nelle ipotesi individuate dai contratti collettivi. Fino all'adozione del decreto di cui al secondo periodo continuano a trovare applicazione le disposizioni del decreto del Presidente della Repubblica 7 ottobre 1963, n. 1525 **(9)**.

[3] I limiti previsti dal presente articolo non si applicano alle imprese start-up innovative [...], per il periodo di quattro anni dalla costituzione della società, ovvero per il più limitato periodo previsto [...] per le società già costituite.

Art. 22. Continuazione del rapporto oltre la scadenza del termine – [1] Fermi i limiti di durata massima di cui all'articolo 19, se il rapporto di lavoro continua dopo la scadenza del termine inizialmente fissato o successivamente prorogato, il datore di lavoro è tenuto a corrispondere al lavoratore una maggiorazione della retribuzione per ogni giorno di continuazione del rapporto pari al 20 per cento fino al decimo giorno successivo e al 40 per cento per ciascun giorno ulteriore.

(9) Le ragioni di "stagionalità" che possono determinare l'esclusione dal computo del lavoratore a termine – ferme restando le ipotesi già elencate nel d.P.R. n. 1525/1963 – possono anche essere rintracciate nell'ambito del contratto collettivo applicato, anche aziendale, in quanto il Legislatore rinvia al citato d.P.R., ma non in via esclusiva. Il rinvio medio tempore al d.P.R. n. 1525/1963 avviene in "sostituzione" dell'emanando decreto ministeriale e non anche delle ulteriori ipotesi di esclusione individuate dalla contrattazione collettiva alla quale, così come in passato, è demandata la possibilità di "integrare" il quadro normativo.

176   Il rapporto individuale di lavoro

[2] Qualora il rapporto di lavoro continui oltre il trentesimo giorno in caso di contratto di durata inferiore a sei mesi, ovvero oltre il cinquantesimo giorno negli altri casi, il contratto si trasforma in contratto a tempo indeterminato dalla scadenza dei predetti termini.

Art. 23. Numero complessivo dei contratti a tempo indeterminato – [1] Salvo diversa disposizione dei contratti collettivi non possono essere assunti lavoratori a tempo determinato in misura superiore al 20 per cento del numero dei lavoratori a tempo indeterminato in forza al 1° gennaio dell'anno di assunzione, con un arrotondamento del decimale all'unità superiore qualora esso sia eguale o superiore a 0,5. Nel caso di inizio dell'attività nel corso dell'anno, il limite percentuale si computa sul numero dei lavoratori a tempo indeterminato in forza al momento dell'assunzione. Per i datori di lavoro che occupano fino a cinque dipendenti è sempre possibile stipulare un contratto di lavoro a tempo determinato.
[2] Sono esenti dal limite di cui al comma 1, nonché da eventuali limitazioni quantitative previste da contratti collettivi, i contratti a tempo determinato conclusi:
a) nella fase di avvio di nuove attività, per i periodi definiti dai contratti collettivi, anche in misura non uniforme con riferimento ad aree geografiche e comparti merceologici;
b) da imprese start-up innovative [...], per il periodo di quattro anni dalla costituzione della società, ovvero per il più limitato periodo previsto [...] per le società già costituite;
c) per lo svolgimento delle attività stagionali di cui all'articolo 21, comma 2;
d) per specifici spettacoli ovvero specifici programmi radiofonici o televisivi o per la produzione di specifiche opere audiovisive;
e) per sostituzione di lavoratori assenti;
f) con lavoratori di età superiore a 50 anni.
[3] I limite percentuale di cui al comma 1 non si applica, inoltre, ai contratti di lavoro a tempo determinato stipulati per la realizzazione e il monitoraggio di iniziative di cooperazione allo sviluppo di cui alla legge 11 agosto 2014, n. 125, ovvero tra università private, incluse le filiazioni di università straniere, istituti pubblici di ricerca ovvero enti privati di ricerca e lavoratori chiamati a svolgere attività di insegnamento, di ricerca scientifica o tecnologica, di assistenza tecnica alla stessa o di coordinamento e direzione della stessa, tra istituti della cultura di appartenenza statale ovvero enti, pubblici e privati derivanti da trasformazione di precedenti enti pubblici, vigilati dal Ministero dei beni e delle attività culturali e del turismo, ad esclusione delle fondazioni di produzione musicale di cui al decreto legislativo 29 giugno 1996, n. 367, e lavoratori impiegati per soddisfare esigenze temporanee legate alla realizzazione di mostre, eventi e manifestazioni di interesse culturale. I contratti di lavoro a tempo determinato che hanno ad oggetto in via esclusiva lo svolgimento di attività di ricerca scientifica o di cooperazione allo

39. Il lavoro a termine   177

sviluppo di cui alla legge 11 agosto 2014, n. 125, possono avere durata pari a quella del progetto di ricerca al quale si riferiscono.

[4] In caso di violazione del limite percentuale di cui al comma 1, restando esclusa la trasformazione dei contratti interessati in contratti a tempo indeterminato, per ciascun lavoratore si applica una sanzione amministrativa di importo pari:

a) al 20 per cento della retribuzione, per ciascun mese o frazione di mese superiore a quindici giorni di durata del rapporto di lavoro, se il numero dei lavoratori assunti in violazione del limite percentuale non è superiore a uno;

b) al 50 per cento della retribuzione, per ciascun mese o frazione di mese superiore a quindici giorni di durata del rapporto di lavoro, se il numero dei lavoratori assunti in violazione del limite percentuale è superiore a uno.

[5] I contratti collettivi definiscono modalità e contenuti delle informazioni da rendere alle rappresentanze sindacali aziendali o alla rappresentanza sindacali unitaria dei lavoratori in merito all'utilizzo del lavoro a tempo determinato.

Art. 24. Diritti di precedenza – [1] Salvo diversa disposizione dei contratti collettivi, il lavoratore che, nell'esecuzione di uno o più contratti a tempo determinato presso la stessa azienda, ha prestato attività lavorativa per un periodo superiore a sei mesi ha diritto di precedenza nelle assunzioni a tempo indeterminato effettuate dal datore di lavoro entro i successivi dodici mesi con riferimento alle mansioni già espletate in esecuzione dei rapporti a termine.

[2] Per le lavoratrici, il congedo di maternità di cui al Capo III del decreto legislativo n. 151 del 2001N **(10)**, e successive modificazioni, usufruito nell'esecuzione di un contratto a tempo determinato presso lo stesso datore di lavoro, concorre a determinare il periodo di attività lavorativa utile a conseguire il diritto di precedenza di cui al comma 1. Alle medesime lavoratrici è altresì riconosciuto, alle stesse condizioni di cui al comma 1, il diritto di precedenza nelle assunzioni a tempo determinato effettuate dal datore di lavoro entro i successivi dodici mesi, con riferimento alle mansioni già espletate in esecuzione dei precedenti rapporti a termine.

[3] Il lavoratore assunto a tempo determinato per lo svolgimento di attività stagionali ha diritto di precedenza rispetto a nuove assunzioni a tempo determinato da parte dello stesso datore di lavoro per le medesime attività stagionali.

[4] Il diritto di precedenza deve essere espressamente richiamato nell'atto scritto di cui all'articolo 19, comma 4, e può essere esercitato a condizione che il lavoratore manifesti per iscritto la propria volontà in tal senso al datore di lavoro entro sei mesi dalla data di cessazione del rapporto di lavoro nei casi di cui ai commi 1 e 2, ed entro tre mesi nel caso di cui al comma 3. Il diritto di precedenza si estingue una volta trascorso un anno dalla data di cessazione de rapporto.

Art. 25. Principio di non discriminazione – [1] Al lavoratore a tempo determi-

---

(10) Cfr. cap. 16 *"Infortunio, malattia, maternità e paternità"*.

nato spetta il trattamento economico e normativo in atto nell'impresa per i lavoratori con contratto a tempo indeterminato comparabili, intendendosi per tali quelli inquadrati nello stesso livello in forza dei criteri di classificazione stabiliti dalla contrattazione collettiva, ed in proporzione al periodo lavorativo prestato, sempre che non sia obiettivamente incompatibile con la natura del contratto a tempo determinato.

[...]

Art. 28. – Decadenza e tutele – [1] L'impugnazione del contratto a tempo determinato deve avvenire, con le modalità previste dal primo comma dell'articolo 6 della legge 15 giugno 1966, n. 604 **(11)**, entro centottanta giorni dalla cessazione del singolo contratto **(12)**. Trova altresì applicazione il secondo comma del suddetto articolo 6.

[2] Nei casi di trasformazione **(13)** del contratto a tempo determinato in contratto a tempo indeterminato, il giudice condanna il datore di lavoro al risarcimento del danno a favore del lavoratore stabilendo un'indennità onnicomprensiva nella misura compresa tra un minimo di 2,5 e un massimo di 12 mensilità **(14)** dell'ultima retribuzione di riferimento per il calcolo del trattamento di fine rapporto, avuto riguardo ai criteri indicati nell'articolo 8 della legge n. 604 del 1966. [...]

---

(11) Cfr. cap. 27. *"Impugnazione del licenziamento e revoca"*.

(12) L'impugnazione stragiudiziale dell'ultimo contratto della serie non si estende ai contratti precedenti, neppure ove tra un contratto e l'altro sia decorso un termine inferiore a quello di sessanta giorni utile per l'impugnativa. Tuttavia, il termine per l'impugnativa a pena di decadenza, ove il rapporto di lavoro sia proseguito oltre la scadenza originariamente fissata, decorre dalla data di effettiva cessazione del rapporto stesso (Cass. 27 novembre 2018, n. 30691).

(13) Per il periodo successivo alla "trasformazione" del rapporto di lavoro a tempo indeterminato, se il datore di lavoro non consente al lavoratore di riprendere lo svolgimento della prestazione lavorativa, egli deve subire gli effetti della *mora credendi*, se il lavoratore offre tale prestazione, con conseguente diritto di quest'ultimo di percepire egualmente la retribuzione pure in assenza di prestazione lavorativa.

(14) L'indennità di cui all'art. 32, comma 5, della legge n. 183/2010 ristora per intero il pregiudizio subito dal lavoratore, a prescindere da un danno effettivo (Corte cost. 11 novembre 2011, n. 303), per il periodo fra la scadenza del termine e la pronuncia del provvedimento con il quale il giudice abbia ordinato la ricostituzione del rapporto di lavoro. (Cass. 26 marzo 2019, n. 8385). L'indennità assorbe qualsiasi "risarcimento", come risulta dall'aggettivo "onnicomprensiva". Quindi anche il risarcimento da *mora accipiendi* per il periodo dalla fine del lavoro alla sentenza dichiarativa della nullità del termine (Cass. 28 gennaio 2011, n. 2112; Corte cost. 11 novembre 2011, n. 303; Cass. 31 gennaio 2012, n. 1411; Cass. 2

Codice civile

Art. 2119. *Recesso per giusta causa* **(15)** – [1] Ciascuno dei contraenti può recedere dal contratto prima della scadenza del termine, se il contratto è a tempo determinato, o senza preavviso, se il contratto è a tempo indeterminato, qualora si verifichi una causa che non consenta la prosecuzione anche provvisoria, del rapporto. [...].

D.lgs. 30 marzo 2001, n. 165 – Norme generali sull'ordinamento del lavoro alle dipendenze delle amministrazioni pubbliche

Art. 36. *Personale a tempo determinato o assunto con forme di lavoro flessibile* – [...].

[2]. Le amministrazioni pubbliche possono stipulare contratti di lavoro subordinato a tempo determinato, contratti di formazione e lavoro e contratti di somministrazione di lavoro a tempo determinato, nonché avvalersi delle forme contrattuali flessibili previste dal codice civile e dalle altre leggi sui rapporti di lavoro nell'impresa, esclusivamente nei limiti e con le modalità in cui se ne preveda l'applicazione nelle amministrazioni pubbliche. Le amministrazioni pubbliche possono stipulare i contratti di cui al primo periodo del presente comma soltanto per comprovate esigenze di carattere esclusivamente temporaneo o eccezionale e nel rispetto delle condizioni e modalità di reclutamento stabilite dall'articolo 35. I contratti di lavoro subordinato a tempo determinato possono essere stipulati nel rispetto degli articoli 19 e seguenti del decreto legislativo 15 giugno 2015, n. 81, escluso il diritto di precedenza che si applica al solo personale reclutato secondo le procedure di cui all'articolo 35, comma 1, lettera b), del presente decreto. I contratti di somministrazione di lavoro a tempo determinato sono disciplinati dagli articoli 30 e seguenti del decreto legislativo 15 giugno 2015, n. 81, fatta salva la disciplina ulteriore eventualmente prevista dai contratti collettivi nazionali di lavoro. Non è possibile ricorrere alla somministrazione di lavoro per l'esercizio di funzioni direttive e dirigenziali. Per prevenire fenomeni di precariato, le amministrazioni pubbliche, nel rispetto delle disposizioni del presente articolo, sottoscrivono contratti a tempo determinato con i vincitori e gli idonei delle proprie graduatorie vigenti per concorsi pubblici a tempo indeterminato. [...].

[...]

---

aprile 2012, n. 5241; Corte cost. 3 maggio 2012, n. 112; Cass. 7 settembre 2012, n. 14996). Tale indennità ha natura indennitaria e non risarcitoria, con conseguente irrilevanza dell'offerta della prestazione e indetraibilità dell'*aliunde perceptum*.

(15) Cfr. cap. 21. *"Il licenziamento per giusta causa e per giustificato motivo soggettivo"*.

180   Il rapporto individuale di lavoro

> [5] In ogni caso, la violazione di disposizioni imperative riguardanti l'assunzione o l'impiego di lavoratori, da parte delle pubbliche amministrazioni, non può comportare la costituzione di rapporti di lavoro a tempo indeterminato con le medesime pubbliche amministrazioni (16), ferma restando ogni responsabilità e sanzione. Il lavoratore interessato ha diritto al risarcimento del danno derivante dalla prestazione di lavoro in violazione di disposizioni imperative (17). Le amministrazioni hanno l'obbligo di recuperare le somme pagate a tale titolo nei confronti dei dirigenti responsabili, qualora la violazione sia dovuta a dolo o colpa grave. I dirigenti che operano in violazione delle disposizioni del presente articolo sono responsabili anche ai sensi dell'articolo 21 del presente decreto. [...]
>
> [5-*quater*] I contratti di lavoro a tempo determinato posti in essere in violazione del presente articolo sono nulli e determinano responsabilità erariale. I dirigenti che operano in violazione delle disposizioni del presente articolo sono, altresì, responsabili ai sensi dell'articolo 21. Al dirigente responsabile di irregolarità nell'utilizzo del lavoro flessibile non può essere erogata la retribuzione di risultato.

(16) L'art. 36, comma 2, secondo il quale la violazione di disposizioni imperative riguardanti l'assunzione o l'impiego di lavoratori da parte delle pubbliche amministrazioni non può comportare la costituzione di rapporti di lavoro a tempo indeterminato, si riferisce a tutte le assunzioni avvenute al di fuori di una procedura concorsuale, operando anche nei confronti dei soggetti che siano risultati solamente idonei in una procedura selettiva ed abbiano, successivamente, stipulato con la P.A. un contratto di lavoro a tempo determinato fuori dei casi consentiti dalla contrattazione collettiva, dovendosi ritenere che l'osservanza del principio sancito dall'art. 97 Cost. sia garantito solo dalla circostanza che l'aspirante abbia vinto il concorso (Cass. 30 marzo 2018, n. 7982).

(17) Il risarcimento del danno, derivante dalla perdita della chance di un'occupazione alternativa migliore, viene assicurato con il riconoscimento di un'indennità economica omnicomprensiva da quantificarsi sulla base dell'art. 32, comma 5, legge n. 183/2010 (ora art. 28 del d.lgs. n. 81/2015) tra un minimo di 2,5 e un massimo di 12 mensilità dell'ultima retribuzione globale di fatto (Cass., S.U., 15 marzo 2016, n. 5072; Cass., S.U., 14 marzo 2016, nn. 4912 e 4914; Cass. 4 febbraio 2019, n. 3189) e questa misura è conforme ai canoni di adeguatezza, effettività, proporzionalità e dissuasività rispetto al ricorso abusivo alla stipulazione da parte della Pubblica Amministrazione di contratti a termine, che sono imposti dal diritto dell'Unione (Cass. 23 gennaio 2015, n. 1260). Per questo, essendo presunto l'ammontare e chiara la finalità dissuasiva dell'illecito, tale indennità è configurabile come una sorta di sanzione *ex lege* a carico del datore di lavoro (Cass. 23 gennaio 2015, n. 1260).

39. Il lavoro a termine

D.lgs. 4 marzo 2015, n. 23 – Disposizioni in materia di contratto di lavoro a tempo indeterminato a tutele crescenti

Art. 1. Campo di applicazione **(18)** –
[...]

[2] Le disposizioni di cui al presente decreto si applicano anche nei casi di conversione, successiva all'entrata in vigore del presente decreto **(19)**, di contratto a tempo determinato [...].
[...]

---

(18) Cfr. cap. 20 *"Il campo di applicazione dei diversi regimi di tutela"*.

(19) Nel nuovo regime introdotto dal d.lgs. n. 23/2015, la conversione a tempo indeterminato del contratto a termine stipulato tra le parti per effetto della nullità del termine accertata con sentenza successiva all'entrata in vigore del d.lgs. n. 23/2015, ma configurante un patto modificativo di un rapporto di lavoro già instaurato e convertito prima dell'entrata in vigore del d.lgs. n. 23/2015, comporta l'inapplicabilità del regime di tutela previsto dallo stesso decreto legislativo, che invece si applica ai rapporti di lavoro trasformati volontariamente o convertiti in seguito a nullità sopravvenute dopo l'avvento della nuova disciplina. La ragione della decisione risiede appunto nell'effetto *ex tunc* della decisione che accerta la nullità con riferimento al momento della sopravvenuta illegittimità della stipulazione a termine e non al momento della pronuncia (Cass. 16 gennaio 2020, n. 823).

40. Il lavoro agile

Legge 22 maggio 2017, n. 81 – Misure per la tutela del lavoro autonomo non imprenditoriale e misure volte a favorire l'articolazione flessibile nei tempi e nei luoghi del lavoro subordinato.

Art. 18. Lavoro agile **(1)-(2)** – [1] Le disposizioni del presente capo, allo scopo di incrementare la competitività e agevolare la conciliazione dei tempi di vita e di lavoro, promuovono il lavoro agile quale modalità di esecuzione del rapporto di lavoro subordinato stabilita mediante accordo tra le parti, anche con forme di organizzazione per fasi, cicli e obiettivi e senza precisi vincoli di orario o di luogo di lavoro, con il possibile utilizzo di strumenti tecnologici per lo svolgimento dell'attività lavorativa. La prestazione lavorativa viene eseguita, in parte all'interno di locali aziendali e in parte all'esterno senza una postazione fissa, entro i soli limiti di durata massima dell'orario di lavoro giornaliero e settimanale, derivanti dalla legge e dalla contrattazione collettiva.

[2] Il datore di lavoro è responsabile della sicurezza e del buon funzionamento degli strumenti tecnologici assegnati al lavoratore per lo svolgimento dell'attività lavorativa.

[...]

---

(1) Una prima distinzione posta in rilievo dalla disciplina è costituita dalla differenza tra lavoro agile e la tradizionale definizione di lavoro a domicilio. Ai sensi dell'art. 1 della legge n. 877/1973 "è lavoratore a domicilio chiunque, con vincolo di subordinazione, esegue nel proprio domicilio o in locale di cui abbia disponibilità, anche con l'aiuto accessorio di membri della sua famiglia conviventi e a carico, ma con esclusione di manodopera salariata e di apprendisti, lavoro retribuito per conto di uno o più imprenditori, utilizzando materie prime o accessorie e attrezzature proprie o dello stesso imprenditore, anche se fornite per il tramite di terzi".

(2) Altra differenza è con il c.d. telelavoro, che rappresenta una diversa forma di lavoro a distanza in cui i datori di lavoro possono installare apparecchiature informatiche e collegamenti telefonici e telematici, necessari ed autorizzare i propri dipendenti ad effettuare, a parità di salario, la prestazione lavorativa in luogo diverso dalla sede di lavoro.

40. Il lavoro agile   183

[3-*bis*] I datori di lavoro pubblici e privati che stipulano accordi per l'esecuzione della prestazione di lavoro in modalità agile sono tenuti in ogni caso a riconoscere priorità alle richieste di esecuzione del rapporto di lavoro in modalità agile formulate dalle lavoratrici nei tre anni successivi alla conclusione del periodo di congedo di maternità previsto dall'articolo 16 del testo unico delle disposizioni legislative in materia di tutela e sostegno della maternità e della paternità, di cui al decreto legislativo 26 marzo 2001, n. 151, ovvero dai lavoratori con figli in condizioni di disabilità ai sensi dell'articolo 3, comma 3, della legge 5 febbraio 1992, n. 104.

Art. 19. *Forma e recesso* – [1] L'accordo relativo alla modalità di lavoro agile è stipulato per iscritto ai fini della regolarità amministrativa e della prova, e disciplina l'esecuzione della prestazione lavorativa svolta all'esterno dei locali aziendali, anche con riguardo alle forme di esercizio del potere direttivo del datore di lavoro ed agli strumenti utilizzati dal lavoratore. L'accordo individua altresì i tempi di riposo del lavoratore nonché' le misure tecniche e organizzative necessarie per assicurare la disconnessione del lavoratore dalle strumentazioni tecnologiche di lavoro.
[2] L'accordo di cui al comma 1 può essere a termine o a tempo indeterminato; in tale ultimo caso, il recesso può avvenire con un preavviso non inferiore a trenta giorni. Nel caso di lavoratori disabili ai sensi dell'articolo 1 della legge 12 marzo 1999, n. 68, il termine di preavviso del recesso da parte del datore di lavoro non può essere inferiore a novanta giorni, al fine di consentire un'adeguata riorganizzazione dei percorsi di lavoro rispetto alle esigenze di vita e di cura del lavoratore. In presenza di un giustificato motivo, ciascuno dei contraenti può recedere prima della scadenza del termine nel caso di accordo a tempo determinato, o senza preavviso nel caso di accordo a tempo indeterminato.

Art. 20. *Trattamento, diritto all'apprendimento continuo e certificazione delle competenze del lavoratore* – [1] Il lavoratore che svolge la prestazione in modalità di lavoro agile ha diritto ad un trattamento economico e normativo non inferiore a quello complessivamente applicato, in attuazione dei contratti collettivi di cui all'articolo 51 del decreto legislativo 15 giugno 2015, n. 81, nei confronti dei lavoratori che svolgono le medesime mansioni esclusivamente all'interno dell'azienda.

Art. 21. *Potere di controllo e disciplinare.* – [1]. L'accordo relativo alla modalità di lavoro agile disciplina l'esercizio del potere di controllo **(3)** del datore di lavo-

(3) È l'accordo individuale a definire i poteri di controllo datoriale sulla prestazione di lavoro resa all'esterno dei locali aziendali nel rispetto di quanto disposto dall'art. 4 legge n. 300/1970. L'impiego di strumenti digitali costituisce ele-

ro sulla prestazione resa dal lavoratore all'esterno dei locali aziendali nel rispetto di quanto disposto dall'articolo 4 della legge 20 maggio 1970, n. 300, e successive modificazioni.

[2]. L'accordo di cui al comma 1 individua le condotte, connesse all'esecuzione della prestazione lavorativa all'esterno dei locali aziendali, che danno luogo all'applicazione di sanzioni disciplinari.

Art. 22. Sicurezza sul lavoro – [1] Il datore di lavoro garantisce la salute e la sicurezza del lavoratore che svolge la prestazione in modalità di lavoro agile e a tal fine consegna al lavoratore e al rappresentante dei lavoratori per la sicurezza, con cadenza almeno annuale, un'informativa scritta nella quale sono individuati i rischi generali e i rischi specifici connessi alla particolare modalità di esecuzione del rapporto di lavoro.

[2] Il lavoratore è tenuto a cooperare all'attuazione delle misure di prevenzione predisposte dal datore di lavoro per fronteggiare i rischi connessi all'esecuzione della prestazione all'esterno dei locali aziendali.

Art. 23. Assicurazione obbligatoria per gli infortuni e le malattie professionali – [1] L'accordo per lo svolgimento della prestazione lavorativa in modalità di lavoro agile e le sue modificazioni sono oggetto delle comunicazioni di cui all'articolo 9-*bis* del decreto-legge 1º ottobre 1996, n. 510, convertito, con modificazioni, dalla legge 28 novembre 1996, n. 608, e successive modificazioni.

[2] Il lavoratore ha diritto alla tutela contro gli infortuni sul lavoro e le malattie professionali dipendenti da rischi connessi alla prestazione lavorativa resa all'esterno dei locali aziendali.

[3] Il lavoratore ha diritto alla tutela contro gli infortuni sul lavoro occorsi durante il normale percorso di andata e ritorno dal luogo di abitazione a quello prescelto per lo svolgimento della prestazione lavorativa all'esterno dei locali aziendali, nei limiti e alle condizioni di cui al terzo comma dell'articolo 2 del testo unico delle disposizioni per l'assicurazione obbligatoria contro gli infortuni sul lavoro e le malattie professionali, di cui al decreto del Presidente della Repubblica 30 giugno 1965, n. 1124, e successive modificazioni, quando la scelta del luogo della prestazione sia dettata da esigenze connesse alla prestazione stessa o dalla necessità del lavoratore di conciliare le esigenze di vita con quelle lavorative e risponda a criteri di ragionevolezza.

mento essenziale ed indefettibile della prestazione in modalità "agile" e, di conseguenza, questo fatto li qualifica quali strumenti di lavoro, ai sensi del comma 2 dell'art. 4 Stat. lav.

40. Il lavoro agile

D.L. 19 maggio 2020, n. 34 – Misure urgenti in materia di salute, sostegno al lavoro e all'economia, nonché di politiche sociali connesse all'emergenza epidemiologica da COVID-19.

Sezione III
Disposizioni in materia di lavoro agile e per il personale delle pubbliche amministrazioni

Art. 263. Disposizioni in materia di flessibilità del lavoro pubblico e di lavoro agile **(4)** – [1] Al fine di assicurare la continuità dell'azione amministrativa e la celere conclusione dei procedimenti, le amministrazioni di cui all'articolo 1, comma 2, del decreto legislativo 30 marzo 2001, n. 165, adeguano l'operatività di tutti gli uffici pubblici alle esigenze dei cittadini e delle imprese connesse al graduale riavvio delle attività produttive e commerciali. A tal fine, fino al 31 dicembre 2020, in deroga alle misure di cui all'articolo 87, comma 1, lettera a), e comma 3, del decreto-legge 17 marzo 2020, n. 18, convertito, con modificazioni, dalla legge 24 aprile 2020, n. 27, organizzano il lavoro dei propri dipendenti e l'erogazione dei servizi attraverso la flessibilità dell'orario di lavoro, rivedendone l'articolazione giornaliera e settimanale, introducendo modalità di interlocuzione programmata, anche attraverso soluzioni digitali e non in presenza con l'utenza, applicando il lavoro agile, con le misure semplificate di cui al comma 1, lettera b), del medesimo articolo 87, al 50 per cento del personale impiegato nelle attività che possono essere svolte in tale modalità e comunque a condizione che l'erogazione dei servizi rivolti a cittadini ed imprese avvenga con regolarità, continuità ed efficienza, nonché nel rigoroso rispetto dei tempi previsti dalla normativa vigente. In considerazione dell'evolversi della situazione epidemiologica, con uno o più decreti del Ministro per la pubblica amministrazione possono essere stabilite modalità organizzative e fissati criteri e princìpi in materia di flessibilità del lavoro pubblico e di lavoro agile, anche prevedendo il conseguimento di precisi obiettivi quantitativi e qualitativi. Alla data del 15 settembre 2020, l'articolo 87, comma 1, lettera a), del citato decreto-legge n. 18 del 2020, convertito, con modificazioni, dalla legge n. 27 del 2020 cessa di avere effetto. (468)
[...]
[4] La presenza dei lavoratori negli uffici all'estero di pubbliche amministrazioni, comunque denominati, è consentita nei limiti previsti dalle disposizioni emanate dalle autorità sanitarie locali per il contenimento della diffusione del Covid-19, fermo restando l'obbligo di mantenere il distanziamento sociale e l'utilizzo dei dispositivi di protezione individuali.

---

(4) In vigore dal 15 settembre 2020.

41. Interposizione illecita, appalto, somministrazione, distacco

Codice civile

Art. 1655. Nozione – [1] L'appalto è il contratto col quale una parte assume, con organizzazione dei mezzi necessari e con gestione a proprio rischio, il compimento di una opera o di un servizio verso un corrispettivo in danaro.

Art. 2127. Divieto d'interposizione **(1)** *nel lavoro a cottimo* – [1] È vietato all'imprenditore di affidare ai propri dipendenti lavori a cottimo da eseguirsi da prestatori di lavoro assunti e retribuiti direttamente dai dipendenti medesimi.

[2] In caso di violazione di tale divieto, l'imprenditore risponde direttamente, nei confronti dei prestatori di lavoro assunti dal proprio dipendente, degli obblighi derivanti dai contratti di lavoro da essi stipulati.

D.lgs. 10 settembre 2003, n. 276 – Attuazione delle deleghe in materia di occupazione e mercato del lavoro

Art. 29. Appalto – [1] Ai fini della applicazione delle norme contenute nel presente titolo, il contratto di appalto, stipulato e regolamentato ai sensi dell'articolo 1655 del codice civile, si distingue dalla somministrazione di lavoro per la organizzazione dei mezzi necessari da parte dell'appaltatore, che può anche risultare, in relazione alle esigenze dell'opera o del servizio dedotti in contratto, dall'esercizio del potere organizzativo e direttivo nei confronti dei lavoratori utilizzati nell'appalto **(2)**, nonché per la assunzione, da parte del medesimo appaltatore, del rischio d'impresa **(3)**.

---

(1) Nel rapporto di lavoro subordinato di regola il soggetto che utilizza la prestazione del lavoratore deve coincidere con il soggetto che lo ha assunto e con il quale intercorre il contratto di lavoro. La legge delimita rigorosamente le fattispecie nelle quali può non sussistere questa coincidenza.

(2) Con particolare riguardo ai contratti di appalto concernenti lavori speciali-

41. Interposizione illecita, appalto, somministrazione, distacco   187

[2] In caso di appalto di opere o di servizi, il committente imprenditore o datore di lavoro è obbligato in solido con l'appaltatore, nonché con ciascuno degli eventuali subappaltatori entro il limite di due anni dalla cessazione dell'appalto, a corrispondere ai lavoratori i trattamenti retributivi, comprese le quote di trattamento di fine rapporto, nonché i contributi previdenziali e i premi assicurativi dovuti in relazione al periodo di esecuzione del contratto di appalto **(4)-(5)** restando escluso qualsiasi obbligo per le sanzioni civili di

---

stici per i quali non risulta rilevante l'utilizzo di attrezzatura o di beni strumentali, è fondamentale la sussistenza di un comprovato *know how* aziendale o di elevate professionalità in capo al personale impiegato nell'ambito dell'appalto. Quando l'appaltatore mette a disposizione del committente una mera prestazione lavorativa, mantenendo solo compiti di gestione amministrativa del rapporto (retribuzione e contributi), senza esercizio di poteri direttivi nei confronti dei lavoratori né organizzazione di impresa, sussiste il fenomeno dell'interposizione illecita di manodopera, che è vietata se esercitata al di fuori dell'ambito di applicazione della somministrazione di lavoro. In tali casi il lavoratore può chiedere la costituzione del rapporto alle dipendenze del committente. Tuttavia la circostanza che il committente impartisca disposizioni ai lavoratori dell'appaltatore non è da sola sufficiente per configurare l'esercizio del potere direttivo ed organizzativo che caratterizza il rapporto di lavoro subordinato (Cass. 13 marzo 2019, n. 7170).

(3) L'appalto è considerato genuino quando l'appaltatore non è un semplice intermediario ma un vero imprenditore che: a) impiega una propria organizzazione di mezzi; b) assume i rischi della realizzazione dell'opera o del servizio pattuito e c) è in possesso di un comprovato livello di specializzazione e professionalità. Costituisce indice rivelatore della sussistenza del rischio di impresa, ad esempio, il fatto che l'appaltatore abbia già in essere una attività imprenditoriale che viene esercitata abitualmente; svolga una propria attività produttiva in maniera evidente e comprovata; operi per conto di differenti imprese da più tempo o nel medesimo arco temporale considerato.

(4) La solidarietà sussiste solo per i crediti maturati con riguardo al periodo del rapporto lavorativo coinvolto dall'appalto stesso, con esclusione di quelli sorti in altri periodi. Il termine biennale della cessazione dell'appalto ha natura di termine di decadenza per la proposizione dell'azione giudiziale per i crediti per i quali vi sia tale possibilità (Cass. 18 luglio 2017, n. 17725).

(5) Ai sensi dell'art. 1676 c.c. (Diritti degli ausiliari dell'appaltatore verso il committente), *"Coloro che, alle dipendenze dell'appaltatore, hanno dato la loro attività per eseguire l'opera o per prestare il servizio possono proporre azione diretta contro il committente per conseguire quanto è loro dovuto, fino alla concorrenza del debito che il committente ha verso l'appaltatore nel tempo in cui essi propongono la domanda"*.

Resta esclusa la possibilità di questi ultimi di conseguire ulteriori crediti, pur relativi al medesimo rapporto con l'appaltatore (Cass. 19 novembre 2010, n. 23489).

188   Il rapporto individuale di lavoro

cui risponde solo il responsabile dell'inadempimento **(6)**. Il committente che ha eseguito il pagamento è tenuto, ove previsto, ad assolvere gli obblighi del sostituto d'imposta ai sensi delle disposizioni del DPR n. 600/73 e può esercitare l'azione di regresso nei confronti del coobbligato secondo le regole generali **(7)**.

[3] L'acquisizione del personale già impiegato nell'appalto a seguito di subentro di un nuovo appaltatore dotato di propria struttura organizzativa e operativa, in forza di legge, di contratto collettivo nazionale di lavoro o di clausola del contratto d'appalto, ove siano presenti elementi di discontinuità che determinano una specifica identità di impresa, non costituisce trasferimento d'azienda o di parte d'azienda **(8)**.

[3-*bis*] Quando il contratto di appalto sia stipulato in violazione di quanto disposto dal comma 1, il lavoratore interessato può chiedere, mediante ricorso giudiziale a norma dell'articolo 414 del codice di procedura civile, notificato anche soltanto al soggetto che ne ha utilizzato la prestazione, la costituzione di un rapporto di lavoro alle dipendenze di quest'ultimo. In tale ipotesi si applica il disposto dell'articolo 27, comma 2.

[...]

L'azione diretta è distinta e autonoma rispetto a quella che venga simultaneamente proposta nei confronti dell'appaltatore datore di lavoro (Cass. 4 settembre 2000, n. 11607).

(6) Il regime di responsabilità solidale è applicabile anche nelle ipotesi di subfornitura. Pertanto, il committente è obbligato in solido con il subfornitore in relazione ai crediti retributivi, contributivi ed assicurativi dei dipendenti di quest'ultimo (Corte cost. 6 dicembre 2017, n. 254).

(7) La Corte costituzionale, con sentenza 11-27 gennaio 2017, n. 27, ha dichiarato ammissibile la richiesta di *referendum* popolare per l'abrogazione del presente comma, limitatamente alle parole "*Salvo diversa disposizione dei contratti collettivi nazionali sottoscritti da associazioni dei datori di lavoro e dei lavoratori comparativamente più rappresentative del settore che possono individuare metodi e procedure di controllo e di verifica della regolarità complessiva degli appalti,*" e alle parole "*Il committente imprenditore o datore di lavoro è convenuto in giudizio per il pagamento unitamente all'appaltatore e con gli eventuali ulteriori subappaltatori. Il committente imprenditore o datore di lavoro può eccepire, nella prima difesa, il beneficio della preventiva escussione del patrimonio dell'appaltatore medesimo e degli eventuali subappaltatori. In tal caso il giudice accerta la responsabilità solidale di tutti gli obbligati, ma l'azione esecutiva può essere intentata nei confronti del committente imprenditore o datore di lavoro solo dopo l'infruttuosa escussione del patrimonio dell'appaltatore e degli eventuali subappaltatori*", richiesta dichiarata legittima, con ordinanza pronunciata il 9 dicembre 2016, dall'Ufficio centrale per il *referendum*, costituito presso la Corte di cassazione. Il *referendum* popolare è stato indetto con d.P.R. 15 marzo 2017.

(8) Cfr. cap. 17 "*Il trasferimento d'azienda*".

41. Interposizione illecita, appalto, somministrazione, distacco

Art. 30. Distacco – [1] L'ipotesi del distacco si configura quando un datore di lavoro, per soddisfare un proprio interesse **(9)**, pone temporaneamente uno o più lavoratori a disposizione di altro soggetto per l'esecuzione di una determinata attività lavorativa **(10)-(11)**.

[2] In caso di distacco il datore di lavoro rimane responsabile del trattamento economico e normativo a favore del lavoratore **(12)**.

[3] Il distacco che comporti un mutamento di mansioni deve avvenire con il consenso del lavoratore interessato **(13)**. Quando comporti un trasferimento a una unità produttiva sita a più di 50 km da quella in cui il lavoratore è adibito, il distacco può avvenire soltanto per comprovate ragioni tecniche, organizzative, produttive o sostitutive **(14)**.

[...]

[4-*bis*] Quando il distacco avvenga in violazione di quanto disposto dal comma 1, il lavoratore interessato può chiedere, mediante ricorso giudiziale a norma

(9) Cfr. cap. 47 *"Onere della prova e processo del lavoro"*.

(10) Il distacco può essere legittimato da un qualsiasi interesse produttivo che non sia un mero interesse al corrispettivo per la fornitura di lavoro (che caratterizza, invece, la fattispecie della somministrazione di lavoro). Esso deve essere specifico, rilevante, concreto e persistente per tutto il periodo in cui il distacco è disposto (Cass. 7 aprile 2015, n. 6944; Cass. 15 maggio 2012, n. 7515).

(11) Ai fini della configurabilità del distacco occorre che vi sia un cambio nell'esercizio del potere direttivo in quanto il dipendente viene dislocato presso altro soggetto, con contestuale assoggettamento al comando ed al controllo di quest'ultimo; la titolarità del rapporto resta in capo al datore di lavoro distaccante e deve sussistere l'interesse del datore di lavoro distaccante; il periodo di attività presso il distaccatario deve essere temporaneo e comunque la durata deve essere funzionale alla persistenza dell'interesse del distaccante (Cass. 6 giugno 2013, n. 14314; Cass. 25 novembre 2010, n. 23933). Non è richiesto il consenso del prestatore di lavoro (Cass. 21 febbraio 2007, n. 4003).

(12) In caso di ricorso all'istituto del distacco tra le società appartenenti al medesimo gruppo di imprese (cfr. art. 31 d.lgs. 276/2003), l'interesse della società distaccante può coincidere con il comune interesse perseguito dal gruppo, volto al raggiungimento di un unitario risultato economico, che trova rappresentazione finanziaria nel bilancio del gruppo (Risp. Interpello Min. Lav. 20 gennaio 2016, n. 1).

(13) Il distaccante (datore di lavoro titolare del rapporto) è responsabile dei fatti illeciti commessi dal dipendente distaccato (Cass. 11 gennaio 2010, n. 215).

(14) In caso di adibizione del dipendente a mansioni superiori presso il distaccatario, si verificano nei confronti del distaccante le conseguenze previste dal codice civile (cfr. cap. cap. 5 *"Mansioni, qualifiche, categorie ed inquadramento"*; Cass. 8 settembre 2015, n. 17768).

190   Il rapporto individuale di lavoro

dell'articolo 414 del codice di procedura civile **(15)**, notificato anche soltanto al soggetto che ne ha utilizzato la prestazione, la costituzione di un rapporto di lavoro alle dipendenze di quest'ultimo. In tale ipotesi si applica il disposto dell'articolo 27, comma 2 **(16)**.

[4-*ter*] Qualora il distacco di personale avvenga tra aziende che abbiano sottoscritto un contratto di rete di impresa **(17)** [...], l'interesse della parte distaccante sorge automaticamente in forza dell'operare della rete **(18)**, fatte salve le norme in materia di mobilità dei lavoratori previste dall'art. 2013 del codice civile **(19)**. Inoltre per le stesse imprese è ammessa la codatorialità dei dipendenti ingaggiati con le regole stabilite attraverso il contratto di rete stesso.

Art. 32. Modifica all'articolo 2112, comma quinto, del Codice civile – [...]
[2] All'articolo 2112 del codice civile **(20)** è aggiunto, in fine, il seguente comma: "Nel caso in cui l'alienante stipuli con l'acquirente un contratto di appalto la cui esecuzione avviene utilizzando il ramo d'azienda oggetto di cessione, tra appaltante e appaltatore opera un regime di solidarietà di cui all'articolo 29 comma 2, del decreto legislativo 10 settembre 2003, n. 276".

D.lgs. 10 settembre 2003, n. 276 – Attuazione delle deleghe in materia di occupazione e mercato del lavoro

---

Art. 2. Definizioni – [1] [...] si intende per:
a) «contratto di somministrazione di lavoro»: il contratto avente ad oggetto la fornitura professionale di manodopera, a tempo indeterminato o a termine [...];

(**15**) Cfr. cap. 12 *"12.Il trasferimento del lavoratore e la trasferta"*.

(**16**) Cfr. cap. 47 *"Onere della prova e processo del lavoro"*.

(**17**) Nelle ipotesi di distacco illecito e di costituzione di un rapporto di lavoro alle dipendenze del distaccatario, il rapporto di lavoro intercorso con la società distaccante si deve intendere risolto di diritto e conseguentemente l'eventuale licenziamento intimato da quest'ultima deve considerarsi giuridicamente inesistente (Cass. 12 settembre 2018, n. 22179).

(**18**) Il contratto di rete è un accordo con il quale più imprenditori si impegnano a collaborare al fine di accrescere, sia individualmente che collettivamente, la propria capacità innovativa e la propria competitività sul mercato.

(**19**) A tal fine, è necessario che il contratto sia preventivamente iscritto nel registro delle imprese (Circ. INL 29 marzo 2018, n. 7).

(**20**) Cfr. cap. 5 *"Mansioni, qualifiche, categorie ed inquadramento"*.

41. Interposizione illecita, appalto, somministrazione, distacco

a-*bis*) «missione»: il periodo durante il quale, nell'ambito di un contratto di somministrazione di lavoro, il lavoratore dipendente da un'agenzia di somministrazione di cui all'articolo 4, comma 1, è messo a disposizione di un utilizzatore [...], e opera sotto il controllo e la direzione dello stesso;
[...]

Art. 4. Agenzie per il lavoro – [1] Presso il Ministero del lavoro e delle politiche sociali è istituito un apposito albo delle agenzie per il lavoro ai fini dello svolgimento delle attività di somministrazione [...]
[...]

D.lgs. 15 giugno 2015, n. 81 – Disciplina organica dei contratti di lavoro e revisione della normativa in tema di mansioni, a norma dell'articolo 1, comma 7, della legge 10 dicembre 2014, n. 183

Art. 30. Definizione – [1] Il contratto di somministrazione di lavoro è il contratto, a tempo indeterminato **(21)** o determinato, con il quale un'agenzia di somministrazione autorizzata, ai sensi del decreto legislativo n. 276 del 2003, mette a disposizione di un utilizzatore uno o più lavoratori suoi dipendenti, i quali, per tutta la durata della missione, svolgono la propria attività nell'interesse e sotto la direzione e il controllo dell'utilizzatore.

Art. 31. Somministrazione di lavoro a tempo determinato e indeterminato – [1] Salvo diversa previsione dei contratti collettivi applicati dall'utilizzatore, il numero dei lavoratori somministrati con contratto di somministrazione di lavoro a tempo indeterminato non può eccedere il 20 per cento del numero dei lavoratori a tempo indeterminato in forza presso l'utilizzatore al 1° gennaio dell'anno di stipula del predetto contratto, con un arrotondamento del decimale all'unità superiore qualora esso sia eguale o superiore a 0,5. Nel caso di inizio dell'attività nel corso dell'anno, il limite percentuale si computa sul numero dei lavoratori a tempo indeterminato in forza al momento della stipula del contratto di somministrazione di lavoro a tempo indeterminato. Possono essere somministrati a tempo indeterminato esclusivamente i lavoratori assunti dal somministratore a tempo indeterminato **(22)**.

---

(21) Cfr. cap. 17 *"Il trasferimento d'azienda"*.
(22) C.d. Staff leasing.

192   Il rapporto individuale di lavoro

[2] Salve diversa previsione dei contratti collettivi applicati dall'utilizzatore e fermo restando il limite disposto dall'art. 23 **(23)**, il numero dei lavoratori assunti con contratto a tempo determinato ovvero con contratto di somministrazione a tempo determinato non può eccedere complessivamente il 30 per cento del numero dei lavoratori a tempo indeterminato in forza presso l'utilizzatore al primo gennaio dell'anno di stipulazione dei predetti contratti, con arrotondamento del decimale all'unità superiore qualora esso sia eguale o superiore a 0,5. Nel caso di inizio dell'attività nel corso dell'anno, il limite percentuale si computa sul numero dei lavoratori a tempo indeterminato in forza al momento della situazione del contratto di somministrazione di lavoro.

[3] I lavoratori somministrati sono informati dall'utilizzatore dei posti vacanti presso quest'ultimo, anche mediante un avviso generale affisso all'interno dei locali dell'utilizzatore.

[4] Fermo quanto disposto dall'articolo 36 del decreto legislativo n. 165 del 2001, la disciplina della somministrazione a tempo indeterminato non trova applicazione nei confronti delle pubbliche amministrazioni.

Art. 32. Divieti – [1] Il contratto di somministrazione di lavoro è vietato:
a) per la sostituzione di lavoratori che esercitano il diritto di sciopero;
b) presso unità produttive nelle quali si è proceduto, entro i sei mesi precedenti, a licenziamenti collettivi ai sensi degli articoli 4 e 24 della legge n. 223 del 1991, che hanno riguardato lavoratori adibiti alle stesse mansioni cui si riferisce il contratto di somministrazione di lavoro, salvo che il contratto sia concluso per provvedere alla sostituzione di lavoratori assenti o abbia una durata iniziale non superiore a tre mesi;
c) presso unità produttive nelle quali sono operanti una sospensione del lavoro o una riduzione dell'orario in regime di cassa integrazione guadagni, che interessano lavoratori adibiti alle stesse mansioni cui si riferisce il contratto di somministrazione di lavoro;
d) da parte di datori di lavoro che non abbiano effettuato la valutazione dei rischi in applicazione della normativa di tutela della salute e della sicurezza dei lavoratori.

Art. 33. Forma del contratto di somministrazione – [1] Il contratto di somministrazione di lavoro è stipulato in forma scritta e contiene i seguenti elementi:

(23) Viceversa, possono essere somministrati a termine i lavoratori assunti dall'agenzia sia a termine, sia a tempo indeterminato. In quest'ultimo caso, tali lavoratori non sono soggetti alle limitazioni previste in caso di contratto di lavoro a termine. Pertanto, possono essere inviati in missione senza obbligo di causale, né limiti di durata, solo nel rispetto dei limiti percentuali (Circ. Min. Lav. 31 ottobre 2018, n. 17).

41. Interposizione illecita, appalto, somministrazione, distacco 193

a) gli estremi dell'autorizzazione rilasciata al somministratore;

b) il numero dei lavoratori da somministrare;

c) l'indicazione di eventuali rischi per la salute e la sicurezza del lavoratore e le misure di prevenzione adottate;

d) la data di inizio e la durata prevista della somministrazione di lavoro;

e) le mansioni alle quali saranno adibiti i lavoratori e l'inquadramento dei medesimi;

f) il luogo, l'orario di lavoro e il trattamento economico e normativo dei lavoratori.

[...]

[3] Le informazioni di cui al comma 1, nonché la data di inizio e la durata prevedibile della missione, devono essere comunicate per iscritto al lavoratore da parte del somministratore all'atto della stipulazione del contratto di lavoro ovvero all'atto dell'invio in missione presso l'utilizzatore.

Art. 34. Disciplina dei rapporti di lavoro – [1] In caso di assunzione a tempo indeterminato il rapporto di lavoro tra somministratore e lavoratore è soggetto alla disciplina prevista per il rapporto di lavoro a tempo indeterminato. Nel contratto di lavoro è determinata l'indennità mensile di disponibilità, divisibile in quote orarie, corrisposta dal somministratore al lavoratore per i periodi nei quali egli rimane in attesa di essere inviato in missione, nella misura prevista dal contratto collettivo applicabile al somministratore e comunque non inferiore all'importo fissato con decreto del Ministro del lavoro e delle politiche sociali. L'indennità di disponibilità è esclusa dal computo di ogni istituto di legge o di contratto collettivo.

[2] In caso di assunzione a tempo determinato il rapporto di lavoro tra somministratore e lavoratore è soggetto alla disciplina di cui al capo III **(24)** per quanto compatibile, con esclusione delle disposizioni di cui agli articoli 21, comma 2 **(25)**, 23 **(26)** e 24 **(27)**. Il termine inizialmente posto al contratto di lavoro può in ogni caso essere prorogato, con il consenso del lavoratore e per atto scritto, nei casi e per la durata previsti dal contratto collettivo applicato dal somministratore.

---

(24) Cfr. cap. 39 *"Il lavoro a termine"*.

(25) Cfr. cap. 39 *"Il lavoro a termine"*. Il rispetto del limite massimo di 24 mesi entro cui è possibile fare ricorso ad uno o più contratti di somministrazione a termine, deve essere valutato con riferimento non solo al rapporto di lavoro che il lavoratore ha avuto con il somministratore, ma anche ai rapporti con il singolo utilizzatore, dovendosi a tal fine considerare sia i periodi svolti con contratto a termine, sia quelli in cui sia stato impiegato in missione con contratto di somministrazione a termine, per lo svolgimento di mansioni dello stesso livello e categoria legale. Pertanto, i periodi di missione vengono computati ai fini del raggiungimento della durata massima complessiva (pari a 24 mesi), fra gli stessi soggetti e aventi ad oggetto mansioni di pari livello e categoria legale. Ne consegue che, raggiunto tale limite, il datore di lavoro non può più ricorrere alla somministrazione di lavoro a tempo determinato con lo stesso

[3] Il lavoratore somministrato non è computato nell'organico dell'utilizzatore ai fini dell'applicazione di normative di legge o di contratto collettivo, fatta eccezione per quelle relative alla tutela della salute e della sicurezza sul lavoro. In caso di somministrazione di lavoratori disabili per missioni di durata non inferiore a dodici mesi, il lavoratore somministrato è computato nella quota di riserva di cui all'articolo 3 della legge 12 marzo 1999, n. 68 **(28)**.

[4] Le disposizioni di cui all'articolo 4 e 24 della legge n. 223 del 1991 **(29)** non trovano applicazione nel caso di cessazione della somministrazione di lavoro tempo indeterminato, cui si applica l'articolo 3 della legge n. 604 del 1966 **(30)**.

Art. 35. Tutela del lavoratore, esercizio del potere disciplinare e regime della solidarietà – [1] Per tutta la durata della missione presso l'utilizzatore, i lavoratori del somministratore hanno diritto, a parità di mansioni svolte, a condizioni economiche e normative complessivamente non inferiori a quelle dei dipendenti di pari livello dell'utilizzatore.

[2] L'utilizzatore è obbligato in solido con il somministratore a corrispondere ai lavoratori i trattamenti retributivi e a versare i relativi contributi previdenziali, salvo il diritto di rivalsa verso il somministratore.

[...]

[4] Il somministratore informa i lavoratori sui rischi per la sicurezza e la salute connessi alle attività produttive e li forma e addestra all'uso delle attrezzature di lavoro necessarie allo svolgimento dell'attività lavorativa per la quale essi vengono assunti, in conformità al decreto legislativo 9 aprile 2008, n. 81. Il contratto di somministrazione può prevedere che tale obbligo sia adempiuto dall'utilizzatore.

---

lavoratore per svolgere le medesime mansioni. Inoltre, nel computo dei 24 mesi di lavoro si deve tenere conto di tutti i rapporti di lavoro a termine a scopo di somministrazione intercorsi tra le parti, ivi compresi quelli antecedenti al 14 luglio 2018. In caso di durata della somministrazione a termine per un periodo superiore a 12 mesi presso lo stesso utilizzatore, o di rinnovo della missione (anche in tal caso presso lo stesso utilizzatore), il contratto di lavoro stipulato dal somministratore con il lavoratore dovrà indicare una motivazione riferita alle esigenze dell'utilizzatore medesimo. Non sono cumulabili a tale fine i periodi svolti presso diversi utilizzatori, fermo restando il limite massimo di durata di 24 mesi del rapporto.

(26) Pause tra un contratto e il successivo, c.d. *stop and go* (cfr. cap. 39 *"Il lavoro a termine"*).

(27) Limiti quantitativi al numero dei contratti a tempo determinato che può stipulare ogni datore di lavoro (cfr. cap. 39 *"Il lavoro a termine"*).

(28) Diritti di precedenza (cfr. cap. 39 *"Il lavoro a termine"*).

(29) Cfr. cap. 18 *"Divieti di discriminazione"*.

(30) Cfr. cap. 35 *"Il licenziamento collettivo"*.

41. Interposizione illecita, appalto, somministrazione, distacco   195

L'utilizzatore osserva nei confronti dei lavoratori somministrati gli obblighi di prevenzione e protezione cui è tenuto, per legge e contratto collettivo, nei confronti dei propri dipendenti.

[5] Nel caso in cui adibisca il lavoratore a mansioni di livello superiore o inferiore a quelle dedotte in contratto, l'utilizzatore deve darne immediata comunicazione scritta al somministratore consegnandone copia al lavoratore medesimo. Ove non abbia adempiuto all'obbligo di informazione, l'utilizzatore risponde in via esclusiva per le differenze retributive spettanti al lavoratore occupato in mansioni superiori e per l'eventuale risarcimento del danno derivante dall'assegnazione a mansioni inferiori.

[6] Ai fini dell'esercizio del potere disciplinare, che è riservato al somministratore, l'utilizzatore comunica al somministratore gli elementi che formeranno oggetto della contestazione ai sensi dell'articolo 7 della legge n. 300 del 1970 **(31)**.

[7] L'utilizzatore risponde nei confronti dei terzi dei danni a essi arrecati da lavoratore nello svolgimento delle sue mansioni.

[...]

Art. 38. Somministrazione irregolare – [1] In mancanza di forma scritta il contratto di somministrazione di lavoro è nullo e i lavoratori sono considerati a tutti gli effetti alle dipendenze dell'utilizzatore.

[2] Quando la somministrazione di lavoro avvenga al di fuori dei limiti e delle condizioni di cui agli articoli 31, commi 1 e 2, 32 e 33, comma 1, lettere a), b), c) e d), il lavoratore può chiedere, anche soltanto nei confronti dell'utilizzatore, la costituzione di un rapporto di lavoro alle dipendenze di quest'ultimo, con effetto dall'inizio della somministrazione.

[3] Nelle ipotesi di cui al comma 2 tutti i pagamenti effettuati dal somministratore, a titolo retributivo o di contribuzione previdenziale, valgono a liberare il soggetto che ne ha effettivamente utilizzato la prestazione dal debito corrispondente fino a concorrenza della somma effettivamente pagata. Tutti gli atti compiuti o ricevuti dal somministratore nella costituzione o nella gestione del rapporto, per il periodo durante il quale la somministrazione ha avuto luogo, si intendono come compiuti o ricevuti dal soggetto che ha effettivamente utilizzato la prestazione.

[4] La disposizione di cui al comma 2 non trova applicazione nei confronti delle pubbliche amministrazioni.

Art. 39. Decadenza e tutele – [1] Nel caso in cui il lavoratore chieda la costituzione del rapporto di lavoro con l'utilizzatore, ai sensi dell'articolo 38, comma 2 trovano applicazione le disposizioni dell'articolo 6 della legge n. 604 del 1966 **(32)** e il termine di cui al primo comma del predetto articolo decorre dalla data in cui il lavoratore ha cessato di svolgere la propria attività presso l'utilizzatore.

---

(31) Cfr. cap. 24 *"Il licenziamento per giustificato motivo oggettivo"*.

(32) Cfr. cap. 22 *"La procedura per il licenziamento disciplinare"*.

196   Il rapporto individuale di lavoro

[2] Nel caso in cui il giudice accolga la domanda di cui al comma 1 condanna il datore di lavoro al risarcimento del danno in favore del lavoratore, stabilendo un'indennità onnicomprensiva nella misura compresa tra un minimo di 2,5 e un massimo di 12 mensilità dell'ultima retribuzione di riferimento per il calcolo per il trattamento di fine rapporto avuto riguardo per i criteri indicati nell'articolo 8 della legge n. 604 del 1966 **(33)**. La predetta indennità ristora per intero il pregiudizio subito dal lavoratore, comprese le conseguenze retributive e contributive, relativo al periodo compreso tra la data in cui il lavoratore ha cessato di svolgere la propria attività presso l'utilizzatore e la pronuncia con la quale il giudice ha ordinato la costituzione del rapporto di lavoro.

Legge 4 novembre 2010, n. 183 – Collegato Lavoro

Art. 32. Decadenze e disposizioni in materia di contratto di lavoro a tempo determinato – [...]
[4] Le disposizioni di cui all'articolo 6 della legge 15 luglio 1966, n. 604 **(34)**·
[...], si applicano anche:
    [...]
d) in ogni altro caso in cui, compresa l'ipotesi prevista dall'articolo 27 del decreto legislativo 10 settembre 2003, n. 276, si chieda la costituzione o l'accertamento di un rapporto di lavoro in capo a un soggetto diverso dal titolare del contratto **(35)**.
    [...]

D.lgs. 9 aprile 2008, n. 81 Testo unico sulla salute e sicurezza sul lavoro

Art. 26. Obblighi connessi ai contratti d'appalto o d'opera o di somministrazione –
[1] Il datore di lavoro, in caso di affidamento di lavori, servizi e forniture all'impresa appaltatrice o a lavoratori autonomi all'interno della propria azienda, o di una singola unità produttiva della stessa, nonché nell'ambito dell'intero ciclo produttivo dell'azienda medesima, sempre che abbia la disponibilità giuridica dei luoghi in cui si svolge l'appalto o la prestazione di lavoro autonomo:

(33) Cfr. cap. 27 *"Impugnazione del licenziamento"*.
(34) Cfr. cap. 33 *"Il regime di tutela obbligatoria"*.
(35) Cfr. cap. 27 *"Impugnazione del licenziamento"*.

41. Interposizione illecita, appalto, somministrazione, distacco 197

a) verifica [...] l'idoneità tecnico-professionale delle imprese appaltatrici o dei lavoratori autonomi in relazione ai lavori, ai servizi e alle forniture da affidare in appalto o mediante contratto d'opera o di somministrazione **(36)**. [...]

b) fornisce agli stessi soggetti dettagliate informazioni sui rischi specifici esistenti nell'ambiente in cui sono destinati ad operare e sulle misure di prevenzione e di emergenza adottate in relazione alla propria attività **(37)**.

[2] Nell'ipotesi di cui al comma 1, i datori di lavoro, ivi compresi i subappaltatori:

a) cooperano all'attuazione delle misure di prevenzione e protezione dai rischi sul lavoro incidenti sull'attività lavorativa oggetto dell'appalto;

b) coordinano gli interventi di protezione e prevenzione dai rischi cui sono esposti i lavoratori, informandosi reciprocamente anche al fine di eliminare rischi dovuti alle interferenze tra i lavori delle diverse imprese coinvolte nell'esecuzione dell'opera complessiva **(38)**.

[3] Il datore di lavoro committente promuove la cooperazione e il coordinamento di cui al comma 2, elaborando un unico documento di valutazione dei rischi che indichi le misure adottate per eliminare o, ove ciò non è possibile, ridurre al minimo i rischi da interferenze ovvero individuando, limitatamente ai settori di attività a basso rischio di infortuni e malattie professionali [...], con riferimento sia all'attività del datore di lavoro committente sia alle attività dell'impresa appaltatrice e dei lavoratori autonomi, un proprio incaricato, in possesso di formazione, esperienza e competenza professionali, adeguate e specifiche in relazione all'incarico conferito, nonché di periodico aggiornamento e di conoscenza diretta dell'ambiente di lavoro, per sovrintendere a tali cooperazione e coordinamento. In caso di redazione del documento esso è allegato al contratto di appalto o di opera e deve essere adeguato in funzione dell'evoluzione dei lavori, servizi e forniture. [...] Le disposizioni del presente comma non si applicano ai rischi specifici propri dell'attività delle imprese appaltatrici o dei singoli lavoratori autonomi **(39)**. [...]

---

(36) Il lavoratore può chiedere la costituzione di un rapporto alle dipendenze del committente con qualsiasi atto scritto, anche stragiudiziale, idoneo a rendere nota la propria volontà, entro 60 giorni dalla cessazione dell'attività resa in favore dell'appaltatore. Nell'appalto di servizi, a seguito dell'accertamento giudiziale della interposizione fittizia di manodopera, se il lavoratore ha offerto la propria prestazione lavorativa e il datore l'ha illegittimamente rifiutata, egli deve comunque corrispondere la retribuzione, salvo l'efficacia liberatoria dei pagamenti fatti dall'appaltatore a decorrere dalla messa in mora (Cass., S.U., 7 febbraio 2018, n. 2990).

(37) A tal fine, il committente deve porre in essere i presidi e le cautele necessarie per evitare la presenza nel luogo di svolgimento dell'appalto di persone non regolarmente assunte, non formate né informate (Cass. pen. 21 dicembre 2017, n. 57187).

(38) Qualsiasi clausola tesa ad esonerare il committente da ogni responsabilità in materia di tutela della salute dei lavoratori è inefficace, in quanto contraria a norma di ordine pubblico (Circ. Min. Lav. 12 gennaio 2001, n. 8).

(39) Il committente, nella cui disponibilità permane l'ambiente di lavoro, ha l'obbligo di adottare tutte le misure necessarie a tutelare la salute e l'integrità fisica dei dipendenti, suo e dell'appaltatore, non limitandosi ad informare questo

Codice penale

Articolo 603 bis Intermediazione illecita e sfruttamento del lavoro – [1] Salvo che il fatto costituisca più grave reato, è punito con la reclusione da uno a sei anni e con la multa da 500 a 1.000 euro per ciascun lavoratore reclutato, chiunque:

1) recluta manodopera allo scopo di destinarla al lavoro presso terzi in condizioni di sfruttamento, approfittando dello stato di bisogno dei lavoratori;

2) utilizza, assume o impiega manodopera, anche mediante l'attività di intermediazione di cui al numero 1), sottoponendo i lavoratori a condizioni di sfruttamento ed approfittando del loro stato di bisogno.

[2] Se i fatti sono commessi mediante violenza o minaccia, si applica la pena della reclusione da cinque a otto anni e la multa da 1.000 a 2.000 euro per ciascun lavoratore reclutato.

[3] Ai fini del presente articolo, costituisce indice di sfruttamento la sussistenza di una o più delle seguenti condizioni:

1) la reiterata corresponsione di retribuzioni in modo palesemente difforme dai contratti collettivi nazionali o territoriali stipulati dalle organizzazioni sindacali più rappresentative a livello nazionale, o comunque sproporzionato rispetto alla quantità e qualità del lavoro prestato;

2) la reiterata violazione della normativa relativa all'orario di lavoro, ai periodi di riposo, al riposo settimanale, all'aspettativa obbligatoria, alle ferie;

3) la sussistenza di violazioni delle norme in materia di sicurezza e igiene nei luoghi di lavoro;

4) la sottoposizione del lavoratore a condizioni di lavoro, a metodi di sorveglianza o a situazioni alloggiative degradanti.

[4] Costituiscono aggravante specifica e comportano l'aumento della pena da un terzo alla metà:

1) il fatto che il numero di lavoratori reclutati sia superiore a tre;

2) il fatto che uno o più dei soggetti reclutati siano minori in età non lavorativa;

3) l'aver commesso il fatto esponendo i lavoratori sfruttati a situazioni di grave pericolo, avuto riguardo alle caratteristiche delle prestazioni da svolgere e delle condizioni di lavoro.

---

adeguatamente, ma informando altresì i singoli lavoratori, predisponendo i mezzi idonei al raggiungimento dello scopo per tutti e per ciascuno di essi, cooperando con l'appaltatore per l'attuazione delle misure di prevenzione e protezione dei rischi connessi sia al luogo di lavoro, sia all'attività appaltata, risultando del tutto irrilevante il dato soggettivo dei rapporti giuridici tra i vari datori di lavoro (Cass. 12 gennaio 2016, n. 287). L'omissione delle cautele da parte dei lavoratori dell'appaltatore è inidonea ad escludere il nesso causale rispetto alla condotta colposa del committente che non abbia provveduto all'adozione di tutte le misure di prevenzione rese necessarie dalle condizioni concrete di svolgimento del lavoro, non essendo né imprevedibile né anomala una dimenticanza dei lavoratori (Cass. 25 febbraio 2019, n. 5419; Cass. 5 giugno 2013, n. 14207).

42. L'apprendistato

D.lgs. 15 giugno 2015, n. 81 – Disciplina organica dei contratti di lavoro e revisione della normativa in tema di mansioni, a norma dell'articolo 1, comma 7, della legge 10 dicembre 2014, n. 183

Art. 41. Definizione – [1] L'apprendistato è un contratto di lavoro a tempo indeterminato finalizzato alla formazione e alla occupazione dei giovani **(1)-(2)-(3)**.

[2] Il contratto di apprendistato si articola nelle seguenti tipologie:

a) apprendistato per la qualifica e il diploma professionale, il diploma di istruzione secondaria superiore e il certificato di specializzazione tecnica superiore;

b) apprendistato professionalizzante **(4)**;

---

(1) Con il contratto di apprendistato l'imprenditore si obbliga ad impartire o a far impartire all'apprendista assunto alle sue dipendenze l'insegnamento necessario perché possa conseguire la capacità tecnica per diventare lavoratore qualificato, utilizzandone l'opera nell'impresa. La prestazione dell'apprendista è destinata sia a rendere possibile la pratica, quindi l'apprendimento, sia a fornire un'utilità al datore, il quale è tenuto a corrispondere un compenso, la cui misura è fissata dai contratti collettivi.

(2) Il contratto di apprendistato è un contratto a causa mista con finalità formative e non può essere stipulato al solo scopo di far svolgere durante la durata del contratto le mansioni tipiche del profilo professionale, ma deve prevedere al contempo un'attività di insegnamento da parte del datore di lavoro, la quale costituisce elemento essenziale indefettibile del contratto, entrando a far parte della causa negoziale (Cass. 7 marzo 2018, n. 5375).

(3) Anche se il rapporto di apprendistato costituisce una *species* del rapporto di lavoro subordinato, tuttavia la sua peculiarità non impedisce l'applicazione, ai sensi dell'art. 2134, degli articoli del codice civile dedicati al rapporto di lavoro subordinato e delle altre norme generali non espressamente derogate.

(4) In linea di principio deve ritenersi legittima la stipulazione di un contratto di apprendistato *ex* art. 16, legge n. 196/1997, con un soggetto in possesso di un diploma professionale, ma è pur sempre necessario verificare in concreto, laddove il lavoratore venga adibito a mansioni corrispondenti al diploma conseguito, se non sia del tutto superfluo il periodo di addestramento pratico (Cass. 20 settembre 2010, n. 19834).

c) apprendistato di alta formazione e ricerca.

[3] L'apprendistato per la qualifica e il diploma professionale, il diploma di istruzione secondaria superiore e il certificato di specializzazione tecnica superiore e quello di alta formazione e ricerca integrano organicamente, in un sistema duale, formazione e lavoro, con riferimento ai titoli di istruzione e formazione e alle qualificazioni professionali [...].

Art. 42. Disciplina generale – [1] Il contratto di apprendistato è stipulato in forma scritta ai fini della prova. Il contratto di apprendistato contiene, in forma sintetica, il piano formativo individuale definito anche sulla base di moduli e formulari stabiliti dalla contrattazione collettiva o dagli enti bilaterali [...]. Nell'apprendistato per la qualifica e il diploma professionale, il diploma di istruzione secondaria superiore e il certificato di specializzazione tecnica superiore e nell'apprendistato di alta formazione e ricerca, il piano formativo individuale è predisposto dalla istituzione formativa con il coinvolgimento dell'impresa. Al piano formativo individuale, per la quota a carico dell'istituzione formativa, si provvede nell'ambito delle risorse umane, finanziarie e strumentali disponibili a legislazione vigente.

[2] Il contratto di apprendistato ha una durata minima non inferiore a sei mesi, fatto salvo quanto previsto dagli articoli 43, comma 8, e 44, comma 5.

[3] Durante l'apprendistato trovano applicazione le sanzioni previste dalla normativa vigente per il licenziamento illegittimo **(5)**. Nel contratto di apprendistato per la qualifica e il diploma professionale, il diploma di istruzione secondaria superiore e il certificato di specializzazione tecnica superiore, costituisce giustificato motivo di licenziamento il mancato raggiungimento degli obiettivi formativi come attestato dall'istituzione formativa.

[4] Al termine del periodo di apprendistato le parti possono recedere dal contratto, ai sensi dell'articolo 2118 del codice civile **(6)**, con preavviso decorrente dal medesimo termine. Durante il periodo di preavviso continua a trovare applicazione la disciplina del contratto di apprendistato. Se nessuna delle parti recede il rapporto prosegue come ordinario rapporto di lavoro subordinato a tempo indeterminato.

---

(5) Al licenziamento intimato all'apprendista in pendenza del periodo di formazione non trova applicazione la disciplina relativa al licenziamento *ante tempus* nel rapporto di lavoro a termine, bensì l'ordinaria disciplina in materia di licenziamenti applicabile *ratione temporis*. Ciò in quanto, anche nel periodo antecedente l'entrata in vigore del d.lgs. 14 settembre 2011, n. 167 – che ha sancito *ex lege* la natura a tempo indeterminato del rapporto in questione – l'apprendistato deve ritenersi un rapporto di lavoro a tempo indeterminato bifasico, nel quale la prima fase è contraddistinta da una causa mista, mentre la seconda fase – soltanto eventuale, perché condizionata al mancato recesso *ex* art. 2118 c.c. – rientra nell'ordinario assetto del rapporto di lavoro subordinato (Cass. 13 luglio 2017, n. 17373).

(6) Cfr. cap. 19 *"Il licenziamento libero con preavviso"*.

42. L'apprendistato

[5] Salvo quanto disposto dai commi da 1 a 4, la disciplina del contratto di apprendistato è rimessa ad accordi interconfederali ovvero ai contratti collettivi nazionali di lavoro stipulati dalle associazioni sindacali comparativamente più rappresentative sul piano nazionale, nel rispetto dei seguenti principi:

a) divieto di retribuzione a cottimo;

b) possibilità di inquadrare il lavoratore fino a due livelli inferiori rispetto a quello spettante in applicazione del contratto collettivo nazionale di lavoro ai lavoratori addetti a mansioni che richiedono qualificazioni corrispondenti a quelle al cui conseguimento è finalizzato il contratto, o, in alternativa, di stabilire la retribuzione dell'apprendista in misura percentuale e proporzionata all'anzianità di servizio;

c) presenza di un tutore o referente aziendale;

d) possibilità di finanziare i percorsi formativi aziendali degli apprendisti per il tramite dei fondi paritetici interprofessionali [...];

e) possibilità del riconoscimento, sulla base dei risultati conseguiti nel percorso di formazione, esterna e interna alla impresa, della qualificazione professionale ai fini contrattuali e delle competenze acquisite ai fini del proseguimento degli studi nonché nei percorsi di istruzione degli adulti;

f) registrazione della formazione effettuata e della qualificazione professionale ai fini contrattuali eventualmente acquisita nel libretto formativo del cittadino [...];

g) possibilità di prolungare il periodo di apprendistato in caso di malattia, infortunio o altra causa di sospensione involontaria del lavoro, di durata superiore a trenta giorni;

h) possibilità di definire forme e modalità per la conferma in servizio, senza nuovi o maggiori oneri per la finanza pubblica, al termine del percorso formativo, al fine di ulteriori assunzioni in apprendistato.

[6] Per gli apprendisti l'applicazione delle norme sulla previdenza e assistenza sociale obbligatoria si estende alle seguenti forme:

a) assicurazione contro gli infortuni sul lavoro e le malattie professionali;

b) assicurazione contro le malattie;

c) assicurazione contro l'invalidità e vecchiaia;

d) maternità;

e) assegno familiare;

f) assicurazione sociale per l'impiego, in relazione alla quale, in aggiunta a quanto previsto in relazione al regime contributivo per le assicurazioni di cui alle precedenti lettere [...] con effetto sui periodi contributivi maturati a decorrere dal 1°gennaio 2013 è dovuta dai datori di lavoro per gli apprendisti artigiani e non artigiani una contribuzione pari all'1,31 per cento della retribuzione imponibile ai fini previdenziali [...].

[7] Il numero complessivo di apprendisti che un datore di lavoro può assumere, direttamente o indirettamente per il tramite delle agenzie di somministrazione autorizzate, non può superare il rapporto di 3 a 2 rispetto alle maestranze specializzate e qualificate in servizio presso il medesimo datore di lavoro. Tale rapporto non può superare il 100 per cento per i datori di lavoro che occupano un numero

202 Il rapporto individuale di lavoro

di lavoratori inferiore a dieci unità. È in ogni caso esclusa la possibilità di utilizzare apprendisti con contratto di somministrazione a tempo determinato. Il datore di lavoro che non abbia alle proprie dipendenze lavoratori qualificati o specializzati, o che comunque ne abbia in numero inferiore a tre, può assumere apprendisti in numero non superiore a tre. Le disposizioni di cui al presente comma non si applicano alle imprese artigiane [...].

[8] Ferma restando la possibilità per i contratti collettivi nazionali di lavoro, stipulati dalle associazioni sindacali comparativamente più rappresentative sul piano nazionale, di individuare limiti diversi da quelli previsti dal presente comma, esclusivamente per i datori di lavoro che occupano almeno cinquanta dipendenti, l'assunzione di nuovi apprendisti con contratto di apprendistato professionalizzante è subordinata alla prosecuzione, a tempo indeterminato, del rapporto di lavoro al termine del periodo di apprendistato, nei trentasei mesi precedenti la nuova assunzione, di almeno il 20 per cento degli apprendisti dipendenti dallo stesso datore di lavoro, restando esclusi dal computo i rapporti cessati per recesso durante il periodo di prova, dimissioni o licenziamento per giusta causa. Qualora non sia rispettata la predetta percentuale, è in ogni caso consentita l'assunzione di un apprendista con contratto professionalizzante. Gli apprendisti assunti in violazione dei limiti di cui al presente comma sono considerati ordinari lavoratori subordinati a tempo indeterminato sin dalla data di costituzione del rapporto.

Art. 43. Apprendistato per la qualifica e il diploma professionale, il diploma di istruzione secondaria superiore e il certificato di specializzazione tecnica superiore – [1] L'apprendistato per la qualifica e il diploma professionale e il certificato di specializzazione tecnica superiore è strutturato in modo da coniugare la formazione effettuata in azienda con l'istruzione e la formazione professionale svolta dalle istituzioni formative che operano nell'ambito dei sistemi regionali di istruzione e formazione sulla base dei livelli essenziali delle prestazioni [...].

[2] Possono essere assunti con il contratto di cui al comma 1, in tutti i settori di attività, i giovani che hanno compiuto i 15 anni di età e fino al compimento dei 25. La durata del contratto è determinata in considerazione della qualifica o del diploma da conseguire e non può in ogni caso essere superiore a tre anni o a quattro anni nel caso di diploma professionale quadriennale.

[3] Fermo restando quanto previsto dall'articolo 46, comma 1, la regolamentazione dell'apprendistato per la qualifica e il diploma professionale e il certificato di specializzazione tecnica superiore è rimessa alle regioni e alle province autonome di Trento e Bolzano. In assenza di regolamentazione regionale l'attivazione dell'apprendistato per la qualifica e il diploma professionale e il certificato di specializzazione tecnica superiore è rimessa al Ministero del lavoro e delle politiche sociali, che ne disciplina l'esercizio con propri decreti.

[4] In relazione alle qualificazioni [...], i datori di lavoro hanno la facoltà di prorogare fino ad un anno il contratto di apprendistato dei giovani qualificati e diplomati, che hanno concluso positivamente i percorsi di cui al comma 1, per il consolidamento e l'acquisizione di ulteriori competenze tecnico-professionali e specialistiche, utili anche ai fini dell'acquisizione del certificato di specializzazione

42. L'apprendistato

tecnica superiore o del diploma di maturità professionale all'esito del corso annuale integrativo [...]. Il contratto di apprendistato può essere prorogato fino ad un anno anche nel caso in cui, al termine dei percorsi di cui al comma 1, l'apprendista non abbia conseguito la qualifica, il diploma, il certificato di specializzazione tecnica superiore o il diploma di maturità professionale all'esito del corso annuale integrativo.

[5] Possono essere, altresì, stipulati contratti di apprendistato, di durata non superiore a quattro anni, rivolti ai giovani iscritti a partire dal secondo anno dei percorsi di istruzione secondaria superiore, per l'acquisizione, oltre che del diploma di istruzione secondaria superiore, di ulteriori competenze tecnico-professionali rispetto a quelle già previste dai vigenti regolamenti scolastici, utili anche ai fini del conseguimento del certificato di specializzazione tecnica superiore. [...] Sono fatti salvi, fino alla loro conclusione, i programmi sperimentali per lo svolgimento di periodi di formazione in azienda già attivati. Possono essere, inoltre, stipulati contratti di apprendistato, di durata non superiore a due anni, per i giovani che frequentano il corso annuale integrativo che si conclude con l'esame di Stato [...].

[6] Il datore di lavoro che intende stipulare il contratto di apprendistato per la qualifica e il diploma professionale, il diploma di istruzione secondaria superiore e il certificato di specializzazione tecnica superiore sottoscrive un protocollo con l'istituzione formativa a cui lo studente è iscritto, che stabilisce il contenuto e la durata degli obblighi formativi del datore di lavoro, secondo lo schema definito con il decreto di cui all'articolo 46, comma 1. Con il medesimo decreto sono definiti i criteri generali per la realizzazione dei percorsi di apprendistato, e, in particolare, i requisiti delle imprese nelle quali si svolge e il monte orario massimo del percorso scolastico che può essere svolto in apprendistato, nonché il numero di ore da effettuare in azienda, nel rispetto dell'autonomia delle istituzioni scolastiche e delle competenze delle regioni e delle provincie autonome. Nell'apprendistato che si svolge nell'ambito del sistema di istruzione e formazione professionale regionale, la formazione esterna all'azienda è impartita nell'istituzione formativa a cui lo studente è iscritto e non può essere superiore al 60 per cento dell'orario ordinamentale per il secondo anno e al 50 per cento per il terzo e quarto anno, nonché per l'anno successivo finalizzato al conseguimento del certificato di specializzazione tecnica, in ogni caso nell'ambito delle risorse umane, finanziarie e strumentali disponibili nel rispetto di quanto stabilito dalla legislazione vigente.

[7] Per le ore di formazione svolte nella istituzione formativa il datore di lavoro è esonerato da ogni obbligo retributivo. Per le ore di formazione a carico del datore di lavoro è riconosciuta al lavoratore una retribuzione pari al 10 per cento di quella che gli sarebbe dovuta. Sono fatte salve le diverse previsioni dei contratti collettivi.

[8] [...]

[9] Successivamente al conseguimento della qualifica o del diploma professionale [...], nonché del diploma di istruzione secondaria superiore, allo scopo di conseguire la qualificazione professionale ai fini contrattuali, è possibile la trasformazione del contratto in apprendistato professionalizzante. In tal caso, la durata massima complessiva dei due periodi di apprendistato non può eccedere quella individuata dalla contrattazione collettiva di cui all'articolo 42, comma 5.

Art. 44. Apprendistato professionalizzante – [1] Possono essere assunti in tutti i settori di attività, pubblici o privati, con contratto di apprendistato professionalizzante per il conseguimento di una qualificazione professionale ai fini contrattuali, i soggetti di età compresa tra i 18 e i 29 anni. Per i soggetti in possesso di una qualifica professionale, [...] il contratto di apprendistato professionalizzante può essere stipulato a partire dal diciassettesimo anno di età. La qualificazione professionale al cui conseguimento è finalizzato il contratto è determinata dalle parti del contratto sulla base dei profili o qualificazioni professionali previsti per il settore di riferimento dai sistemi di inquadramento del personale di cui ai contratti collettivi stipulati dalle associazioni sindacali comparativamente più rappresentative sul piano nazionale.

[2] Gli accordi interconfederali e i contratti collettivi nazionali di lavoro stipulati dalle associazioni sindacali comparativamente più rappresentative sul piano nazionale stabiliscono, in ragione del tipo di qualificazione professionale ai fini contrattuali da conseguire, la durata e le modalità di erogazione della formazione per l'acquisizione delle relative competenze tecnico-professionali e specialistiche, nonché la durata anche minima del periodo di apprendistato, che non può essere superiore a tre anni ovvero cinque per i profili professionali caratterizzanti la figura dell'artigiano individuati dalla contrattazione collettiva di riferimento.

[3] La formazione di tipo professionalizzante, svolta sotto la responsabilità del datore di lavoro, è integrata, nei limiti delle risorse annualmente disponibili, dalla offerta formativa pubblica, interna o esterna alla azienda, finalizzata alla acquisizione di competenze di base e trasversali per un monte complessivo non superiore a centoventi ore per la durata del triennio e disciplinata dalle regioni e dalle province autonome di Trento e Bolzano, sentite le parti sociali e tenuto conto del titolo di studio e delle competenze dell'apprendista. [...]

[4] [...]

[5] Per i datori di lavoro che svolgono la propria attività in cicli stagionali, i contratti collettivi nazionali di lavoro stipulati dalle associazioni sindacali comparativamente più rappresentative sul piano nazionale possono prevedere specifiche modalità di svolgimento del contratto di apprendistato, anche a tempo determinato. La previsione di cui al primo periodo trova applicazione altresì nell'ambito delle attività in cicli stagionali che si svolgono nel settore del cinema e dell'audiovisivo.

Art. 45. Apprendistato di alta formazione e di ricerca – [1] Possono essere assunti in tutti i settori di attività, pubblici o privati, con contratto di apprendistato per il conseguimento di titoli di studio universitari e della alta formazione, compresi i dottorati di ricerca, i diplomi relativi ai percorsi degli istituti tecnici superiori [...], per attività di ricerca, nonché per il praticantato per l'accesso alle professioni ordinistiche, i soggetti di età compresa tra i 18 e i 29 anni in possesso di diploma di istruzione secondaria superiore o di un diploma professionale conseguito nei percorsi di istruzione e formazione professionale integrato da un certificato di specializzazione tecnica superiore o del diploma di maturità professionale all'esito del corso annuale integrativo.

[2] Il datore di lavoro che intende stipulare un contratto di cui al comma 1 sottoscrive un protocollo con l'istituzione formativa a cui lo studente è iscritto o con

42. L'apprendistato

l'ente di ricerca, che stabilisce la durata e le modalità, anche temporali, della formazione a carico del datore di lavoro, secondo lo schema definito con il decreto di cui all'articolo 46, comma 1. Il suddetto protocollo stabilisce, altresì, il numero dei crediti formativi riconoscibili a ciascuno studente per la formazione a carico del datore di lavoro in ragione del numero di ore di formazione svolte in azienda [...]. I principi e le modalità di attribuzione dei crediti formativi sono definiti con il decreto di cui all'articolo 46, comma 1. La formazione esterna all'azienda è svolta nell'istituzione formativa a cui lo studente è iscritto e nei percorsi di istruzione tecnica superiore e non può, di norma, essere superiore al 60 per cento dell'orario ordinamentale.

[3] Per le ore di formazione svolte nella istituzione formativa il datore di lavoro è esonerato da ogni obbligo retributivo. Per le ore di formazione a carico del datore di lavoro è riconosciuta al lavoratore una retribuzione pari al 10 per cento di quella che gli sarebbe dovuta. Sono fatte salve le diverse previsioni dei contratti collettivi.

[4] La regolamentazione e la durata del periodo di apprendistato per attività di ricerca o per percorsi di alta formazione e rimessa alle regioni e alle province autonome di Trento e Bolzano, per i soli profili che attengono alla formazione, sentite le associazioni territoriali dei datori di lavoro e dei lavoratori comparativamente più rappresentative sul piano nazionale, le università, gli istituti tecnici superiori e le altre istituzioni formative o di ricerca comprese quelle in possesso di riconoscimento istituzionale di rilevanza nazionale o regionale e aventi come oggetto la promozione delle attività imprenditoriali, del lavoro, della formazione, della innovazione e del trasferimento tecnologico. In assenza delle regolamentazioni regionali di cui al comma 4, l'attivazione dei percorsi di apprendistato di alta formazione e ricerca è disciplinata dalle disposizioni del decreto di cui all'articolo 46, comma 1. Sono fatte salve fino alla regolamentazione regionale le convenzioni stipulate dai datori di lavoro o dalle loro associazioni con le università, gli istituti tecnici superiori e le altre istituzioni formative o di ricerca, senza nuovi o maggiori oneri a carico della finanza pubblica.

Art. 47. Disposizioni finali – [1] In caso di inadempimento nella erogazione della formazione a carico del datore di lavoro, di cui egli sia esclusivamente responsabile e che sia tale da impedire la realizzazione delle finalità di cui agli articoli 43, 44 e 45, il datore di lavoro è tenuto a versare la differenza tra la contribuzione versata e quella dovuta con riferimento al livello di inquadramento contrattuale superiore che sarebbe stato raggiunto dal lavoratore al termine del periodo di apprendistato, maggiorata del 100 per cento, con esclusione di qualsiasi sanzione per omessa contribuzione. Nel caso in cui rilevi un inadempimento nella erogazione della formazione prevista nel piano formativo individuale, il personale ispettivo del Ministero del lavoro e delle politiche sociali adotta un provvedimento di disposizione [...], assegnando un congruo termine al datore di lavoro per adempiere.

[2] Per la violazione della disposizione di cui all'articolo 42, comma 1, nonché per la violazione delle previsioni contrattuali collettive attuative dei principi di cui all'articolo 42, comma 5, lettere a), b) e c), il datore di lavoro è punito con la san-

206   Il rapporto individuale di lavoro

zione amministrativa pecuniaria da 100 a 600 euro. In caso di recidiva la sanzione amministrativa pecuniaria è aumentata da 300 a 1500 euro. Alla contestazione delle sanzioni amministrative di cui al presente comma provvedono gli organi di vigilanza che effettuano accertamenti in materia di lavoro e legislazione sociale [...]. L'autorità competente a ricevere il rapporto [...] è la direzione territoriale del lavoro **(7)**.

[3] Fatte salve le diverse previsioni di legge o di contratto collettivo, i lavoratori assunti con contratto di apprendistato sono esclusi dal computo dei limiti numerici previsti da leggi e contratti collettivi per l'applicazione di particolari normative e istituti.

[4] Ai fini della loro qualificazione o riqualificazione professionale è possibile assumere in apprendistato professionalizzante, senza limiti di età, i lavoratori beneficiari di indennità di mobilità o di un trattamento di disoccupazione. Per essi trovano applicazione, in deroga alle previsioni di cui all'articolo 42, comma 4, le disposizioni in materia di licenziamenti individuali, nonché, per i lavoratori beneficiari di indennità di mobilità, il regime contributivo [...].

Codice civile

Art. 2130. Durata del tirocinio – [1] Il periodo di tirocinio non può superare i limiti stabiliti *[dalle norme corporative o]* dagli usi.

Art. 2131. Retribuzione – [1] La retribuzione dell'apprendista non può assumere la forma del salario a cottimo.

Art. 2132. Istruzione professionale – [1] L'imprenditore deve permettere che l'apprendista frequenti i corsi per la formazione professionale e deve destinarlo soltanto ai lavori attinenti alla specialità professionale a cui si riferisce il tirocinio.

Art. 2133. Attestato di tirocinio – [1] Alla cessazione del tirocinio, l'apprendista, per il quale non è obbligatorio il libretto di lavoro, ha diritto di ottenere un attestato del tirocinio compiuto.

Art. 2134. Norme applicabili al tirocinio – [1] Al tirocinio si applicano le disposizioni della sezione precedente, in quanto siano compatibili con la specialità del rapporto e non siano derogate da disposizioni delle leggi speciali [o da norme corporative].

---

(7) Ai sensi del d.lgs. n. 149/2015, art. 3, e del d.p.c.m. 23 gennaio 2016, in vigore dal 1° gennaio 2017, cessa l'operatività delle Direzioni territoriali del lavoro, le cui funzioni sono svolte dagli Ispettorati territoriali del lavoro.

43. Rinunzie, transazioni e conciliazione

Codice civile

Art. 2113. Rinunzie e transazioni **(1)** – [1] Le rinunzie **(2)** e le transazioni, che hanno per oggetto diritti del prestatore di lavoro derivanti da disposizioni inderogabili della legge **(3)** e dei contratti o accordi collettivi concernenti i rapporti di cui all'articolo 409 del codice di procedura civile, non sono valide.

(1) La norma ha come fine quello di tutelare il lavoratore offrendogli uno strumento di impugnativa degli atti di disposizione che possono apparire determinati dalla sua soggezione e debolezza nei confronti dell'altra parte, ma, per altro verso, corrispondere alla sua libera volontà ed ai suoi effettivi interessi. L'invalidità relativa deriverebbe da una presunzione di vizio del consenso del lavoratore, determinata dalla incapacità giuridica relativa di costui, esistente solo nei confronti del datore di lavoro, a causa della posizione di soggezione in cui si trova il prestatore, vista la natura di vizio del consenso relativo, le rinunce e transazioni del lavoratore sono annullabili e non nulle (Cass. 26 maggio 2006, n. 12561).

(2) Non costituisce rinunzia il rilascio delle c.d. "quietanze a saldo", in quanto contengono solo un riconoscimento da parte del creditore di avere riscosso quanto è stato pagato dal debitore. Pertanto, dalla medesima non può desumersi l'esistenza di una volontà del creditore transattiva o di rinuncia ad altre pretese, salvo che questa non risulti da speciali elementi e dal complessivo tenore del documento (Cass. 12 luglio 2004, n. 12825). La quietanza a saldo sottoscritta dal lavoratore, che contenga una dichiarazione di rinuncia a maggiori somme riferita, in termini generici, ad una serie di titoli in astratto ipotizzabili in relazione alla prestazione di lavoro subordinato e alla conclusione del relativo rapporto, in quanto assimilabile alle clausole di stile e non sufficiente di per sé a comprovare l'effettiva sussistenza di una volontà dispositiva, può assumere il valore di rinuncia o di transazione a condizione che risulti accertato, sulla base dell'interpretazione del documento o per il concorso di altre specifiche circostanze desumibili *"aliunde"*, che essa sia stata rilasciata con la consapevolezza di diritti determinati od obiettivamente determinabili e con il cosciente intento di abdicarvi o di transigere sui medesimi (Cass. 19 settembre 2016, n. 18321). Anche le buste paga, ancorché sottoscritte dal lavoratore con la formula "per ricevuta", costituiscono prova solo della

> [2] L'impugnazione deve essere proposta, a pena di decadenza, entro sei mesi dalla data di cessazione del rapporto o dalla data della rinunzia o della transazione, se queste sono intervenute dopo la cessazione medesima.
>
> [3] Le rinunzie e le transazioni di cui ai commi precedenti possono essere impugnate con qualsiasi atto scritto, anche stragiudiziale (4), del lavoratore idoneo a renderne nota la volontà.

loro avvenuta consegna ma non anche dell'effettivo pagamento, della cui dimostrazione è onerato il datore di lavoro, attesa l'assenza di una presunzione assoluta di corrispondenza tra quanto da esse risulta e la retribuzione effettivamente percepita dal lavoratore, il quale può provare l'insussistenza del carattere di quietanza delle sottoscrizioni eventualmente apposte, fermo restando che l'accettazione senza riserve della liquidazione da parte di quest'ultimo al momento della risoluzione del rapporto può assumere, in presenza di altre circostanze precise, concordanti ed obiettivamente concludenti dell'intenzione di accettare l'atto risolutivo, significato negoziale (Cass. 2 giugno 2016, n. 13150).

(3) La norma riguarda i diritti già entrati nel patrimonio giuridico del datore di lavoro, mentre sono ad essa estranei gli atti che impediscono al lavoratore l'acquisto del diritto i quali, incidendo nel momento stesso della sua insorgenza, sono radicalmente nulli *ex* art. 1418 c.c., per contrarietà a norma imperativa: cfr. par. 1 *"La norma inderogabile"*. Rientrano nell'oggetto della norma i diritti di natura retributiva e risarcitoria derivanti al lavoratore dalla lesione di fondamentali diritti alla persona come il diritto alla salute, al riposo settimanale, alle ferie, alla previdenza e assistenza. Il lavoratore, invece, può liberamente disporre del suo diritto ad impugnare il licenziamento, facendone oggetto di rinunce o transazioni, che sono sottratte alla disciplina dell'art. 2113. Per ciò che riguarda, invece, l'ammissibilità di rinunzie e transazioni sul Tfr, questo matura alla cessazione del rapporto stesso, e pertanto devono ritenersi nulli *ex* art. 1418 gli accordi individuali aventi ad oggetto il Tfr intervenuti prima della cessazione del rapporto di lavoro, in quanto non aventi ad oggetto un diritto, bensì la modifica della disciplina legale o collettiva del Tfr (Cass. 28 dicembre 1983, n. 7633). Sono, altresì, validi, e pertanto sottratti alla disciplina dell'art. 2113; i patti conclusi tra i lavoratori ed il datore di lavoro per la sospensione del rapporto di lavoro e conseguente sospensione della corresponsione della retribuzione; tali accordi non hanno ad oggetto diritti di futura acquisizione e non concretano rinuncia alla retribuzione, invalida *ex* art. 2113, atteso che la perdita del corrispettivo discende dalla mancata esecuzione della prestazione (Cass. 19 maggio 2003, n. 7843).

(4) L'atto stragiudiziale di impugnazione non richiede alcuna formula specifica, ben potendo risultare anche implicitamente dall'atto stesso la volontà di invalidare l'atto abdicativo. L'atto di impugnazione deve essere proposto personalmente dal lavoratore (o dal suo legale) e l'esercizio del diritto ad esso relativo non è trasmissibile agli eredi; l'organizzazione sindacale di appartenenza del lavoratore

43. Rinunzie, transazioni e conciliazione

> **[4]** Le disposizioni del presente articolo non si applicano alla conciliazione intervenuta ai sensi degli articoli 185, 410, 411, 412-*ter* e 412-*quater* del codice di procedura civile.

Art. 1965. Nozione – [1] La transazione è il contratto col quale le parti, facendosi reciproche concessioni **(5)**, pongono fine a una lite già incominciata o prevengono una lite che può sorgere tra loro.
[...]

Art. 1967. Prova – [1] La transazione deve essere provata per iscritto, fermo il disposto del n. 12 dell'articolo 1350.

Art. 1350. Atti che devono farsi per iscritto – [1] Devono farsi per atto pubblico o per scrittura privata, sotto pena di nullità:
[...]
12) le transazioni che hanno per oggetto controversie relative ai rapporti giuridici menzionati nei numeri precedenti **(6)**;
[...]

Codice di procedura civile

> *Art. 410. Tentativo di conciliazione* **(7)** – [1] Chi intende proporre in giudizio una domanda relativa ai rapporti previsti dall'articolo 409 può promuovere, anche tramite l'associazione sindacale alla quale aderisce o conferisce mandato, un previo tentativo di conciliazione presso la commissione di conciliazione individuata secondo i criteri di cui all'articolo 413.

non può proporre autonomamente l'impugnativa ove sia mancato il conferimento da parte di questi dei poteri di rappresentanza (Cass. 4 gennaio 1995, n. 77).

(5) L'efficacia novativa della transazione presuppone una situazione di oggettiva incompatibilità tra il rapporto preesistente e quello originato dall'accordo transattivo, in virtù della quale le obbligazioni reciprocamente assunte dalle parti devono ritenersi oggettivamente diverse da quelle preesistenti (Cass. 29 luglio 2019, n. 20418).

(6) Il disposto del comma 12 dell'art. 1350, comma 1, in combinato disposto con l'art. 1967 c.c., distingue le ipotesi in cui le transazioni in materia siano sottoposte alla forma scritta per mere finalità probatorie da quelle in cui la forma è prevista *ad substantiam actus*, come ad esempio quando la transazione regoli trasferimenti immobiliari o trasferimenti di quote societarie.

(7) L'art. 410 c.p.c. disciplina la procedura per la conciliazione facoltativa in

[2] La comunicazione della richiesta di espletamento del tentativo di concilia-zione interrompe la prescrizione e sospende, per la durata del tentativo di conci-liazione e per i venti giorni successivi alla sua conclusione, il decorso di ogni ter-mine di decadenza.

[3] Le commissioni di conciliazione sono istituite presso la Direzione provin-ciale del lavoro. La commissione è composta dal direttore dell'ufficio stesso o da un suo delegato o da un magistrato collocato a riposo, in qualità di presidente, da quattro rappresentanti effettivi e da quattro supplenti dei datori di lavoro e da quattro rappresentanti effettivi e da quattro supplenti dei lavoratori, designati dalle rispettive organizzazioni sindacali maggiormente rappresentative a livello territo-riale.

[4] Le commissioni, quando se ne ravvisi la necessità, affidano il tentativo di conciliazione a proprie sottocommissioni, presiedute dal direttore della Direzione provinciale del lavoro o da un suo delegato, che rispecchino la composizione prevista dal terzo comma. In ogni caso per la validità della riunione è necessaria la presenza del Presidente e di almeno un rappresentante dei datori di lavoro e almeno un rappresentante dei lavoratori.

[5] La richiesta del tentativo di conciliazione, sottoscritta dall'istante, è conse-gnata o spedita mediante raccomandata con avviso di ricevimento. Copia della ri-chiesta del tentativo di conciliazione deve essere consegnata o spedita con racco-mandata con ricevuta di ritorno a cura della stessa parte istante alla controparte.

[6] La richiesta deve precisare:

1) nome, cognome e residenza dell'istante e del convenuto; se l'istante o il convenuto sono una persona giuridica, un'associazione non riconosciuta o un comitato, l'istanza deve indicare la denominazione o la ditta nonché la sede;

2) il luogo dove è sorto il rapporto ovvero dove si trova l'azienda o sua dipen-denza alla quale è addetto il lavoratore o presso la quale egli prestava la sua opera al momento della fine del rapporto;

3) il luogo dove devono essere fatte alla parte istante le comunicazioni ineren-ti alla procedura;

4) l'esposizione dei fatti e delle ragioni posti a fondamento della pretesa.

[7] Se la controparte intende accettare la procedura di conciliazione, deposita presso la commissione di conciliazione, entro venti giorni dal ricevimento della copia della richiesta, una memoria contenente le difese e le eccezioni in fatto e in diritto, nonché le eventuali domande in via riconvenzionale. Ove ciò non avven-ga, ciascuna delle parti è libera di adire l'autorità giudiziaria. Entro i dieci giorni

sede protetta (sindacale o davanti all'Ispettorato Nazionale del Lavoro), il cui av-vio, tramite la comunicazione di richiesta di espletamento, ha effetti sostanziali, in quanto interrompe la prescrizione e sospende per venti giorni il decorso dei ter-mini di decadenza. In ogni caso, il mancato rispetto della procedura non intacca il valore dell'accordo eventualmente raggiunto sulla transazione, che sarà efficace a norma dell'art. 2113. Per le conciliazioni svolte di fronte alle commissioni istituite dai contratti collettivi, le procedure sono definite dalla stessa autonomia collettiva.

43. Rinunzie, transazioni e conciliazione

successivi al deposito, la commissione fissa la comparizione delle parti per il tentativo di conciliazione, che deve essere tenuto entro i successivi trenta giorni. Dinanzi alla commissione il lavoratore può farsi assistere anche da un'organizzazione cui aderisce o conferisce mandato.

[8] La conciliazione della lite da parte di chi rappresenta la pubblica amministrazione, anche in sede giudiziale ai sensi dell'articolo 420, commi primo, secondo e terzo, non può dar luogo a responsabilità, salvi i casi di dolo e colpa grave.

Art. 411. Processo verbale di conciliazione – [1] Se la conciliazione esperita ai sensi dell'articolo 410 riesce, anche limitatamente ad una parte della domanda, viene redatto separato processo verbale sottoscritto dalle parti e dai componenti della commissione di conciliazione. Il giudice, su istanza della parte interessata, lo dichiara esecutivo con decreto.

[2] Se non si raggiunge l'accordo tra le parti, la commissione di conciliazione deve formulare una proposta per la bonaria definizione della controversia. Se la proposta non è accettata, i termini di essa sono riassunti nel verbale con indicazione delle valutazioni espresse dalle parti. Delle risultanze della proposta formulata dalla commissione e non accettata senza adeguata motivazione il giudice tiene conto in sede di giudizio.

[3] Ove il tentativo di conciliazione sia stato richiesto dalle parti, al ricorso depositato ai sensi dell'articolo 415 devono essere allegati i verbali e le memorie concernenti il tentativo di conciliazione non riuscito. Se il tentativo di conciliazione si è svolto in sede sindacale, ad esso non si applicano le disposizioni di cui all'articolo 410. Il processo verbale di avvenuta conciliazione è depositato presso la Direzione provinciale del lavoro a cura di una delle parti o per il tramite di un'associazione sindacale. Il direttore, o un suo delegato, accertatane l'autenticità, provvede a depositarlo nella cancelleria del tribunale nella cui circoscrizione è stato redatto. Il giudice, su istanza della parte interessata, accertata la regolarità formale del verbale di conciliazione, lo dichiara esecutivo con decreto.

Art. 412-ter. Altre modalità di conciliazione e arbitrato previste dalla contrattazione collettiva – [1] La conciliazione e l'arbitrato, nelle materie di cui all'articolo 409, possono essere svolti altresì presso le sedi e con le modalità previste dai contratti collettivi sottoscritti dalle associazioni sindacali maggiormente rappresentative **(8)**.

---

(8) La legge reputa che l'assistenza sindacale offra adeguate garanzie di consapevole e libera decisione del lavoratore di chiudere in via definitiva la controversia alle condizioni stabilite. Nel suo silenzio si deve ritenere sufficiente la partecipazione in qualsiasi forma del sindacato: sembra però indispensabile che un sindacalista qualificato presenzi al raggiungimento dell'accordo, svolgendo un'opera effettiva di assistenza al lavoratore. È infatti insufficiente la mera presenza del rap-

212   Il rapporto individuale di lavoro

Art. 412-quater. Altre modalità di conciliazione e arbitrato. – [1] Ferma restando la facoltà di ciascuna delle parti di adire l'autorità giudiziaria e di avvalersi delle procedure di conciliazione e di arbitrato previste dalla legge, le controversie di cui all'articolo 409 possono essere altresì proposte innanzi al collegio di conciliazione e arbitrato irrituale costituito secondo quanto previsto dai commi seguenti.
[...]
[8] All'udienza il collegio esperisce il tentativo di conciliazione. Se la conciliazione riesce, si applicano le disposizioni dell'articolo 411, commi primo e terzo.
[...]

D.lgs. 10 settembre 2003, n. 276 – Attuazione delle deleghe in materia di occupazione e mercato del lavoro (Legge Biagi)

Art. 68. Rinunzie e transazioni **(9)** – [1] I diritti derivanti dalle disposizioni contenute nel presente capo possono essere oggetto di rinunzie o transazioni tra le parti in sede di certificazione del rapporto di lavoro di cui al Titolo V del presente decreto legislativo.

Art. 82. Rinunzie e transazioni – [1] Le sedi di certificazione di cui all'articolo 76, comma 1, lettera a), del presente decreto legislativo sono competenti altresì a certificare le rinunzie e transazioni di cui all'articolo 2113 del codice civile a conferma della volontà abdicativa o transattiva delle parti stesse **(10)**.

presentante sindacale, occorrendo una sua attiva partecipazione, con una effettiva opera di assistenza a favore del lavoratore, per ripristinare una sua reale parità con l'impresa, a tutela del consapevole consenso; pertanto il sindacalista deve consentire al lavoratore di individuare esattamente il diritto al quale rinuncia e a fronte di quale vantaggio (Cass. 23 ottobre 2013, n. 24024). In tale contesto è stata pertanto ritenuta invalida la conciliazione sindacale conclusa dal lavoratore con l'assistenza di un esponente di un sindacato diverso da quello cui lo stesso lavoratore ha ritenuto di "affidarsi" (Cass. 22 ottobre 1991, n. 11167).

(9) Articolo abrogato dall'art. 52, comma 1, d.lgs. 15 giugno 2015, n. 81, a decorrere dal 25 giugno 2015, ai sensi di quanto disposto dall'art. 57, comma 1 del medesimo d.lgs. n. 81/2015. Il disposto si applica ancora solo ai contratti già in essere a quella data, in forza dell'applicazione dell'art. 52, comma 1 dello stesso d.lgs. n. 81/2015.

(10) Con riferimento alle disposizioni in commento, si pone il problema se in caso di certificazione (per la certificazione del contratto si veda cap. 3 "*la certificazione dei contratti di lavoro*") le rinunce e transazioni siano comunque impugnabili

43. Rinunzie, transazioni e conciliazione

Legge 4 novembre 2010, n. 183 – Collegato Lavoro

Art. 31. Conciliazione e arbitrato – [...]
[13] Presso le sedi di certificazione di cui all'articolo 76 del decreto legislativo 10 settembre 2003, n. 276 **(11)**, e successive modificazioni, può altresì essere esperito il tentativo di conciliazione di cui all'articolo 410 del codice di procedura civile.

Legge 11 maggio 1990, n. 108 – Disciplina dei licenziamenti individuali

Art. 5. Tentativo obbligatorio di conciliazione, arbitrato [...]– [1] La domanda in giudizio di cui all'articolo 2 della presente legge non può essere proposta se non è preceduta dalla richiesta di conciliazione avanzata secondo le procedure previste dai contratti e accordi collettivi di lavoro, ovvero dagli articoli 410 e 411 del codice di procedura civile.
[...]
[6] Ove il tentativo di conciliazione fallisca, ciascuna delle parti entro il termine di venti giorni può promuovere, anche attraverso l'associazione sindacale a cui è iscritta o conferisca mandato, il deferimento della controversia al collegio di arbitrato previsto dal contratto collettivo nazionale di lavoro applicabile o, in mancanza, ad un collegio composto da un rappresentante scelto da ciascuna parte e da un presidente scelto di comune accordo o, in difetto, dal direttore dell'ufficio provinciale del lavoro e della massima occupazione. Il collegio si pronuncia entro trenta giorni e la sua decisione acquista efficacia di titolo esecutivo osservate le disposizioni dell'articolo 411 del codice di procedura civile.

---

entro sei mesi ai sensi dell'art. 2113, comma 2, o se l'atto di certificazione sia invece assimilabile alle conciliazioni intervenute ai sensi degli artt. 410 e 411 c.p.c., alle quali non sono applicabili le disposizioni di cui all'art. 2113 in forza dell'ultimo comma dello stesso articolo. In questo secondo senso gli organi certificatori non potrebbero attribuire alle rinunzie transazioni natura irrevocabile, ma solo confermare la volontà abdicativa o transattiva delle parti, stabilendo, ad esempio, che una certa dichiarazione non ha il valore di una quietanza a saldo, bensì di un vero e proprio atto di dismissione di diritti; invece, le rinunzie e le transazioni dinnanzi al certificatore producono gli stessi effetti della norma di cui al codice civile, rendendo di fatto inoppugnabili i suddetti atti con conseguente loro maggiore utilità pratica.

(11) Cfr. cap. 3 *"La certificazione dei contratti di lavoro"*.

D.lgs. 4 marzo 2015, n. 23 – Disposizioni in materia di contratto di lavoro a tempo indeterminato a tutele crescenti

Art. 6. Offerta di conciliazione – [1] In caso di licenziamento dei lavoratori di cui all'articolo 1, al fine di evitare il giudizio e ferma restando la possibilità per le parti di addivenire a ogni altra modalità di conciliazione prevista dalla legge, il datore di lavoro può offrire al lavoratore, entro i termini di impugnazione stragiudiziale del licenziamento, in una delle sedi di cui all'articolo 2113, quarto comma, del codice civile, e all'articolo 76 del decreto legislativo 10 settembre 2003, n. 276, e successive modificazioni, un importo che non costituisce reddito imponibile ai fini dell'imposta sul reddito delle persone fisiche e non è assoggettato a contribuzione previdenziale, di ammontare pari a una mensilità della retribuzione di riferimento per il calcolo del trattamento di fine rapporto per ogni anno di servizio, in misura comunque non inferiore a tre e non superiore a ventisette mensilità, mediante consegna al lavoratore di un assegno circolare. L'accettazione dell'assegno in tale sede da parte del lavoratore comporta l'estinzione del rapporto alla data del licenziamento **(12)** e la rinuncia alla impugnazione del licenziamento anche qualora il lavoratore l'abbia già proposta. Le eventuali ulteriori somme pattuite nella stessa sede conciliativa a chiusura di ogni altra pendenza derivante dal rapporto di lavoro sono soggette al regime fiscale ordinario.

---

(12) Ciò non osta al riconoscimento dell'indennità di disoccupazione, dato che l'indennità NASpI può essere riconosciuta sia ai lavoratori che accettano l'offerta economica del datore di lavoro di cui all'art. 6 del d.lgs. n. 23/2015, sia a quelli licenziati per motivi disciplinari (Circ. INPS 29 luglio 2015, n. 142; Nota Min. Lav. 24 aprile 2015, n. 37).

44. La prescrizione e la decadenza

Codice civile

Art. 2934. Estinzione dei diritti – [1] Ogni diritto si estingue per prescrizione **(1)**, quando il titolare non lo esercita per il tempo determinato dalla legge.

[2] Non sono soggetti alla prescrizione i diritti indisponibili e gli altri diritti indicati dalla legge **(2)**.

Art. 2935. Decorrenza della prescrizione – [1] La prescrizione comincia a decorrere dal giorno in cui il diritto può essere fatto valere **(3)-(4)-(5)-(6)**.

---

(1) L'istituto della prescrizione disciplina gli effetti del tempo sulle situazioni giuridiche non esercitate dal titolare entro i termini prefissati dal legislatore ed assolve alla funzione di paralizzare, attraverso il diniego della tutela, le pretese esercitate tardivamente. Il fondamento della prescrizione risiede nell'esigenza di certezza dei rapporti giuridici (Cass. 10 aprile 1965, n. 634), che sottintende l'abbandono del diritto da parte del titolare che non l'abbia esercitato per un certo tempo (Cass. 12 giugno 1963, n. 1568). Oggetto della prescrizione è il diritto soggettivo di carattere patrimoniale e non il fatto costitutivo di esso e pertanto sono insuscettibili di prescrizione i meri fatti giuridici in sé considerati.

(2) Sono considerati imprescrittibili i c.d. *iura status*, cioè quelli relativi allo stato e capacità delle persone, i diritti della personalità (Corte cost. 10 giugno 1966, n. 63), i poteri di diritto familiare, il diritto agli alimenti, il diritto a pensione normale o privilegiata dovuta dallo Stato (Cass. 7 novembre 1988, n. 6008), anche se il diritto ai ratei non riscossi soggiace alla prescrizione (Cass. 22 febbraio 1991, n. 1903). A volte l'indisponibilità e la conseguente imprescrittibilità di un diritto trova il suo fondamento nella Carta costituzionale, come ad esempio nel caso del diritto alla parità di trattamento economico fra uomo e donna in materia di lavoro, sancito dall'art. 37 Cost. (Cass. 18 agosto 1983, n. 5391).

(3) La prescrizione decorre dal momento di esigibilità nel diritto, dovendosi in concreto stabilire da quale momento sia possibile per il creditore o il danneggiato pretendere l'adempimento del diritto in questione. L'eccezione di prescrizione deve sempre fondarsi su fatti allegati dalla parte ed il debitore che la solleva ha l'onere di allegare e provare il fatto che, permettendo l'esercizio del diritto, de-

Art. 2938. Non rilevabilità d'ufficio – [1] Il giudice non può rilevare d'ufficio la prescrizione non opposta.

Art. 2943. Interruzione da parte del titolare – [1] La prescrizione è interrotta dalla notificazione dell'atto con il quale si inizia un giudizio, sia questo di cognizione ovvero conservativo o esecutivo.

[2] È pure interrotta dalla domanda proposta nel corso di un giudizio.

[3] L'interruzione si verifica anche se il giudice adito è incompetente.

[4] La prescrizione è inoltre interrotta da ogni altro atto che valga a costituire in mora il debitore **(7)** e dall'atto notificato con il quale una parte, in presenza di

---

termina l'inizio della decorrenza del termine, ai sensi dell'art. 2935 c.c., restando escluso che il giudice possa accogliere l'eccezione sulla base di un fatto diverso (Cass. 23 maggio 2019, n. 14135). L'impossibilità di far valere il diritto, quale fatto impeditivo della decorrenza della prescrizione *ex* art. 2935 c.c., è solo quella che deriva da cause giuridiche che ne ostacolino l'esercizio e non comprende anche gli impedimenti soggettivi o gli ostacoli di mero fatto, in relazione ai quali il successivo art. 2941 c.c. prevede solo specifiche e tassative ipotesi di sospensione della prescrizione, tra le quali, salva l'ipotesi di occultamento doloso del debito, non rientra l'ignoranza da parte del titolare del fatto generatore del suo diritto, né il dubbio soggettivo sull'esistenza di tale diritto o il ritardo indotto dalla necessità del suo accertamento (Cass. 11 settembre 2018, n. 22072; Cass. 27 giugno 2011, n. 14163).

(4) Nel caso di successione di due o più contratti di lavoro a termine legittimi, il termine di prescrizione dei crediti retributivi di cui agli artt. 2948, n. 4, 2955, n. 2, e 2956, n. 1, c.c., inizia a decorrere, per i crediti che sorgono nel corso del rapporto lavorativo, dal giorno della loro insorgenza e, per quelli che maturano alla cessazione del rapporto, a partire da tale momento, dovendo considerarsi autonomamente e distintamente i crediti scaturenti da ciascun contratto da quelli derivanti dagli altri, senza che possano produrre alcuna efficacia sospensiva della prescrizione gli intervalli di tempo tra i rapporti lavorativi, stante la tassatività delle cause sospensive previste dagli artt. 2941 e 2942 c.c., o possa ravvisarsi, in tali casi, il *"metus"* del lavoratore verso il datore che presuppone un rapporto a tempo indeterminato non assistito da alcuna garanzia di continuità (Cass. 5 agosto 2019, n. 20918).

(5) Nel caso di licenziamento, l'azione giudiziale di annullamento va proposta nel termine quinquennale di prescrizione di cui all'art. 1442 c.c., che decorre dalla comunicazione del recesso. Diverso è il caso del licenziamento del danno derivante da licenziamento illegittimo (cfr. infra, nota (8) che segue).

(6) Il diritto al trattamento di fine rapporto (TFR) sorge con la cessazione del rapporto di lavoro e a quel momento può essere azionato.

(7) L'atto di interruzione della prescrizione, ai sensi dell'art. 2943, comma 4, c.c., non deve necessariamente consistere in una richiesta o intimazione, essendo sufficiente una dichiarazione che, esplicitamente o per implicito, manifesti l'in-

44. La prescrizione e la decadenza   217

> compromesso o clausola compromissoria, dichiara la propria intenzione di promuovere il procedimento arbitrale, propone la domanda e procede, per quanto le spetta, alla nomina degli arbitri.

> **Art. 2946. Prescrizione ordinaria** – [1] Salvi i casi in cui la legge dispone diversamente i diritti si estinguono per prescrizione con il decorso di dieci anni **(8)-(9)**.

> **Art. 2947. Prescrizione del diritto al risarcimento del danno** – [1] Il diritto al risarcimento del danno derivante da fatto illecito **(10)** si prescrive in cinque anni dal giorno in cui il fatto si è verificato.
> [...]

> **Art. 2948. Prescrizione di cinque anni** – [1] Si prescrivono in cinque anni:
> [...]
> 4) gli interessi e, in generale, tutto ciò che deve pagarsi periodicamente ad anno o in termini più brevi;
> 5) le indennità spettanti per la cessazione del rapporto di lavoro **(11)-(12)-(13)**.

tenzione di esercitare il diritto spettante al dichiarante (Cass. 18 gennaio 2018, n. 1166). Un atto, per avere efficacia interruttiva, deve contenere, oltre alla chiara indicazione del soggetto obbligato (elemento soggettivo) l'esplicitazione di una pretesa e l'intimazione o la richiesta scritta di adempimento, idonea a manifestare l'inequivocabile volontà del titolare del credito di far valere il proprio diritto, nei confronti del soggetto indicato, con l'effetto sostanziale di costituirlo in mora (elemento oggettivo) (Cass. 25 agosto 2015, n. 17123).

(8) In linea generale, in materia di lavoro, sono assoggettate al termine ordinario le obbligazioni discendenti da responsabilità per inadempimento contrattuale o le azioni di accertamento. L'illegittimo licenziamento è fonte di responsabilità contrattuale e non extracontrattuale, con la conseguenza che il diritto del lavoratore al risarcimento del danno resta assoggettato all'ordinaria prescrizione decennale, anziché a quella quinquennale (Cass. 27 dicembre 2018, n. 33379).

(9) L'azione promossa dal lavoratore subordinato per il riconoscimento della qualifica superiore si prescrive nell'ordinario termine decennale di cui all'art. 2946 c.c., mentre le azioni dirette ad ottenere le differenze retributive derivanti dal suddetto riconoscimento si prescrivono nel termine quinquennale previsto dall'art. 2948 c.c. (Cass. 26 ottobre 2016, n. 21645).

(10) L'azione civile risarcitoria, se vi è stata sentenza penale, si prescrive nel termine di cinque anni, decorrenti dalla data in cui la predetta sentenza è divenuta irrevocabile, sul presupposto che vi sia identità della posizione del danneggiato con quella della parte lesa dalla condotta criminosa, ancorché non sia richiesta la costituzione di parte civile nel giudizio penale (Cass. 26 luglio 2019, n. 20363).

Art. 2953. Effetti del giudicato sulle prescrizioni brevi – [1] I diritti per i quali la legge stabilisce una prescrizione più breve di dieci anni, quando riguardo ad essi è intervenuta sentenza di condanna passata in giudicato, si prescrivono con il decorso di dieci anni.

Art. 1422. Imprescrittibilità dell'azione di nullità – [1] L'azione per far dichiarare la nullità non è soggetta a prescrizione, salvi gli effetti dell'usucapione e della prescrizione delle azioni di ripetizione.

Art. 1442. Prescrizione – [1] L'azione di annullamento si prescrive in cinque anni. [...]

Art. 1219. Costituzione in mora – [1] Il debitore è costituito in mora mediante intimazione o richiesta fatta per iscritto. [...]

Art. 2964. Inapplicabilità di regole della prescrizione – [1] Quando un diritto deve esercitarsi entro un dato termine sotto pena di decadenza **(14)**, non si applicano le nor-

---

(11) La norma, in via generale, si applica anche alla retribuzione ed agli altri emolumenti periodici derivanti dal rapporto di lavoro. La Corte costituzionale ha dichiarato incostituzionale questa disposizione nella parte in cui consente che la prescrizione del diritto alla retribuzione decorra anche durante i rapporti di lavoro non dotati di stabilità (Corte cost. 20 novembre 1969, n. 143), e cioè quelli ai quali è riconosciuto al lavoratore il diritto alla eliminazione degli effetti del licenziamento ingiustificato, con accertamento della persistenza del rapporto (Cass., S.U., 12 aprile 1976, n. 1268). A seguito della modificazione dell'art. 18 Stat. lav., e della riduzione dell'area della tutela reale, si pone il problema se la prescrizione non decorra in corso di rapporto, a partire dall'entrata in vigore della legge n. 92/1912, e cioè dal 18 luglio 2012, anche per i dipendenti di datori di lavoro cui è applicabile il suddetto art. 18 Stat. lav. nella versione riformata.

(12) L'onere di provare la sussistenza del requisito occupazionale della stabilità reale, ai fini della decorrenza del termine in costanza di rapporto di lavoro grava sul datore di lavoro, che tale decorrenza eccepisca, dovendosi ritenere, alla luce della tutela *ex* art. 36 Cost., che la sospensione in costanza di rapporto costituisca la regola e l'immediata decorrenza l'eccezione.

(13) Il principio della non decorrenza durante il rapporto si applica, inoltre, anche in altri rapporti "precari".

(14) Si ha decadenza quando il diritto si estingue se nel termine previsto non viene compiuto un determinato atto (impugnazione, reclamo, ecc.). A differenza della prescrizione la decadenza riguarda solo specifici diritti ed è assai più rigorosa, sia per la brevità del termine, sia perché insuscettibile di interruzione o sospensione. Pertanto, nella decadenza l'esigenza di rapida certezza giustifica una maggiore compressione della posizione del titolare del diritto. Tra le decadenze legali in materia di lavoro le più rilevanti sono: quella relativa all'impugnazione

44. La prescrizione e la decadenza

me relative all'interruzione della prescrizione. Del pari non si applicano le norme che si riferiscono alla sospensione, salvo che sia disposto altrimenti.

Art. 2965. Decadenze stabilite contrattualmente – [1] È nullo il patto con cui si stabiliscono termini di decadenza che rendono eccessivamente difficile a una delle parti l'esercizio del diritto **(15)**.

Art. 2966. Cause che impediscono la decadenza. – [1] La decadenza non è impedita se non dal compimento dell'atto previsto dalla legge o dal contratto. Tuttavia, se si tratta di un termine stabilito dal contratto o da una norma di legge relativa a diritti disponibili, la decadenza può essere anche impedita dal riconoscimento del diritto proveniente dalla persona contro la quale si deve far valere il diritto soggetto a decadenza.

Art. 2967. Effetto dell'impedimento della decadenza. – [1] Nei casi in cui la decadenza è impedita, il diritto rimane soggetto alle disposizioni che regolano la prescrizione.

Art. 2968. Diritti indisponibili. – [1] Le parti non possono modificare la disciplina legale della decadenza né possono rinunziare alla decadenza medesima, se questa è stabilita dalla legge in materia sottratta alla disponibilità delle parti.

Art. 2969. Rilievo d'ufficio. – [1] La decadenza non può essere rilevata d'ufficio dal giudice, salvo che, trattandosi di materia sottratta alla disponibilità delle parti, il giudice debba rilevare le cause d'improponibilità dell'azione.

stragiudiziale e giudiziale del licenziamento (cfr. Parte I, cap. 27 *"L'impugnazione del licenziamento e revoca"*), del termine illegittimo (cfr. Parte I, cap. 39 *"il lavoro a termine"*), del trasferimento (cfr. pare I, cap. 12 *"il trasferimento del lavoratore e la trasferta"*), dell'interposizione (cfr. Parte I, cap. 41. *"Interposizione illecita, appalti, somministrazione, distacco"*), degli effetti del trasferimento di azienda (cfr. Parte I, cap. 17 *"il trasferimento d'azienda"*) e quella relativa alla impugnazione delle rinunzie e transazioni nel termine di sei mesi (cfr. Parte I, cap. 43 *"Rinunzie transazioni e conciliazione"*).

(15) La decadenza può essere prevista non solo dalla legge, ma anche dall'autonomia privata, purché, a pena di nullità, non renda eccessivamente difficile l'esercizio del diritto. Gli stessi contratti collettivi a volte contengono clausole di decadenza per alcuni diritti del lavoratore.

45. Le ispezioni in materia di lavoro e il procedimento sanzionatorio

D.lgs. 14 settembre 2015, n. 149

Art. 1. Ispettorato nazionale del lavoro – [1] Al fine di razionalizzare e semplificare l'attività di vigilanza in materia di lavoro e legislazione sociale, nonché al fine di evitare la sovrapposizione di interventi ispettivi, è istituita, senza nuovi o maggiori oneri a carico della finanza pubblica, ai sensi dell'articolo 8 del decreto legislativo 30 luglio 1999, n. 300, una Agenzia unica per le ispezioni del lavoro denominata «Ispettorato nazionale del lavoro», di seguito «Ispettorato», che integra i servizi ispettivi del Ministero del lavoro e delle politiche sociali, dell'INPS e dell'INAIL.

[2] L'Ispettorato svolge le attività ispettive già esercitate dal Ministero del lavoro e delle politiche sociali, dall'INPS e dall'INAIL. Al fine di assicurare omogeneità operative di tutto il personale che svolge vigilanza in materia di lavoro, contribuzione e assicurazione obbligatoria, nonché legislazione sociale, ai funzionari ispettivi dell'INPS e dell'INAIL sono attribuiti i poteri già assegnati al personale ispettivo del Mini ero del lavoro e delle politiche sociali, ivi compresa la qualifica di ufficiale di polizia giudiziaria secondo quanto previsto dall'articolo 6, comma 2, del decreto legislativo 23 aprile 2004, n. 124 e alle medesime condizioni di legge.

[3] L'Ispettorato ha personalità giuridica di diritto pubblico, è dotato di autonomia organizzativa e contabile ed è posto sotto la vigilanza del Ministro del lavoro e delle politiche sociali che ne monitora periodicamente gli obiettivi e la corretta gestione delle risorse finanziarie.

[4] L'Ispettorato ha una sede centrale in Roma, presso un immobile demaniale ovvero presso un immobile del Ministero del lavoro e delle politiche sociali, dell'INPS, dell'INAIL o di altri Istituti previdenziali e un massimo di 80 sedi territoriali.

[5] L'Ispettorato è sottoposto al controllo della Corte dei conti ai sensi dell'articolo 3, comma 4, della legge 14 gennaio 1994, n. 20, e successive modificazioni.

Art. 2. Funzioni e attribuzioni – [1] Entro quarantacinque giorni dall'entrata in vigore del presente decreto è adottato, con decreto del Presidente della Repubblica ai sensi dell'articolo 17, comma 2, della legge 23 agosto 1988, n. 400, su proposta del Ministro del lavoro e delle politiche sociali di concerto con il Ministro dell'economia e delle finanze e con il Ministro per la semplificazione e la pubblica amministrazione, lo statuto dell'Ispettorato, in conformità ai principi e ai criteri direttivi stabiliti dall'articolo 8, comma 4, del decreto legislativo n. 300 del 1999, ivi compresa la definizione, tramite convenzione da stipularsi tra il Ministro del lavoro e delle politiche sociali e il direttore dell'Ispettorato, degli obiettivi specificamente attribuiti a quest'ultimo.

[2] L'Ispettorato esercita, in particolare, le seguenti funzioni e attribuzioni:

a) esercita e coordina su tutto il territorio nazionale, sulla base di direttive emanate dal Ministro del lavoro e delle politiche sociali, la vigilanza in materia di lavoro, contribu-

45. Le ispezioni in materia di lavoro e il procedimento sanzionatorio   221

zione e assicurazione obbligatoria nonché legislazione sociale, ivi compresa la vigilanza in materia di tutela della salute e della sicurezza nei luoghi di lavoro, nei limiti delle competenze già attribuite al personale ispettivo del Ministero del lavoro e delle politiche sociali ai sensi del decreto legislativo 9 aprile 2008, n. 81, e gli accertamenti in materia di riconoscimento del diritto a prestazioni per infortuni su lavoro e malattie professionali, della esposizione al rischio nelle malattie professionali, delle caratteristiche dei vari cicli produttivi ai fini della applicazione della tariffa dei premi;

b) emana circolari interpretative in materia ispettiva e sanzionatoria, previo parere conforme del Ministero del lavoro e delle politiche sociali, nonché direttive operative rivolte al personale ispettivo;

c) propone, sulla base di direttive del Ministro del lavoro e delle politiche sociali, gli obiettivi quantitativi e qualitativi delle verifiche ed effettua il monitoraggio sulla loro realizzazione;

d) cura la formazione e l'aggiornamento del personale ispettivo, ivi compreso quello di INPS e INAIL;

e) svolge le attività di prevenzione e promozione della legalità presso enti, datori di lavoro e associazioni finalizzate al contrasto del lavoro sommerso e irregolare ai sensi dell'articolo 8 del decreto legislativo 23 aprile 2004, n. 124;

f) esercita e coordina le attività di vigilanza sui rapporti di lavoro nel settore dei trasporti su strada, i controlli previsti dalle norme di recepimento delle direttive di prodotto e cura la gestione delle vigilanze speciali effettuate sul territorio nazionale;

g) svolge attività di studio e analisi relative ai fenomeni del lavoro sommerso e irregolare e alla mappatura dei rischi, al fine di orientare l'attività di vigilanza;

h) gestisce le risorse assegnate ai sensi dell'articolo 8, anche al fine di garantire l'uniformità dell'attività di vigilanza, delle competenze professionali e delle dotazioni strumentali in uso al personale ispettivo;

i) svolge ogni ulteriore attività, connessa allo svolgimento delle funzioni ispettive, ad esso demandata dal Ministro del lavoro e delle politiche sociali;

l) riferisce al Ministero del lavoro e delle politiche sociali, all'INPS e all'INAIL ogni informazione utile alla programmazione e allo svolgimento delle attività istituzionali delle predette amministrazioni;

m) ferme restando le rispettive competenze, si coordina con i servizi ispettivi delle aziende sanitarie locali e delle agenzie regionali per la protezione ambientale al fine di assicurare l'uniformità di comportamento ed una maggiore efficacia degli accertamenti ispettivi, evitando la sovrapposizione degli interventi.

D.lgs. 23 aprile 2004, n. 124

Art. 6. Personale ispettivo – [1] Le funzioni di vigilanza in materia di lavoro e di legislazione sociale sono svolte dal personale ispettivo in forza presso le direzioni regionali e provinciali del lavoro.

[2] Il personale ispettivo di cui al comma 1, nei limiti del servizio cui è destinato e secondo le attribuzioni conferite dalla normativa vigente, opera anche in qualità di ufficiale di Polizia giudiziaria.

[3] Le funzioni ispettive in materia di previdenza ed assistenza sociale sono svolte an-

che dal personale di vigilanza dell'INPS, dell'INAIL, dell'ENPALS e degli altri enti per i quali sussiste la contribuzione obbligatoria, nell'ambito dell'attività di verifica del rispetto degli obblighi previdenziali e contributivi. A tale personale, nell'esercizio delle funzioni di cui al presente comma, non compete la qualifica di ufficiale o di agente di Polizia giudiziaria.

Art. 7. Vigilanza – [1] Il personale ispettivo ha compiti di:

a) vigilare sull'esecuzione di tutte le leggi in materia di livelli essenziali delle prestazioni concernenti i diritti civili e sociali che devono essere garantiti su tutto il territorio nazionale, di tutela dei rapporti di lavoro e di legislazione sociale ovunque sia prestata attività di lavoro a prescindere dallo schema contrattuale, tipico o atipico, di volta in volta utilizzato;

b) vigilare sulla corretta applicazione dei contratti e accordi collettivi di lavoro;

c) fornire tutti i chiarimenti che vengano richiesti intorno alle leggi sulla cui applicazione esso deve vigilare, anche ai sensi dell'articolo 8;

d) vigilare sul funzionamento delle attività previdenziali e assistenziali a favore dei prestatori d'opera compiute dalle associazioni professionali, da altri enti pubblici e da privati, escluse le istituzioni esercitate direttamente dallo Stato, dalle province e dai comuni per il personale da essi dipendente;

e) effettuare inchieste, indagini e rilevazioni, su richiesta del Ministero del lavoro e delle politiche sociali;

f) compiere le funzioni che a esso vengono demandate da disposizioni legislative o regolamentari o delegate dal Ministro del lavoro e delle politiche sociali.

Art. 13. Accesso ispettivo, potere di diffida e verbalizzazione unica – [1] Il personale ispettivo accede presso i luoghi di lavoro nei modi e nei tempi consentiti dalla legge. Alla conclusione delle attività di verifica compiute nel corso del primo accesso ispettivo, viene rilasciato al datore di lavoro o alla persona presente all'ispezione, con l'obbligo alla tempestiva consegna al datore di lavoro, il verbale di primo accesso ispettivo contenente:

a) l'identificazione dei lavoratori trovati intenti al lavoro e la descrizione delle modalità del loro impiego;

b) la specificazione delle attività compiute dal personale ispettivo;

c) le eventuali dichiarazioni rese dal datore di lavoro o da chi lo assiste, o dalla persona presente all'ispezione;

d) ogni richiesta, anche documentale, utile al proseguimento dell'istruttoria finalizzata all'accertamento degli illeciti, fermo restando quanto previsto dall'articolo 4, settimo comma, della legge 22 luglio 1961, n. 628.

[2] In caso di constatata inosservanza delle norme di legge o del contratto collettivo in materia di lavoro e legislazione sociale e qualora il personale ispettivo rilevi inadempimenti dai quali derivino sanzioni amministrative, questi provvede a diffidare il trasgressore e l'eventuale obbligato in solido, ai sensi dell'articolo 6 della legge 24 novembre 1981, n. 689, alla regolarizzazione delle inosservanze comunque materialmente sanabili, entro il termine di trenta giorni dalla data di notificazione del verbale di cui al comma 4.

[3] In caso di ottemperanza alla diffida, il trasgressore o l'eventuale obbligato in solido è ammesso al pagamento di una somma pari all'importo della sanzione nella misura del minimo previsto dalla legge ovvero nella misura pari ad un quarto della sanzione stabilita in misura fissa, entro il termine di quindici giorni dalla scadenza del termine di cui al comma 2. Il pagamento dell'importo della predetta somma estingue il procedimento sanzionatorio limitatamente alle inosservanze oggetto di diffida e a condizione dell'effettiva ottemperanza alla diffida stessa.

45. Le ispezioni in materia di lavoro e il procedimento sanzionatorio 223

[4] All'ammissione alla procedura di regolarizzazione di cui ai commi 2 e 3, nonché alla contestazione delle violazioni amministrative di cui all'articolo 14 della legge 24 novembre 1981, n. 689, si provvede da parte del personale ispettivo esclusivamente con la notifica di un unico verbale di accertamento e notificazione, notificato al trasgressore e all'eventuale obbligato in solido. Il verbale di accertamento e notificazione deve contenere:

a) gli esiti dettagliati dell'accertamento, con indicazione puntuale delle fonti di prova degli illeciti rilevati;

b) la diffida a regolarizzare gli inadempimenti sanabili ai sensi del comma 2;

c) la possibilità di estinguere gli illeciti ottemperando alla diffida e provvedendo al pagamento della somma di cui al comma 3 ovvero pagando la medesima somma nei casi di illeciti già oggetto di regolarizzazione;

d) la possibilità di estinguere gli illeciti non diffidabili, ovvero quelli oggetto di diffida nei casi di cui al comma 5, attraverso il pagamento della sanzione in misura ridotta ai sensi dell'articolo 16 della legge 24 novembre 1981, n. 689;

e) l'indicazione degli strumenti di difesa e degli organi ai quali proporre ricorso, con specificazione dei termini di impugnazione.

[5] L'adozione della diffida interrompe i termini di cui all'articolo 14 della legge 24 novembre 1981, n. 689, e del ricorso di cui all'articolo 17 del presente decreto, fino alla scadenza del termine per compiere gli adempimenti di cui ai commi 2 e 3. Ove da parte del trasgressore o dell'obbligato in solido non sia stata fornita prova al personale ispettivo dell'avvenuta regolarizzazione e del pagamento delle somme previste, il verbale unico di cui al comma 4 produce gli effetti della contestazione e notificazione degli addebiti accertati nei confronti del trasgressore e della persona obbligata in solido ai quali sia stato notificato.

[6] Il potere di diffida nei casi previsti dal comma 2, con gli effetti e le procedure di cui ai commi 3, 4 e 5, è esteso anche agli ispettori e ai funzionari amministrativi degli enti e degli istituti previdenziali per le inadempienze da essi rilevate. Gli enti e gli istituti previdenziali svolgono tale attività con le risorse umane e finanziarie esistenti a legislazione vigente.

[7] Il potere di diffida di cui al comma 2 è esteso agli ufficiali e agenti di polizia giudiziaria che accertano, ai sensi dell'articolo 13 della legge 24 novembre 1981, n. 689, violazioni in materia di lavoro e legislazione sociale. Qualora rilevino inadempimenti dai quali derivino sanzioni amministrative, essi provvedono a diffidare il trasgressore e l'eventuale obbligato in solido alla regolarizzazione delle inosservanze comunque materialmente sanabili, con gli effetti e le procedure di cui ai commi 3, 4 e 5.

L. 24 novembre 1981, n. 689

Art. 1. Principio di legalità – [1] Nessuno può essere assoggettato a sanzioni amministrative se non in forza di una legge che sia entrata in vigore prima della commissione della violazione.

[2] Le leggi che prevedono sanzioni amministrative si applicano soltanto nei casi e per i tempi in esse considerati.

Art. 2. Capacità di intendere e di volere – [1] Non può essere assoggettato a sanzione amministrativa chi, al momento in cui ha commesso il fatto, non aveva compiuto i diciotto anni o non aveva, in base ai criteri indicati nel codice penale, la capacità di intendere e di volere, salvo che lo stato di incapacità non derivi da sua colpa o sia stato da lui preordinato.

[2] Fuori dei casi previsti dall'ultima parte del precedente comma, della violazione risponde chi era tenuto alla sorveglianza dell'incapace, salvo che provi di non aver potuto impedire il fatto.

Art. 3. Elemento soggettivo – [1] Nelle violazioni cui è applicabile una sanzione amministrativa ciascuno è responsabile della propria azione od omissione, cosciente e volontaria, sia essa dolosa o colposa.

[2] Nel caso in cui la violazione è commessa per errore sul fatto, l'agente non è responsabile quando l'errore non è determinato da sua colpa.

Art. 4. Cause di esclusione della responsabilità – [1] Non risponde delle violazioni amministrative chi ha commesso il fatto nell'adempimento di un dovere o nell'esercizio di una facoltà legittima ovvero in stato di necessità o di legittima difesa.

[2] Se la violazione è commessa per ordine dell'autorità, della stessa risponde il pubblico ufficiale che ha dato l'ordine.

[3] I comuni, le province, le comunità montane e i loro consorzi, le istituzioni pubbliche di assistenza e beneficenza (IPAB), gli enti non commerciali senza scopo di lucro che svolgono attività socio-assistenziale e le istituzioni sanitarie operanti nel Servizio sanitario nazionale ed i loro amministratori non rispondono delle sanzioni amministrative e civili che riguardano l'assunzione di lavoratori, le assicurazioni obbligatorie e gli ulteriori adempimenti, relativi a prestazioni lavorative stipulate nella forma del contratto d'opera e successivamente riconosciute come rapporti di lavoro subordinato, purché esaurite alla data del 31 dicembre 1997.

Art. 9. Principio di specialità – [1] Quando uno stesso fatto è punito da una disposizione penale e da una disposizione che prevede una sanzione amministrativa, ovvero da una pluralità di disposizioni che prevedono sanzioni amministrative, si applica la disposizione speciale.

[2] Tuttavia quando uno stesso fatto è punito da una disposizione penale e da una disposizione regionale o delle province autonome di Trento e di Bolzano che preveda una sanzione amministrativa, si applica in ogni caso la disposizione penale, salvo che quest'ultima sia applicabile solo in mancanza di altre disposizioni penali.

[3] Ai fatti puniti dagli articoli 5, 6 e 12 della legge 30 aprile 1962, n. 283, e successive modificazioni ed integrazioni, si applicano soltanto le disposizioni penali, anche quando i fatti stessi sono puniti con sanzioni amministrative previste da disposizioni speciali in materia di produzione, commercio e igiene degli alimenti e delle bevande.

Art. 13. Atti di accertamento – [1] Gli organi addetti al controllo sull'osservanza delle disposizioni per la cui violazione è prevista la sanzione amministrativa del pagamento di una somma di denaro possono, per l'accertamento delle violazioni di rispettiva competenza assumere informazioni e procedere a ispezioni di cose e di luoghi diversi dalla privata dimora, a rilievi segnaletici, descrittivi e fotografici e ad ogni altra operazione tecnica.

[2] Possono altresì procedere al sequestro cautelare delle cose che possono formare oggetto di confisca amministrativa, nei modi e con i limiti con cui il codice di procedura penale consente il sequestro alla polizia giudiziaria.

[3] È sempre disposto il sequestro del veicolo a motore o del natante posto in circolazione senza essere coperto dalla assicurazione obbligatoria e del veicolo posto in circolazione senza che per lo stesso sia stato rilasciato il documento di circolazione.

45. Le ispezioni in materia di lavoro e il procedimento sanzionatorio 225

[4] All'accertamento delle violazioni punite con la sanzione amministrativa del pagamento di una somma di denaro possono procedere anche gli ufficiali e gli agenti di polizia giudiziaria, i quali, oltre che esercitare i poteri indicati nei precedenti commi, possono procedere, quando non sia possibile acquisire altrimenti gli elementi di prova, a perquisizioni in luoghi diversi dalla privata dimora, previa autorizzazione motivata del pretore del luogo ove le perquisizioni stesse dovranno essere effettuate. Si applicano le disposizioni del primo comma dell'art. 333 e del primo e secondo comma dell'art. 334 del codice di procedura penale.

[5] È fatto salvo l'esercizio degli specifici poteri di accertamento previsti dalle leggi vigenti.

Art. 14. Contestazione e notificazione – [1] La violazione, quando è possibile, deve essere contestata immediatamente tanto al trasgressore quanto alla persona che sia obbligata in solido al pagamento della somma dovuta per la violazione stessa.

[2] Se non è avvenuta la contestazione immediata per tutte o per alcune delle persone indicate nel comma precedente, gli estremi della violazione debbono essere notificati agli interessati residenti nel territorio della Repubblica entro il termine di novanta giorni e a quelli residenti all'estero entro il termine di trecentosessanta giorni dall'accertamento.

[3] Quando gli atti relativi alla violazione sono trasmessi all'autorità competente con provvedimento dell'autorità giudiziaria, i termini di cui al comma precedente decorrono dalla data della ricezione.

[4] Per la forma della contestazione immediata o della notificazione si applicano le disposizioni previste dalle leggi vigenti. In ogni caso la notificazione può essere effettuata, con le modalità previste dal codice di procedura civile, anche da un funzionario dell'amministrazione che ha accertato la violazione. Quando la notificazione non può essere eseguita in mani proprie del destinatario, si osservano le modalità previste dall'articolo 137, terzo comma, del medesimo codice.

[5] Per i residenti all'estero, qualora la residenza, la dimora o il domicilio non siano noti, la notifica non è obbligatoria e resta salva la facoltà del pagamento in misura ridotta sino alla scadenza del termine previsto nel secondo comma dell'art. 22 per il giudizio di opposizione.

[6] L'obbligazione di pagare la somma dovuta per la violazione si estingue per la persona nel cui confronti è stata omessa la notificazione nel termine prescritto.

[...]

Art. 17. Obbligo del rapporto – [1] Qualora non sia stato effettuato il pagamento in misura ridotta, il funzionario o l'agente che ha accertato la violazione, salvo che ricorra l'ipotesi prevista nell'art. 24, deve presentare rapporto, con la prova delle eseguite contestazioni o notificazioni, all'ufficio periferico cui sono demandati attribuzioni e compiti del Ministero nella cui competenza rientra la materia alla quale si riferisce la violazione o, in mancanza, al prefetto.

[2] Deve essere presentato al prefetto il rapporto relativo alle violazioni previste dal testo unico delle norme sulla circolazione stradale, approvato con decreto del Presidente della Repubblica 15 giugno 1959, n. 393, dal testo unico per la tutela delle strade, approvato con regio decreto 8 dicembre 1933, n. 1740 e dalla legge 20 giugno 1935, n. 1349, sui servizi di trasporto merci.

[3] Nelle materie di competenza delle regioni e negli altri casi, per le funzioni amministrative ad esse delegate, il rapporto è presentato all'ufficio regionale competente.

[4] Per le violazioni dei regolamenti provinciali e comunali il rapporto è presentato, rispettivamente, al presidente della giunta provinciale o al sindaco.

226 Il rapporto individuale di lavoro

[5] L'ufficio territorialmente competente è quello del luogo in cui è stata commessa la violazione. Il funzionario o l'agente che ha proceduto al sequestro previsto dall'art. 13 deve immediatamente informare l'autorità amministrativa competente a norma del precedenti commi, inviandole il processo verbale di sequestro.

[6] Con decreto del Presidente della Repubblica, su proposta del Presidente del Consiglio del Ministri, da emanare entro centottanta giorni dalla pubblicazione della presente legge, in sostituzione del decreto del Presidente della Repubblica 13 maggio 1976, n. 407, saranno indicati gli uffici periferici dei singoli Ministeri, previsti nel primo comma, anche per i casi in cui leggi precedenti abbiano regolato diversamente la competenza.

[7] Con il decreto indicato nel comma precedente saranno stabilite le modalità relative alla esecuzione del sequestro previsto dall'art. 13, al trasporto ed alla consegna delle cose sequestrate, alla custodia ed alla eventuale alienazione o distruzione delle stesse; sarà altresì stabilita la destinazione delle cose confiscate. Le regioni, per le materie di loro competenza, provvederanno con legge nel termine previsto dal comma precedente.

Art. 18. Ordinanza-ingiunzione – [1] Entro il termine di trenta giorni dalla data della contestazione o notificazione della violazione, gli interessati possono far pervenire all'autorità competente a ricevere il rapporto a norma dell'art. 17 scritti difensivi e documenti e possono chiedere di essere sentiti dalla medesima autorità.

[2] L'autorità competente, sentiti gli interessati, ove questi ne abbiano fatto richiesta, ed esaminati i documenti inviati e gli argomenti esposti negli scritti difensivi, se ritiene fondato l'accertamento, determina, con ordinanza motivata, la somma dovuta per la violazione e ne ingiunge il pagamento, insieme con le spese, all'autore della violazione ed alle persone che vi sono obbligate solidalmente; altrimenti emette ordinanza motivata di archiviazione degli atti comunicandola integralmente all'organo che ha redatto il rapporto.

[3] Con l'ordinanza-ingiunzione deve essere disposta la restituzione, previo pagamento delle spese di custodia, delle cose sequestrate, che non siano confiscate con lo stesso provvedimento. La restituzione delle cose sequestrate è altresì disposta con l'ordinanza di archiviazione, quando non ne sia obbligatoria la confisca.

[4] Il pagamento è effettuato all'ufficio del registro o al diverso ufficio indicato nella ordinanza-ingiunzione, entro il termine di trenta giorni dalla notificazione di detto provvedimento, eseguita nelle forme previste dall'art. 14; del pagamento è data comunicazione, entro il trentesimo giorno, a cura dell'ufficio che lo ha ricevuto, all'autorità che ha emesso l'ordinanza.

[5] Il termine per il pagamento è di sessanta giorni se l'interessato risiede all'estero.

[6] La notificazione dell'ordinanza-ingiunzione può essere eseguita dall'ufficio che adotta l'atto, secondo le modalità di cui alla legge 20 novembre 1982, n. 890.

[7] L'ordinanza-ingiunzione costituisce titolo esecutivo. Tuttavia l'ordinanza che dispone la confisca diventa esecutiva dopo il decorso del termine per proporre opposizione, o, nel caso in cui l'opposizione è proposta, con il passaggio in giudicato della sentenza con la quale si rigetta l'opposizione, o quando l'ordinanza con la quale viene dichiarata inammissibile l'opposizione o convalidato il provvedimento opposto diviene inoppugnabile o è dichiarato inammissibile il ricorso proposto avverso la stessa.

Art. 22. Opposizione all'ordinanza-ingiunzione – [1] Salvo quanto previsto dall'articolo 133 del decreto legislativo 2 luglio 2010, n. 104, e da altre disposizioni di legge, contro l'ordinanza-ingiunzione di pagamento e contro l'ordinanza che dispone la sola confisca gli interessati possono proporre opposizione dinanzi all'autorità giudiziaria ordinaria. L'opposizione è regolata dall'articolo 6 del decreto legislativo 1° settembre 2011, n. 150.

D.lgs. 1° settembre 2011, n. 150

Art. 6. Dell'opposizione ad ordinanza-ingiunzione – [1] Le controversie previste dall'articolo 22 della legge 24 novembre 1981, n. 689, sono regolate dal rito del lavoro, ove non diversamente stabilito dalle disposizioni del presente articolo.

[2] L'opposizione si propone davanti al giudice del luogo in cui è stata commessa la violazione.

[3] Salvo quanto previsto dai commi 4 e 5, e salve le competenze stabilite da altre disposizioni di legge, l'opposizione si propone davanti al giudice di pace.

[4] L'opposizione si propone davanti al tribunale quando la sanzione è stata applicata per una violazione concernente disposizioni in materia:

a) di tutela del lavoro, di igiene sui luoghi di lavoro e di prevenzione degli infortuni sul lavoro;

b) di previdenza e assistenza obbligatoria;

c) di tutela dell'ambiente dall'inquinamento, della flora, della fauna e delle aree protette;

d) di igiene degli alimenti e delle bevande;

e) valutaria;

f) di antiriciclaggio.

[5] L'opposizione si propone altresì davanti al tribunale:

a) se per la violazione è prevista una sanzione pecuniaria superiore nel massimo a 15.493 euro;

b) quando, essendo la violazione punita con sanzione pecuniaria proporzionale senza previsione di un limite massimo, è stata applicata una sanzione superiore a 15.493 euro;

c) quando è stata applicata una sanzione di natura diversa da quella pecuniaria, sola o congiunta a quest'ultima, fatta eccezione per le violazioni previste dal regio decreto 21 dicembre 1933, n. 1736, dalla legge 15 dicembre 1990, n. 386 e dal decreto legislativo 30 aprile 1992, n. 285.

[6] Il ricorso è proposto, a pena di inammissibilità, entro trenta giorni dalla notificazione del provvedimento, ovvero entro sessanta giorni se il ricorrente risiede all'estero, e può essere depositato anche a mezzo del servizio postale.

[7] L'efficacia esecutiva del provvedimento impugnato può essere sospesa secondo quanto previsto dall'articolo 5.

[8] Con il decreto di cui all'articolo 415, secondo comma, del codice di procedura civile il giudice ordina all'autorità che ha emesso il provvedimento impugnato di depositare in cancelleria, dieci giorni prima dell'udienza fissata, copia del rapporto con gli atti relativi all'accertamento, nonché alla contestazione o notificazione della violazione. Il ricorso e il decreto sono notificati, a cura della cancelleria, all'opponente e all'autorità che ha emesso l'ordinanza.

[9] Nel giudizio di primo grado l'opponente e l'autorità che ha emesso l'ordinanza possono stare in giudizio personalmente. L'autorità che ha emesso l'ordinanza può avvalersi anche di funzionari appositamente delegati. Nel giudizio di opposizione all'ordinanza-ingiunzione di cui all'articolo 205 del decreto legislativo 30 aprile 1992, n. 285, il prefetto può farsi rappresentare in giudizio dall'amministrazione cui appartiene l'organo accertatore, la quale vi provvede a mezzo di propri funzionari appositamente delegati, laddove sia anche destinataria dei proventi della sanzione, ai sensi dell'articolo 208 del medesimo decreto.

228 Il rapporto individuale di lavoro

[10] Alla prima udienza, il giudice:

a) quando il ricorso è proposto oltre i termini di cui al comma 6, lo dichiara inammissibile con sentenza;

b) quando l'opponente o il suo difensore non si presentano senza addurre alcun legittimo impedimento, convalida con ordinanza appellabile il provvedimento opposto e provvede sulle spese, salvo che l'illegittimità del provvedimento risulti dalla documentazione allegata dall'opponente, ovvero l'autorità che ha emesso l'ordinanza abbia omesso il deposito dei documenti di cui al comma 8.

[11] Il giudice accoglie l'opposizione quando non vi sono prove sufficienti della responsabilità dell'opponente.

[12] Con la sentenza che accoglie l'opposizione il giudice può annullare in tutto o in parte l'ordinanza o modificarla anche limitatamente all'entità della sanzione dovuta, che è determinata in una misura in ogni caso non inferiore al minimo edittale. Nel giudizio di opposizione davanti al giudice di pace non si applica l'articolo 113, secondo comma, del codice di procedura civile.

[13] Salvo quanto previsto dall'articolo 10, comma 6-bis, del decreto del Presidente della Repubblica 30 maggio 2002, n. 115, gli atti del processo e la decisione sono esenti da ogni tassa e imposta.

46. I principi del rapporto di lavoro pubblico contrattualizzato

Costituzione della Repubblica italiana

Art. 97. – [1] Le pubbliche amministrazioni, in coerenza con l'ordinamento dell'Unione europea, assicurano l'equilibrio dei bilanci e la sostenibilità del debito pubblico.

[2] I pubblici uffici sono organizzati secondo disposizioni di legge, in modo che siano assicurati il buon andamento e la imparzialità dell'amministrazione **(1)**.

[3] Nell'ordinamento degli uffici sono determinate le sfere di competenza, le attribuzioni e le responsabilità proprie dei funzionari.

[4] Agli impieghi nelle Pubbliche Amministrazioni si accede mediante concorso, salvo i casi stabiliti dalla legge **(2)**.

(1) L'articolo in commento dettava un principio di efficienza ("il buon andamento e l'imparzialità") delle amministrazioni pubbliche, che dovrebbero impegnarsi a perseguire il fine pubblico secondo i noti principi chiave dell'azione amministrativa ("di economicità, di efficacia, di imparzialità, di pubblicità e di trasparenza" – cfr. art. 1 della legge n. 241/1990) utilizzando al meglio il personale e contenendone il costo. L'indirizzo politico può essere diretto a dare attuazione agli orientamenti politici della maggioranza. Per dare attuazione all'indirizzo politico secondo gli auspici espressi dagli elettori con il voto, l'amministrazione deve connotarsi per imparzialità e neutralità.

(2) La regola del concorso pubblico non è assoluta, consentendosi deroghe legislativamente disposte per singoli casi e secondo criteri appartenenti alla discrezionalità del legislatore. Tale regola, dunque, non esclude forme diverse di reclutamento e di copertura dei posti, purché rispondano a criteri di ragionevolezza e siano comunque in armonia con le disposizioni costituzionali e tali da non contraddire i principi di buon andamento e di imparzialità dell'amministrazione. Tali ultimi principi costituiscono la base comune della previsione concorsuale – selettiva (Corte cost. 31 ottobre 1995, n. 478).

Codice civile

Art. 2093. Imprese esercitate da enti pubblici. – [1] Le disposizioni di questo libro si applicano agli enti pubblici inquadrati nelle associazioni professionali.

[2] Agli enti pubblici non inquadrati si applicano le disposizioni di questo libro, limitatamente alle imprese da essi esercitate.

[3] Sono salve le diverse disposizioni della legge.

Art. 2129. Contratto di lavoro per i dipendenti da enti pubblici. [1] Le disposizioni di questa sezione si applicano ai prestatori di lavoro dipendenti da enti pubblici, salvo che il rapporto sia diversamente regolato dalla legge.

D.lgs. 30 marzo 2001, n. 165 – Norme generali sull'ordinamento del lavoro alle dipendenze delle amministrazioni pubbliche

Art. 1. Finalità ed ambito di applicazione – [1] Le disposizioni del presente decreto disciplinano l'organizzazione degli uffici e i rapporti di lavoro e di impiego alle dipendenze delle amministrazioni pubbliche, tenuto conto delle autonomie locali e di quelle delle regioni e delle province autonome, nel rispetto dell'articolo 97, comma primo, della Costituzione, al fine di:

a) accrescere l'efficienza delle amministrazioni in relazione a quella dei corrispondenti uffici e servizi dei Paesi dell'Unione europea, anche mediante il coordinato sviluppo di sistemi informativi pubblici;

b) razionalizzare il costo del lavoro pubblico, contenendo la spesa complessiva per il personale, diretta e indiretta, entro i vincoli di finanza pubblica;

c) realizzare la migliore utilizzazione delle risorse umane nelle pubbliche amministrazioni, curando la formazione e lo sviluppo professionale dei dipendenti, garantendo pari opportunità alle lavoratrici ed ai lavoratori e applicando condizioni uniformi rispetto a quello del lavoro privato.

[2] Per amministrazioni pubbliche si intendono tutte le amministrazioni dello Stato, ivi compresi gli istituti e scuole di ogni ordine e grado e le istituzioni educative, le aziende ed amministrazioni dello Stato ad ordinamento autonomo, le Regioni, le Province, i Comuni, le Comunità montane, e loro consorzi e associazioni, le istituzioni universitarie, gli Istituti autonomi case popolari, le Camere di commercio, industria, artigianato e agricoltura e loro associazioni, tutti gli enti pubblici non economici nazionali, regionali e locali, le amministrazioni, le aziende e gli enti del Servizio sanitario nazionale, l'Agenzia per la rappresentanza negoziale delle pubbliche amministrazioni (ARAN) e le Agenzie di cui al decreto legislativo 30 luglio 1999, n. 300.

46. I principi del rapporto di lavoro pubblico contrattualizzato. 231

[3] Le disposizioni del presente decreto costituiscono principi fondamentali ai sensi dell'articolo 117 della Costituzione. Le Regioni a statuto ordinario si attengono ad esse tenendo conto delle peculiarità dei rispettivi ordinamenti. I principi desumibili dall'articolo 2 della legge 23 ottobre 1992, n. 421, e successive modificazioni, e dall'articolo 11, comma 4, della legge 15 marzo 1997, n. 59, e successive modificazioni ed integrazioni, costituiscono altresì, per le Regioni a statuto speciale e per le provincie autonome di Trento e di Bolzano, norme fondamentali di riforma economico-sociale della Repubblica.

Art. 2. Fonti – [1] Le amministrazioni pubbliche definiscono, secondo principi generali fissati da disposizioni di legge e, sulla base dei medesimi, mediante atti organizzativi secondo i rispettivi ordinamenti, le linee fondamentali di organizzazione degli uffici; individuano gli uffici di maggiore rilevanza e i modi di conferimento della titolarità dei medesimi; determinano le dotazioni organiche complessive. Esse ispirano la loro organizzazione ai seguenti criteri:

a) funzionalità rispetto ai compiti e ai programmi di attività, nel perseguimento degli obiettivi di efficienza, efficacia ed economicità. A tal fine, periodicamente e comunque all'atto della definizione dei programmi operativi e dell'assegnazione delle risorse, si procede a specifica verifica e ad eventuale revisione;

b) ampia flessibilità, garantendo adeguati margini alle determinazioni operative e gestionali da assumersi ai sensi dell'articolo 5, comma 2;

c) collegamento delle attività degli uffici, adeguandosi al dovere di comunicazione interna ed esterna, ed interconnessione mediante sistemi informatici e statistici pubblici;

d) garanzia dell'imparzialità e della trasparenza dell'azione amministrativa, anche attraverso l'istituzione di apposite strutture per l'informazione ai cittadini e attribuzione ad un unico ufficio, per ciascun procedimento, della responsabilità complessiva dello stesso;

e) armonizzazione degli orari di servizio e di apertura degli uffici con le esigenze dell'utenza e con gli orari delle amministrazioni pubbliche dei Paesi dell'Unione europea.

[...]

[2] I rapporti di lavoro dei dipendenti delle amministrazioni pubbliche sono disciplinati dalle disposizioni del capo I, titolo II, del libro V del codice civile e dalle leggi sui rapporti di lavoro subordinato nell'impresa, fatte salve le diverse disposizioni contenute nel presente decreto che costituiscono disposizioni a carattere imperativo. Eventuali disposizioni di legge, regolamento o statuto, che introducano discipline dei rapporti di lavoro la cui applicabilità sia limitata ai dipendenti delle amministrazioni pubbliche, o a categorie di essi, possono essere derogate da successivi contratti o accordi collettivi e, per la parte derogata, non sono ulteriormente applicabili, solo qualora ciò sia espressamente previsto dalla legge **(3)**.

---

(3) In origine, il lavoro pubblico aveva natura non contrattuale, ma autoritativa, in funzione del prevalente interesse pubblico che costituiva la base giuridica di

[3] I rapporti individuali di lavoro di cui al comma 2 sono regolati contrattual-mente **(4)**. I contratti collettivi sono stipulati secondo i criteri e le modalità previste nel titolo III del presente decreto; i contratti individuali devono conformarsi ai princìpi di cui all'articolo 45, comma 2. L'attribuzione di trattamenti economici può avvenire esclusivamente mediante contratti collettivi e salvo i casi previsti dal comma 3-*ter* e 3-*quater* dell'articolo 40 e le ipotesi di tutela delle retribuzioni di cui all'articolo 47-*bis*, o, alle condizioni previste, mediante contratti individuali. Le disposizioni di legge, regolamenti o atti amministrativi che attribuiscono incrementi retributivi non previsti da contratti cessano di avere efficacia a far data dall'entrata in vigore del relativo rinnovo contrattuale. I trattamenti economici più favore-

questi rapporti di lavoro, che erano conseguentemente costituiti e disciplinati da atti eteronomi di natura amministrativa, con esclusione dell'autonomia privata individuale e collettiva. Di conseguenza, la giurisdizione su tali rapporti era riservata in via esclusiva al giudice amministrativo, che conosceva, dunque, sia dei diritti, sia degli interessi legittimi del pubblico dipendente. La "privatizzazione" del pubblico impiego si pone in linea con l'esigenza aumentare l'efficienza delle amministrazioni pubbliche, utilizzando al meglio il personale e contenendone il costo, mediante l'utilizzo di metodi aziendalistici nella gestione del personale al fine di conformare il livello di produttività delle risorse umane a quello del settore privato. Per "privatizzazione", quindi, si intende l'adozione dei poteri e del ruolo del datore di lavoro privato da parte dell'Amministrazione. Rimane di competenza amministrativa l'organizzazione dei pubblici uffici con atti di macro-organizzazione (Cass., S.U., 17 aprile 2003, n. 6220; Cass., S.U., 13 luglio 2006, n. 15904; Cons. St. 13 febbraio 2009, n. 827), mentre il rapporto di lavoro e gli atti c.d. di micro-organizzazione sono affidati alla disciplina privatistica contrattuale. Tuttavia, a prescindere dalla natura dell'atto, il dipendente che intende tutelare un proprio diritto soggettivo può rivolgersi solo al giudice del lavoro chiedendo la disapplicazione dell'atto amministrativo presupposto (Cass., S.U., 16 febbraio 2009, n. 3677; Cass., S.U., 7 novembre 2008, n. 26799; Cass., S.U., 9 febbraio 2009, n. 3054; Cass., S.U., 1 dicembre, 2009, n. 25254), mentre il datore di lavoro pubblico, che si avveda dell'illegittimità, deve procedere all'autoannullamento (Cass. 9 marzo 2010, n. 5703). Tuttavia nonostante la avvenuta privatizzazione, la natura pubblica del datore di lavoro continua a condizionare la disciplina del rapporto.

(4) Nel pubblico impiego privatizzato, la procedura concorsuale costituisce l'atto presupposto del contratto individuale del quale condiziona la validità, sicché sia l'assenza, sia l'illegittimità delle operazioni concorsuali si risolvono nella violazione della norma inderogabile dettata dall'art. 35 del d.lgs. n. 165/2001 e, rientrando nell'ambito di applicazione di portata generale del successivo art. 36, comportano la nullità del contratto individuale (Cass. 27 novembre 2019, n. 30992).

46. I principi del rapporto di lavoro pubblico contrattualizzato. *233*

voli in godimento sono riassorbiti con le modalità e nelle misure previste dai contratti collettivi e i risparmi di spesa che ne conseguono incrementano le risorse disponibili per la contrattazione collettiva.

[3-*bis*] Nel caso di nullità delle disposizioni contrattuali per violazione di norme imperative o dei limiti fissati alla contrattazione collettiva, si applicano gli articoli 1339 e 1419, secondo comma, del codice civile.

Art. 3. Personale in regime di diritto pubblico – [1] In deroga all'articolo 2, commi 2 e 3, rimangono disciplinati dai rispettivi ordinamenti: i magistrati ordinari, amministrativi e contabili, gli avvocati e procuratori dello Stato, il personale della carriera diplomatica e della carriera prefettizia, nonché i dipendenti degli enti che svolgono la loro attività nelle materie contemplate dall'art. 1 del decreto legislativo del Capo provvisorio dello Stato 17 luglio 1947, n. 691, e dalle leggi 4 giugno 1985, n. 281, e successive modificazioni ed integrazioni, e 10 ottobre 1990, n. 287.

[1-*bis*] In deroga all'articolo 2, commi 2 e 3, il rapporto di impiego del personale, anche di livello dirigenziale, del Corpo nazionale dei vigili del fuoco, esclusi il personale volontario previsto dal regolamento di cui al decreto del Presidente della Repubblica 2 novembre 2000, n. 362, e il personale volontario di leva, è disciplinato in regime di diritto pubblico secondo autonome disposizioni ordinamentali.

[1-*ter*] In deroga all'articolo 2, commi 2 e 3, il personale della carriera dirigente penitenziaria è disciplinato dal rispettivo ordinamento.

[2] Il rapporto di impiego dei professori e dei ricercatori universitari resta disciplinato dalle disposizioni rispettivamente vigenti, in attesa della specifica disciplina che la regoli in modo organico ed in conformità ai princìpi della autonomia universitaria di cui all'articolo 33 della Costituzione ed agli articoli 6 e seguenti della legge 9 maggio 1989, n. 168, e successive modificazioni ed integrazioni, tenuto conto dei princìpi di cui all'articolo 2, comma 1, della legge 23 ottobre 1992, n. 421.

Art. 4. Indirizzo politico-amministrativo. Funzioni e responsabilità – [1] Gli organi di governo esercitano le funzioni di indirizzo politico-amministrativo, definendo gli obiettivi ed i programmi da attuare ed adottando gli atti rientranti nello svolgimento di tali funzioni, e verificano la corrispondenza dei risultati dell'attività amministrativa e della gestione agli indirizzi impartiti. Ad essi spettano, in particolare:

a) le decisioni in materia di atti normativi e l'adozione dei relativi atti di indirizzo interpretativo ed applicativo;

b) la definizione di obiettivi, priorità, piani, programmi e direttive generali per l'azione amministrativa e per la gestione;

c) la individuazione delle risorse umane, materiali ed economico-finanziarie da destinare alle diverse finalità e la loro ripartizione tra gli uffici di livello dirigenziale generale;

234   Il rapporto individuale di lavoro

d) la definizione dei criteri generali in materia di ausili finanziari a terzi e di determinazione di tariffe, canoni e analoghi oneri a carico di terzi;

e) le nomine, designazioni ed atti analoghi ad essi attribuiti da specifiche disposizioni;

f) le richieste di pareri alle autorità amministrative indipendenti ed al Consiglio di Stato;

g) gli altri atti indicati dal presente decreto.

[2] Ai dirigenti spetta l'adozione degli atti e provvedimenti amministrativi, compresi tutti gli atti che impegnano l'amministrazione verso l'esterno, nonché la gestione finanziaria, tecnica e amministrativa mediante autonomi poteri di spesa, di organizzazione delle risorse umane, strumentali e di controllo. Essi sono responsabili in via esclusiva dell'attività amministrativa, della gestione e dei relativi risultati.

[3] Le attribuzioni dei dirigenti indicate dal comma 2 possono essere derogate soltanto espressamente e ad opera di specifiche disposizioni legislative.

[4] Le amministrazioni pubbliche i cui organi di vertice non siano direttamente o indirettamente espressione di rappresentanza politica, adeguano i propri ordinamenti al principio della distinzione tra indirizzo e controllo, da un lato, e attuazione e gestione dall'altro. A tali amministrazioni è fatto divieto di istituire uffici di diretta collaborazione, posti alle dirette dipendenze dell'organo di vertice dell'ente.

Art. 5. Potere di organizzazione – [1] Le amministrazioni pubbliche assumono ogni determinazione organizzativa al fine di assicurare l'attuazione dei princìpi di cui all'articolo 2, comma 1, e la rispondenza al pubblico interesse dell'azione amministrativa.

[2] Nell'ambito delle leggi e degli atti organizzativi di cui all'articolo 2, comma 1, le determinazioni per l'organizzazione degli uffici e le misure inerenti alla gestione dei rapporti di lavoro, nel rispetto del principio di pari opportunità, e in particolare la direzione e l'organizzazione del lavoro nell'ambito degli uffici sono assunte in via esclusiva dagli organi preposti alla gestione con la capacità e i poteri del privato datore di lavoro, fatte salve la sola informazione ai sindacati ovvero le ulteriori forme di partecipazione, ove previsti nei contratti di cui all'articolo 9.

[...]

Art. 9. Partecipazione sindacale – [1] Fermo restando quanto previsto dall'articolo 5, comma 2, i contratti collettivi nazionali disciplinano le modalità e gli istituti della partecipazione.

Art. 35. Reclutamento del personale – [1] L'assunzione nelle amministrazioni pubbliche avviene con contratto individuale di lavoro:

a) tramite procedure selettive, conformi ai princìpi del comma 3, volte all'accertamento della professionalità richiesta, che garantiscano in misura adeguata l'accesso dall'esterno;

46. I principi del rapporto di lavoro pubblico contrattualizzato.   235

> b) mediante avviamento degli iscritti nelle liste di collocamento ai sensi della legislazione vigente per le qualifiche e profili per i quali è richiesto il solo requisito della scuola dell'obbligo, facendo salvi gli eventuali ulteriori requisiti per specifiche professionalità.
>
> [...]

Art. 40. Contratti collettivi nazionali e integrativi – [1] La contrattazione collettiva determina i diritti e gli obblighi direttamente pertinenti al rapporto di lavoro, nonché le materie relative alle relazioni sindacali. Sono, in particolare, escluse dalla contrattazione collettiva le materie attinenti all'organizzazione degli uffici, quelle oggetto di partecipazione sindacale ai sensi dell'articolo 9, quelle afferenti alle prerogative dirigenziali ai sensi degli articoli 5, comma 2, 16 e 17, la materia del conferimento e della revoca degli incarichi dirigenziali, nonché quelle di cui all'articolo 2, comma 1, lettera c), della legge 23 ottobre 1992, n. 421. Nelle materie relative alle sanzioni disciplinari, alla valutazione delle prestazioni ai fini della corresponsione del trattamento accessorio, della mobilità e delle progressioni economiche, la contrattazione collettiva è consentita negli esclusivi limiti previsti dalle norme di legge.

[2] Tramite appositi accordi tra l'ARAN e le Confederazioni rappresentative, secondo le procedure di cui agli articoli 41, comma 5, e 47, senza nuovi o maggiori oneri per la finanza pubblica, sono definiti fino a un massimo di quattro comparti di contrattazione collettiva nazionale, cui corrispondono non più di quattro separate aree per la dirigenza. Una apposita sezione contrattuale di un'area dirigenziale riguarda la dirigenza del ruolo sanitario del Servizio sanitario nazionale, per gli effetti di cui all'articolo 15 del decreto legislativo 30 dicembre 1992, n. 502, e successive modificazioni. Nell'ambito dei comparti di contrattazione possono essere costituite apposite sezioni contrattuali per specifiche professionalità.

[3] La contrattazione collettiva disciplina, in coerenza con il settore privato, la struttura contrattuale, i rapporti tra i diversi livelli e la durata dei contratti collettivi nazionali e integrativi. La durata viene stabilita in modo che vi sia coincidenza fra la vigenza della disciplina giuridica e di quella economica.

[3-*bis*] Le pubbliche amministrazioni attivano autonomi livelli di contrattazione collettiva integrativa, nel rispetto dell'articolo 7, comma 5, e dei vincoli di bilancio risultanti dagli strumenti di programmazione annuale e pluriennale di ciascuna amministrazione. La contrattazione collettiva integrativa assicura adeguati livelli di efficienza e produttività dei servizi pubblici, incentivando l'impegno e la qualità della performance ai sensi dell'articolo 45, comma 3. A tale fine destina al trattamento economico accessorio collegato alla performance individuale una quota prevalente del trattamento accessorio complessivo comunque denominato Essa si svolge sulle materie, con i vincoli e nei limiti stabiliti dai contratti collettivi nazionali, tra i soggetti e con le procedure negoziali che questi ultimi prevedono; essa può avere ambito territoriale e riguardare più amministrazioni. I contratti collettivi nazionali definiscono il termine delle sessioni negoziali in sede decentrata. Alla scadenza del termine le parti riassumono le rispettive prerogative e libertà di iniziativa e decisione.

[3-*ter*] Al fine di assicurare la continuità e il migliore svolgimento della funzione pubblica, qualora non si raggiunga l'accordo per la stipulazione di un contratto collettivo integrativo, l'amministrazione interessata può provvedere, in via provvisoria, sulle materie oggetto del mancato accordo, fino alla successiva sottoscrizione. Agli atti adottati unila-

teralmente si applicano le procedure di controllo di compatibilità economico-finanziaria previste dall'articolo 40-*bis*.

[3-*quater*] La Commissione di cui all'articolo 13 del decreto legislativo di attuazione della legge 4 marzo 2009, n. 15, in materia di ottimizzazione della produttività del lavoro pubblico e di efficienza e trasparenza delle pubbliche amministrazioni, fornisce, entro il 31 maggio di ogni anno, all'ARAN una graduatoria di performance delle amministrazioni statali e degli enti pubblici nazionali. Tale graduatoria raggruppa le singole amministrazioni, per settori, su almeno tre livelli di merito, in funzione dei risultati di performance ottenuti. La contrattazione nazionale definisce le modalità di ripartizione delle risorse per la contrattazione decentrata tra i diversi livelli di merito assicurando l'invarianza complessiva dei relativi oneri nel comparto o nell'area di contrattazione.

[3-*quinquies*] La contrattazione collettiva nazionale dispone, per le amministrazioni di cui al comma 3 dell'articolo 41, le modalità di utilizzo delle risorse indicate all'articolo 45, comma 3-*bis*, individuando i criteri e i limiti finanziari entro i quali si deve svolgere la contrattazione integrativa. Le regioni, per quanto concerne le proprie amministrazioni, e gli enti locali possono destinare risorse aggiuntive alla contrattazione integrativa nei limiti stabiliti dalla contrattazione nazionale e nei limiti dei parametri di virtuosità fissati per la spesa di personale dalle vigenti disposizioni, in ogni caso nel rispetto dei vincoli di bilancio e del patto di stabilità e di analoghi strumenti del contenimento della spesa. Lo stanziamento delle risorse aggiuntive per la contrattazione integrativa è correlato all'affettivo rispetto dei principi in materia di misurazione, valutazione e trasparenza della performance e in materia di merito e premi applicabili alle regioni e agli enti locali secondo quanto previsto dagli articoli 16 e 31 del decreto legislativo di attuazione della legge 4 marzo 2009, n. 15, in materia di ottimizzazione della produttività del lavoro pubblico e di efficienza e trasparenza delle pubbliche amministrazioni. Le pubbliche amministrazioni non possono in ogni caso sottoscrivere in sede decentrata contratti collettivi integrativi in contrasto con i vincoli e con i limiti risultanti dai contratti collettivi nazionali o che disciplinano materie non espressamente delegate a tale livello negoziale ovvero che comportano oneri non previsti negli strumenti di programmazione annuale e pluriennale di ciascuna amministrazione. Nei casi di violazione dei vincoli e dei limiti di competenza imposti dalla contrattazione nazionale o dalle norme di legge, le clausole sono nulle, non possono essere applicate e sono sostituite ai sensi degli articoli 1339 e 1419, secondo comma, del codice civile. In caso di accertato superamento di vincoli finanziari da parte delle sezioni regionali di controllo della Corte dei conti, del Dipartimento della funzione pubblica o del Ministero dell'economia e delle finanze è fatto altresì obbligo di recupero nell'ambito della sessione negoziale successiva. Le disposizioni del presente comma trovano applicazione a decorrere dai contratti sottoscritti successivamente alla data di entrata in vigore del decreto legislativo di attuazione della legge 4 marzo 2009, n. 15, in materia di ottimizzazione della produttività del lavoro pubblico e di efficienza e trasparenza delle pubbliche amministrazioni.

[3-*sexies*] A corredo di ogni contratto integrativo le pubbliche amministrazioni, redigono una relazione tecnico-finanziaria ed una relazione illustrativa, utilizzando gli schemi appositamente predisposti e resi disponibili tramite i rispettivi siti istituzionali dal Ministero dell'economia e delle finanze di intesa con il Dipartimento della funzione pubblica. Tali relazioni vengono certificate dagli organi di controllo di cui all'articolo 40-*bis*, comma 1.

46. I principi del rapporto di lavoro pubblico contrattualizzato. 237

Art. 51. Disciplina del rapporto di lavoro **(5)** – [1] Il rapporto di lavoro dei dipendenti delle amministrazioni pubbliche è disciplinato secondo le disposizioni degli articoli 2, commi 2 e 3, e 3, comma 1.

[2] La legge 20 maggio 1970, n. 300, e successive modificazioni ed integrazioni, si applica alle pubbliche amministrazioni a prescindere dal numero dei dipendenti.

Art. 63. Controversie relative ai rapporti di lavoro **(6)** – [1] Sono devolute al giudice ordinario, in funzione di giudice del lavoro, tutte le controversie relative ai rapporti di lavoro alle dipendenze delle pubbliche amministrazioni di cui all'articolo 1, comma 2, ad eccezione di quelle relative ai rapporti di lavoro di cui al comma 4, incluse le controversie concernenti l'assunzione al lavoro, il conferimento e la revoca degli incarichi dirigenziali e la responsabilità dirigenziale, nonché quelle concernenti le indennità di fine rapporto, comunque denominate e corrisposte, ancorché vengano in questione atti amministrativi presupposti. Quando questi ultimi siano rilevanti ai fini della decisione, il giudice li disapplica, se illegittimi. L'impugnazione davanti al giudice amministrativo dell'atto amministrativo rilevante nella controversia non è causa di sospensione del processo.

[2] Il giudice adotta, nei confronti delle pubbliche amministrazioni, tutti i provvedimenti, di accertamento, costitutivi o di condanna, richiesti dalla natura dei diritti tutelati. Le sentenze con le quali riconosce il diritto all'assunzione, ovvero accerta che l'assunzione è avvenuta in violazione di norme sostanziali o procedurali, hanno anche effetto rispettivamente costitutivo o estintivo del rapporto di lavoro.

[...]

[4] Restano devolute alla giurisdizione del giudice amministrativo le controversie in materia di procedure concorsuali per l'assunzione dei dipendenti delle pubbliche amministrazioni, nonché, in sede di giurisdizione esclusiva, le controversie relative ai rapporti di lavoro di cui all'articolo 3, ivi comprese quelle attinenti ai diritti patrimoniali connessi.

(5) Cfr. cap. 47 *"Onere della prova e processo del lavoro".*

(6) Cfr. cap. 47 *"Onere della prova e processo del lavoro".*

47. Onere della prova e processo del lavoro

Codice civile

Art. 2697. Onere della prova – [1] Chi vuol far valere un diritto in giudizio deve provare i fatti che ne costituiscono il fondamento **(1)-(2)**.

---

(1) L'onere della prova costituisce la regola di giudizio per consentire la decisione della causa al giudice al termine dell'istruttoria, soprattutto se sia ancora incerta la veridicità di un fatto rilevante. Il giudice, infatti, deve sempre pronunciarsi rispetto alle domande che gli sono presentate dalle parti (divieto di *non liquet*) e, quando sia dubbia la verità di un fatto costitutivo di una pretesa, deve decretare la soccombenza della parte onerata della prova del fatto sulla cui esistenza o inesistenza non sia stato possibile raggiungere un convincimento pieno.

(2) La ripartizione degli oneri probatori è precostituita, nel senso che non può essere fissata arbitrariamente dal giudice, ma, in relazione alla concreta pretesa avanzata in giudizio, discende dal diritto sostanziale, la cui interpretazione deve mirare, oltre che alla individuazione degli elementi della fattispecie, anche alla ascrizione di tali elementi rispettivamente all'area dei fatti costitutivi, della cui prova è onerato l'attore, oppure all'area dei fatti impeditivi, modificativi ed estintivi, della cui prova è onerata il convenuto. Il richiamo alla peculiarità di un processo avente ad oggetto diritti di grande rilievo sociale, appunto garantiti da norme inderogabili in materia di lavoro, spiega la peculiarità della disciplina di ripartizione dell'onere, che segue solo talvolta la regola ordinaria enunciata dall'art. 2697 c.c. Sono stabilite così significative ipotesi di inversione dell'onere probatorio di fonte legale, come ad esempio quelle relative alla limitazione legale dei poteri imprenditoriali, come gli esempi del licenziamento e del trasferimento del lavoratore, ove la prevista necessità di una giustificazione per il legittimo esercizio del potere determina automaticamente, a prescindere dalle disposizioni espresse con valore meramente confermativo, l'imposizione del relativo onere probatorio al datore di lavoro (cfr. infra art. 5, legge n. 604/1966). Altre inversioni dell'onere sono dettate da presunzioni di costruzione giurisprudenziale, risultato di operazioni interpretative dirette ad individuare nella norma una presunzione legale relativa implicita, come, ad esempio: la presunzione di onerosità della prestazione lavorativa; la presunzione di onerosità delle erogazioni provenienti dal datore di lavoro, la presunzione di eccessiva difficoltà di esercizio dei diritti del lavoratore nel corso

47. Onere della prova e processo del lavoro

[2] Chi eccepisce l'inefficacia di tali fatti ovvero eccepisce che il diritto si è modificato o estinto deve provare i fatti su cui l'eccezione si fonda.

Codice di procedura civile

Art. 112. Corrispondenza tra il chiesto e il pronunciato – [1] Il giudice deve pronunciare su tutta la domanda e non oltre i limiti di essa e non può pronunciare d'ufficio su eccezioni che possano essere proposte soltanto dalle parti **(3)**.

Art. 116. Valutazione delle prove. – [1] Il giudice deve valutare le prove secondo il suo prudente apprezzamento, salvo che la legge disponga altrimenti.
[2] Il giudice può desumere argomenti di prova dalle risposte che le parti gli danno a norma dell'articolo seguente, dal loro rifiuto ingiustificato a consentire le

di un rapporto non stabile con conseguente nullità delle clausole di decadenza il cui termine decorra durante tale rapporto; la presunzione di attendibilità della valutazione collettiva circa le infrazioni giustificanti il licenziamento individuale o la effettività della riduzione del personale necessaria per il licenziamento collettivo. Uno dei principi maggiormente utilizzati per giustificare l'inversione è il c.d. principio di vicinanza della prova, secondo il quale, in deroga al disposto dell'art. 2697 c.c., si dovrebbe invertire l'onere di provare un fatto la cui prova sia preclusa in punto di fatto ad una delle parti, cioè per un comportamento ascrivibile alla stessa parte contro la quale il fatto da provare avrebbe potuto essere invocato, nel quadro dei principi in ordine alla distribuzione dell'onere della prova ed al rilievo che assume a tal fine la "vicinanza della prova", e cioè la effettiva possibilità per l'una o per l'altra parte di offrirla (Cass., S.U., 11 gennaio 2008, n. 582). Tale principio trova spazio in quelle ipotesi in cui per l'altra parte, quindi, sarebbe sostanzialmente impossibile offrirla o per la natura del fatto, ad esempio quando esso riguardi uno stato psicologico (Cass., S.U., 22 dicembre 2015, n. 25767).

(3) Nonostante gli ampi poteri istruttori del giudice, si applica anche al processo del lavoro il principio di corrispondenza tra chiesto e pronunciato, incorrendo altrimenti il giudice nel vizio di *ultrapetita*. Le allegazioni dei fatti che sono di esclusiva competenza delle parti e che il giudice non può integrare o modificare riguardano il *petitum* e i fatti costitutivi delle cause *petendi*, mentre le per le motivazioni giuridiche della richiesta opera il principio generale *iura novit curia* e il giudice ha il dovere di accogliere le richieste fondate anche sulla base di ragioni giuridiche diverse da quelle esposte dalle parti in diritto.

240   Il rapporto individuale di lavoro

ispezioni che egli ha ordinate e, in generale, dal contegno delle parti stesse nel processo.

Art. 115. Disponibilità delle prove – [1] Salvi i casi previsti dalla legge, il giudice deve porre a fondamento della decisione le prove proposte dalle parti o dal pubblico ministero, nonché i fatti non specificatamente contestati dalla parte costituita.

Art. 244. Modo di deduzione – [1] La prova per testimoni deve essere dedotta mediante indicazione specifica delle persone da interrogare e dei fatti, formulati in articoli separati, sui quali ciascuna di esse deve essere interrogata.

Art. 253. Interrogazioni e risposte – [1] Il giudice istruttore interroga il testimone sui fatti intorno ai quali è chiamato a deporre. Può altresì rivolgergli, d'ufficio o su istanza di parte, tutte le domande che ritiene utili a chiarire i fatti medesimi.
[2] È vietato alle parti e al pubblico ministero di interrogare direttamente i testimoni.
[3] Alle risposte dei testimoni si applica la disposizione dell'articolo 231.

Art. 409. Controversie individuali di lavoro **(4)-(5)** – [1] Si osservano le disposizioni del presente capo nelle controversie relative a:
1) rapporti di lavoro subordinato privato, anche se non inerenti all'esercizio di una impresa;
2) rapporti di mezzadria, di colonia parziaria, di compartecipazione agraria, di affitto a coltivatore diretto, nonché rapporti derivanti da altri contratti agrari, salva la competenza delle sezioni specializzate agrarie;

(4) La tutela giurisdizionale dei diritti del lavoratore è agevolata dalla previsione di un apposito processo del lavoro (legge n. 533/1973, che ha novellato gli artt. 409 ss. c.p.c.), che si applica alle controversie elencate dalla disposizione in commento, ai rapporti di lavoro parasubordinato anche con le pubbliche amministrazioni (Cass., S.U., 3 gennaio 2007, n. 4), ai rapporti previdenziali e assistenziali (art. 442 c.p.c.), alla repressione della condotta antisindacale del datore di lavoro privato e pubblico (art. 1 legge n. 847/1977; art. 63, comma 3, d.lgs. n. 165/2001) e alle procedure di contrattazione collettiva per il settore pubblico (art. 63, comma 3, d.lgs. n. 165/2001). Per le controversie sui licenziamenti regolati dall'art. 18 Stat. lav. è previsto un rito speciale accelerato in tutti i gradi (cfr. cap. 33. *"Il rito speciale per le controversie sui licenziamenti regolati dall'art. 18 Stat. Lav."*).

(5) Per favorirne la celerità, il processo del lavoro è retto da rigide preclusioni, che impongono ad entrambe le parti di esporre all'inizio del procedimento tutte le rispettive domande, eccezioni e richieste di prove, senza possibilità di successive modifiche o integrazioni.

47. Onere della prova e processo del lavoro — 241

3) rapporti di agenzia, di rappresentanza commerciale ed altri rapporti di collaborazione che si concretino in una prestazione di opera continuativa e coordinata, prevalentemente personale, anche se non a carattere subordinato. La collaborazione si intende coordinata quando, nel rispetto delle modalità di coordinamento stabilite di comune accordo dalle parti, il collaboratore organizza autonomamente l'attività lavorativa;

4) rapporti di lavoro dei dipendenti di enti pubblici che svolgono esclusivamente o prevalentemente attività economica;

5) rapporti di lavoro dei dipendenti di enti pubblici ed altri rapporti di lavoro pubblico, sempreché non siano devoluti dalla legge ad altro giudice.

Art. 413. Giudice competente – [1] Le controversie previste dall'articolo 409 sono in primo grado di competenza del tribunale in funzione di giudice del lavoro.

[2] Competente per territorio è il giudice nella cui circoscrizione è sorto il rapporto ovvero si trova l'azienda o una sua dipendenza alla quale è addetto il lavoratore o presso la quale egli prestava la sua opera al momento della fine del rapporto.

[3] Tale competenza permane dopo il trasferimento dell'azienda o la cessazione di essa o della sua dipendenza, purché la domanda sia proposta entro sei mesi dal trasferimento o dalla cessazione.

[4] Competente per territorio per le controversie previste dal numero 3) dell'articolo 409 è il giudice nella cui circoscrizione si trova il domicilio dell'agente, del rappresentante di commercio ovvero del titolare degli altri rapporti di collaborazione di cui al predetto numero 3) dell'articolo 409.

[5] Competente per territorio per le controversie relative ai rapporti di lavoro alle dipendenze delle pubbliche amministrazioni è il giudice nella cui circoscrizione ha sede l'ufficio al quale il dipendente è addetto o era addetto al momento della cessazione del rapporto.

[...]

[8] Sono nulle le clausole derogative della competenza per territorio.

Art. 414. Forma della domanda – [1] La domanda si propone con ricorso, il quale deve contenere:

1) l'indicazione del giudice;

2) il nome, il cognome, nonché la residenza o il domicilio eletto del ricorrente nel comune in cui ha sede il giudice adito, il nome, il cognome e la residenza o il domicilio o la dimora del convenuto; se ricorrente o convenuto è una persona giuridica, un'associazione non riconosciuta o un comitato, il ricorso deve indicare la denominazione o ditta nonché la sede del ricorrente o del convenuto;

3) la determinazione dell'oggetto della domanda;

4) l'esposizione dei fatti e degli elementi di diritto sui quali si fonda la domanda con le relative conclusioni;

242   Il rapporto individuale di lavoro

> 5) l'indicazione specifica dei mezzi di prova di cui il ricorrente intende avvalersi e in particolare dei documenti che si offrono in comunicazione **(6)**.

Art. 415. Deposito del ricorso e decreto di fissazione dell'udienza – [1] Il ricorso è depositato nella cancelleria del giudice competente insieme con i documenti in esso indicati.

[2] Il giudice, entro cinque giorni dal deposito del ricorso, fissa con decreto, l'udienza di discussione, alla quale le parti sono tenute a comparire personalmente.

[3] Tra il giorno del deposito del ricorso e l'udienza di discussione non devono decorrere più di sessanta giorni.

[4] Il ricorso unitamente al decreto di fissazione dell'udienza, deve essere notificato al convenuto, a cura dell'attore, entro dieci giorni dalla data di pronuncia del decreto, salvo quanto disposto dall'articolo 417.

[5] Tra la data di notificazione al convenuto e quella dell'udienza di discussione deve intercorrere un termine non minore di trenta giorni.

[6] Il termine di cui al comma precedente è elevato a quaranta giorni e quello di cui al terzo comma è elevato a ottanta giorni nel caso in cui la notificazione prevista dal quarto comma debba effettuarsi all'estero.

---

(6) Il ricorso introduttivo, notificato al convenuto dopo la fissazione dell'udienza da parte del giudice, deve contenere non solo la determinazione dell'oggetto della domanda, ma anche l'esposizione dei fatti costitutivi della stessa e l'indicazione dei mezzi di prova, così come la memoria difensiva del convenuto, da depositare almeno dieci giorni prima dell'udienza, che deve contenere anche tutte le domande riconvenzionali e le eccezioni non rilevabili d'ufficio, mentre si possono proporre in ogni momento le eccezioni rilevabili d'ufficio e le mere difese consistenti nel rilievo della mancata deduzione o prova di un fatto costitutivo della domanda e le eccezioni in senso lato rilevabili d'ufficio se i relativi fatti sono già ritualmente acquisiti al processo. In tal modo il giudice è in grado di conoscere effettivamente la causa già prima dell'udienza ed espletare speditamente l'interrogatorio delle parti ed il tentativo di conciliazione, per poi procedere immediatamente, in caso di mancata conciliazione, all'istruttoria eventualmente necessaria ed alla decisione. Per le medesime ragioni, nel processo del lavoro, in qualsiasi stato e grado, non opera la sospensione feriale dei termini (art. 3, legge n. 742/1969). I presupposti che hanno condotto alla regolazione così rigida del processo del lavoro consistevano nell'esigenza di ottenere un processo caratterizzato da concentrazione e oralità del contraddittorio, che tuttavia sono rimasti pii auspici mai realizzati, anche se non si può negare che, pur nella sua lungaggine, il processo del lavoro sia effettivamente più celere del rito ordinario.

47. Onere della prova e processo del lavoro 243

[7] Nelle controversie relative ai rapporti di lavoro dei dipendenti delle pubbliche amministrazioni di cui al quinto comma dell'articolo 413, il ricorso è notificato direttamente presso l'amministrazione destinataria ai sensi dell'articolo 144, secondo comma. Per le amministrazioni statali o ad esse equiparate, ai fini della rappresentanza e difesa in giudizio, si osservano le disposizioni delle leggi speciali che prescrivono la notificazione presso gli uffici dell'Avvocatura dello Stato competente per territorio.

Art. 416. Costituzione del convenuto – [1] Il convenuto deve costituirsi almeno dieci giorni prima della udienza, dichiarando la residenza o eleggendo domicilio nel comune in cui ha sede il giudice adito.

[2] La costituzione del convenuto si effettua mediante deposito in cancelleria di una memoria difensiva, nella quale devono essere proposte, a pena di decadenza, le eventuali domande in via riconvenzionale e le eccezioni processuali e di merito che non siano rilevabili d'ufficio.

[3] Nella stessa memoria il convenuto deve prendere posizione, in maniera precisa e non limitata ad una generica contestazione, circa i fatti affermati dall'attore a fondamento della domanda, proporre tutte le sue difese in fatto e in diritto ed indicare specificamente, a pena di decadenza, i mezzi di prova dei quali intende avvalersi ed in particolare i documenti che deve contestualmente depositare **(7)**.

Art. 421. Poteri istruttori del giudice – [1] Il giudice indica alle parti in ogni momento le irregolarità degli atti e dei documenti che possono essere sanate assegnando un termine per provvedervi, salvo gli eventuali diritti quesiti.

---

(7) La legge impone al convenuto di contestare in modo preciso i fatti allegati dal ricorrente, in quanto quelli non contestati vengono considerati pacifici, con esonero dalla prova del ricorrente (art. 115 c.p.c.). Per una valida contestazione non è sufficiente la semplice negazione del fatto affermato dall'altra parte. L'onere di contestazione grava anche sul ricorrente che deve assolverlo alla prima udienza con riferimento ai fatti dedotti dal convenuto (Cass. 5 marzo 2003, n. 3245; Cass., S.U., 17 giugno 2004, n. 11353; Cass. 13 giugno 2005, n. 12636; Cass. 4 dicembre 2007, n. 25269) ed ai fatti costitutivi della domanda riconvenzionale (Cass. 3 febbraio 2003, n. 1562). La pacifica esistenza dei fatti per non contestazione ha come conseguenza l'esclusione del controllo probatorio sui fatti non contestati che il giudice è vincolato a considerare esistenti (Cass. 26 settembre 2002, n. 13972; Cass. 15 gennaio 2003, n. 535; Cass. 3 febbraio 2003, n. 1562) e riguarda anche i conteggi inseriti nel ricorso, anche se si contesta il titolo presupposto, il cui riconoscimento o accertamento rende in questi casi pacifico il quantum (Cass. 19 agosto 2009, n. 18378; Cass. 25 luglio 2014, n. 17007). L'onere di contestazione non sorge nei confronti delle deduzioni generiche contenute nel ricorso.

[2] Può altresì disporre d'ufficio **(8)** in qualsiasi momento l'ammissione di ogni mezzo di prova, anche fuori dei limiti stabiliti dal codice civile, ad eccezione del giuramento decisorio, nonché la richiesta di informazioni e osservazioni, sia scritte che orali, alle associazioni sindacali indicate dalle parti. Si osserva la disposizione del comma sesto dell'articolo 420.

[3] Dispone, su istanza di parte, l'accesso sul luogo di lavoro, purché necessario al fine dell'accertamento dei fatti, e dispone altresì, se ne ravvisa l'utilità, l'esame dei testimoni sul luogo stesso.

---

(8) Il legislatore, per ridurre le occasioni di applicazione della regola di giudizio dell'onere della prova, ha accresciuto la possibilità di accertamento dei fatti di causa allegati dalle parti mediante l'attribuzione al giudice del lavoro di poteri istruttori d'ufficio anche fuori dei limiti stabiliti dal codice civile (art. 421, comma 2, c.p.c.), così agevolando la ricerca della verità materiale ed attenuando il profilo soggettivo dell'onere della prova. Tuttavia, per la necessaria salvaguardia del fondamentale principio della imparzialità, anche psicologica, del magistrato, tali poteri officiosi sono utilizzabili in ogni direzione e non certo ad esclusivo vantaggio del lavoratore, anche se l'agevolazione della posizione di quest'ultimo può essere stata, senza peraltro alcun riscontro nel dettato normativo, la ragione storica della loro introduzione. Inoltre, sempre al fine di salvaguardare il principio del contraddittorio, la Giurisprudenza ha fissato alcuni principi fondamentali relativi al potere istruttorio officioso del giudice del lavoro (Cass., S.U., 17 giugno 2004, n. 11353; Cass., S.U., 20 aprile 2005, n. 8202;): – il potere officioso è un potere-dovere, che va esercitato imparzialmente non in sostituzione di una parte totalmente inerte, ma al fine di evitare, ove possibile, l'applicazione della regola di giudizio dell'onere della prova conseguente al mancato convincimento pieno sui fatti rilevanti (cfr. anche Cass. 10 dicembre 2008, n. 29006; Cass. 18 settembre 2009, n. 20272; Cass. 11 marzo 2011, n. 5878 per il giudizio di appello; Cass. 25 luglio 2011, n. 16182; Cass. 1 agosto 2013, n. 18410; Cass. 15 maggio 2014, n. 10662); – il potere officioso può riguardare solo i fatti tempestivamente allegati dalle parti (Cass. 25 luglio 2011, n. 16182); – il potere officioso non può riguardare i fatti pacifici, che sono irreversibilmente sottratti all'istruttoria di parte e di ufficio; – il potere officioso non può esplicarsi mediante una prova atipica, pur essendo svincolato dai limiti del codice civile (Cass. 15 aprile 2009, n. 8928 a proposito della prova per testi della simulazione); – il potere officioso non può esplicarsi mediante una prova non voluta dalle parti; – il potere officioso può riguardare anche una prova da cui le parti siano decadute (cfr. anche Cass. 10 dicembre 2008, n. 29006; Cass. 1° agosto 2013, n. 18410); – il potere officioso non può essere esercitato per sminuire l'efficacia di una prova già espletata; – l'esercizio del potere officioso al di fuori dei limiti indicati costituisce violazione di legge, censurabile come tale; – l'omesso esercizio del potere officioso può essere, invece, censurato in sede di legittimità solo per difetto di motivazione.

47. Onere della prova e processo del lavoro 245

[4] Il giudice, ove lo ritenga necessario, può ordinare la comparizione, per interrogarle liberamente sui fatti della causa, anche di quelle persone che siano incapaci di testimoniare a norma dell'articolo 246 o a cui sia vietato a norma dell'articolo 247.

Art. 437. Udienza di discussione – [1] Nell'udienza il giudice incaricato fa la relazione orale della causa. Il collegio, sentiti i difensori delle parti, pronuncia sentenza dando lettura del dispositivo nella stessa udienza.
[2] Non sono ammesse nuove domande ed eccezioni. Non sono ammessi nuovi mezzi di prova, tranne il giuramento estimatorio, salvo che il collegio, anche d'ufficio, li ritenga indispensabili ai fini della decisione della causa.
[3] È salva la facoltà delle parti di deferire il giuramento decisorio in qualsiasi momento della causa.
[4] Qualora ammetta le nuove prove, il collegio fissa, entro venti giorni, l'udienza nella quale esse debbono essere assunte e deve essere pronunciata la sentenza. In tal caso il collegio con la stessa ordinanza può adottare i provvedimenti di cui all'articolo 423.
[...]

D.Lgs. 30 marzo 2001, n. 165 – Norme generali sull'ordinamento del lavoro alle dipendenze delle amministrazioni pubbliche.

Art. 63 Controversie relative ai rapporti di lavoro (9) – [1] Sono devolute al giudice ordinario, in funzione di giudice del lavoro, tutte le controversie relative ai rapporti di lavoro alle dipendenze delle pubbliche amministrazioni di cui all'articolo 1, comma 2, ad eccezione di quelle relative ai rapporti di lavoro di cui al comma 4, incluse le controversie concernenti l'assunzione al lavoro, il conferimento e la revoca degli incarichi dirigenziali e la responsabilità dirigenziale, nonché quelle concernenti le indennità di fine rapporto, comunque denominate e corrisposte, ancorché vengano in questione atti amministrativi presupposti. Quando questi ultimi siano rilevanti ai fini della decisione, il giudice li disapplica, se illegittimi. L'impugnazione davanti al giudice amministrativo dell'atto amministrativo rilevante nella controversia non è causa di sospensione del processo.
[2] Il giudice adotta, nei confronti delle pubbliche amministrazioni, tutti i provvedimenti, di accertamento, costitutivi o di condanna, richiesti dalla natura dei diritti tutelati. Le sentenze con le quali riconosce il diritto all'assunzione, ovvero accerta che l'assunzione è avvenuta in violazione di norme sostanziali o procedurali, hanno anche effetto rispettivamente costitutivo o estintivo del rapporto di lavoro. Il giudice, con la sentenza con la quale annulla o dichiara nullo il licenziamento, condanna l'amministrazione alla reintegrazione del lavoratore nel posto di lavoro e al pagamento di un'indennità risarcitoria

(9) Cfr. Cap. 46 "*I princìpi del rapporto di lavoro pubblico contrattualizzato*".

commisurata all'ultima retribuzione di riferimento per il calcolo del trattamento di fine rapporto corrispondente al periodo dal giorno del licenziamento fino a quello dell'effettiva reintegrazione, e comunque in misura non superiore alle ventiquattro mensilità, dedotto quanto il lavoratore abbia percepito per lo svolgimento di altre attività lavorative. Il datore di lavoro è condannato, altresì, per il medesimo periodo, al versamento dei contributi previdenziali e assistenziali.

[2-*bis*] Nel caso di annullamento della sanzione disciplinare per difetto di proporzionalità, il giudice può rideterminare la sanzione, in applicazione delle disposizioni normative e contrattuali vigenti, tenendo conto della gravità del comportamento e dello specifico interesse pubblico violato.

[3] Sono devolute al giudice ordinario, in funzione di giudice del lavoro, le controversie relative a comportamenti antisindacali delle pubbliche amministrazioni ai sensi dell'articolo 28 della legge 20 maggio 1970, n. 300, e successive modificazioni ed integrazioni, e le controversie, promosse da organizzazioni sindacali, dall'ARAN o dalle pubbliche amministrazioni, relative alle procedure di contrattazione collettiva di cui all'articolo 40 e seguenti del presente decreto.

[4] Restano devolute alla giurisdizione del giudice amministrativo le controversie in materia di procedure concorsuali per l'assunzione dei dipendenti delle pubbliche amministrazioni, nonché, in sede di giurisdizione esclusiva, le controversie relative ai rapporti di lavoro di cui all'articolo 3, ivi comprese quelle attinenti ai diritti patrimoniali connessi.

[5] Nelle controversie di cui ai commi 1 e 3 e nel caso di cui all'articolo 64, comma 3, il ricorso per cassazione può essere proposto anche per violazione o falsa applicazione dei contratti e accordi collettivi nazionali di cui all'articolo 40.

II
Il diritto sindacale

1. La libertà sindacale

Costituzione della Repubblica italiana

> *Art. 39.* – [1] L'organizzazione sindacale è libera (1).
> [...]

Legge 20 maggio 1970, n. 300 – Statuto dei lavoratori

> *Art. 14. Diritto di associazione e di attività sindacale* (2) – [1] Il diritto di costi-

(1) La declinazione della libertà sindacale comprende dei contenuti "positivi", tra cui pienamente la libertà per i lavoratori di iscriversi ad un sindacato tra quelli esistenti o di costituirne uno proprio, ma anche altri "negativi", come il diritto di recedere da un sindacato ovvero di non aderire ad alcuno. La nozione stessa di sindacato è fluida e non rigida, come si evince dal termine "organizzazione" anziché "associazione", utilizzato dalla norma, nonché dall'enunciazione contenuta nell'art. 10 della Convenzione OIL, n. 87, secondo cui può definirsi sindacato: "ogni organizzazione di lavoratori o di datori di lavoro che abbia lo scopo di promuovere e di difendere gli interessi dei lavoratori o dei datori di lavoro". Il risultato di questo sistema libero di aggregazione sindacale è il c.d. "pluralismo sindacale", ossia il fenomeno secondo cui, diversamente da quanto accadeva nel sistema corporativo, le parti sociali sono aggregate e rappresentate da una moltitudine di soggetti, formalmente tutti eguali davanti alla legge e tutti capaci di stipulare autonomi contratti collettivi di diritto comune, i quali avranno effetto solo per i soggetti (si parla appunto di "efficacia soggettiva") che siano iscritti alle associazioni stipulanti o che abbiano fatto rinvio alle disposizioni collettive per la regolazione del contratto di lavoro. Le scelte libere dei singoli non sono condizionate nemmeno dalla categoria di appartenenza dei lavoratori, almeno nel senso che la categoria nel sistema della contrattazione di diritto comune è il riflesso di una scelta organizzativa autonoma dei soggetti sindacali e non, come doveva essere secondo i commi inattuati dell'art. 39 Cost., un elemento emergente dal tessuto sociale.

(2) La garanzia nei riguardi della libertà sindacale non si ferma al dato for-

tuire associazioni sindacali, di aderirvi e di svolgere attività sindacale, è garantito a tutti i lavoratori all'interno dei luoghi di lavoro.
[...].

Art. 15. Atti discriminatori **(3)** – [1] È nullo qualsiasi patto od atto diretto a:

a) subordinare l'occupazione di un lavoratore alla condizione che aderisca o non aderisca ad una associazione sindacale ovvero cessi di farne parte;

b) licenziare un lavoratore, discriminarlo nella assegnazione di qualifiche o mansioni, nei trasferimenti, nei provvedimenti disciplinari, o recargli altrimenti pregiudizio a causa della sua affiliazione o attività sindacale ovvero della sua partecipazione ad uno sciopero.

[2] Le disposizioni di cui al comma precedente si applicano altresì ai patti o atti diretti a fini di discriminazione politica, religiosa, razziale, di lingua o di sesso, di handicap, di età o basata sull'orientamento sessuale o sulle convinzioni personali;

Art. 16. Trattamenti economici collettivi discriminatori – [1] È vietata la concessione di trattamenti economici di maggior favore aventi carattere discriminatorio a mente dell'articolo 15. [...].

---

male, ma scende sul piano concreto inibendo qualsiasi attività che possa turbare o inibire la libertà e l'attività sindacale, ovvero costituire un ostacolo all'esercizio legittimo del diritto di sciopero (cfr. Parte II, cap. 5 "La repressione della condotta antisindacale"). Resta, invece, inalterato l'obbligo fondamentale di rendere la prestazione, non essendo consentito ai singoli dipendenti, ancorché rappresentanti sindacali, di interrompere di propria iniziativa l'attività lavorativa per svolgere, nell'ambito dell'ordinario orario di lavoro, attività sindacale all'interno dell'azienda (Cass. 12 novembre 1984, n. 5711). In ogni caso, la libertà sindacale nei luoghi di lavoro, nei suoi diversi aspetti della costituzione delle associazioni, delle adesioni alle stesse e dello svolgimento dell'attività sindacale vera e propria, trova i suoi limiti nell'esigenza, anch'essa riconosciuta da tutto il contesto normativo, che il suo esercizio non comporti il sacrificio di altri interessi, dialetticamente contrapposti, ritenuti altrettanto meritevoli di tutela; l'attività sindacale deve necessariamente inquadrarsi nella dimensione collettiva di tutti i soggetti dell'impresa e, come tale, anche se non subordinata, deve essere compatibile con il criterio del normale svolgimento dell'attività aziendale (Cass. 22 febbraio 1983, n. 1325).

(3) Cfr. Parte I, cap. *"18. Divieti di discriminazione"*.

1. La libertà sindacale

Art. 17. *Sindacati di comodo* – [1] È fatto divieto ai datori di lavoro e alle associazioni di datori di lavoro di costituire o sostenere, con mezzi finanziari o altrimenti, associazioni sindacali di lavoratori **(4)**.

(4) Il limite stabilito dall'articolo in commento costituisce corretta esplicazione della dialettica sindacale e consiste nel divieto per i datori di lavoro e per le loro associazioni di costituire o sostenere, con mezzi finanziari o altrimenti, sindacati di lavoratori, detti sindacati di comodo (o sindacati gialli). Infatti, si pensa che il sostegno della controparte, da non confondersi con la semplice preferenza a trattare e stipulare con i sindacati più rappresentativi o più affidabili, determini un addomesticamento del sindacato beneficiario, con alterazione della contrapposizione di interessi tra capitale e lavoro e della concorrenza con i sindacati genuini. Tuttavia non è prevista, invece, alcuna sanzione contro il sindacato di comodo, né tanto meno il suo scioglimento, per il necessario rispetto della libertà di associazione, di cui non possono essere censurati i fini se non sono vietati dalla legge penale (art. 18 Cost.); ma comunque si può escludere la qualificazione di "sindacale" per gli atti compiuti dal sindacato di comodo, con tutte le conseguenze che ne derivano (Cass. 18 gennaio 1978, n. 233; Cass. 18 febbraio 1982, n. 1035).

2. La legislazione di sostegno al sindacato nei luoghi di lavoro

Legge 20 maggio 1970, n. 300 – Statuto dei lavoratori

Art. 19. Costituzione delle rappresentanze sindacali aziendali – [1] Rappresentanze sindacali aziendali **(1)-(2)** possono essere costituite ad iniziativa dei lavoratori in ogni unità produttiva, nell'ambito:

a) [...] (1) **(3)**

---

(1) L'art. 19, legge n. 300/1970 ha istituito le rappresentanze sindacali aziendali (RSA) come organismi di rappresentanza dei sindacati nei luoghi di lavoro ed ha attribuito loro le particolari prerogative di cui al Titolo III dello Statuto, con l'intento di sostenere l'azione sindacale in azienda. Tuttavia, il legislatore, consapevole che tali diritti di promozione dell'azione collettiva sarebbero stati particolarmente invasivi della sfera del datore di lavoro nonché in considerazione della delicatezza del compito di cooperazione nella regolamentazione normativa del rapporto di lavoro ha ritenuto che essi dovessero essere riconosciuti non a tutte le organizzazioni sindacali indiscriminatamente, bensì solo a quelle che, mostrando una significativa presenza nel panorama sindacale, offrissero garanzie di affidabilità e di responsabilità nella gestione delle stesse prerogative, cioè fossero capaci di rappresentare gli interessi del mondo del lavoro e, quindi, di aggregare e gestire il consenso, esprimendo la forza della stessa associazione nelle relazioni industriali.

(2) La protezione accordata dallo Statuto alle organizzazioni sindacali si articola su due livelli, il primo comune a tutte, in attuazione dell'art. 39, comma 1, Cost. mentre il secondo esprime, invece, la politica, perseguita dal legislatore, promozionale ed incentivante dell'attività delle organizzazioni che riescono ad essere portatrici di interessi più ampi di quelli di un ristretto ambito di lavoratori (cfr. Parte II, cap. 1 *"La libertà sindacale"*).

(3) Nella versione originaria dello Statuto tale selezione era affidata ad un doppio criterio, uno presuntivo, consistente nella mera affiliazione ad una organizzazione confederale maggiormente rappresentativa, contenuto nell'ora abrogata lett. a), l'altro effettivo, che consiste nella sottoscrizione di un contratto collettivo, contenuto nella lett. b). Successivamente, le mutate condizioni economiche degli anni ottanta e le spinte del sindacalismo autonomo hanno messo in crisi il

2. La legislazione di sostegno al sindacato nei luoghi di lavoro   253

b) delle associazioni sindacali, non affiliate alle predette confederazioni, che siano firmatarie di contratti collettivi nazionali o provinciali di lavoro applicati nell'unità produttiva (2) **(4)-(5)**.

---

modello della maggiore rappresentatività confederale, in quanto il sostegno al circuito autoreferenziale fondato su una rappresentatività presunta non è stato ritenuto più capace di far fronte alle evoluzioni della realtà sindacale ed alle crescenti esigenze di verifica in concreto della capacità rappresentativa dei sindacati.

(4) Il referendum del 1995 eliminava la presunzione di rappresentatività *ex* lett. a) dall'art. 19 Stat. lav. nonché modificava la lett. b) con l'abolizione dei termini *"nazionale o provinciale"*, in modo che la firma di un contratto collettivo di qualsiasi livello, anche aziendale, applicato in azienda potesse abilitare a costituire RSA e ad esercitare i diritti e le prerogative della legislazione statutaria di sostegno. In un secondo momento, la prassi negoziale collettiva fece emergere la consapevolezza che questa interpretazione conferiva alla parte datoriale un eccessivo potere di scelta delle controparti sindacali, essendo sufficiente per essa fare in modo che un sindacato dissidente non potesse accettare le condizioni proposte e non firmasse il contratto per togliergli ogni prerogativa sindacale in azienda. Questo potere configurava un eccessivo sbilanciamento delle relazioni industriali e la Corte costituzionale (Corte cost. 27 luglio 2013, n. 231) ha ritenuto illegittima la norma risultante dal referendum nella parte in cui non prevedeva che la rappresentanza sindacale aziendale potesse essere costituita anche nell'ambito di associazioni sindacali che, pur non firmatarie dei contratti collettivi applicati nell'unità produttiva, avessero comunque partecipato alla negoziazione relativa agli stessi contratti, quali rappresentanti dei lavoratori dell'azienda. Ciò per evitare di conferire alla parte datoriale un eccessivo potere di scelta delle controparti sindacali, esseno stato sufficiente fare in modo che un sindacato dissidente fosse messo nelle condizioni di non accettare le proposte negoziali e quindi non firmasse il contratto per privarlo di ogni prerogativa sindacale in azienda.

(5) La questione dei diritti sindacali connessi alla costituzione di rappresentanze sindacali aziendali si intreccia poi con la libertà negoziale delle parti sociali di prevedere criteri ed organi di rappresentanza diversi da quelli previsti per legge (cfr. Parte II, cap. 1 *"La libertà sindacale"*). In particolare, tale intreccio riguarda l'accordo interconfederale del 20 dicembre 1993, stipulato tra Confindustria e i tre sindacati comparativamente più rappresentativi sul piano nazionale (CGIL, CISL, UIL) per la costituzione di rappresentanze sindacali unitarie (RSU), possono essere costituite nelle unità produttive nelle quali un'azienda occupi più di 15 dipendenti, ad iniziativa delle associazioni sindacali firmatarie del Protocollo 23 luglio 1993 tra il governo e le parti sociali. Le RSU sono organi collegiali selezionati per due terzi dei seggi, mediante elezione a suffragio universale ed a scrutinio segreto tra liste concorrenti, mentre il residuo terzo viene assegnato alle liste presentate dalle associazioni sindacali firmatarie del contratto collettivo nazionale di

[2] Nell'ambito di aziende con più unità produttive le rappresentanze sindacali possono istituire organi di coordinamento.

> *Art. 20. Assemblea* – [1] I lavoratori hanno diritto di riunirsi, nella unità produttiva in cui prestano la loro opera **(6)**, fuori dell'orario di lavoro, nonché durante l'orario di lavoro, nei limiti di dieci ore annue **(7)**, per le quali verrà corrisposta la normale retribuzione. Migliori condizioni possono essere stabilite dalla contrattazione collettiva.

lavoro applicato nell'unità produttiva. Ciò comporta che, nelle RSU, l'elezione a suffragio universale determina l'effetto per cui i lavoratori, una volta eletti, non sono più legati al sindacato nelle cui liste si sono presentati alle elezioni stesse, ma fondano la loro carica sul voto, universale e segreto, dell'intera collettività dei dipendenti aziendali (Cass. 7 marzo 2012, n. 3545). Nonostante la collegialità dell'organo, la Cassazione chiariva (Cass. 7 luglio 2014, n. 15437) che dalla lettura coordinata degli art. 19 e 20 Stat. lav., si desumeva che il combinato disposto degli art. 4 e 5 dell'accordo interconfederale del 1993 deve essere interpretato nel senso che il diritto di indire assemblee rientra tra le prerogative attribuite a ciascun componente della RSU purché eletto nelle liste di un sindacato rappresentativo *ex* art. 19 st. lav., quale risultante dalla sentenza della Corte cost. n. 231/2013 (così anche Cass., S.U., 6 giugno 2017, n. 13978). Si giungeva così ad un doppio criterio di selezione, almeno nelle aziende più grandi che applicano i contratti delle organizzazioni comparativamente più rappresentative, che attiene sia alla firma del contratto sia al rapporto elettivo tra lavoratori e rappresentanti sindacali eletti. Resta il criterio di legge per tutte le imprese a cui tali norme non sono applicabili soggettivamente.

(6) In mancanza di un obbligo del datore di lavoro di porre a disposizione dei lavoratori un locale per le assemblee, sussiste, quando il primo non si sia spontaneamente attivato in tal senso, una facoltà dei secondi di scegliere, nell'ambito dell'unità produttiva in cui prestano la loro opera, il luogo in cui riunirsi; a fronte di tale facoltà, che non è qualificabile come diritto potestativo e che non costituisce neppure un diritto autonomo, ma solo un elemento del complesso contenuto nel diritto di riunione nell'unità produttiva, è configurabile solo una obbligazione negativa o un *pati* del datore di lavoro, la cui sussistenza è subordinata alla legittimità della scelta dei lavoratori che, in generale, non può riguardare un bene aziendale la cui destinazione sia incompatibile con lo svolgimento dell'assemblea e, in particolare, non può pregiudicare la continuazione dell'attività lavorativa da parte dei dipendenti che all'assemblea non partecipano né la sicurezza delle persone o la salvaguardia degli impianti, e la cui violazione non può, comunque, dar luogo ad arbitrarie forme di autotutela, quale l'occupazione del locale prescelto, ma legittima soltanto il ricorso alla tutela giurisdizionale resa più pronta ed efficace dalla possibilità del ricorso allo speciale procedimento di repressione della

2. La legislazione di sostegno al sindacato nei luoghi di lavoro

[2] Le riunioni – che possono riguardare la generalità dei lavoratori o gruppi di essi – sono indette, singolarmente o congiuntamente, dalle rappresentanze sindacali aziendali nell'unità produttiva, con ordine del giorno su materie di interesse sindacale e del lavoro e secondo l'ordine di precedenza delle convocazioni, comunicate al datore di lavoro.

[3] Alle riunioni possono partecipare, previo preavviso al datore di lavoro, dirigenti esterni del sindacato **(8)** che ha costituito la rappresentanza sindacale aziendale.

[4] Ulteriore modalità per l'esercizio del diritto di assemblea possono essere stabilite dai contratti collettivi di lavoro, anche aziendali.

Art. 21. Referendum – [1] Il datore di lavoro deve consentire nell'ambito aziendale lo svolgimento, fuori dell'orario di lavoro, di referendum, sia generali che per categoria, su materie inerenti all'attività sindacale, indetti da tutte le rappresentanze sindacali aziendali tra i lavoratori **(9)**, con diritto di partecipazione di tutti i lavoratori appartenenti alla unità produttiva e alla categoria particolarmente interessata.

---

condotta antisindacale previsto dall'art. 28 dello statuto dei lavoratori (Cass. 8 aprile 1984, n. 2035, in *Foro it.*, 1982, I, 214).

(7) È illegittimo il rifiuto del datore di lavoro di corrispondere la normale retribuzione, ai sensi dell'art. 20 statuto lavoratori, in caso di assemblea tenuta in locali esterni all'unità produttiva; in base a tale norma, infatti, non è dato attribuire alcuna rilevanza ad un preteso interesse del datore di lavoro a che l'assemblea sia svolta proprio nei locali dell'azienda, atteso che non sussiste alcuna correlazione fra l'obbligazione positiva di pagare la retribuzione e l'obbligazione negativa di consentire che l'assemblea sia svolta in tali locali (Cass. 17 maggio 1985, n. 3038).

(8) Secondo la Corte Suprema (Cass. 5 maggio 2003, n. 6821) il diritto di partecipare alle riunioni di cui al comma 3 dell'articolo 20 della legge 300/1970 spetta esclusivamente ai dirigenti esterni delle organizzazioni sindacali firmatarie di contratti applicabili in azienda. Inoltre, alle riunioni delle rappresentanze sindacali aziendali non può essere applicato l'art. 20 statuto lavoratori e pertanto non è consentita la presenza di sindacalisti esterni (Cass. 27 marzo 1982, n. 1906).

(9) Per la configurabilità di un referendum – con conseguente obbligo del datore di lavoro di consentirne lo svolgimento nell'ambito aziendale e fuori dell'orario di lavoro – è necessario che la consultazione – i cui effetti, in difetto di una espressa previsione di legge, rimangono circoscritti all'interno del rapporto che lega i lavoratori alle organizzazioni sindacali – sia indetta da tutti i sindacati aziendali e che riguardi la materia inerente l'attività sindacale (Cass. 28 novembre 1994, n. 10119).

[2] Ulteriori modalità per lo svolgimento del referendum possono essere stabilite dai contratti collettivi di lavoro anche aziendali.

Art. 22. Trasferimento dei dirigenti delle rappresentanze sindacali aziendali – [1] Il trasferimento dall'unità produttiva dei dirigenti delle rappresentanze sindacali aziendali di cui al precedente articolo 19, dei candidati e dei membri di commissione interna può essere disposto solo previo nulla osta delle associazioni sindacali di appartenenza.

[2] Le disposizioni di cui al comma precedente ed ai commi quarto, quinto, sesto e settimo dell'articolo 18 si applicano sino alla fine del terzo mese successivo a quello in cui è stata eletta la commissione interna per i candidati nelle elezioni della commissione stessa e sino alla fine dell'anno successivo a quello in cui è cessato l'incarico per tutti gli altri.

Art. 18 **(10)**. *Tutela del lavoratore in caso di licenziamento illegittimo* – [...]
[14] Nell'ipotesi di licenziamento dei lavoratori di cui all'art. 22, il datore di lavoro che non ottempera alla sentenza di cui al primo comma ovvero all'ordinanza di cui all'undicesimo comma, non impugnata o confermata dal giudice che l'ha pronunciata, è tenuto anche, per ogni giorno di ritardo, al pagamento a favore del Fondo adeguamento pensioni di una somma pari all'importo della retribuzione dovuta al lavoratore.

Art. 23. Permessi retribuiti – [1] I dirigenti delle rappresentanze sindacali aziendali di cui all'articolo 19 hanno diritto, per l'espletamento del loro mandato, a permessi retribuiti.

[2] Salvo clausole più favorevoli dei contratti collettivi di lavoro hanno diritto ai permessi di cui al primo comma almeno:

a) un dirigente per ciascuna rappresentanza sindacale aziendale nelle unità produttive che occupano fino a 200 dipendenti della categoria per cui la stessa è organizzata;

b) un dirigente ogni 300 o frazione di 300 dipendenti per ciascuna rappresentanza sindacale aziendale nelle unità produttive che occupano fino a 3.000 dipendenti della categoria per cui la stessa è organizzata;

c) un dirigente ogni 500 o frazione di 500 dipendenti della categoria per cui è organizzata la rappresentanza sindacale aziendale nelle unità produttive di maggiori dimensioni, in aggiunta al numero minimo di cui alla precedente lettera b).

[3] I permessi retribuiti di cui al presente articolo non potranno essere inferiori a otto ore mensili nelle aziende di cui alle lettere b) e c) del comma precedente; nelle aziende di cui alla lettera a) i permessi retribuiti non potranno essere inferiori ad un'ora all'anno per ciascun dipendente.

(10) Cfr. Parte I, cap. 28, "*Il regime di tutela reale per i licenziamenti vietati e orali*".

2. La legislazione di sostegno al sindacato nei luoghi di lavoro 257

[4] Il lavoratore che intende esercitare il diritto di cui al primo comma deve darne comunicazione scritta al datore di lavoro di regola 24 ore prima, tramite le rappresentanze sindacali aziendali.

Art. 24. Permessi non retribuiti – [1] I dirigenti sindacali aziendali di cui all'articolo 23 hanno diritto a permessi non retribuiti per la partecipazione a trattative sindacali o a congressi e convegni di natura sindacale, in misura non inferiore a otto giorni all'anno.
[2] I lavoratori che intendano esercitare il diritto di cui al comma precedente devono darne comunicazione scritta al datore di lavoro di regola tre giorni prima, tramite le rappresentanze sindacali aziendali.

Art. 25. Diritto di affissione – [1] Le rappresentanze sindacali aziendali hanno diritto di affiggere, su appositi spazi, che il datore di lavoro ha l'obbligo di predisporre in luoghi accessibili a tutti i lavoratori all'interno dell'unità produttiva, pubblicazioni, testi e comunicati inerenti a materie di interesse sindacale e del lavoro.

Art. 26. Contributi sindacali – [1] I lavoratori hanno diritto di raccogliere contributi e di svolgere opera di proselitismo per le loro organizzazioni sindacali all'interno dei luoghi di lavoro, senza pregiudizio del normale svolgimento dell'attività aziendale.

Art. 27. Locali delle rappresentanze sindacali aziendali – [1] Il datore di lavoro nelle unità produttive con almeno 200 dipendenti pone permanentemente a disposizione delle rappresentanze sindacali aziendali, per l'esercizio delle loro funzioni, un idoneo locale comune all'interno dell'unità produttiva o nelle immediate vicinanze di essa.
[2] Nelle unità produttive con un numero inferiore di dipendenti le rappresentanze sindacali aziendali hanno diritto di usufruire, ove ne facciano richiesta, di un locale idoneo per le loro riunioni.

Art. 29. Fusione delle rappresentanze sindacali aziendali – [1] Quando le rappresentanze sindacali aziendali di cui all'articolo 19 si siano costituite nell'ambito di due o più delle associazioni di cui alle lettere a) e b) del primo comma dell'articolo predetto, nonché nella ipotesi di fusione di più rappresentanze sindacali, i limiti numerici stabiliti dall'articolo 23, secondo comma, si intendono riferiti a ciascuna delle associazioni sindacali unitariamente rappresentate nella unità produttiva.

258   Il diritto sindacale

[2] Quando la formazione di rappresentanze sindacali unitarie consegua alla fusione delle associazioni di cui alle lettere a) e b) del primo comma dell'articolo 19, i limiti numerici della tutela accordata ai dirigenti di rappresentanze sindacali aziendali, stabiliti in applicazione dell'articolo 23, secondo comma, ovvero del primo comma del presente articolo restano immutati.

Art. 30. Permessi per i dirigenti provinciali e nazionali – [1] I componenti degli organi direttivi, provinciali e nazionali, delle associazioni di cui all'articolo 19 hanno diritto a permessi retribuiti, secondo le norme dei contratti di lavoro, per la partecipazione alle riunioni degli organi suddetti.

Art. 31. Aspettativa dei lavoratori chiamati a funzioni pubbliche elettive o a ricoprire cariche sindacali provinciali e nazionali – [1] I lavoratori che siano eletti membri del Parlamento nazionale o del Parlamento europeo o di assemblee regionali ovvero siano chiamati ad altre funzioni pubbliche elettive possono, a richiesta, essere collocati in aspettativa non retribuita, per tutta la durata del loro mandato.
[2] La medesima disposizione si applica ai lavoratori chiamati a ricoprire cariche sindacali provinciali e nazionali.
[3] I periodi di aspettativa di cui ai precedenti commi sono considerati utili, a richiesta dell'interessato, ai fini del riconoscimento del diritto e della determinazione della misura della pensione a carico dell'assicurazione generale obbligatoria di cui al R.D.L. 4 ottobre 1935, n. 1827, e successive modifiche ed integrazioni, nonché a carico di enti, fondi, casse e gestioni per forme obbligatorie di previdenza sostitutive della assicurazione predetta, o che ne comportino comunque l'esonero.
[4] Durante i periodi di aspettativa l'interessato, in caso di malattia, conserva il diritto alle prestazioni a carico dei competenti enti preposti alla erogazione delle prestazioni medesime.
[5] Le disposizioni di cui al terzo e al quarto comma non si applicano qualora a favore dei lavoratori siano previste forme previdenziali per il trattamento di pensione e per malattia, in relazione all'attività espletata durante il periodo di aspettativa.

Art. 35. Campo di applicazione – [1] Per le imprese industriali e commerciali, le disposizioni del titolo III, ad eccezione del primo comma dell'articolo 27, della presente legge si applicano a ciascuna sede, stabilimento, filiale, ufficio o reparto autonomo che occupa più di quindici dipendenti. Le stesse disposizioni si applicano alle imprese agricole che occupano più di cinque dipendenti.
[2] Le norme suddette si applicano, altresì, alle imprese industriali e commerciali che nell'ambito dello stesso comune occupano più di quindici dipendenti ed alle imprese agricole che nel medesimo ambito territoriale occupano più di cinque dipendenti anche se ciascuna unità produttiva, singolarmente considerata, non raggiunge tali limiti.
[...]

2. La legislazione di sostegno al sindacato nei luoghi di lavoro   259

Art. 37. Applicazione ai dipendenti da enti pubblici **(11)** – [1] Le disposizioni della presente legge si applicano anche ai rapporti di lavoro e di impiego dei dipendenti da enti pubblici che svolgano esclusivamente o prevalentemente attività economica. Le disposizioni della presente legge si applicano altresì ai rapporti di impiego dei dipendenti dagli altri enti pubblici, salvo che la materia sia diversamente regolata da norme speciali.

D.lgs. 30 marzo 2001, n. 165 – Norme generali sull'ordinamento del lavoro alle dipendenze delle amministrazioni pubbliche

Art. 50. Aspettative e permessi sindacali **(12)** – [1] Al fine del contenimento, della trasparenza e della razionalizzazione delle aspettative e dei permessi sindacali nel settore pubblico, la contrattazione collettiva ne determina i limiti massimi in un apposito accordo, tra l'ARAN e le confederazioni sindacali rappresentative ai sensi dell'articolo 43.

[...].

---

(11) Cfr. Parte I, cap. 46 *"I principi del lavoro pubblico contrattualizzato"*.

(12) Cfr. Parte I, cap. 46 *"I principi del lavoro pubblico contrattualizzato"*.

3. Il contratto collettivo

Costituzione della Repubblica italiana

Art. 39. – [1] L'organizzazione sindacale è libera **(1)**.

[2] Ai sindacati non può essere imposto altro obbligo se non la loro registra-zione **(2)** presso uffici locali o centrali, secondo le norme di legge.

(1) Cfr. Parte II, cap. 1 *"La libertà sindacale"*.

(2) La Costituzione prevede l'obbligo di registrazione per i sindacati e conferisce ad essi la capacità di stipulare contratti collettivi con efficacia generale, se stipulati secondo la procedura prevista dall'art. 39, comma 4 Cost., ma la mancata attuazione dei commi 2-4 dell'articolo ha lasciato privo di seguito questa possibilità prevista dai costituenti. Pertanto i contratti collettivi attuali sono definiti di "diritto comune" in quanto atti di autonomia negoziale privata il cui ambito di applicazione non è *erga omnes* ma limitato ai soggetti che manifestano la volontà di volerli applicare. Le disposizioni collettive, quindi, si applicano in forza dell'iscrizione di entrambe le parti alle associazioni stipulanti, o quantomeno del datore di lavoro, in ragione del mandato rilasciato all'associazione sindacale, con l'iscrizione stessa, a stipulare per suo conto un contratto collettivo o una serie di contratti collettivi. In questo caso si riterranno applicabili a tutti i rapporti tra il datore di lavoro iscritto e i lavoratori alle sue dipendenze non solo le disposizioni del contratto collettivo a cui facciano eventualmente riferimento i contratti individuali (lettere di assunzione), ma l'intera serie dei contratti stipulati dall'associazione delegata, a prescindere se essi siano acquisitivi (acquisiscano nuovi diritti), ablativi (concedano maggiori diritti alla controparte) o gestionali (stabiliscano un nuovo e diverso assetto di obblighi senza determinare nel complesso una condizione peggiorativa per una o l'altra parte) nell'ottica del datore di lavoro. Diverso è invece il caso in cui le parti non possano fare appello all'iscrizione sindacale e il contratto individuale faccia riferimento ad un determinato contratto collettivo, vigente al momento della stipulazione o addirittura in passato. In questo caso, le disposizioni collettive si applicano in forza del rinvio operato dalle parti in modo esplicito e, in linea di massima, tale rinvio non si estende agli altri contratti collettivi stipulati successivamente dalle stesse associazioni sindacali, a meno che non sia chiaro dal rinvio che le parti hanno inteso disporre in tal senso, ad esempio con la locuzione *"e successive modificazioni"*, oppure se, nella costanza del rapporto, abbiano di

3. Il contratto collettivo

> [3] È condizione per la registrazione che gli statuti dei sindacati sanciscano un ordinamento interno a base democratica.
>
> [4] I sindacati registrati hanno personalità giuridica. Possono, rappresentati unitariamente in proporzione dei loro iscritti, stipulare contratti collettivi di lavoro con efficacia obbligatoria per tutti gli appartenenti alle categorie alle quali il contratto si riferisce.

Legge 14 luglio 1959, n. 741 – Legge Vigorelli

> *Art. 1.* – [1] Il Governo è delegato ad emanare norme giuridiche, aventi forza di legge, al fine di assicurare minimi inderogabili di trattamento economico e normativo nei confronti di tutti gli appartenenti ad una medesima categoria (3). Nella emanazione delle norme il Governo dovrà uniformarsi a tutte le clausole dei singoli accordi economici e contratti collettivi, anche intercategoriali, stipulati dalle associazioni sindacali anteriormente alla data di entrata in vigore della presente legge.

fatto applicato le successive disposizioni collettive, adeguandosi per comportamenti concludenti e così modificando il rinvio. La condotta del datore di lavoro integrante la volontà di rinvio può essere tenuta anche nei confronti di un terzo, come nel caso di godimento di benefici pubblici condizionati all'applicazione del contratto collettivo (Cass. 16 giugno 2008, n. 16194). Fuori dai casi suddetti, è esclusa la vincolatività del contratto collettivo per i rapporti di lavoro e, nel caso del rinvio, sono sicuramente estranee al vincolo anche le clausole espressamente escluse dalla volontà espressa nel contratto individuale (Cass. 16 marzo 2001, n. 3813), dato che l'applicazione parziale non determina necessariamente un rinvio all'intero contratto (Cass. 6 novembre 1990, n. 10654; Cass. 3 novembre 2005, n. 21302; Cass. 8 maggio 2009, n. 10632), né in assenza di un rinvio esplicito può adeguarsi la disciplina di fonte collettiva, restando vigente quella esplicitata nel contratto individuale, salvo il disposto dell'art. 36 Cost. (Cfr. Parte I, cap. 6 *"Gli obblighi fondamentali del datore: la retribuzione"*).

(3) Il legislatore ha tentato di prevedere norme di fonte legale che stabilissero condizioni, almeno economiche, uniformi per gli appartenenti a determinati settori. La prima soluzione legislativa in tal senso era percorsa con la legge n. 741/1959 (legge Vigorelli), con la quale il Governo veniva delegato a recepire in altrettanti decreti legislativi i contratti collettivi esistenti, purché stipulati prima dell'approvazione della legge delega, conferendo ad essi efficacia *erga omnes*, con la conseguente applicazione dei meccanismi contrattuali a tutti gli appartenenti alla categoria professionale alla quale il contratto si riferiva. L'obiettivo esplicito della legge n. 741/1959 era la garanzia di minimi di trattamento economico e normativo a

Legge 1° ottobre 1960, n. 1027 – Legge Vigorelli (reiterazione)

Art. 1. Riferimento agli accordi di categoria – [1] Nella emanazione delle norme di cui all'art. 1 della legge 14 luglio 1959, n. 741, il Governo dovrà uniformarsi anche a tutte le clausole dei singoli accordi economici e contratti collettivi anche intercategoriali stipulati entro i dieci mesi successivi alla data di entrata in vigore della legge medesima **(4)**.

Codice di procedura civile

Art. 360. Sentenze impugnabili e motivi di ricorso – [1] Le sentenze pronunciate in grado d'appello o in unico grado possono essere impugnate con ricorso per cassazione:
[...]
3) per violazione o falsa applicazione di norme di diritto e dei contratti e accordi collettivi nazionali di lavoro; [...]

D.l. 13 agosto 2011, n. 138, convertito con modificazioni dalla legge 14 settembre 2011, n. 148 – Ulteriori misure urgenti per la stabilizzazione finanziaria e per lo sviluppo

Art. 8 Sostegno alla contrattazione collettiva di prossimità. – [1] I contratti collettivi di lavoro sottoscritti a livello aziendale o territoriale da associazioni dei lavoratori comparativamente più rappresentative sul piano nazionale o territoriale ovvero dalle loro rappresentanze sindacali operanti in azienda ai sensi della normativa di legge e degli accordi interconfederali vigenti, compreso l'accordo intercon-

tutti i lavoratori, in conformità agli artt. 3 e 36 Cost.

(4) Corte cost. 19 dicembre 1962, n. 106 ha dichiarato l'illegittimità costituzionale delle norme contenute nel presente articolo per contrasto con l'art. 39 Cost., motivando che anche una sola reiterazione del meccanismo della legge n. 741/1959 fa venir meno il carattere della transitorietà e dell'eccezionalità dell'estensione legislativa *erga omnes* dell'efficacia soggettiva dei contratti collettivi di diritto comune nell'ambito di una determinata categoria, finendo così per sostituire al sistema costituzionale un altro sistema arbitrariamente costruito dal legislatore e pertanto illegittimo.

3. Il contratto collettivo

federale del 28 giugno 2011, possono realizzare specifiche intese con efficacia nei confronti di tutti i lavoratori interessati a condizione di essere sottoscritte sulla base di un criterio maggioritario relativo alle predette rappresentanze sindacali, finalizzate alla maggiore occupazione, alla qualità dei contratti di lavoro, all'adozione di forme di partecipazione dei lavoratori, alla emersione del lavoro irregolare, agli incrementi di competitività e di salario, alla gestione delle crisi aziendali e occupazionali, agli investimenti e all'avvio di nuove attività.

[2] Le specifiche intese di cui al comma 1 possono riguardare la regolazione delle materie inerenti l'organizzazione del lavoro e della produzione **(5)** con riferimento:

a) agli impianti audiovisivi e alla introduzione di nuove tecnologie;

b) alle mansioni del lavoratore, alla classificazione e inquadramento del personale;

c) ai contratti a termine, ai contratti a orario ridotto, modulato o flessibile, al regime della solidarietà negli appalti e ai casi di ricorso alla somministrazione di lavoro;

d) alla disciplina dell'orario di lavoro;

e) alle modalità di assunzione e disciplina del rapporto di lavoro, comprese le collaborazioni coordinate e continuative a progetto e le partite IVA, alla trasformazione e conversione dei contratti di lavoro e alle conseguenze del recesso dal rapporto di lavoro, fatta eccezione per il licenziamento discriminatorio, il licenziamento della lavoratrice in concomitanza del matrimonio, il licenziamento della lavoratrice dall'inizio del periodo di gravidanza fino al termine dei periodi di interdizione al lavoro, nonché fino ad un anno di età del bambino, il licenziamento causato dalla domanda o dalla fruizione del congedo parentale e per la malattia del bambino da parte della lavoratrice o del lavoratore ed il licenziamento in caso di adozione o affidamento. (158) (161).

[2-*bis*] Fermo restando il rispetto della Costituzione, nonché i vincoli derivanti dalle normative comunitarie e dalle convenzioni internazionali sul lavoro, le specifiche intese di cui al comma 1 operano anche in deroga alle disposizioni di legge che disciplinano le materie richiamate dal comma 2 ed alle relative regolamentazioni contenute nei contratti collettivi nazionali di lavoro.

---

(5) In tema di contrattazione aziendale, le specifiche intese *ex* art. 8, in quanto normativamente preordinate, tra l'altro, a finalità di gestione di crisi aziendali ed occupazionali, possono operare anche in deroga alle disposizioni di legge in tema di conseguenze del recesso dal rapporto di lavoro, prevedendo l'esclusione del trattamento sostitutivo a titolo di mancata effettuazione del preavviso, che, nell'ambito di un'operazione di licenziamento collettivo, mira ad assicurare un minor costo sociale dell'operazione in questione e a salvaguardare la prosecuzione dell'attività d'impresa (Cass. 22 luglio 2019, n. 19660).

[3] Le disposizioni contenute in contratti collettivi aziendali vigenti, approvati e sottoscritti prima dell'accordo interconfederale del 28 giugno 2011 tra le parti sociali, sono efficaci nei confronti di tutto il personale delle unità produttive cui il contratto stesso si riferisce a condizione che sia stato approvato con votazione a maggioranza dei lavoratori.

4. Il diritto di sciopero

Costituzione della Repubblica italiana

Art. 40. – [1] Il diritto di sciopero **(1)-(2)-(3)** si esercita nell'ambito delle leggi che lo regolano **(4)-(5)**.

(1) Lo sciopero è un diritto costituzionalmente garantito e produce l'effetto di sospendere l'obbligazione del datore di lavoro di corrispondere la retribuzione, mentre il rapporto di lavoro resta in vita per tutti gli altri profili.

(2) In assenza delle leggi regolatrici è stata la giurisprudenza a definire la nozione di sciopero. Il comportamento materiale garantito come diritto è stato individuato nella sospensione individuale dell'attività lavorativa esercitata in forma collettiva.

(3) Lo sciopero in senso tradizionale è quello economico a fini contrattuali, diretto ad ottenere un miglioramento delle condizioni di lavoro. Il destinatario di questa forma di pressione è il datore di lavoro (o la sua associazione), che ha la disponibilità della pretesa avanzata dagli scioperanti, sicché può, in qualsiasi momento, mediante un accordo che accolga in tutto o in parte tale pretesa, far cessare il pregiudizio derivante dallo sciopero. Nel diritto tutelato dall'art. 40 Cost. è compreso anche lo sciopero economico-politico, per rivendicazioni avanzate nei confronti dei pubblici poteri "riguardanti il complesso degli interessi dei lavoratori che trovano disciplina nelle norme racchiuse sotto il titolo III della I parte della Costituzione, che si intitola appunto ai rapporti economici" (Corte cost. 28 dicembre 1962, n. 123). Quindi, lo sciopero è costituzionalmente protetto come diritto anche "quando, pur non inerendo strettamente a rivendicazioni contrattuali, sia attuato in funzione di quel vario complesso di beni che trovino riconoscimento e tutela nella disciplina costituzionale dei rapporti economici" (Corte cost. 14 gennaio 1974, n. 1; Cass. pen. 6 luglio 1979, n. 6126).

(4) In assenza di leggi regolatrici non è consentito all'interprete imporre determinate modalità di attuazione della astensione dal lavoro e non è possibile individuare limiti interni all'esercizio del diritto con riferimento alle sue modalità attuative. Sono state superate quelle impostazioni che ritenevano illegittimo, in quanto causa di un danno eccessivo o sproporzionato per l'imprenditore, lo sciopero improvviso, cioè senza preavviso e lo sciopero articolato, cioè quello a singhiozzo in cui si succedono a brevi intervalli nell'arco della stessa giornata periodi

Codice civile

Art. 1181. Adempimento parziale – [1] Il creditore può rifiutare un adempimento parziale **(6)** anche se la prestazione è divisibile, salvo che la legge o gli usi dispongano diversamente.

---

di sciopero e periodi di offerta della prestazione, quello parziale attuato solo da una parte del personale, e quello a scacchiera, attuato a turno dai diversi reparti. Il diritto di sciopero trova comunque un limite nel divieto di arrecare un danno alla produttività dell'azienda, e cioè alla sua capacità di continuare a svolgere la sua iniziativa economica al termine dello sciopero, mentre tra le conseguenze naturali e lecite di quest'ultima il danno alla produzione aziendale arrecato con l'astensione dal lavoro trova limiti nelle norme che tutelano posizioni soggettive concorrenti, su un piano prioritario, come il diritto alla vita o all'incolumità personale, o, quantomeno, su un piano paritario, come il diritto alla libertà di iniziativa economica, sicché esorbitano da tali limiti, e sono illegittime, le modalità di attuazione dello sciopero senza alcuna predeterminazione, atteso che ne snaturano la forma e la finalità tipicamente collettive, esponendo il datore di lavoro ai pregiudizi derivanti dall'impossibilità di prevenire i rischi alla produttività e all'organizzazione gestionale dell'azienda (Cass. 3 dicembre 2015, n. 24652).

(5) L'astensione deve essere totale, nel senso che deve riguardare l'intera attività dello scioperante, che non può selezionare i compiti da svolgere e quelli da sospendere (c.d. sciopero delle mansioni) con inammissibile invasione della sfera organizzativa del datore di lavoro. È legittimo, invece, lo sciopero dello straordinario, la cui peculiarità attiene solo alla durata e collocazione temporale dell'astensione, che nei periodi di attuazione è completa. È ammesso anche il cosiddetto sciopero del cottimo, con il quale i cottimisti riducono il rendimento al minimo dovuto, mentre al di sotto di questo limite si verificherebbe un illegittimo rallentamento concertato della produzione. Al pari di questo rallentamento, detto sciopero del rendimento, anche la non collaborazione, l'ostruzionismo e il cosiddetto sciopero pignolo o alla rovescia, consistente nella applicazione pedante e cavillosa di direttive e regolamenti, costituiscono condotte diverse dalla mera astensione dal lavoro e, quindi, non riconducibili alla nozione di sciopero.

(6) Il datore di lavoro non è tenuto a ricevere prestazioni meno proficue del normale oppure a sopportare maggiori spese o a modificare la predisposta organizzazione aziendale o la programmazione delle lavorazioni al fine di rendere utili le prestazioni offerte (Cass. 11 gennaio 1988, n. 84; Cass. 15 luglio 1992, n. 8574; Cass. 1 settembre 1997, n. 8273). Possono essere rifiutate anche le prestazioni inutilizzabili nei tempi morti immediatamente successivi alla fine dello sciopero (Cass. 12 dicembre 1983, n. 7381; Cass. 8 maggio 1990, n. 3780; Cass. 9 novembre 1990, n. 10804; Cass. 21 gennaio 1995, n. 685).

4. Il diritto di sciopero

Legge 12 giugno 1990, n. 146 – Norme sull'esercizio del diritto di sciopero nei servizi pubblici essenziali e sulla salvaguardia dei diritti della persona costituzionalmente tutelati. Istituzione della commissione di garanzia dell'attuazione della legge

Art. 1. Individuazione dei servizi pubblici essenziali – [1] Ai fini della presente legge sono considerati servizi pubblici essenziali, indipendentemente dalla natura giuridica del rapporto di lavoro, anche se svolti in regime di concessione o mediante convenzione, quelli volti a garantire il godimento dei diritti della persona, costituzionalmente tutelati, alla vita, alla salute, alla liberta ed alla sicurezza, alla libertà di circolazione, all'assistenza e previdenza sociale, all'istruzione ed alla libertà di comunicazione.

[2] Allo scopo di contemperare l'esercizio del diritto di sciopero con il godimento dei diritti della persona, costituzionalmente tutelati, di cui al comma 1, la presente legge dispone le regole da rispettare e le procedure da seguire in caso di conflitto collettivo, per assicurare l'effettività, nel loro contenuto essenziale, dei diritti medesimi, in particolare nei seguenti servizi **(7)** e limitatamente all'insieme delle prestazioni individuate come indispensabili ai sensi dell'articolo 2:

a) per quanto concerne la tutela della vita, della salute, della libertà e della sicurezza della persona, dell'ambiente e del patrimonio storico – artistico; la sanità; l'igiene pubblica; la protezione civile; la raccolta, e lo smaltimento dei rifiuti urbani e di quelli speciali, tossici e nocivi; le dogane, limitatamente al controllo su animali – e su merci deperibili; l'approvvigionamento di energie, prodotti energetici, risorse naturali e beni di prima necessità, nonché la gestione e la manutenzione dei relativi impianti, limitatamente a quanto attiene alla sicurezza degli stessi; l'amministrazione della giustizia, con particolare riferimento ai provvedimenti restrittivi della libertà personale ed a quelli cautelari ed urgenti, nonché ai processi penali con imputati in stato di detenzione; i servizi di protezione ambientale e di vigilanza sui beni culturali; b) per quanto concerne la tutela della libertà di circolazione: i trasporti pubblici urbani ed extraurbani autoferrotranviari, ferroviari, aerei, aeroportuali e quelli marittimi limitatamente al collegamento con le isole;

---

(7) La legge individua espressamente con riferimento a tali diritti un elenco non tassativo ("in particolare") di servizi pubblici in tutto o in parte essenziali. Quindi, ad esempio, i servizi di sicurezza aeroportuale, sebbene non espressamente citati nell'elenco non tassativo contenuto nell'art. 1, 2° comma, legge n. 146/1990, in quanto funzionali alla tutela di beni di ancor maggior rilievo costituzionale quali la vita e la sicurezza delle persone, rientrano nell'ambito dei servizi pubblici essenziali. Persino il servizio di mensa scolastica per gli asili nido e le scuole dell'infanzia e primarie costituisce un servizio pubblico (Cons. Stato 11 febbraio 2019, n. 996).

c) per quanto concerne l'assistenza e la previdenza sociale, nonché gli emolumenti retributivi o comunque quanto economicamente necessario al soddisfacimento delle necessità della vita attinenti a diritti della persona costituzionalmente garantiti: i servizi di erogazione dei relativi importi anche e effettuati a mezzo del servizio bancario;

d) per quanto riguarda l'istruzione: l'istruzione pubblica, con particolare riferimento all'esigenza di assicurare la continuità dei servizi degli asili nido, delle scuole materne e delle scuole elementari, nonché lo svolgimento degli scrutini finali e degli esami, e l'istruzione universitaria, con particolare riferimento agli esami conclusivi dei cicli di istruzione;

e) per quanto riguarda la libertà di comunicazione: le poste, le telecomunicazioni e l'informazione radiotelevisiva pubblica.

Art. 2. Prestazioni indispensabili e termine di preavviso – [1] Nell'ambito dei servizi pubblici essenziali indicati nell'articolo 1 il diritto di sciopero è esercitato nel rispetto di misure dirette a consentire l'erogazione delle prestazioni indispensabili per garantire le finalità di cui al comma 2 dell'articolo 1, con un preavviso minimo non inferiore a quello previsto dal comma 5 del presente articolo. I soggetti che proclamano lo sciopero hanno l'obbligo di comunicare per iscritto, nel termine di preavviso, la durata e le modalità di attuazione, nonché le motivazioni, dell'astensione collettiva dal lavoro. La comunicazione deve essere data sia alle amministrazioni o imprese che erogano il servizio, sia all'apposito ufficio costituito presso l'autorità competente ad adottare l'ordinanza di cui all'articolo 8, che ne cura la immediata trasmissione alla Commissione di garanzia di cui all'articolo 12.

[2] Le amministrazioni e le imprese erogatrici dei servizi, nel rispetto del diritto di sciopero e delle finalità indicate dal comma 2 dell'articolo 1, ed in relazione alla natura del servizio ed alle esigenze della sicurezza, nonché alla salvaguardia dell'integrità degli impianti concordano, nei contratti collettivi o negli accordi di cui al decreto legislativo 3 febbraio 1993, n. 29 e successive modificazioni, nonché nei regolamenti di servizio, da emanare in base agli accordi con le rappresentanze del personale di cui all'articolo 47 del medesimo decreto legislativo n. 29 del 1993 le prestazioni indispensabili che sono tenute ad assicurare, nell'ambito dei servizi di cui all'articolo 1, le modalità e le procedure di erogazione e le altre misure dirette a consentire gli adempimenti di cui al comma 1 del presente articolo. Tali misure possono disporre l'astensione dallo sciopero di quote strettamente necessarie di lavoratori tenuti alle prestazioni e indicare, in tal caso, le modalità per l'individuazione dei lavoratori interessati, ovvero possono disporre forme di erogazione periodica e devono altresì indicare intervalli minimi da osservare tra l'effettuazione di uno sciopero e la proclamazione del successivo, quando ciò sia necessario ad evitare che, per effetto di scioperi proclamati in successione da soggetti sindacali diversi e che incidono sullo stesso servizio finale o sullo stesso ba-

4. Il diritto di sciopero

cino di utenza, sia oggettivamente compromessa la continuità dei servizi pubblici di cui all'articolo 1 **(8)**. Nei predetti contratti o accordi collettivi devono essere in ogni caso previste procedure di raffreddamento e di conciliazione, obbligatorie per entrambe le parti, da esperire prima della proclamazione dello sciopero ai sensi del comma 1. Se non intendono adottare le procedure previste da accordi o contratti collettivi, le parti possono richiedere che il tentativo preventivo di conciliazione si svolga: se lo sciopero ha rilievo locale, presso la prefettura, o presso il comune nel caso di scioperi nei servizi pubblici di competenza dello stesso e salvo il caso in cui l'amministrazione comunale sia parte; se lo sciopero ha rilievo nazionale, presso la competente struttura del Ministero del lavoro e della previdenza sociale. Qualora le prestazioni indispensabili e le altre misure di cui al presente articolo non siano previste dai contratti o accordi collettivi o dai codici di autoregolamentazione, o se previste non siano valutate idonee, la Commissione di garanzia adotta, nelle forme di cui all'articolo 13, comma 1, lettera a), la provvisoria regolamentazione compatibile con le finalità del comma 3. Le amministrazioni e le imprese erogatrici dei servizi di trasporto sono tenute a comunicare agli utenti, contestualmente alla pubblicazione degli orari dei servizi ordinari, l'elenco dei servizi che saranno garantiti comunque in caso di sciopero e i relativi orari, come risultano definiti dagli accordi previsti al presente comma.

[3] I soggetti che promuovono lo sciopero con riferimento ai servizi pubblici essenziali di cui all'articolo 1 o che vi aderiscono, i lavoratori che esercitano il diritto di sciopero, le amministrazioni e le imprese erogatrici dei servizi sono tenuti all'effettuazione delle prestazioni indispensabili, nonché al rispetto delle modalità e delle procedure di erogazione e delle altre misure di cui al comma 2.

[4] La Commissione di cui all'articolo 12 valuta l'idoneità delle prestazioni individuate ai sensi del comma 2. A tale scopo, le determinazioni pattizie e i regolamenti di servizio nonché i codici di autoregolamentazione e le regole di condotta vengono comunicati tempestivamente alla Commissione a cura delle parti interessate.

---

(8) L'art. 2, comma 2, legge n. 146/1990 e successive modificazioni, include tra le misure indispensabili, che le amministrazioni e le imprese erogatrici di servizi pubblici essenziali sono tenute a concordare con le rappresentanze sindacali, anche l'indicazione di "intervalli minimi da osservare fra l'effettuazione di uno sciopero e la proclamazione del successivo, quando ciò sia necessario ad evitare che per l'effetto della proclamazione in successione di scioperi da soggetti sindacali diversi e che incidono sullo stesso servizio finale o sullo stesso bacino di utenza, sia oggettivamente compromessa la continuità dei servizi pubblici" afferenti ai settori individuati dall'art. 1 legge medesima. (Cons. St. 19 gennaio 2007, n. 108).

[5] Al fine di consentire all'amministrazione o all'impresa erogatrice del servizio di predisporre le misure di cui al comma 2 e allo scopo, altresì, di favorire lo svolgimento di eventuali tentativi di composizione del conflitto e di consentire all'utenza di usufruire di servizi alternativi, il preavviso di cui al comma 1 non può essere inferiore a dieci giorni. Nei contratti collettivi, negli accordi di cui al decreto legislativo 3 febbraio 1993, n. 29 e successive modificazioni, nonché nei regolamenti di servizio da emanare in base agli accordi con le rappresentanze del personale di cui all'articolo 47 del medesimo decreto legislativo n. 29 del 1993 e nei codici di autoregolamentazione di cui all'articolo 2 *bis* della presente legge possono essere determinati termini superiori.

[6] Le amministrazioni o le imprese erogatrici dei servizi di cui all'articolo 1 sono tenute a dare comunicazione agli utenti, nelle forme adeguate, almeno cinque giorni prima dell'inizio dello sciopero, dei modi e dei tempi di erogazione dei servizi nel corso dello sciopero e delle misure per la riattivazione degli stessi; debbono, inoltre, garantire e rendere nota la pronta riattivazione del servizio, quando l'astensione dal lavoro sia terminata. Salvo che sia intervenuto un accordo tra le parti ovvero vi sia stata una richiesta da parte della Commissione di garanzia o dell'autorità competente ad emanare l'ordinanza di cui all'articolo 8, la revoca spontanea dello sciopero proclamato, dopo che è stata data informazione all'utenza ai sensi del presente comma, costituisce forma sleale di azione sindacale e viene valutata dalla Commissione di garanzia ai fini previsti dall'articolo 4, commi da 2 a 4 *bis*. Il servizio pubblico radiotelevisivo è tenuto a dare tempestiva diffusione a tali comunicazioni, fornendo informazioni complete sull'inizio, la durata, le misure alternative e le modalità dello sciopero nel corso di tutti i telegiornali e giornali radio. Sono inoltre tenuti a dare le medesime informazioni i giornali quotidiani e le emittenti radiofoniche e televisive che si avvalgono di finanziamenti o, comunque, di agevolazioni tariffarie, creditizie o fiscali previste da leggi dello Stato. Le amministrazioni e le imprese erogatrici dei servizi hanno l'obbligo di fornire tempestivamente alla Commissione di garanzia che ne faccia richiesta le informazioni riguardanti gli scioperi proclamati ed effettuati, le revoche, le sospensioni ed i rinvii degli scioperi proclamati, e le relative motivazioni, nonché le cause di insorgenza dei conflitti. La violazione di tali obblighi viene valutata dalla Commissione di garanzia ai fini di cui all'articolo 4, comma 4 *sexies*.

[7] Le disposizioni del presente articolo in tema di preavviso minimo e di indicazione della durata non si applicano nei casi di astensione dal lavoro in difesa dell'ordine costituzionale **(9)**, o di protesta per gravi eventi lesivi dell'incolumità e della sicurezza dei lavoratori.

---

(9) È infondata la questione di legittimità costituzionale dell'art. 2, 7° comma, legge 12 giugno 1990, n. 146, nella parte in cui non prevede che le disposizioni in tema di preavviso minimo e di indicazione della durata dello sciopero non si applichino, oltre ai casi di astensione dal lavoro in difesa dell'ordine costituzionale o di protesta per gravi eventi lesivi dell'incolumità e della sicurezza dei lavoratori,

4. Il diritto di sciopero   271

Art. 2-bis. Adozione dei codici di autoregolamentazione – [1] L'astensione collettiva dalle prestazioni, a fini di protesta o di rivendicazione di categoria, da parte di lavoratori autonomi, professionisti o piccoli imprenditori, che incida sulla funzionalità dei servizi pubblici di cui all'articolo 1, è esercitata nel rispetto di misure dirette a consentire l'erogazione delle prestazioni indispensabili di cui al medesimo articolo. A tale fine la Commissione di garanzia di cui all'articolo 12 promuove l'adozione, da parte delle associazioni o degli organismi di rappresentanza delle categorie interessate, di codici di autoregolamentazione che realizzino, in caso di astensione collettiva, il contemperamento con i diritti della persona costituzionalmente tutelati di cui all'articolo 1. Se tali codici mancano o non sono valutati idonei a garantire le finalità di cui al comma 2 dell'articolo 1, la Commissione di garanzia, sentite le parti interessate nelle forme previste dall'articolo 13, comma 1, lettera a), delibera la provvisoria regolamentazione. I codici di autoregolamentazione devono in ogni caso prevedere un termine di preavviso non inferiore a quello indicato al comma 5 dell'articolo 2, l'indicazione della durata e delle motivazioni dell'astensione collettiva, ed assicurare in ogni caso un livello di prestazioni compatibile con le finalità di cui al comma 2 dell'articolo 1. In caso di violazione dei codici di autoregolamentazione, fermo restando quanto previsto dal comma 3 dell'articolo 2, la Commissione di garanzia valuta i comportamenti e adotta le sanzioni di cui all'articolo 4.

Art. 4. Sanzioni disciplinari e amministrative **(10)** – [1] I lavoratori che si astengono dal lavoro in violazione delle disposizioni dei commi 1 e 3 dell'articolo 2 o che, richiesti dell'effettuazione delle prestazioni di cui al comma 2 del medesimo articolo, non prestino la propria consueta attività, sono soggetti a sanzioni disciplinari proporzionate alla gravità dell'infrazione, con esclusione delle misure estintive del rapporto o di quelle che comportino mutamenti definitivi dello stesso. In caso di sanzioni disciplinari di carattere pecuniario, il relativo importo è versato dal datore di lavoro all'Istituto nazionale della previdenza sociale, gestione dell'assicurazione obbligatoria per la disoccupazione involontaria.

[2] Nei confronti delle organizzazioni dei lavoratori che proclamano uno sciopero, o ad esso aderiscono **(11)** in violazione delle disposizioni di cui all'articolo 2,

---

anche nelle ipotesi di sciopero di carattere economico-politico, in riferimento all'art. 40 Cost. (Corte cost. 10 giugno 1993, n. 276).

(10) È inammissibile, per difetto di rilevanza, la questione di legittimità costituzionale degli artt. 4, 9 e 11 legge 12 giugno 1990, n. 146, nella parte in cui non prevedono il risarcimento dei danni derivanti al datore di lavoro dallo sciopero proclamato dalle organizzazioni sindacali in violazione delle prescrizioni normative, in riferimento agli art. 2 e 40 Cost. (Corte cost. 8 luglio 1992, n. 317).

(11) I comportamenti sanzionati dall'art. 4, 2° comma, legge n. 146/1990 sono la proclamazione o l'adesione ad uno sciopero – purché illegittimo – anche se non sono sospesi **(12)** i permessi sindacali retribuiti ovvero i contributi sindacali comunque trattenuti dalla retribuzione, ovvero entrambi, per la durata dell'astensione stessa e comunque per un ammontare economico complessivo non inferiore (a euro 5.000 e non superiore a euro 50.000) tenuto conto della consistenza associativa, della gravità della violazione e della eventuale recidiva, nonché della gravità degli effetti dello sciopero sul servizio pubblico. Le medesime organizzazioni sindacali possono altresì essere escluse dalle trattative alle quali partecipino per un periodo di due mesi dalla cessazione del comportamento. I contributi sindacali trattenuti sulla retribuzione sono devoluti all'Istituto nazionale della previdenza sociale, gestione dell'assicurazione obbligatoria per la disoccupazione involontaria.

[...]

[4] I dirigenti responsabili delle amministrazioni pubbliche e i legali rappresentanti delle imprese e degli enti che erogano i servizi pubblici di cui all'articolo 1, comma 1, che non osservino le disposizioni previste dal comma 2 dell'articolo 2 o gli obblighi loro derivanti dagli accordi o contratti collettivi di cui allo stesso articolo 2, comma 2, o dalla regolazione provvisoria della Commissione di garanzia, o che non prestino correttamente l'informazione agli utenti di cui all'articolo 2, comma 6, sono soggetti alla sanzione amministrativa pecuniaria da euro 5.000 a euro 50.000, tenuto conto della gravità della violazione, dell'eventuale recidiva, dell'incidenza di essa sull'insorgenza o sull'aggravamento di conflitti e del pregiudizio eventualmente arrecato agli utenti. Alla medesima sanzione sono soggetti le associazioni e gli organismi rappresentativi dei lavoratori autonomi, professionisti o piccoli imprenditori, in solido con i singoli lavoratori autonomi, professionisti o piccoli imprenditori, che aderendo alla protesta si siano astenuti dalle prestazioni, in caso di violazione dei codici di autoregolamentazione di cui all'articolo 2-*bis*, o della regolazione provvisoria della Commissione di garanzia e in ogni altro caso di violazione dell'articolo 2, comma 3. Nei casi precedenti, la sanzione viene applicata con ordinanza-ingiunzione della direzione provinciale del lavoro-sezione ispettorato del lavoro.

[4-*bis*] Qualora le sanzioni previste ai commi 2 e 4 non risultino applicabili, perché le organizzazioni sindacali che hanno promosso lo sciopero o vi hanno aderito non fruiscono dei benefici di ordine patrimoniale di cui al comma 2 o non partecipano alle trattative, la Commissione di garanzia delibera in via sostitutiva

---

seguite da una effettiva astensione dal lavoro; infatti, anche la sola proclamazione da parte di un sindacato di uno sciopero illegittimo, in ipotesi non attuato, provoca, in tutta evidenza, disagi e danni per la collettività e per l'azienda datrice di lavoro, sulla cui considerazione si fonda la *ratio* della previsione legislativa delle sanzioni di cui si tratta. (Cass. 5 ottobre 1988, n. 9876).

(12) È illegittimo l'art. 4, comma 2, legge 12 giugno 1990, n. 146, nella parte in cui non prevede che la sospensione dei benefici di ordine patrimoniale ivi contemplati a carico delle organizzazioni sindacali dei lavoratori avvenga su indicazione della commissione di garanzia (Corte cost. 24 febbraio 1995, n. 57).

4. Il diritto di sciopero

una sanzione amministrativa pecuniaria a carico di coloro che rispondono legalmente per l'organizzazione sindacale responsabile, tenuto conto della consistenza associativa, della gravità della violazione e della eventuale recidiva, nonché della gravità degli effetti dello sciopero sul servizio pubblico, da un minimo di euro 5.000 a un massimo di euro 50.000. La sanzione viene applicata con ordinanza-ingiunzione della direzione provinciale del lavoro-sezione ispettorato del lavoro.

[4-*ter*] Le sanzioni di cui al presente articolo sono raddoppiate nel massimo se l'astensione collettiva viene effettuata nonostante la delibera di invito della Commissione di garanzia emanata ai sensi dell'articolo 13, comma 1, lettere c), d), e) ed h).

[4-*quater*] Su richiesta delle parti interessate, delle associazioni degli utenti rappresentative ai sensi della legge 30 luglio 1998, n. 281, delle autorità nazionali o locali che vi abbiano interesse o di propria iniziativa, la Commissione di garanzia apre il procedimento di valutazione del comportamento delle organizzazioni sindacali che proclamano lo sciopero o vi aderiscono, o delle amministrazioni e delle imprese interessate, ovvero delle associazioni o organismi di rappresentanza dei lavoratori autonomi, professionisti o piccoli imprenditori, nei casi di astensione collettiva di cui agli articoli 2 e 2-*bis*. L'apertura del procedimento viene notificata alle parti, che hanno trenta giorni per presentare osservazioni e per chiedere di essere sentite. Decorso tale termine e comunque non oltre sessanta giorni dall'apertura del procedimento, la Commissione formula la propria valutazione e, se valuta negativamente il comportamento, tenuto conto anche delle cause di insorgenza del conflitto, delibera le sanzioni ai sensi del presente articolo, indicando il termine entro il quale la delibera deve essere eseguita con avvertenza che dell'avvenuta esecuzione deve essere data comunicazione alla Commissione di garanzia nei trenta giorni successivi, cura la notifica della delibera alle parti interessate e, ove necessario, la trasmette alla direzione provinciale del lavoro-sezione ispettorato del lavoro competente.

[4-*quinquies*] L'INPS trasmette trimestralmente alla Commissione di garanzia i dati conoscitivi sulla devoluzione dei contributi sindacali per gli effetti di cui al comma 2.

[4-*sexies*] I dirigenti responsabili delle amministrazioni pubbliche ed i legali rappresentanti degli enti e delle imprese che nel termine indicato per l'esecuzione della delibera della Commissione di garanzia non applichino le sanzioni di cui al presente articolo, ovvero che non forniscano nei successivi trenta giorni le informazioni di cui all'articolo 2, comma 6, sono soggetti ad una sanzione amministrativa pecuniaria da euro 400 a euro 1.000 per ogni giorno di ritardo ingiustificato. La sanzione amministrativa pecuniaria viene deliberata dalla Commissione di garanzia tenuto conto della gravità della violazione e della eventuale recidiva, ed applicata con ordinanza-ingiunzione della direzione provinciale del lavoro-sezione ispettorato del lavoro, competente per territorio.

Art. 8. Potere di ordinanza in caso di pregiudizio ai diritti della persona tutelati dalla Costituzione – [1] Quando sussista il fondato pericolo di un pregiudizio grave e imminente ai diritti della persona costituzionalmente tutelati di cui all'articolo 1, comma 1, che potrebbe essere cagionato dall'interruzione o dalla alterazione del funzionamento dei servizi pubblici di cui all'articolo 1, conseguente all'esercizio dello sciopero o a forme di astensione collettiva di lavoratori autonomi, professionisti o piccoli imprenditori, su segnalazione della Commissione di garanzia ovvero, nei casi di necessità e urgenza, di propria iniziativa, informando previamente la Commissione di garanzia, il Presidente del Consiglio dei ministri o un Ministro da lui delegato, se il conflitto ha rilevanza nazionale o interregionale, ovvero, negli altri casi, il prefetto o il corrispondente organo nelle regioni a statuto speciale, informati i presidenti delle regioni o delle province autonome di Trento e di Bolzano, invitano le parti a desistere dai comportamenti che determinano la situazione di pericolo, esperiscono un tentativo di conciliazione, da esaurire nel più breve tempo possibile, e se il tentativo non riesce, adottano con ordinanza **(13)** le misure necessarie **(14)** a prevenire il pregiudizio ai diritti della persona costituzionalmente tutelati di cui all'articolo 1, comma 1 **(15)**.

[2] L'ordinanza può disporre il differimento dell'astensione collettiva ad altra data, anche unificando astensioni collettive già proclamate, la riduzione della sua durata ovvero prescrivere l'osservanza da parte dei soggetti che la proclamano, dei singoli che vi aderiscono e delle amministrazioni o imprese che erogano il servizio, di misure idonee ad assicurare livelli di funzionamento del servizio pubblico compatibili con la salvaguardia dei diritti della persona costituzionalmente tutelati di cui all'articolo 1, comma 1. Qualora la Commissione di garanzia, nella

(13) Nei servizi pubblici essenziali l'indizione di uno sciopero senza l'osservanza di alcun preavviso e nell'imminenza dell'inizio del servizio legittima, in via d'urgenza e a tutela dell'interesse della collettività alla fruizione del servizio pubblico essenziale, l'emanazione di un'ordinanza prefettizia di precettazione del personale per tutti i turni di servizio relativi alla medesima giornata, dovendosi altresì intendere la necessaria procedimentalizzazione di tale potere in modo flessibile, quanto a tempi e modalità di svolgimento della procedura di cui all'art. 8, 1° comma, legge n. 146/1990. (Cons. St. 24 aprile 2018, n. 2470).

(14) L'ordinanza di precettazione di lavoratori che hanno dichiarato di scioperare può imporre anche il divieto di sciopero.

(15) Sussistono i presupposti procedurali e sostanziali prescritti dall'art. 8 legge n. 146/1990 per l'adozione dell'ordinanza di precettazione laddove siano state previste una pluralità di azioni di sciopero nell'intero settore ferroviario per l'arco di ventiquattro ore consecutive, ed essendo stati indetti nello stesso periodo temporale anche scioperi nel settore del trasporto aereo, essendo di immediata evidenza il fondato pericolo di pregiudizio imminente e grave ai diritti della persona costituzionalmente tutelati, e segnatamente al diritto di circolare sul territorio nazionale utilizzando il servizio di trasporto pubblico ferroviario; non senza considerare che del trasporto ferroviario si avvalgono principalmente i lavoratori pendolari, sicché un'azione prolungata avrebbe nuociuto anche al diritto costituzionale del lavoro (Cons. St. 19 agosto 2009, n. 4985).

4. Il diritto di sciopero

sua segnalazione o successivamente, abbia formulato una proposta in ordine alle misure da adottare con l'ordinanza al fine di evitare il pregiudizio ai predetti diritti, l'autorità competente ne tiene conto. L'ordinanza è adottata non meno di quarantotto ore prima dell'inizio dell'astensione collettiva, salvo che sia ancora in corso il tentativo di conciliazione o vi siano ragioni di urgenza, e deve specificare il periodo di tempo durante il quale i provvedimenti dovranno essere osservati dalle parti.

[3] L'ordinanza viene portata a conoscenza dei destinatari mediante comunicazione da effettuare, a cura dell'autorità che l'ha emanata, ai soggetti che promuovono l'azione, alle amministrazioni o alle imprese erogatrici del servizio ed alle persone fisiche i cui nominativi siano eventualmente indicati nella stessa, nonché mediante affissione nei luoghi di lavoro, da compiere a cura dell'amministrazione o dell'impresa erogatrice. Dell'ordinanza viene altresì data notizia mediante adeguate forme di pubblicazione sugli organi di stampa, nazionali o locali, o mediante diffusione attraverso la radio e la televisione.

[4] Dei provvedimenti adottati ai sensi del presente articolo, il Presidente del Consiglio dei ministri dà comunicazione alle Camere.

Art. 9. Sanzioni amministrative e pecuniarie in caso di violazione dell'ordinanza – [1] L'inosservanza da parte dei singoli prestatori di lavoro, professionisti o piccoli imprenditori delle disposizioni contenute nell'ordinanza di cui all'articolo 8 è assoggettata alla sanzione amministrativa pecuniaria per ogni giorno di mancata ottemperanza, determinabile, con riguardo alla gravità dell'infrazione ed alle condizioni economiche dell'agente, da un minimo di euro 500 a un massimo di euro 1.000. Le organizzazioni dei lavoratori, le associazioni e gli organismi di rappresentanza dei lavoratori autonomi, professionisti e piccoli imprenditori, che non ottemperano all'ordinanza di cui all'articolo 8 sono puniti con la sanzione amministrativa pecuniaria da euro 5.000 a euro 50.000 per ogni giorno di mancata ottemperanza, a seconda della consistenza economica dell'organizzazione, associazione o organismo rappresentativo e della gravità delle conseguenze dell'infrazione. Le sanzioni sono irrogate con decreto della stessa autorità che ha emanato l'ordinanza e sono applicate con ordinanza-ingiunzione della direzione provinciale del lavoro-sezione ispettorato del lavoro.

[2] In caso di inosservanza delle disposizioni contenute nell'ordinanza di cui all'articolo 8 i preposti al settore nell'ambito delle amministrazioni, degli enti o delle imprese erogatrici di servizi sono soggetti alla sanzione amministrativa della sospensione dall'incarico, ai sensi dell'articolo 20, comma primo, della legge 24 novembre 1981, n. 689, per un periodo non inferiore a trenta giorni e non superiore a un anno.

[3] Le somme percepite ai sensi del comma 1 sono devolute all'Istituto nazionale della previdenza sociale, gestione dell'assicurazione obbligatoria per la disoccupazione involontaria.

[...]

Art. 10. Possibilità di ricorso contro l'ordinanza – [1] I soggetti che promuovono lo sciopero, le amministrazioni, le imprese e i singoli prestatori di lavoro destinatari del provvedimento, che ne abbiano interesse, possono promuovere ricorso contro l'ordinanza prevista dall'articolo 8, comma 2, nel termine di sette giorni dalla sua comunicazione o, rispettivamente, dal giorno successivo a quello della sua affissione nei luoghi di lavoro, avanti al tribunale amministrativo regionale competente. La proposizione del ricorso non sospende l'immediata esecutività dell'ordinanza.

[2] Se ricorrono fondati motivi il tribunale amministrativo regionale, acquisite le deduzioni delle parti, nella prima udienza utile, sospende il provvedimento impugnato anche solo limitatamente alla parte in cui eccede l'esigenza di salvaguardia di cui all'articolo 8, comma 1.

Art. 12. Istituzione della Commissione di garanzia di attuazione della L. 12.06.1990, n. 146 – [1] È istituita una commissione di garanzia dell'attuazione della legge, al fine di valutare l'idoneità delle misure volte ad assicurare il contemperamento dell'esercizio del diritto di sciopero con il godimento dei diritti della persona, costituzionalmente tutelati, di cui al comma 1 dell'articolo 1.

[2] La commissione è composta da nove membri, scelti, su designazione dei Presidenti della Camera dei deputati e del Senato della Repubblica, tra esperti in materia di diritto costituzionale, di diritto del lavoro e di relazioni industriali, e nominati con decreto del Presidente della Repubblica; essa può avvalersi della consulenza di esperti di organizzazione dei servizi pubblici essenziali interessati dal conflitto, nonché di esperti che si siano particolarmente distinti nella tutela degli utenti. La Commissione si avvale di personale, anche con qualifica dirigenziale, delle amministrazioni pubbliche o di altri organismi di diritto pubblico in posizione di comando o fuori ruolo, adottando a tale fine i relativi provvedimenti. Per i dipendenti pubblici si applica la disposizione di cui all'articolo 17, comma 14, della legge 15 maggio 1997, n. 127. La Commissione individua, con propria deliberazione, i contingenti di personale di cui avvalersi nel limite massimo di trenta unità. Il personale in servizio presso la Commissione in posizione di comando o fuori ruolo conserva lo stato giuridico e il trattamento economico fondamentale delle amministrazioni di provenienza, a carico di queste ultime. Allo stesso personale spettano un'indennità nella misura prevista per il personale dei ruoli della Presidenza del Consiglio dei ministri, nonché gli altri trattamenti economici accessori previsti dai contratti collettivi nazionali di lavoro. I trattamenti accessori gravano sul fondo di cui al comma 5. Non possono far parte della commissione i parlamentari e le persone che rivestano altre cariche pubbliche elettive, ovvero cariche in partiti politici, in organizzazioni sindacali o in associazioni di datori di lavoro, nonché coloro che abbiano comunque con i suddetti organismi ovvero con amministrazioni od imprese di erogazione di servizi pubblici rapporti continuativi di collaborazione o di consulenza.

[3] La commissione elegge nel suo seno il presidente; è nominata per sei anni e i suoi membri possono essere confermati una sola volta.

[4] La commissione stabilisce le modalità del proprio funzionamento, acquisisce, anche mediante audizioni, dati e informazioni dalle pubbliche amministrazio-

4. Il diritto di sciopero 277

ni, dalle organizzazioni sindacali e dalle imprese, nonché dalle associazioni degli utenti dei servizi pubblici essenziali. Può avvalersi. altresì, delle attività del Consiglio nazionale dell'economia e del lavoro (CNEL), nonché di quelle degli Osservatori del mercato del lavoro e dell'Osservatorio del pubblico impiego.

[5] La Commissione provvede all'autonoma gestione delle spese relative al proprio funzionamento, nei limiti degli stanziamenti previsti da un apposito fondo istituito a tale scopo nel bilancio dello Stato. Il rendiconto della gestione finanziaria è soggetto al controllo della Corte dei conti. Le norme dirette a disciplinare la gestione delle spese, anche in deroga alle disposizioni sulla contabilità generale dello Stato, sono approvate con decreto del Presidente della Repubblica da emanarsi ai sensi dell'articolo 17, comma 2, della legge 23 agosto 1988, n. 400, su proposta del Presidente del Consiglio dei ministri di concerto con il Ministro del tesoro, sentita la predetta Commissione.

Art. 13. Poteri della Commissione – [1] La Commissione:

a) valuta, anche di propria iniziativa, sentite le organizzazioni dei consumatori e degli utenti riconosciute ai fini dell'elenco di cui alla legge 30 luglio 1998, n. 281 che siano interessate ed operanti nel territorio di cui trattasi, le quali possono esprimere il loro parere entro il termine stabilito dalla Commissione medesima, l'idoneità delle prestazioni indispensabili, delle procedure di raffreddamento e conciliazione e delle altre misure individuate ai sensi del comma 2 dell'articolo 2 a garantire il contemperamento dell'esercizio del diritto di sciopero con il godimento dei diritti della persona costituzionalmente tutelati, di cui al comma 1 dell'articolo 1, e qualora non le giudichi idonee sulla base di specifica motivazione, sottopone alle parti una proposta **(16)** sull'insieme delle prestazioni, procedure e misure da considerare indispensabili. Le parti devono pronunciarsi sulla proposta della Commissione entro quindici giorni dalla notifica. Se non si pronunciano, la Commissione, dopo avere verificato, in seguito ad apposite audizioni da svolgere entro il termine di venti giorni, l'indisponibilità delle parti a raggiungere un accordo, adotta con propria delibera la provvisoria regolamentazione delle prestazioni indispensabili, delle procedure di raffreddamento e di conciliazione e delle altre misure di contemperamento, comunicandola alle parti interessate, che sono tenute ad osservarla agli effetti dell'articolo 2, comma 3, fino al raggiungi-

(16) Va cassata la sentenza che abbia ritenuto antisindacale il comportamento del datore di lavoro che, qualora non sussista un fondato pericolo di pregiudizio grave ed imminente ai diritti della persona costituzionalmente garantiti, ma sia rimasta inosservata la proposta della commissione di garanzia seguita al giudizio di inidoneità dell'accordo di determinazione delle prestazioni indispensabili in caso di sciopero nei servizi pubblici essenziali, abbia comandato l'espletamento di tali prestazioni nei limiti stabiliti dalla commissione con la sua proposta, esplicante efficacia vincolante, quanto al giudizio di congruità delle prestazioni, sia nei confronti delle parti, sia nei confronti del giudice (Cass. 20 marzo 1999, n. 2625).

mento di un accordo valutato idoneo. Nello stesso modo la Commissione valuta i codici di autoregolamentazione di cui all'articolo 2 *bis*, e provvede nel caso in cui manchino o non siano idonei ai sensi della presente lettera. La Commissione, al fine della provvisoria regolamentazione di cui alla presente lettera, deve tenere conto delle previsioni degli atti di autoregolamentazione vigenti in settori analoghi o similari nonché degli accordi sottoscritti nello stesso settore dalle organizzazioni sindacali comparativamente più rappresentative sul piano nazionale. Nella provvisoria regolamentazione, le prestazioni indispensabili devono essere individuate in modo da non compromettere, per la durata della regolamentazione stessa, le esigenze fondamentali di cui all'articolo 1; salvo casi particolari, devono essere contenute in misura non eccedente mediamente il 50 per cento delle prestazioni normalmente erogate e riguardare quote strettamente necessarie di personale non superiori mediamente ad un terzo del personale normalmente utilizzato per la piena erogazione del servizio nel tempo interessato dallo sciopero, tenuto conto delle condizioni tecniche e della sicurezza. Si deve comunque tenere conto dell'utilizzabilità di servizi alternativi o forniti da imprese concorrenti. Quando, per le finalità di cui all'articolo 1, è necessario assicurare fasce orarie di erogazione dei servizi, questi ultimi devono essere garantiti nella misura di quelli normalmente offerti e pertanto non rientrano nella predetta percentuale del 50 per cento. Eventuali deroghe da parte della Commissione, per casi particolari, devono essere adeguatamente motivate con specifico riguardo alla necessità di garantire livelli di funzionamento e di sicurezza strettamente occorrenti all'erogazione dei servizi, in modo da non compromettere le esigenze fondamentali di cui all'articolo 1. I medesimi criteri previsti per la individuazione delle prestazioni indispensabili ai fini della provvisoria regolamentazione costituiscono parametri di riferimento per la valutazione, da parte della Commissione, dell'idoneità degli atti negoziali e di autoregolamentazione. Le delibere adottate dalla Commissione ai sensi della presente lettera sono immediatamente trasmesse ai Presidenti delle Camere;

b) esprime il proprio giudizio sulle questioni interpretative o applicative dei contenuti degli accordi o codici di autoregolamentazione di cui al comma 2 dell'articolo 2 e all'articolo 2 *bis* per la parte di propria competenza su richiesta congiunta delle parti o di propria iniziativa. Su richiesta congiunta delle parti interessate, la Commissione può inoltre emanare un lodo sul merito della controversia. Nel caso in cui il servizio sia svolto con il concorso di una pluralità di amministrazioni ed imprese la Commissione può convocare le amministrazioni e le imprese interessate, incluse quelle che erogano servizi strumentali, accessori o collaterali, e le rispettive organizzazioni sindacali, e formulare alle parti interessate una proposta intesa a rendere omogenei i regolamenti di cui al comma 2 dell'articolo 2, tenuto conto delle esigenze del servizio nella sua globalità;

c) ricevuta la comunicazione di cui all'articolo 2, comma 1, può assumere informazioni o convocare le parti in apposite audizioni, per verificare se sono stati esperiti i tentativi di conciliazione e se vi sono le condizioni per una composizione della controversia, e nel caso di conflitti di particolare rilievo nazionale può invitare, con apposita delibera, i soggetti che hanno proclamato lo sciopero a differire la data dell'astensione dal lavoro per il tempo necessario a consentire un ulteriore tentativo di mediazione;

4. Il diritto di sciopero

d) indica immediatamente ai soggetti interessati eventuali violazioni delle disposizioni relative al preavviso, alla durata massima, all'esperimento delle procedure preventive di raffreddamento e di conciliazione, ai periodi di franchigia, agli intervalli minimi tra successive proclamazioni, e ad ogni altra prescrizione riguardante la fase precedente all'astensione collettiva, e può invitare, con apposita delibera, i soggetti interessati a riformulare la proclamazione in conformità alla legge e agli accordi o codici di autoregolamentazione differendo l'astensione dal lavoro ad altra data;

e) rileva l'eventuale concomitanza tra interruzioni o riduzioni di servizi pubblici alternativi, che interessano il medesimo bacino di utenza, per effetto di astensioni collettive proclamate da soggetti sindacali diversi e può invitare i soggetti la cui proclamazione sia stata comunicata successivamente in ordine di tempo a differire l'astensione collettiva ad altra data;

f) segnala all'autorità competente le situazioni nelle quali dallo sciopero o astensione collettiva può derivare un imminente e fondato pericolo di pregiudizio ai diritti della persona costituzionalmente tutelati di cui all'articolo 1, comma 1, e formula proposte in ordine alle misure da adottare con l'ordinanza di cui all'articolo 8 per prevenire il predetto pregiudizio;

g) assume informazioni dalle amministrazioni e dalle imprese erogatrici di servizi di cui all'articolo 1, che sono tenute a fornirle nel termine loro indicato, circa l'applicazione delle delibere sulle sanzioni ai sensi dell'articolo 4, circa gli scioperi proclamati ed effettuati, le revoche, le sospensioni e i rinvii di scioperi proclamati; nei casi di conflitto di particolare rilievo nazionale, può acquisire dalle medesime amministrazioni e imprese, e dalle altre parti interessate, i termini economici e normativi della controversia e sentire le parti interessate, per accertare le cause di insorgenza dei conflitti, ai sensi dell'articolo 2, comma 6, e gli aspetti che riguardano l'interesse degli utenti; può acquisire dall'INPS, che deve fornirli entro trenta giorni dalla richiesta, dati analitici relativamente alla devoluzione dei contributi sindacali per effetto dell'applicazione delle sanzioni previste dall'articolo 4;

h) se rileva comportamenti delle amministrazioni o imprese che erogano i servizi di cui all'articolo 1 in evidente violazione della presente legge o delle procedure previste da accordi o contratti collettivi o comportamenti illegittimi che comunque possano determinare l'insorgenza o l'aggravamento di conflitti in corso, invita, con apposita delibera, le amministrazioni o le imprese predette a desistere dal comportamento e ad osservare gli obblighi derivanti dalla legge o da accordi o contratti collettivi;

i) valuta, con la procedura prevista dall'articolo 4, comma 4 *quater*, il comportamento delle parti e se rileva eventuali inadempienze o violazioni degli obblighi che derivano dalla presente legge, degli accordi o contratti collettivi sulle prestazioni indispensabili, delle procedure di raffreddamento e conciliazione e delle altre misure di contemperamento, o dei codici di autoregolamentazione, di cui agli articoli 2, commi 1 e 2, e 2 *bis*, considerate anche le cause di insorgenza del conflitto, delibera le sanzioni previste dall'articolo 4 e, per quanto disposto dal comma 1 dell'articolo 4, prescrive al datore di lavoro di applicare le sanzioni disciplinari;

l) assicura forme adeguate e tempestive di pubblicità delle proprie delibere, con particolare riguardo alle delibere di invito di cui alle lettere c) d), e) ed h), e può richiedere la pubblicazione nella Gazzetta Ufficiale di comunicati contenenti gli accordi o i codici di autoregolamentazione di ambito nazionale valutati idonei o le eventuali provvisorie regolamentazioni da essa deliberate in mancanza di accordi o codici idonei. Le amministrazioni e le imprese erogatrici di servizi hanno l'obbligo di rendere note le delibere della Commissione, nonché gli accordi o contratti collettivi di cui all'articolo 2, comma 2, mediante affissione in luogo accessibile a tutti;

m) riferisce ai Presidenti delle Camere, su richiesta dei medesimi o di propria iniziativa, sugli aspetti di propria competenza dei conflitti nazionali e locali relativi a servizi pubblici essenziali, valutando la conformità della condotta tenuta dai soggetti collettivi ed individuali, dalle amministrazioni e dalle imprese, alle norme di autoregolamentazione o alle clausole sulle prestazioni indispensabili;

n) trasmette gli atti e le pronunce di propria competenza ai Presidenti delle Camere e al Governo, che ne assicura la divulgazione tramite i mezzi di informazione.

Art. 14. Consultazione tra i lavoratori nell'ipotesi di dissenso – [1] Nell'ipotesi di dissenso tra le organizzazioni sindacali dei lavoratori su clausole specifiche concernenti l'individuazione o le modalità di effettuazione delle prestazioni indispensabili di cui al comma 2 dell'articolo 2, la Commissione di cui all'articolo 12, di propria iniziativa ovvero su proposta di una delle organizzazioni sindacali che hanno preso parte alle trattative, o su richiesta motivata dei prestatori di lavoro dipendenti dall'amministrazione o impresa erogatrice del servizio, indice, sempre che valuti idonee, ai fini di cui al comma 2, dell'articolo 1, le clausole o le modalità controverse oggetto della consultazione e particolarmente rilevante il numero dei lavoratori interessati che ne fanno richiesta, una consultazione tra i lavoratori interessati sulle clausole cui si riferisce il dissenso, indicando le modalità di svolgimento, ferma restando la valutazione di cui all'articolo 13, comma 1, lettera a). La consultazione si svolge entro i quindici giorni successivi alla sua indizione, fuori dell'orario di lavoro, nei locali dell'impresa o dell'amministrazione interessata. L'Ispettorato provinciale del lavoro competente per territorio sovraintende allo svolgimento della consultazione e cura che essa venga svolta con modalità che assicurino la segretezza del voto e garantiscano la possibilità di prendervi parte a tutti gli aventi diritto. La Commissione formula, per altro, la propria proposta sia nell'ipotesi in cui persista, dopo l'esito della consultazione, il disaccordo tra le organizzazioni sindacali, sia nel caso in cui valuti non adeguate le misure individuate nel contratto o accordo eventualmente stipulato dopo la consultazione stessa.

Art. 20-bis. Ricorso al giudice del lavoro – [1] Contro le deliberazioni della Commissione di garanzia in materia di sanzioni è ammesso ricorso al giudice del lavoro.

4. Il diritto di sciopero

Codice penale

Art. 508. Arbitraria invasione e occupazione di aziende agricole o industriali. Sabotaggio – [1] Chiunque, col solo scopo di impedire o turbare il normale svolgimento del lavoro, invade od occupa l'altrui azienda agricola o industriale **(17)**, ovvero dispone di altrui macchine, scorte, apparecchi o strumenti destinati alla produzione agricola o industriale, è punito con la reclusione fino a tre anni e con la multa non inferiore a euro 103.

[2] Soggiace alla reclusione da sei mesi a quattro anni e alla multa non inferiore a euro 516, qualora il fatto non costituisca un più grave reato, chi danneggia **(18)** gli edifici adibiti ad azienda agricola o industriale, ovvero un'altra delle cose indicate nella disposizione precedente.

Art. 507. Boicottaggio **(19)** – [1] Chiunque, per uno degli scopi indicati negli articoli 502, 503, 504 e 505, mediante propaganda o valendosi della forza e autorità di partiti, leghe o associazioni, induce una o più persone a non stipulare patti di lavoro o a non somministrare materie o strumenti necessari al lavoro, ovvero a non acquistare gli altrui prodotti agricoli o industriali, è punito con la reclusione fino a tre anni.

---

(17) L'occupazione d'azienda è condotta estranea alla nozione di sciopero, che "non comporta come mezzo indispensabile l'occupazione dell'azienda altrui" (Corte cost. 17 luglio 1975, n. 220). L'occupazione d'azienda rende impossibili le prestazioni offerte dai lavoratori non occupanti, consentendo al datore di lavoro di rifiutarle legittimamente e, conseguentemente, di non retribuirle. In ogni caso, il reato di occupazione d'azienda non si verifica in caso di "sciopero bianco", cioè di breve permanenza degli scioperanti all'interno dell'azienda che non impedisce la prosecuzione dell'attività produttiva da parte degli altri lavoratori.

(18) Non è mai coperto da protezione costituzionale il danneggiamento, in qualsiasi modo ed in qualsiasi circostanza effettuato (c.d. sabotaggio). Pertanto, è indifferente che a commettere il reato di sabotaggio sia un lavoratore scioperante o chiunque altro (Corte cost. 17 luglio 1975, n. 220). Proprio per questa ragione veniva dichiarata incostituzionale la disposizione dell'art. 635, comma 2, n. 2, cod. pen. che prevedeva l'aggravamento di pena e la procedibilità d'ufficio del reato di danneggiamento se commesso in occasione di un conflitto collettivo (Corte cost. 6 luglio 1970, n. 119).

(19) L'incriminazione del boicottaggio, quale comportamento diretto ad escludere l'imprenditore dai rapporti economici inducendo, anche senza violenza o minaccia che sono solo aggravanti, una o più persone a non fornirgli lavoro, materie prime e attrezzature o a non acquistarne i prodotti, è costituzionalmente legittima, trattandosi di condotta diversa dallo sciopero (Corte cost. 17 aprile 1969, n. 84).

[2] Se concorrono fatti di violenza o di minaccia, si applica la reclusione da due a sei anni.

Art. 505. Serrata o sciopero a scopo di solidarietà o di protesta – [1] Il datore di lavoro o i lavoratori, che, fuori dei casi indicati nei due articoli precedenti, commettono uno dei fatti preveduti dall'articolo 502 soltanto per solidarietà con altri datori di lavoro o con altri lavoratori ovvero soltanto per protesta, soggiacciono alle pene ivi stabilite **(20)**- **(21)**.

Art. 503. Serrata e sciopero per fini non contrattuali (1) – [1] Il datore di lavoro o i lavoratori, che per fine politico **(22)** commettono, rispettivamente, alcuno dei fatti preveduti dall'articolo precedente, sono puniti con la reclusione fino a un anno e con la multa non inferiore a euro 1.032, se si tratta d'un datore di lavoro, ovvero con la reclusione fino a sei mesi e con la multa fino a euro 103 se si tratta di lavoratori.

(20) La disposizione in commento non è stata dichiarata incostituzionale in quanto la Consulta, con sentenza interpretativa di rigetto, ha rimesso ai giudici ordinari di verificare, nel caso concreto, "la specie e il grado del collegamento tra gli interessi economici di cui si invoca la soddisfazione e, in relazione ad essi, determinare l'ampiezza da assegnare al complesso categoriale formato dai titolari degli interessi stessi" (Corte cost. 28 dicembre 1962, n. 123. Per la necessità di una comunanza, sia pure indiretta, di interessi cfr. Cass. 10 giugno 1963, n. 2283; Cass. 22 luglio 1963, n. 2036).

(21) Per quanto riguarda la serrata la Corte ha ritenuto infondata la questione di legittimità costituzionale dell'art. 505 c.p., che incrimina anche la serrata a scopo di solidarietà o di protesta, in quanto non sarebbero assimilabili ai piccoli imprenditori senza dipendenti quelli che abbiano uno o due lavoratori alle proprie dipendenze e l'iniziativa economica privata non potrebbe comunque svolgersi in contrasto con l'utilità sociale (Corte cost. 24 marzo 1986, n. 53).

(22) La Corte costituzionale ha dichiarato l'illegittimità dell'art. 503 c.p., nella parte in cui punisce anche lo sciopero politico che non sia diretto a sovvertire l'ordinamento costituzionale ovvero ad impedire o ostacolare il libero esercizio dei poteri legittimi nei quali si esprime la sovranità popolare (Corte cost. 27 dicembre 1974, n. 290). Lo sciopero politico, a differenza dello sciopero economico-politico non riguarda interessi dei lavoratori in quanto tali ma interessi comuni a tutti i cittadini (ad es. la politica estera, l'informazione televisiva pubblica, la tutela dell'ambiente), è stata dichiarata incostituzionale l'incriminazione in quanto lesiva non del diritto di sciopero tutelato dall'art. 40 Cost., bensì della libertà di sciopero intesa quale mezzo "idoneo a favorire il perseguimento dei fini di cui al comma 2 dell'art. 3 Cost." e cioè come "strumento tipicamente democratico" per

4. Il diritto di sciopero

> *Art. 504. Coazione alla pubblica autorità mediante serrata o sciopero* **(23)** –
> [1] Quando alcuno dei fatti preveduti dall'articolo 502 è commesso con lo scopo
> di costringere l'autorità a dare o ad omettere un provvedimento, ovvero con lo
> scopo di influire sulle deliberazioni di essa, si applica la pena della reclusione fino
> a due anni.

consentire "al lavoratore una attiva partecipazione alla vita nazionale" (Corte cost. 27 dicembre 1974, n. 290; Corte cost. 13 giugno 1983, n. 165; Cass. 17 dicembre 2004, n. 23552; *contra*, Corte cost. 28 dicembre 1962, n. 123; Corte cost. 14 gennaio 1974, n. 1). Tuttavia rimane la differenza con lo sciopero-diritto; solo quest'ultimo, infatti, esclude ogni conseguenza negativa sul piano civilistico non potendo essere assunto come 2legittima causa giustificatrice di licenziamento o di altre misure", mentre la semplice libertà di sciopero "non può essere penalmente compressa se non a tutela di interessi che abbiano rilievo costituzionale", ma rimane un inadempimento contrattuale, come tale "conservando ogni rilevanza nell'ambito della disciplina del rapporto di lavoro" (Corte cost. 27 dicembre 1974, n. 290; Corte cost. 10 giugno 1993, n. 276).

(23) La Corte costituzionale ha dichiarato l'illegittimità dell'art. 504 c.p., nella parte in cui punisce lo sciopero il quale ha lo scopo di costringere l'autorità a dare o ad omettere un provvedimento o lo scopo di influire sulle deliberazioni di essa, a meno che non sia diretto a sovvertire l'ordinamento costituzionale ovvero ad impedire o ostacolare il libero esercizio dei poteri legittimi nei quali si esprime la sovranità popolare (Corte cost. 13 giugno 1983, n. 165).

5. La repressione della condotta antisindacale

Legge 20 maggio 1970, n. 300 – Statuto dei lavoratori

> *Art. 28. Disciplina* – [1] Qualora il datore di lavoro ponga in essere comportamenti diretti **(1)** ad impedire o limitare **(2)** l'esercizio della libertà e della attività sindacale nonché del diritto di sciopero, su ricorso degli organismi locali delle associazioni sindacali nazionali **(3)** che vi abbiano interesse, il pretore del luogo ove

(1) La norma è a struttura teleologica in quanto individua la condotta vietata sulla base della finalità che intende perseguire. Pertanto la condotta antisindacale riguarda non solo la violazione dei diritti sindacali tipici previsti nello statuto dei lavoratori (ad es. assemblea, permessi, affissione) o in altre fonti legali o negoziali, ma anche qualsiasi altro comportamento del datore di lavoro lesivo dell'interesse sindacale nel senso sopra precisato (c.d. condotta antisindacale atipica) (Cass., S.U., 12 giugno 1997, n. 5295; Cass. 19 dicembre 2017, n. 30422), come, ad esempio, la violazione delle clausole dei contratti collettivi concernenti i diritti e l'attività del sindacato nei servizi pubblici essenziali (art. 7, comma 1, legge n. 146/1990), nonché il mancato rispetto dell'obbligo di informazione e di esame congiunto in caso di trasferimento d'azienda (art. 47, comma 3, legge n. 428/1990 come novellato dal d.lgs. n. 18/2001).

(2) L'endiadi "impedire o limitare" accomuna gli attentati più gravi, volti ad eliminare l'azione della controparte, a quelli meno gravi, tendenti soltanto a circoscriverla. L'espressione "diretti a" consente di prescindere dal conseguimento del risultato lesivo, essendo sufficiente l'oggettiva destinazione illecita del comportamento per l'emanazione del relativo ordine di cessazione. Pertanto non è necessaria l'intenzione del datore di lavoro di ledere l'interesse sindacale, purché sussista una oggettiva direzione antisindacale della condotta (Cass., S.U., 12 giugno 1997, n. 5295). L'identificazione del bene protetto nell'"esercizio della libertà e dell'attività sindacale nonché del diritto di sciopero" abbraccia tutti gli aspetti dell'azione sindacale.

(3) La condotta antisindacale a volte rimane confinata sul piano dei rapporti tra il datore di lavoro ed il sindacato, ma molte altre volte riguarda anche i rapporti tra il datore di lavoro e i singoli lavoratori, se un atto del datore, pure legittimo sul piano del rapporto di lavoro costituisca anche una condotta antisindacale (illecito "plurioffensivo") (Cass., S.U., 6 maggio 1972, n. 1380; Cass. 18 giugno 2008, n. 16517). Tuttavia, l'interesse protetto dal divieto di condotta antisindacale è quello del sindacato e non quello dei singoli lavoratori, sicché coerentemente la legittima-

5. La repressione della condotta antisindacale

è posto in essere il comportamento denunziato, nei due giorni successivi, convocate le parti ed assunte sommarie informazioni, qualora ritenga sussistente la violazione di cui al presente comma, ordina al datore di lavoro, con decreto motivato ed immediatamente esecutivo, la cessazione del comportamento illegittimo e la rimozione degli effetti **(4)**.

[2] L'efficacia esecutiva del decreto non può essere revocata fino alla sentenza con cui il pretore in funzione di giudice del lavoro definisce il giudizio instaurato a norma del comma successivo.

---

zione attiva per il procedimento di repressione di tale condotta spetta in via esclusiva al sindacato ed in particolare il ricorso deve essere proposto dagli "organismi locali delle associazioni sindacali nazionali che vi abbiano interesse". Il legislatore non si limita a identificare come titolari dell'azione di repressione della condotta antisindacale i sindacati nazionali, ma precisa che ad agire in giudizio devono essere i loro "organismi locali", con evidente riferimento al luogo di attuazione della condotta illecita. Questi vengono individuati nella struttura sindacale più periferica (Cass. 11 gennaio 2008, n. 520), ma sempre a livello territoriale, con esclusione, dunque, delle rappresentanze sindacali aziendali (Cass. 24 gennaio 2006, n. 1307). In tal modo la legittimazione attiva viene attribuita a soggetti che per la loro dislocazione possono conoscere adeguatamente la condotta del datore di lavoro e, se del caso, reagire prontamente, ma conservano un sufficiente distacco per valutare i fatti non essendo interni all'azienda. Pertanto, non tutti i sindacati possono avvalersi di questo speciale procedimento, ma solo i sindacati nazionali. Il criterio selettivo non coincide, dunque, con quello previsto per il godimento dei diritti sindacali in azienda, fondato, dopo il referendum del 1995, solo sulla stipulazione di contratti collettivi (cfr. Parte II, cap. 1 "*La Libertà sindacale*"). Il favore per i sindacati nazionali si spiega con l'esigenza di affidare uno strumento di tutela così dirompente solo a soggetti che, per la loro dimensione, ne garantiscano un uso responsabile (Corte cost. 6 marzo 1974, n. 54; Corte cost. 24 marzo 1988, n. 334). A tutti i sindacati non nazionali resta la facoltà di proporre una azione ordinaria a difesa dei propri diritti sempre innanzi al giudice del lavoro (Cass., S.U., 16 gennaio 1987, n. 309).

(4) È necessario che la lesione dell'interesse sindacale, ancorché solo potenziale, sia attuale, cioè sia persistente e idonea a produrre effetti durevoli nel tempo al momento della domanda, in quanto il comportamento censurabile è quello volto a depotenziare gli strumenti di conflitto. Tuttavia, il solo esaurirsi della singola azione lesiva del datore di lavoro non può precludere l'ordine del giudice di cessazione del comportamento illegittimo ove questo, alla stregua di una valutazione globale non limitata ai singoli episodi, risulti tuttora persistente e idoneo a produrre effetti durevoli nel tempo, sia per la sua portata intimidatoria, sia per la situazione di incertezza che ne consegue, suscettibile di determinare in qualche misura una restrizione o un ostacolo al libero esercizio dell'attività sindacale (Cass. 22 maggio 2019, n. 13860).

[3] Contro il decreto che decide sul ricorso è ammessa, entro 15 giorni dalla comunicazione del decreto alle parti opposizione davanti al pretore in funzione di giudice del lavoro che decide con sentenza immediatamente esecutiva. Si osservano le disposizioni degli articoli 413 e seguenti del codice di procedura civile.

[4] Il datore di lavoro che non ottempera al decreto, di cui al primo comma, o alla sentenza pronunciata nel giudizio di opposizione è punito ai sensi dell'articolo 650 del codice penale.

[5] L'autorità giudiziaria ordina la pubblicazione della sentenza penale di condanna nei modi stabiliti dall'articolo 36 del codice penale.

Codice penale

Art. 650. Inosservanza dei provvedimenti dell'Autorità – [1] Chiunque non osserva un provvedimento legalmente dato dall'Autorità per ragione di giustizia o di sicurezza pubblica o d'ordine pubblico o d'igiene, è punito, se il fatto non costituisce un più grave reato, con l'arresto fino a tre mesi o con l'ammenda fino a lire quattrocentomila **(5)**.

(5) Per rendere effettiva la tutela dell'interesse sindacale, è prevista, quale misura coercitiva indiretta, una sanzione penale a carico del datore di lavoro inottemperante all'ordine del giudice. Viene utilizzata, così, la più intensa delle tecniche volte ad assicurare la coazione all'adempimento di obblighi di fare o di non fare infungibili (c.d. tecnica penale ingiunzionale). L'effettività non dipende dalla entità della pena, che è in sé blanda trattandosi di contravvenzione punita al massimo con l'arresto fino a tre mesi, bensì da altri concorrenti fattori: la specificità del comando, che impedisce le consuete difese relative alla interpretazione di una norma generale e astratta ed alla corrispondenza tra questa e la fattispecie concreta; la certezza del processo penale per l'eventuale inottemperanza, essendo la condotta del datore di lavoro già sotto gli occhi di tutti a seguito dell'ordine del giudice civile; nell'ipotesi di datore di lavoro persona giuridica la responsabilità penale del legale rappresentante destinatario diretto di tale ordine e, quindi, senza possibilità di eccepire una eventuale delega di funzioni. Inoltre la responsabilità penale non è esclusa dalla successiva riforma in sede civile del provvedimento inottemperato (Cass. 26 gennaio 1979, n. 602; Cass. 22 aprile 1992, n. 4839, in *Foro it.*, 1993, I, 899), poiché il bene protetto dalla norma penale è l'esecutività dell'ordine del giudice e non direttamente l'interesse sostanziale. Il solo obbligo di osservanza sanzionato penalmente, invece, viene meno per il futuro qualora il provvedimento del giudice sia rimosso in accoglimento dell'opposizione o dell'impugnazione del datore di lavoro oppure sopravvenga un accordo tra le parti (Cass. 13 agosto 1981, n. 4906), mentre l'obbligo non sorge affatto se l'ordine è impossibile da eseguire (Cass. 18 luglio 2001, n. 9722).

Finito di stampare nel mese di ottobre 2020
nella Rotolito S.p.A. – Via Sondrio, 3
20096 Pioltello (MI)

NOTE

NOTE

NOTE

NOTE